族の系譜学

ユース・サブカルチャーズの戦後史

難波功士

青弓社

族の系譜学

ユース・サブカルチャーズの戦後史

目次

カバー写真——新倉孝雄「鐙摺・葉山マリーナ」一九六七年七月三十日
装丁——伊勢功治

はじめに

二〇〇七年元旦の朝刊。高島屋の正月広告のキャッチフレーズは、「花はどこへ行った」。その全面広告のヴィジュアルには、一九六八年にカリフォルニアでおこなわれたヴェニスビーチ・ロックフェスティヴァルの写真が使われている。ボディ・コピーに曰く、「第二ダンカイのTAKASHIMAYA。ダンカイの世代が、新しい出発をする日本で、そのジュニアたちも、新しい道を探しています。(略) その第一歩は、ダンカイすなわち70年代の自由と長髪のフラワーチルドレンたちの青春の聖地、東京新宿から。07、ラッキーセブンの年の、春に動きます」。

フラワー・チルドレンと言えば、通常まず一九六〇年代が想起されるだろうし、いわゆる団塊の世代の青春やその舞台としての新宿も、六〇年代というディケードと絡めて語られるのが常だろう。六〇年代から七〇年代、新宿で老舗百貨店と言えば伊勢丹か三越だったはずなのに、高島屋がこうしたテーマを云々するのはいかがなものか。そもそも、対抗文化《カウンターカルチャー》であるフラワー・ムーヴメントと「伝統と文化という長い長い道のりをお客さまと歩いているタカシマヤ」とは並存可能なのだろうか……。もちろん、私も六〇年代の新宿を直接体験しているわけではない。だが新年早々、「六〇年代の新宿はどこへ行ってしまったのか」と嘆息せざるをえなかった。

しかし、何もここでこの広告の正誤や適否を問おうというのではない。本書で考えたいのは、こうしたかたちで過去が再編され、やがてそれが史実と化していくことの問題性である。この広告が制作され、出稿されたという事実は、すでにあるストーリーが一般常識として定着していることの証左ではないだろうか。そのストーリーとは、かつて若き日の団塊たちは、六〇年代から七〇年代にかけてさまざまな既存の権威に反抗し、とりわけ対抗文化運動のうねりのなかで、受け手として、やがて送り手としてマンガ・ポピュラー音楽・雑誌などをめぐる若者文化ないし「サブカルチュア」――新宿とそこから西へ延びる沿線を震源とする――を盛り立てていき、それが今日のアニメやゲームなどサブカルチャー立国日本の起点となっていったという、いわば「サブカル版『プロジェクトX』」的な歴史観である。このような今日優勢になりつつある「サブカル（チャー）」観への、徹底的な違和感（もしくは拒絶反応）。それが本書の出発点であることを、まず冒頭で述べておきたい。(1)

二〇〇七年時点での日本語における「サブカル（チャー）」の一般的用法《フォーク・ユース》の含意を、ごく大雑把にまとめてしまうならば、「オーセンティックな高級文化《ハイ・カルチャー》や広く一般大衆を対象とするマス・カルチャーとは一線を画した若者（ないし子ども）向けの作品、コンテンツ」といったことになるだろう。「若者文化全般《ユース・カルチャー》≒サブカルチャー」ないし「若者文化∪サブカルチャー」が自明視されることも多い。(2)だが、依然「下位文化」という訳語の影響もあってか、「クラシック音楽や古典芸能、純文学、ファイン・アートなどの正統文化・高級文化以外のもの」、すなわち大衆文化（マスないしポピュラー・カルチャー）の類義語としてサブカルチャーが用いられることも少なくない。(3)また「いわゆるオタク系コンテンツ≒サブカルチャー」として、その海外での普及を誇る言説を近年よく耳にする一方で、「ユリイカ」の二〇〇五年八月臨時増刊号『オタクvsサブカル！』のように、いわゆる渋谷系の流れを引く「オサレ」なサブカルを、オタクと対置して論じている場合もある。このように多種多様に用いられている「サブカル（チャー）」だが、いずれにせよ、現在サブカル（チャー）とは、何らかのコンテンツないし作品（のジャンル）を指す場合が圧倒的なのである。(4)

だがもともと'subculture'は、二十世紀初期のアメリカで、多様なエスニシティを眼前にした社会学者たちによって用いられ始めた語であり、(5)社会学におけるサブカルチャー研究の淵源は、当時急速な拡大を遂げ、社会問題の坩堝《るつぼ》と化していた大都市を舞台《フィールド》とした、いわゆるシカゴ学派のモノグラフに求められるのが通例である。(6)移民たちのエスニックな、もしくは人種的《レイシャル》なコミュニティのなかで分有《シェア》される文化、ストリートにたむろする非行少年たちの文化、雇われパートナーとして社交ダンス場で働く女性たちの文化、さらには「寄せ場《ホボヘミア》」や「野営地《ジャングル》」に流れ着き、また流れ去る「渡り労働者（hobo）」たちの文化……。それらの「'ways of life'としての文化」を描いた瑞々しいエスノグラフィー群こそが、サブカルチャー研究の原風景と言えるだろう。かくしてサブカルチャーという言葉は、まずは学術用語《テクニカル・ターム》として広まり始め、一九六〇年代以降、徐々に日本社会にも日常語として浸透していった[7]のである。

一方、戦後イギリスでは、アメリカ都市社会学のサブカルチャー研究がもつ行政管理的ないし社会改良主義的な色彩に抗して、いわゆるカルチュラル・スタディーズのユース・サブカルチャーズ研究が登場してくる。そこでは労働者階級《ワーキング・クラス》のコミュニティ、なかでも若い男性たちのラッズ・カルチャー（lads culture）から析出され転形していった五〇年代のテディ・ボーイズないしテッズ（Teds）、六〇年代のモッズ（Mods）とロッカーズ（Rockers）、スキンヘッズ（Skinheads）、七〇年代のパンクス（Punks）などが俎上に載せられていく。これら若者たちの、一見無秩序かつ皮相であり、ときに反社会的であったりもする行動や嗜好などが、一個の文化として分析・研究の対象となった[8]のである。

では、日本での研究の動向はどうだろうか。残念なことに、アメリカ社会学のサブカルチャー研究の系譜は、ごく少数の社会学者が、都市や逸脱などをめぐる下位文化研究として衣鉢を継ぐにとどまっている。また戦後の日本社会で、イギリスのユース・サブカルチャーズに対応する存在としてまず想起されるのは、「〇〇族」と呼ばれた若者たちだろうが、それらに対する検討は、そのリアルタイムにおいても、かつ歴史（社会）学的にも十分になされてきたとは言い難い[9]。前述のように今日の日本社会では、サブカルチャーとは圧倒的に何らかのコンテンツを指す語であり、アカデミズムの世界でも、メディアないしメディア上のコンテンツの分析を「サブカルチャー研究」と称する例も多く、英米での蓄積と有意義な接点をもちえてはいないのである。

そうした現状に対し、本書は「作品ないしコンテンツとしてのサブカルチャーから、人々の実践（practices）としてのサブカルチャーへ」という視座の転換を主張する。英米の（ユース・）サブカルチャー（ズ）研究の成果をふまえ、文化を'a whole way of life'と概念規定する立場を採るならば、たとえそれがある特定のコンテンツをめぐるサブカルチャーであったとしても、そのコンテンツのそれこそ内容分析だけにとどまることは許されず、そのコンテンツを当該サブカルチャーの成員たちがいかに受容し、利用しているのか、またその方法《ウェイズ》がいかに成員間で共有されて

図1　1969年、ロンドン・ピカデリーサーカスでヒッピー集団を横目に見るスキンヘッズ（撮影テリー・スペンサー）
（出典：Christopher Breward, Edwina Ehrman and Caroline Evans, *The London Look : Fashion from Street to Catwalk*, Yale University Press, 2004, p.10.）

いるのかといった、人々の諸実践が問題となってくる。

だが本書は、単に、若者たちの対面的な相互作用の分析に専心せよと主張するものでもない。かつて「〜s」や「〜族」と呼ばれるような若者たちは、街角に蝟集するなど直接的な接触を保ち、そのなかから独自の価値観や身体技法などを共有し、何がしかの「文化」を編み出すのが常であり、それらを対象とした研究も、参与観察やインタヴューなどによってその若者諸「集団」の実体・実態を明らかにするのが常套であった。だが、まず何らかの共在（co-presence）する身体群が先にあって、それに「〜s」「〜族」といった名称が、成員自らないしはマスメディアなどによって後追いで与えられていた段階から、今日ではメディアによる名づけの先行とその呼称の普及のもと、ある傾向を帯びた人々の存在が事後的に浮かび上がってくる事態も珍しくはない。またここ数十年のメディア環境の激変のなかで、生身の身体による相互作用を必須としないユース・サブカルチャーズも数多く誕生してきている[10]。現在進行中の社会の変容により適合的であるために、本書は「諸集団《グループス》としてのユース・サブカルチャーズから、カテゴリーズとしてのユース・サブカルチャーズへ、さらにそのカテゴリーズが作動する諸状況（situations）の研究へ」との視座転換を主張する。あるユース・サブカルチャーを指示する名称が、いかに生成され、伝播され、それが何ゆえ一定期間保持され、ときに変転し、消失していくのか、またその間、当該カテゴリーはどのように用いられ、かつ人々にいかに作用していくのか。そうした問題群へと視野を拡げてみたいと考えている。

以上のような視座からのユース・サブカルチャーズ研究をめざし、本書の第1部ではまずサブカルチャー概念をめぐる混沌とした現状を整理するために、米英日の社会学やカルチュラル・スタディーズにおける先行研究の概観を通じて、ユース・サブカルチャーズ概念の再措定を試みるとともに、本研究の採る視点や方法論を、アーヴィン・ゴフマンの所説などを参照しながら検討する。次いで第2部では、日本戦後社会に登場した十一のユース・サブカルチャーズについて具体的な分析を加えていく。その多くは、一過性の流行（fashion, craze, fad）現象として、戦後風俗史のエピソードとして扱われがちな「〇〇族」だが、それら時代の表層に浮かぶ一見たわいもない現象が、実は日本社会全体の変動を照らし出す光源となりうるのではないだろうか。そして、そうした族たちをユース・サブカルチャーズと捉え直すことで、単にそれらを好事家の懐古や当事者の回顧のなかだけに押し込めず、より巨視的な時間的・空間的な広がりのなかに位置づけ、海外のユース・サブカルチャーズとも比較対照しうる道が拓けるのではないだろうか。少なくとも、フーテン族から四十年目の元日に、当時は新宿の街外れであった場所に十年程前に出店したデパートが、六〇年代のさまざまな伝説の直系を僭称し、その記憶を領有しようとすることへの疑義は誰かが呈すべきではあるまいか……。

歴史学でも、社会学でも、未だ史・資料の収集や目録化も進んでいない領域ではあるが（であるからこそ）、以下、戦後日本社会にあって団塊・ポスト団塊・団塊ジュニアなどと呼ばれた人々の、若き日々の軌跡を辿ることにする。本書は日本におけるユース・サブカルチャーズ研究の「新しい出発」をめざし、特に第1部はユース・サブカルチャーズへとアプローチする「新しい道」を探す試みである。読者のなかには、第1部の議論を煩瑣に感じられる向きもあろう。その場合は第2部の、特に興味のもてるユース・サブカルチャーを扱った章から読み始め、適宜第1・2章を参照されるなど、それぞれのやり方で「その第一歩」を踏み出していただきたい。

（なお、本書の引用文中には、一部表記を書き改めた個所〔アラビア数字を漢数字にするなど〕があります。）

注

（1）宮台真司は、「みなさんが「サブカル」と略語を口にするときには八〇年代のイメージがどこかにあるはずです」と述べ（宮台真司編『サブカル真論』ウェイツ、二〇〇五年、一二五ページ）、宮沢章夫も「「サブカル」というひとつのジャンルとしか言いようがない」と述べている（宮沢章夫『東京大学「八〇年代地下文化論」講義』白夜書房、二〇〇六年、一五六ページ）。確かにサブカルチャーを一九八〇年代初頭の、東京を中心とした思想的・文化的なトレンドに限定する用法も可能だろう（山口優「「テクノ」とサブカルチャー」、アスキー電子出版部編『モンド・コンピューター』所収、アスキー、一九九六年）。だがその一方で、サブカルというジャンルの成立を、九〇年代に求める説もある。「九〇年代を通じてサブカルチャーという語は「サブカル」と略されることで一般に浸透し、やがて多くの書店にサブカル棚が設けられるようになった。（略）こうしたサブカル棚の出現により、どのジャンルにも立脚しないことが特徴だったはずのサブカルチャーが、それ自体が一つのジャンルとして認知されてしまうことになる」（近藤正高「カミガミの黄昏――〈一九九三年〉以前・以後」「ユリイカ」二〇〇五年八月号、青土社、一七四―一七五ページ）

（2）例えば特集「若者文化《サブカルチャー》の基礎知識」「宝島」一九九二年十月九日号、ＪＩＣＣ出版局

（3）例えばイアン・ブルーマ著“A Japanese Mirror”の邦訳タイトルは、『日本のサブカルチャー――大衆文化のヒーロー像』（山本喜久男訳、ＴＢＳブリタニカ、一九八六年）である。

（4）日本だけではなく、英米圏でも「抽象的な理論的モデルとしての、サブカルチャーの伝統的な社会学的意味と、ヴァナキュラーな文脈におけるサブカルチャーの語の日常的な使用との間に、乖離が拡がっている」（Andy Bennett, “Virtual subculture?,” in Andy Bennett and Keith Kahn-Harris eds., *After Subculture:Critical Studies in Contemporary Youth Cultur*, Palgrave Macmillan, 2004, p.167）。

（5）シカゴ学派の教科書には、‘maps of subcultural groups’として「サブカルチュラルな諸集団は、国土を覆う優越的な文化のなかにあって、ヴァリエーションを提示するものであり、発見しにくいものである。しかし調査によって、その慣習や態度、行動パターンにおいて明確なヴァリエーションへと結果する、人々の生活様式（mode of life）におけるある基本的な差異の存在が解き明かされていくであろう」（Vivien M. Palmer, *Field Studies in Sociology: A Student's Manual*, University of Chicago Press, 1928, p.73）とある。

（6）Ken Gelder and Sarah Thornton eds., *The Subcultures Reader*, Routledge, 1997、吉見俊哉『カルチュラル・ターン、文

化の政治学へ』人文書院、二〇〇三年

（7）『現代用語の基礎知識』（自由国民社）の一九七二年から七五年版にかけては「サブカルチュア」の表記で、七六年から八二年版にかけては「サブカルチャー」として外来語集にあり、八三年版で次のように項目化されている。「下位文化。副文化。部分文化。最近の若者雑誌の一傾向に当てはめていわれる言葉だが、もともとは社会学的概念。伝統的文化とは一線を画しながら、独自性をもった新生の文化である。雑誌の領域では、総合雑誌の固定化した形式とは違って、軽く娯楽雑誌風でありながら本質的なものに触れ、知的な洗練性を求める現代青年の好尚に合って迎えられている。「ブルータス」、「ビックリハウス」、「ホット・ドッグ・プレス」、「プレイボーイ」などをその例に挙げる者もある」

（8）イギリスのユース・サブカルチャーズに関しては、Ted Polhemus, *Street Style:From Sidewalk to Catwalk*, Thames & Hudson, 1994, Amy de la Haye and Cathie Dingwall eds., *Surfers, Soulies, Skinheads & Skaters:Subcultural Style from the Forties to the Nineties*, Overlook Press, 1996.

（9）馬淵公介『「族」たちの戦後史』（三省堂、一九八九年）、林仁美／川中美津子／広瀬逸子／山本和枝「昭和二十年以降の日本の風俗について――族と風俗」（「成安女子短期大学紀要」第二十七号、一九八九年）、アクロス編集室『ストリートファッション一九四五―一九九五――若者スタイルの五十年史』（PARCO出版、一九九五年）、千村典生『時代の気分を読む――ヤングファッションの五十年』（グリーンアロー出版社、一九九六年）、日高恒太朗「「族」にみる戦後六十年」（『戦後社会風俗史データファイル』「別冊歴史読本」第三十一巻三号、新人物往来社、二〇〇六年）や特集「東京モード・ファイル」（「東京人」一九九六年四月号、都市出版）、オリベ出版部編『日本のレトロ一九二〇―七〇スタイルブック』（織部企画、一九八七年）、一九九七年に東京国際フォーラムで開かれた『東京ストリート・スタイル展』図録など。

（10）Arielle Greenberg, *Youth Subcultures:Exploring Underground America*, Longman, 2006 に挙げられた現在のアメリカにおけるユース・サブカルチャーズのなかでも、オタク・スラッシャー（アメリカ版やおい）・ハッカーなどは、メディア（上のコンテンツ）を抜きには成立しない。雑誌ひとつをとってみても、戦後日本社会での事例としては、第2部で取り上げるもの以外に、「「平凡」族を分析する」（「学園新聞」一九五三年六月一日付、京都大学新聞社）に見られる「平凡族」や、七〇年代半ばの少女マンガ雑誌「りぼん」の男性ファン「りぼにすと」などがある（二上洋一『少女まんがの系譜』ぺんぎん書房、二〇〇五年）。

第1部

「ユース・サブカルチャーズ」へのアプローチ

第1章
研究の系譜

1 「カルチャー」とは

まず、本書でいうところの文化《カルチャー》とは何かを述べておきたい。

一書には'culture'の定義として三百十三例が挙げられるほど、その定義は、時代によって、学問分野によって、論者によって、実にさまざまでありうる。(1) 混乱を避けるために、ここではまず、クリス・ジェンクスの文化概念のタイポロジーに従い、かつその4の意味での文化を、本書では問題とすることを言明しておきたい。(2)

1、これは理知的もしくは多分に認知的カテゴリーであって、普遍的な精神の状態の一部であり、それは完全、ないしは個々の人間的な発達や解放という目標、その希求などの理念と結びついている。

2、これはより具現化された集合的なカテゴリーであって、社会における知的、さらには道徳的な発達の状態を想起させる。

3、これは記述的で具体的なカテゴリーであって、文化は、ある社会における芸術や知的な作品の集合体に与えられる名称である。

4、文化は社会的なカテゴリーであって、人々の生活様式の全体（the whole way of life）を含意する。

1と2の定義は、普遍的にせよ、特定の社会においてにせよ、そこに向かって発達ないし啓蒙されなければならない、ある理想とされる状態を文化と呼んでいる。いわば大文字のCultureを想定しているわけだ。一方、3の定義に従えば、社会ごとに、またある社会の内に多様な諸文化《カルチャーズ》が並存し、それぞれの「芸術や知的な作品の集合体＝文化」の間に上下の別はない、と考えることも可能だろう。しかしこの3にしても、ここでいう文化は、それ以外の事象よりも高尚な何ものかであることが暗黙の前提とされている。そして3には、それを「芸術や知的な作品」であると同定し、他の事物よりも高邁なものだと判断するのは誰なのか、という問題がつきまとう。この定義に従った場合、文化の名に値するものが芸術や学問であり、芸術や学問上の作品と呼ぶにふさわしいものこそが文化である、という循環に陥ってしまうのである。

そうした袋小路に入り込まないためにも、また先で述べたサブカルチャー研究の原風景から考えても、ここでは当然4の文化観を選ぶことになる。文化を何らかの作品を生み出す表現や創作といった営為や、それを批評・鑑賞するおこないに限定せず、すべての実践を文化と見なしうるものとし、諸文化間に優劣や正邪の区別を設けるべきではない。それが、本書の採る基本的態度である。

周知のように、4を主唱したのはレイモンド・ウィリアムズ(3)である。もちろん、「文化は、一団の知的・想像的作品であるばかりではない。それはやはり本質的に、生活の仕方全体でもある」というように、ウィリアムズも3の要素を文化概念から排除したわけではない。しかし、「文化は、それが生きているかぎりは、その諸人工物《アーティファクト》にけっして還元されうるものではない」、「労働者階級文化は、今通過している段階では、（特別の知的・想像的作品における）個人的なものであるというよりはむしろ第一に（それが諸慣行を創出してきたという点で）社会的なものである」(4)と述べているように、ウィリアムズの言う文化とは、特定の作品にだけ還元されるものでも、あるアーティストたちだけを担い手とするものでもない。

そしてウィリアムズは、狭隘な労働者階級文化を超えた'common culture'に、文化のあるべき未来を託していく。[5]一方、ウィリアムズらの後を継ぎ、カルチュラル・スタディーズの展開を図ったスチュアート・ホールなどは、「階級と特定の文化的な形式もしくは実践との間には、一対一の対応関係はないことは明らか」としながらも、「諸文化は、個々の「ウェイズ・オブ・ライフ」としてではなく、「さまざまな闘争の仕方」として交差しており」、とりわけ「ポピュラー・カルチャーの定義で本質的なのは、「ポピュラー・カルチャー」を支配的文化(the dominant culture)との間の継続的な緊張(関係、影響、敵対)において定義することだ」と主張し、彼の言うところの「ポピュラー・カルチャー」に、社会変革への可能性をみると宣言している。[6]

さまざまな文化の交錯、葛藤、融合・分裂の繰り返しのなかに、当該社会の権力関係をみていこうとするホールらの視点を、本書は排除するものではない。しかし、高級文化や支配的文化などへの対抗の度合いを指標として、何らかの文化のあり方を称揚し、それを理想化することは禁欲しておきたい。[7]本書の採る戦略は、コモン・カルチャーやポピュラー・カルチャーといった語を用いずに、「ユース・サブカルチャーズ」の具体的な様相を分析・記述することを通して、戦後日本社会の特質や変質を解き明かしていく点にある。したがって次節では、まず「サブカルチャー」概念について検討し、それに関する先行研究を概観しておく。

2 「サブカルチャー」とは

前節で示した文化概念からは、当然、以下の一文にあるような「サブカルチャー」の用法は否定の対象となる。

「オタク」という言葉を知らない人はいないだろう。それはひとことで言えば、コミック、アニメ、ゲーム、パーソナル・コンピュータ、SF、特撮、フィギュアそのほか、たがいに深く結びついた一群のサブカルチャーに

耽溺する人々の総称である。本書では、この一群のサブカルチャーを「オタク系文化」と呼んでいる。(8)

もちろん東浩紀は、ハイ・カルチャーだけを文化とする頑迷さからは無縁である。また、オタク系文化だけが、サブカルチャーであるともしていない。しかし、その（サブ）カルチャー観は、ある表現の形式にのっとり、パッケージングされた何らかのコンテンツこそが文化であるという、作品至上主義の呪縛からは自由ではない。さらに言えば、ある「芸術や知的な作品」（ないしここで言うところの「一群のサブカルチャー」）の創作・批評・消費などをめぐるウェイズ・オブ・ライフは、それらとは無関係な日々の営みよりも価値のあるおこないであり、そうした作品の生産・流通に関わることは、それ以外の事柄よりも有意味な何かであるという暗黙の前提が、そこには潜んでいるのではないだろうか。

では、ウェイ・オブ・ライフの総体という最広義の文化概念を選択し、かつすべての諸文化間に優劣や正邪の別を設けない、という本書の立場からは、どのような「サブカルチャー」概念が選択されるべきだろうか。サブカルチャーは、「サブ」カルチャーである以上、何らかの文化との関係性において措定されてきたはずである。サブカルチャーという語が、どのような文化に照応・随伴するものとして想定されたのかという観点から、これまでの議論を以下の四つに分類することが可能だろう。

（a）上位文化に対するサブカルチャー。より正統ないし高級な文化とは、並列には語りえないものとしてのサブカルチャー。例えば、「サブカルチャーの〝サブ〟は〝下〟という意味の接頭辞がそもそもなのである」(9)といった用法。

（b）全体文化《トータル・カルチャー》に対するサブカルチャー。例えば、国民文化（もしくは文化）の部分をなすものとしてエスニック・サブカルチャーズを論じたミルトン・ゴードンや、一九六〇年代の若者文化《ユース・カルチャー》を既存の社会に対するサブカルチャーとして論じたピーター・バーガーらなど。(10)

（c）主流文化に対するサブカルチャー。例えば、「サブカルチャーというからには、それに対立するメインカルチャーがなければならない」[11]といった用法。
（d）通念的文化《コンヴェンショナル・カルチャー》に対するサブカルチャー。例えば、「サブカルチャーズ研究は、法的なプロセスの研究と統合される必要がある。刑法の諸規範とは、人々が「通念的文化」や「支配的文化《ドミナント・カルチャー》」または単に「文化」に言及するとき、脳裏に思い描くものだろう」[12]といった用法。

すでに述べたように、（a）に従った場合、当然、「誰が、何の権限によって、その文化を上位／下位、正統／異端、高級／低級と判断するのか」という問題に直面する。本書の立場は、本質的に上等な文化が存在するのではなく、さまざまな諸文化の相関のなかから、当該社会で上位とされる文化が暫定されていく、というものである。たとえステイタスが高いとされ、何らかの威信《プレステージ》を有し、エリートと目される人々の間に共有された文化であったとしても、社会の一部の人たちによって担われた、特異なものとされているならば、それも一種のサブカルチャーと見なすわけだ。[13]

一方、（b）ならば、サブカルチャー間に優劣、上下の別を設定しないことも可能である。しかし、全体文化とその部分文化《パーシャル・カルチャー》としてのサブカルチャーとの関係は、まったく対等なものとは言えないだろう。あえてサブカルチャーズを括る何らかの全体文化を考える以上、それらサブカルチャーズ間に何の共通項も想定されていないとは考えにくい。要するに（b）の場合には、先験的《ア・プリオリ》になにがしかの全体性が想定されており、かつそれが実体化（reification）されているのである。

では、（c）の場合はどうだろうか。この立場からならば、何がメインストリームであり、何がセンターに位置するかは、さまざまな文化間の相互作用を通じて、その社会、その時代によって変化しうるものである、[14]という視野が開けてくる。そして、ある文化に対する優劣・正邪などの価値判断を排し、それら諸文化の相関の過程を通じて、どのような文化が、どのようにして主流（もしくは傍流）ないし中心（もしくは周縁）のものとなっているのかを、分析・記述する道が開けてくる。[15]ただしこの場合は、「主流—傍流」「中心—周縁」の二項対立で、諸文化は輻輳ないし拮抗するものである、ということが自明な前提とされている。次節で詳しく検討するが、「抵抗《レジスタンス》」ないし「対抗《カウンター》」

をメルクマールとする（ユース）サブカルチャー観には、さまざまな立場から批判が加えられており、その成員たちに「何がしかへのアンチである」ことが当初から自覚されていたサブカルチャーよりも、当事者たちの実践の過程で「当該社会への何らかのアンチとして事後的《ア・ポストオリ》に結果する」サブカルチャーの方が、はるかに多いことが指摘されてきている。「ポスト・サブカルチャーズ」研究を主張する論者らが言うように、[16] ピエール・ブルデューの‘pratique’（実践）やジュディス・バトラーの‘performativity’（行為遂行性）といった概念の洗礼を経た現在、何らかの主流文化なり中心文化とは、先験的に存在するものとして実体視されるべきではなく、傍流ないし周縁的な文化の存在が浮上することによって、再帰的に立ち現れてくるものとして捉えられるべきではないだろうか。

それゆえに本書のとる立場は（d）となるが、ここで言う通念的文化と「非通念的文化としてのサブカルチャー」との関係は、実体としてある二つの文化が対峙するという構図においてではなく、いわば「図」と「地」の関係として語られるべきものである。この場合、図にあたるのは何らかのサブカルチャー——その社会において異物として認識され、あえて名指されざるをえないウェイズ・オブ・ライフ——であり、その文化のあり様が、当該社会において際立ち（salient）、有徴である（marked）ことによって、逆にその社会における通念や常識が照射され、「地」として認識可能なものとなってくる。まず判然とした通念的文化があり、それへの対抗としてサブカルチャーが登場するというのではなく、サブカルチャーがその社会で命名され、語るべき何ものかとして意識され、ときには社会問題視され、その像が立ち現れるのと相即的に、そのサブカルチャーを「サブ」カルチャーたらしめている通念的文化もその姿を浮かび上がらせてくるのである。またその一方で、モラル・パニック論が明らかにしたように、当該社会における通念的文化のリアクションによってのみ、あるサブカルチャーの輪郭は顕在してくるのである。

例えば、一九六〇年代のアメリカで中産階級《ミドル・クラス》子弟・子女が担い手ないし震源となった対抗文化《カウンター・カルチャー》の場合も、[17] その一個のサブカルチャーとしての顕現によって、身ぎれいで健康的なウェイズ・オブ・ライフが標準であり、リスペクタブルなものだとされてきたことが、人々の意識に上るようになっていった。つまり対抗文化との関係のなかで、そうしたゴールデン・エイジのアメリカ中産階級文化が、あたかも空気のように社会全体を覆っていたことが、改めて浮き彫りにされていったのである。一方、同時期ブラック・カルチャーのある部分は、白人が黒人に優越していることを暗黙裡の前提とした支配的文化と闘争していた。この場合の通念的文化を白人文化と呼び、基本的には白人種以外の成員は存在しない文化だとしておくと、先の中産階級文化が「名誉白人化したアジア系の人々など（ときには一部黒人）」にも共有されたものである以上、「中産階級文化≠白人文化」ということになる。つまり、当該社会における通念的文化とは、サブカルチャー個々の非通念性のあり方によってさまざまな姿をとりうるのであって、常に、一意に、先験的《ア・プリオリ》に想定されるようなものではないのである。[18] 同様に南部文化に対しては北部文化が、ユダヤ人やアイリッシュ（の移民）などにとってはWASP文化が、ネイティヴ・アメリカンの文化やヒッピーたちの東洋志向などをめぐっては西洋文化が、それぞれそのつど、通念的なものとして立ち現れてくる。

したがって、ここではひとまず（d）の立場に拠りながら、多岐にわたるサブカルチャーをめぐる長年の議論を編んだ最新のリーディングスの冒頭に掲げられた「サブカルチャーズは、その人々の特異な関心と実践を通じて、またその人々が何者であり、何をどこでするのかを通じて、何らかの無規範的かつ／もしくは境界的なものとして表象される人々の集団である」[19] という包括的な定義を改変して、当該社会で「非通念的かつ／もしくは非支配的——被支配的ではない点に注意——と見なされる人々が、何らかのまとまりをもつものとして表象されることを可能ならしめているウェイ・オブ・ライフの総体」をサブカルチャーと呼んでおきたい。[20]

アメリカ社会学での成果から

前述のように、サブカルチャーの語の起点はアメリカ都市社会学にある。その立役者の一人ルイス・ワースの最も有名な論文が'Urbanism as a way of life'[21]であったことを考えれば、シカゴ学派の大きなテーマの一つが、当時勃興しつつあった新たな文化の様相であり、本書でいうところの「サブカルチャーとしての都市文化」であったことは想像に難くない。だがその都市文化も、当時からすでに一様であったわけではなく、特に多くの移民の流れ込んだ新興都市シカゴは、人種やエスニシティ、宗教、地域、年齢階梯《ライフ・ステージ》、職業、階級、ジェンダー、セクシュアリティ、逸脱などを要因とする、多様なウェイズ・オブ・ライフの競演の場となっていた。そうしたサブカルチャーズのモザイクにあって、そのそれぞれに対して綿密なフィールド・ワークをおこなったシカゴ学派の伝統は、アメリカ社会学界全体へと共有されていき、今日に至るまで多くのエスノグラフィーが生み出され、さまざまなユース・サブカルチャーズ――なかでも青少年の非行サブカルチャー[22]――に関して多大な蓄積がなされてきた。

ワースの問題意識を最も強く受け継いだのは、自らを「ネオ・シカゴ学派」と呼ぶクロード・フィッシャーと彼の「サブカルチュラル理論」である。ただしこの理論は、「コミュニティの規模、密度などの生態学的変数を重視する」という点で「シカゴ学派の伝統を受け継いではいる。しかし、その内容は一新され、逆転さえしている」[23]。フィッシャーの整理によれば、ワース以来の「決定理論」とは、「アーバニズム（すなわち人口集中）は、直接に、人々の社会生活やパーソナリティを――たいていは悪い方向へ――変化させる、と論じる」「都市アノミー理論」であったのに対して、「構成理論」は、「このようなアーバニズムの効果を否定するもの」であり、「都市と村落との行動上の違いを、そこに住む人びとの社会的属性の違いや経済的な境遇の違いによる」とする主張であった。一方、それら両者を統合すべきサブカルチュラル理論は、「[社会]構成学派の基本的な方向づけを採用する（つまり、社会的属性は最も重要である）が、アーバニズムは一定の効果をもつと考える」[24]ものだという。その一定の効果とは、「アーバニズムが、（単なるアノミーに帰結するだけではなく）特徴的なサブカルチャーの出現と活力を支える」点においてであり[25]、フィッシャーは都市の人口規模の拡大（アーバニズム）が、サブカルチャーズの「多様性（variety）」「強度（intensity）」「普及の源泉（sources of diffusion）」を増大させ、それゆえ当該社会における「非通念性（unconventionality）」の度合いは高まる、という有名な命題を提出した[26]。

こうした議論に対しては、「アーバニズムのサブカルチュラル理論――二十年目の検証」と題されたフィッシャー自身による総括がある。そのなかで彼は、「媒介するプロセス――アクセスの理論？」という節を設け、かつての自説の限界について次のように述べている。「近代的な技術が、身体的接触なしの相互作用を可能にするにつれ、サブカルチュラルな過程は、集団内の接近可能性《アクセスヴィリティ》を基本としていることが明らかになってきた」が、さらに「将来を予測すると、接近可能性のサブカルチュラル理論は、空間を超えたサブカルチャーの配置と機能を支配する原則を示唆するものとなるだろう。例えばコミュニケーションや移動の現代的手段へとアクセスする人々による、非通念的な、非空間的なサブカルチャーが出現するだろう」。つまり、もともと「サブカルチュラル理論は、人々《ピープル》に関するものというよりは、場所《プレース》についてのもの」であったわけだが、各種メディアの発達により、物理的《フィジカル》な空間が接近可能性のすべてを決定しえなくなった以上、「アーバニズムのサブカルチュラル理論は、コミュニケーションのサブカルチュラル理論の特殊な事例」とも考えられうるのだ。(27)

　また、彼は言う。「サブカルチュラル理論は、その核心で生態学的理論であって、人々についての理論ではない」。(28)フィッシャーのサブカルチュラル理論は、アーバニズムがアノミーを決定づけるとも、社会的な属性がすべてを決するとも主張しなかったが、サブカルチャーを構成していく動因を「具体的な人々」にではなく、依然「抽象的な人口」に求めた点で、その立論はやはり一種の決定論だったのではないだろうか。そして、サブカルチャーとは、社会学者だけが発見・判別可能なものではなく、さまざまなサブカルチャーという語のフォーク・ユースが存在する以上、人々の側も、それがサブカルチャーであるか否か、また自身があるサブカルチャーに属するか否かを日々決定しているのではないだろうか。(29)

　他方、社会病理学的な研究の系譜でも「一九六〇年頃から、アメリカのアカデミック・サークルで「サブカルチャー」という言葉で飾られた論文や議論が氾濫(30)」していた。その名も“Subcultures”と題されたアンソロジー――シカゴ学派以来の非行や逸脱のサブカルチャーに関する論文集(31)――で、自らもホットロッダー・サーファー・ヒッピー・囚人などだった経験をもち、ハーバート・ブルーナーやアーヴィン・ゴフマン、デイヴィッド・マッツァなど「シンボリック相互作用論者」や「演劇《ドラマトゥルジック》的社会学者」を師と仰ぐジョン・アーウィン(32)は、さまざまなユース・サブカルチャーズの百花繚乱のディケードであった六〇年代を経たいま、サブカルチャー概念の再考が必要であるとして、次のように述べている。

最近のさまざまなフォーク・コンセプツの出現は、私たちをサブカルチャーの概念の再検討へと誘う。私はそうしたコンセプトを「シーン」「趣味（bag）」「お気に入り（thing）」として語っている。これらのポピュラー・ユースは、サブカルチャーが言及する現象に有意のシフトがあることを示している。社会学では一般に、サブカルチャーは社会科学者によって認識されたパターンの部分集合《サブセット》を言及するものであった。上記のメタファーとしての使用は、普通の人々が認識し、反応しているパターンの部分集合《サブセット》となってきたことを示している。(33)

そしてこうした変化の背景にはマスメディアやモビリティの発達、高等教育の普及などによる社会全体の「サブカルチュラルな多元化（pluralism）と相対化（relativism）」があり、かつて信憑されていた国民文化のようなCultureの自明性が衰退していくなかで、サブカルチャーへの帰属を自己決定できる度合いの高まりがあるという。アーウィンは、サブカルチャー（およびサブカルチュラルなアイデンティティ）を、よりアドホックに選択され、流動的に構成されうるもの——「人はより頻繁に、自身をシーンにおけるアクターとして意識する。この世は、劇場に似てきつつある」——として捉えることを主張している。(34)

何らかの非通念性ゆえに、あるサブカルチャーはその輪郭を露にしていくわけだが、社会全体の非通念性の水位が上昇している現在、人々は自身の思考や行動の準拠枠を求め、さらに新たなサブカルチャーズを生み出しているのではないだろうか。そして、どのサブカルチャーを分有しているかの多くが、人々による定義《フォーク・デフィニション》もしくは自己定義《セルフ・デフィニション》の問題である以上、サブカルチャーとは、日々の人々の相互作用のなかから同定され、構成され、変容していくものと考えるべきではないだろうか。(35)また、先ほどの「アクセスの理論？」と考え合わせるならば、各種メディアを不可分に組み込んだ都市空間や、メディア内の仮想的な空間が広がりつつある現在、メディア論の文脈でジョシュア・メイロウィッツが主張した「物理的な場所《プレース》ではない、情報への接近可能性にもとづく状況《シチュエーション》の拡大」のなかで、(36)サブカルチャーとは、そこでの人々の「状況の定義」の問題として捉え直されるべきではないだろうか。

結論を急ぐ必要はないが、とりあえずここではフィッシャーやアーウィンに代表されるような、シカゴに源流を求めるアメリカ社会学のサブカルチャー研究が、ストリートやコミュニティといった物理的な空間だけではなく、諸メディアの普及・発展の問題をいかに組み込むか、またサブカルチャーという語が、単なる学術用語《テクニカル・ターム》ではなくなった以上、「それは〇〇というサブカルチャーである」と定義する主体は誰なのか、といった問題に直面していることを確認してきた。それらをふまえながら、今度はサブカルチャーのなかでも特に若者たちのそれにスポットライトをあて、「ユース・サブカルチャーズ」の先行研究を点検しておきたい。

3 「ユース・サブカルチャーズ」とは

多種多様に、広範に存在しうるサブカルチャーズのなかでも、本書で特に照準するユース・サブカルチャーズとは何かを考えるために、まず若者（youth）と青少年（adolescent）の区別について検討しておきたい。

ジョン・スプリングホールは、古くから存在した'youth'とは異なり、イギリス社会において「一八九〇年代以前の一般的もしくは通俗的な言説における、'adolescence'という用語の不在は、人生のこのステージについての概念もしくはその現実さえも十九世紀以前にはなかったことを意味する」と指摘している。[37] 若者《ユース》がヴァナキュラーな言葉であったのに対し、青少年《アドレッセント》ないし青少年期《アドレッセンス》は、児童・青年の発達心理学的研究に足跡を残したスタンレー・ホールの一九〇四年の著書“Adolescence”以降、青少年を研究ないし保護・善導の対象とする人々によって、もっぱら専門用語して使われ始めたのである。[38]

次いで一九四〇年代には、アメリカに「ティーンエイジャー（teenager）」という言葉が生まれる。[39] 若者たちは「消費や快楽主義的《ヘドニスティック》なレジャー、無責任な放埒をめぐって、若者たち自身の価値を発展させていき」、アカデミズムの世界でも若者文化《ユース・カルチャー》の語が取り上げられ始めた。[40] そして「他から明確に区別され、はっきりと可視化されたティーンエイジ文化と、社会的タイプとしてのティーンエイジャーの出現」は、やがてイギリスへも波及し、「五〇年代と六〇

表1　若者概念の普遍的要素と特定的要素

普遍的要素	特定的要素
年齢ステイタス	社会的ステイタス（階級・ジェンダー・エスニシティ「人種」、地理的場所など）
世界的若者文化	文化的布置（ユース・サブカルチャーズなど）
義務教育	不平等な対応、機会、結果
年齢に基づく法的規定	社会的ステイタスに基づく州規則
青少年の発達	成長のための多様な生活経験と文化的規範
（大人に対する）欠如としての若者	多元性を有するものとしての若者

（出典：Johanna Wyn and Rob White, *Rethinking Youth*, Sage Publications, 1997, p.16.）

年代初期に、大西洋両側において若者問題のとらえ方としてそのピークをむかえた」[41]。

当時イギリスでは、豊かな消費社会の到来、マスメディアの普及、戦時の混乱の影響などによって「スタイルや音楽、余暇と消費へとコミットメントする新たなティーンエイジャーの「クラスレス・ユース・カルチャー」が生まれ[42]」、その「シンボルやファンタジーは、若者の成長過程におけるこのステージへの感情的なコミットメントに強い影響を与え、家族・学校・教会・身近な大人社会といったエスタブリッシュメントなもの以上に、若者たち相互でより大きな影響を与えあう傾向を、いっそう強化している[43]」。前節の議論を敷衍すれば、青少年は速やかに大人期《アダルトフッド》へと移行し、成人文化へと社会化されるべき存在であり、特定のウェイズ・オブ・ライフなどを基本的には確立・保持すべきではないとするそれまでの常識に対し、第二次大戦後先進諸国では、他から青少年と名指され、眼差され、もしくは快楽主義的な若者と非難されるだけではなく、固有の価値をもつ「若者」として自身を定義する人々が社会の前面へと登場し、「非通念的なサブカルチャーとしての若者文化」が急速に浮上していたのである。

しかし、この戦後生まれの若者文化は、その当初から決して一枚岩ではなかった。社会全域からすれば非通念的であった若者文化にせよ、その内部にさらに多くの共約不可能な分派（incommensurable cliques）を孕んでいたのである。例えば五〇年代のイギリス社会では、すでに多様なユース・サブカルチャーズが芽生えており[44]、なかでも「テディ・ボーイは、過去の伝統的な都市労働者階

図2　1953年、ロンドン・トラファルガー広場のテディ・ボーイズ（撮影ヘンリー・グラント）
（出典：Breward, Ehrman and Evans, *op.cit.*, p.115.）

級社会と、未来の増大する消費主義《コンシューマリズム》、アメリカナイゼーション、リチャード・ホガートに酷評された「綿菓子《キャンディ・フロス》のような」大衆娯楽との間をまたぐ過渡的な形態であった。逆にティーンエイジャーは、豊かさの現象であり、新たな若者《ユース》の先駆けであり、テレビや新聞よってクラスレスと描かれるが、実際はマーケット・リサーチャーと広告主の創造物でもあった」[45]。一方アメリカでは、ヒッピーの前身にあたるビート（ニクス）のような、中産階級文化からのドロップアウトを旨とするユース・サブカルチャーズも五〇年代には出現していた。ジョアンナ・ウィンらの表現を借りると、普遍的（universal）若者文化と特定的（particular）若者文化は当初から表裏一体の存在として顕現し（表1）、その特定的なユース・サブカルチャーズは、その社会全体を覆うCultureに対してだけではなく、当該社会における普遍的・一般的（general）な若者文化に対しても非通念的であった。いわば二重に分節された（articulated）存在としてそれらユース・サブカルチャーズは産声を上げたのである。

若者の表象のされ方をめぐって、ディック・ヘブディジは、ティーンエイジャー的な‘youth-as-fun’とテディ・ボーイ的な‘youth-as-trouble’の二つのステレオタイプが存在することを指摘したが[46]、前者の側面でも嗜好の違いによってさまざまな区分が存在しうるし、また一口にトラブルといってもその逸脱の仕方には多様なヴァリエーションが考えられる。戦後社会で、最も雑多なサブカルチャーを内包し、それゆえユース・サブカルチャーズという複数形でしか表現しようがない混沌ないし活況を呈した若者たちの文化は、現在では自他から「若者」と定義される人々の年齢の上下への拡大[47]や、定職や家庭をもつ大人へと至るライフ・コースの多様化・不安定化[48]、また一国の範域にとどまりえない脱文脈化・再文脈化によって、[49] 日々その様相をより複雑化させ、かつそのプレゼンスを増大させ続けている。そうした情況（conjuncture）は日本社会にも共通であるにもかかわらず、[50] 日本の戦後ユース・サブカルチャーズ史研究は、いわば巨大な空白地帯として残されている。本書はそれを埋めようとする試みだが、まずここでは、イギリスにおける、いわゆるカルチュラル・スタディーズの成果とそれへの批判を検討しておきたい。

イギリスでの展開から

ここで言うカルチュラル・スタディーズとは、バーミンガム大学現代文化研究所（The Centre for Contemporary Cultural Studies）――一九六四年から二〇〇二年。初代所長はリチャード・ホガート、六八年からはスチュアート・ホール――を拠点としたグループを嚆矢とし、全面的ではないにせよその学統に連なる批判的研究の系譜であると大まかに理解しておきたい。カルチュラル・スタディーズが取り組んだ対象は実に多岐にわたっているが、初期にはメディア研究とユース・サブカルチャーズ研究とが両輪をなしていたことは間違いない。その後者のプロジェクトは、まず『儀礼を通じた抵抗――戦後イギリスのユース・サブカルチャーズ』としてまとめられた。

その序文によれば、ハワード・ベッカーらアメリカ社会学における「（逸脱の）サブカルチャー研究」に対して、バーミンガム大学のメンバーが抱いていた違和感――「逸脱行動は、公的なレイベリング以外にも起源をもつという感覚、この落ち着かない感じ」――に、「経験的かつ理論的な実質を与えたのは、フィル・コーエンのイーストエンドの階級構造と階級文化のなかでのユース・サブカルチャーズとその生成に関する論文」[51] だったという。同書では、一九五〇年代以降ロンドン・イーストエンドの労働者階級コミュニティから多くのユース・サブカルチャーズが次々と生み出され、その一方でイギリスでも中産階級出自のヒッピーたちが登場してくる様子がヴィヴィッドに描き出されている。このようにカルチュラル・スタディーズからは、アメリカ社会学のサブカルチャー研究に対し、「階級」という視点の欠如が指摘され、逸脱や非行の社会学の多くが、暗黙のうちに（北米の）中産階級文化をゴールとしてきたことが批判されていった。

図3　1964年、治安判事裁判所の外で、警官たちが革ジャケットのロッカーズを監視している
（出典：Johnny Stuart, *Rockers!*, Plexus, 1987, p.83.）

しかし、もちろん初期カルチュラル・スタディーズでも、階級構造によってすべてが説明し尽くせると考えられていたわけではない。教育、消費（の嗜好）、世代、ジェンダー、エスニシティといったさまざまな変数の登場によって、生産や労働のあり方と直結した、狭義の階級概念からだけでユース・サブカルチャーズを理解することは、すでにこの時点で疑問符が付されていた。[52] ジョン・クラークは言う。「労働者階級のサブカルチャーの場合、その限界の一般的な源は、余暇を「相対的に階級から自由な」重要な領域であると見なす、彼らの出身文化（parent culture）の問題のある部分を、さらに強調して採用する点にある。こうした領域だけでの「解決」の提示では、サブカルチュラルな運動は、彼らが直面している矛盾を解決する「マジカルな」試みと化す」。つまり、サブカルチャーの舞台が、主として余暇や娯楽の場にある以上、いずれそのスタイルは‘marketable’なものとして、「最終的には「マス」カルチャー的・商業的現象へと至る」わけだ。[53]

次いでホールらは、『危機を取り締まる――強盗、国家、法・秩序』を上梓する。これは、六〇年代のモッズとロッカーズたち（の衝突）が、メディアや公的な機関によってどのように「フォーク・デヴィルズ」として構築され、「モラル・パニックス」視されていったのかを論じたスタンレー・コーエンの著作を前提に、[54] 七〇年代の路上強盗（mugging）をめぐる騒ぎに関して、ニュース報道に登場した政治家・専門家などの優先的定義者たち（primary definers）が、いかにして事件を黒人の若者たちへと結びつけていったかを検証している。「メディアは、状況の定義を再生産し、維持することに寄与する。その定義は、トピックが構築される最初の段階で権力（the powerful）を積極的にリクルートするだけではなく、トピックをセットアップし、ある領域に関して戦略的な沈黙を維持するというやり方を好む点でも、権力に対して好意的である」[55]。この研究が興味深いのは、ベッカーらアメリカ社会学への違和を冒頭に表明した『儀礼を通じた抵抗』に比して、「状況の定義」など「現象学、シンボリック相互作用論、エスノメソドロジカルなアイディアのキー・コンセプトやパースペクティヴを通じた理論的迂回路」[56]を、より意識的に取り入れようとした点――七〇年代後半の成果としては、ロラン・バルトやアントニオ・グラムシの影響の色濃いディック・ヘブディジの仕事のみが強調されがちだが[57]――である。

以上のような六〇年代から七〇年代の「バーミンガム学派」のユース・サブカルチャーズ研究に対しては、その内外から多くの批判がなされてきた[58]。そのポイントは、以下の八点にまとめられるだろう。

i、ユース・サブカルチャーズの担い手としての女性という視点が欠落している[59]。

ii、それぞれのユース・サブカルチャーズにおける相同性（homology）や斉一性（uniformity）のみを強調し、ユース・サブカルチャーズ間の相互浸透やその曖昧さに言及していない[60]。

iii、ある個人のサブカルチュラル・アイデンティティが、流動的・多元的・状況依存的な場合もありうる点を軽視している[61]。

iv、ユース・サブカルチャーズと敵対するだけではなく、ユース・サブカルチャーズの資源として機能するメディアの役割を見落としている[62]。

v、「過度の構造決定論（structural overdetermination）」にもとづく、階級関係や階級闘争だけをそのメルクマールとするユース・サブカルチャーズ理解では、現状にそぐわない[63]。

vi、ファッション・アイテムなど、記号体系としての特定のモノ（artifact）にだけ関心が集中し、当事者たち（subculturalists）自身の経験や身体は等閑視されがちである。[64]

vii、「若者」と呼ばれる年齢層が上下に広がりつつある現実に対応できていない。[65]

viii、特定のユース・サブカルチャーに属さない（属せない）、多くの若者たちの文化は無視される傾向にある。[66]

そして、前節のジョン・アーウィンが提起した問題は、ここでも投げかけられている。ゲイリー・クラークは、主としてヘブディジのパンクス（スタイル）の記号論的読解を俎上に載せ、次のように批判している。

> サブカルチャーズを、そのスタイルや象徴的パワーによって定義することは、ヘブディジとその仲間を、「落書きを読解し、その意味を引き出す」、諸記号を理解できる専門的記号論者の特権的地位へと祭り上げる。このことは、意志の問題や、サブカルチャーの成員が知ることの主体であるという考えを削除していく。その出発点から、若者たちにとってスタイルが持つ意味を検討するというよりは、若者の自己像《セルフ・イメージズ》は明らかに排除されている。[67]

ユース・サブカルチャーズを「「本質主義的で無矛盾的な」非常に静態的な社会的布置」[68]に押し込めることなく、認識の主体で（も）ある成員たちの存在や若者たち自身の自己像をないがしろにしないユース・サブカルチャーズ研究は、当然、「本質を発見する者」から「構築の過程を観察する者（として自らを構築しようとする者）」へと、研究者のポジションの変化を要請することになる。

こうした批判者のなかには、サブカルチャーないしユース・サブカルチャーズという語の代替案や超克のスローガンを提唱する者も多い。'scene'[69]や'neo-tribes'[70]をはじめ、'taste culture'、'clubcultures'、'bünde'、'lifestyle'、'postmodern subculture'、'post-subcultures'、'after subculture'、'beyond subculture'などがそれである。[71]たしかに一九九〇年代

以降本格化したレイヴ・カルチャー、クラブ・カルチャー（ズ）などには、初期のカルチュラル・スタディーズが対象としたユース・サブカルチャーズには見られなかった特徴が多々見受けられる。[72]前述のようにシカゴ学派の系譜にあるサブカルチャー研究には、場所やエスニシティに対する強い関心は見られるものの、世代やメディアといった問題意識は薄く、バーミンガム学派に端を発したユース・サブカルチャーズ研究にしても、階級やエスニシティ、世代への留意に比べ、メディアの多様な側面は顧慮されず、また両学派とも「非行少年サブカルチャー」を初期設定とした議論であるといった限界は否定できない。

しかし、サブカルチャーの語のフォーク・ユースに留意しながらも、あくまでもテクニカル・タームないし分析概念としてのユース・サブカルチャーズの可能性に賭し、それをより汎用性の高いものに設定し直すことでさまざまな議論を包摂しようとする本書は、ユース・サブカルチャーズを他の言葉に置き換える方策を採るものではない。[73]本書は、カルチュラル・スタディーズのユース・サブカルチャーズ研究に見られたⅰからⅷの欠点の克服をめざし、「あるユース・サブカルチャーに名前を与え、それが何であるかを定義し、その成員／非成員を判定するのは誰なのか」という問題に留意することで、あくまでも「ユース・サブカルチャーズ」研究の新たな展開を企図するものである。

4　日本での研究の現状

日本でもフィッシャーを経由したサブカルチャー（ないしネットワーク）研究[74]をはじめ、アメリカ社会学の影響を多少なりとも受けたさまざまな「下位文化（もしくは副次文化）」研究がおこなわれてきた。例えば、エスニシティ・セクシュアリティ・ジェンダー・障害・（アンダー）クラス・地域・職業・被差別・祭礼といったテーマが挙げられる。[75]なかでも青(少)年《アドレッセント》をめぐっては、教育社会学や社会病理学の立場から、学校や非行に関する研究が数多くなされてきた。こうした研究の多くは、生徒文化もしくは非行少年文化にその焦点が限定され、研究者の側からの名づけやタイポロジーが優先されており、ときには「研究者たちが分有している中産階級文化のバイアス」から自由ではないものの、精緻なエスノグラフィーも含まれており、成員側の主観的現実によく迫ったものも少なくない。

こうした青少年下位文化研究が地道に積み重ねられる一方で、より多くの読者を集め、広く世間の注目を集めたのは「若者文化論」であった。当初は青年文化研究として始まったこの領域は、[76] より享楽的な十代《ティーンエイジャー》文化の台頭や一九六〇年代の対抗文化の百花繚乱を経て、「若者」という語の使用が「青年」を凌駕していくとともに（表2）、若者文化（論）という呼称が一般的となっていった。[77] そして若者たちの非通念性は、新奇なメディアの使用、延長される若者期などそれまでの常識的なライフ・コースからの背反、教育現場や学力のあり方の変化、性行動の低年齢化、新たな家族関係や労働形態の出現などをめぐって議論されてきている。[78] なかには若者バッシングないし若者恐怖《ユースフォビア》に近い言説も流布し、[79] マーケットとしての若者（世代）論もアドホックに粗製濫造されてきた感もあるが、[80] 社会学の領域では、若者全般の変容を定点観測した成果も積み重ねられてきた。[81] だが、日本でも若者文化は、その萌芽から決して一枚岩の存在であったわけではなく、第2部で詳しく検討するように、階級・学歴・ジェンダー・地域などの要因によって多様なヴァリアントを孕んでいたにもかかわらず、[82] 本格的なユース・サブカルチャーズ研究への萌芽は、カルチュラル・スタディーズが日本へ紹介され始めて以降のことになる。

その一方で、サブカルチャーの語のフォーク・ユースは、日本でも徐々に広まっていった。六〇年代の世界的な‘Youthquake’（youthとearthquakeを合成した当時の新造語）を背景とした、若者向けの新奇なファッション・音楽・映画・美術・文学・劇画・芝居・舞踏などのさまざまな作品、さらには女性解放・神秘主義・自然回帰・学生運動・ドラッグ文化などの多様なムーヴメントは、アンダーグラウンド、対抗文化、ポップなどと呼ばれ、やがて「サブカルチュア」の語に収斂していく。[83] こうしたいわば、特定の時代に特定の世代によって担われたサブカルチュアは、やがてウェイズ・オブ・ライフとしての側面を薄れさせていき、旧来の高級文化とも大衆文化とも異なる、若者向けの表現の様式ないしコンテンツ――テレビ・ラジオ番組（特に深夜放送）、のちに「ニュー・ミュージック」と呼ばれるようになるロックないしフォーク・ソング、マンガ・アニメ、ニューシネマ、ヴィジュアル雑誌、ファッションなど

表2　「朝日新聞」の見出しに「青年」「若者」の語が登場した回数（1945年－99年）

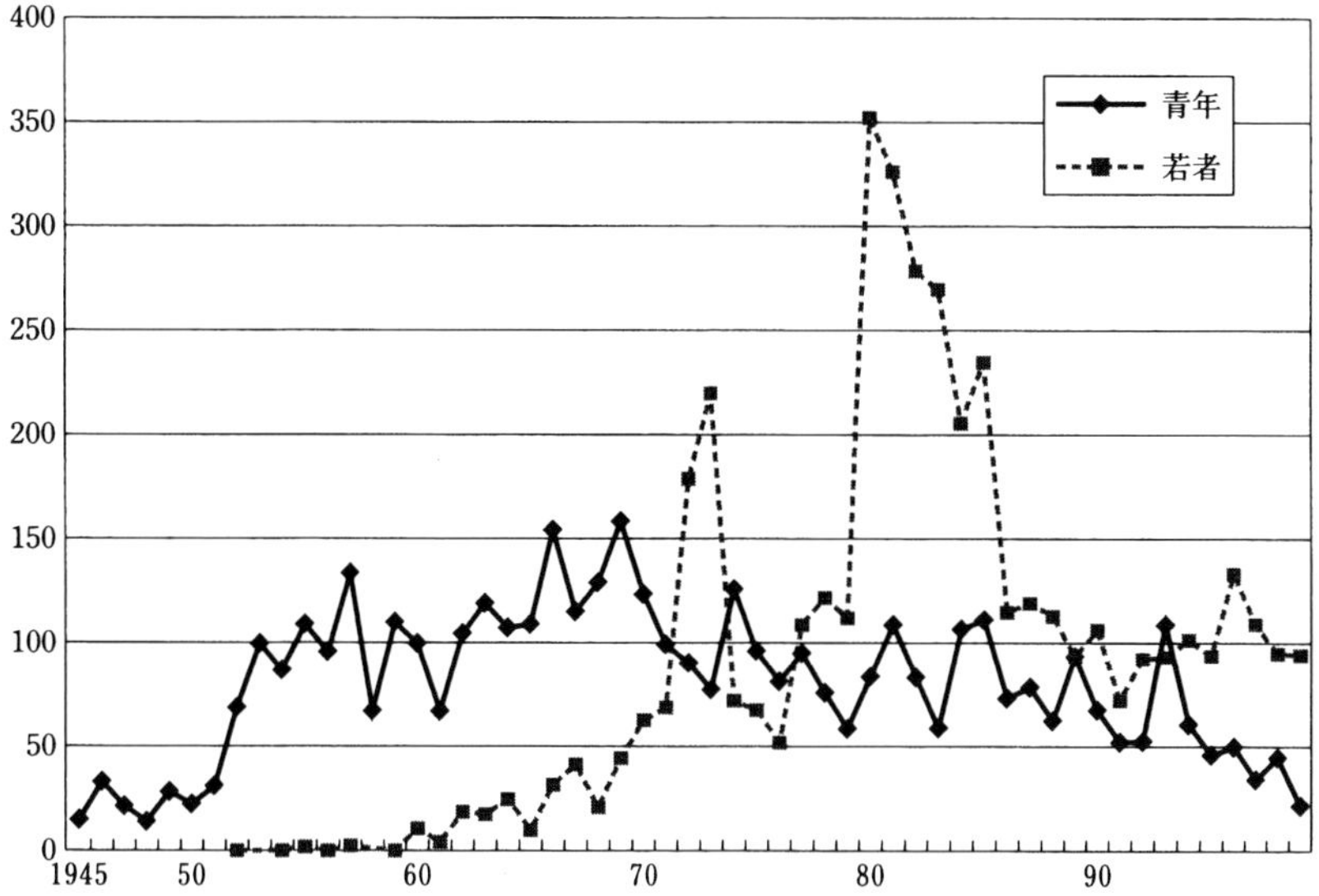

（出典：『朝日新聞戦後見出しデータベース——1945-1999』〔CD-ROM〕から）

——を指す語として、サブカルチャーと表記され、若者文化とほぼ同義に使用されるようになり、七〇年代にはその担い手として「ヤング」が浮上してくる[84]。そして、見田宗介が「マス・メディアを媒介として、子ども文化、若年層文化の全社会化がみられる[85]」と指摘したように、若年層文化としてのサブカル（チャー）は社会全域へと遍在していき、その非通念性は、個々のコンテンツの趣向の問題へと限定されていった。だが同時に、こうした若者文化の一般化・日常化・普遍化は、やはり多くの特定的なユース・サブカルチャーズを浮上させてくることにもなる。

一九九〇年代には日本へのカルチュラル・スタディーズの紹介も進み[86]、その影響を多少なりとも受けたユース・サブカルチャーズ研究——音楽、ファッション、ダンス、ストリート、カフェ、クラブ、レイヴ、スポーツ、ファンダム（fandom）などを核とするユース・サブカルチャーズを対象とした——も生み出されつつある[87]。だがこれらの研究は、海外ですでに研究対象となっているユース・サブカルチャーズの日本での展開を扱ったものも多く、それゆえ「それがユース・サブカルチャーであるか否か」や「ユース・サブカルチャーズ概念をどう定義するか」は不問に付されたまま、具体的な分析がおこなわれることも多い。そして現状では、こうした日本における特定的なユース・サブカルチャーズのカルチュラル・スタディーズの流れと、社会学での下位文化研究と、より一般的な若者（文化）論とが、ほとんど有機的に絡み合うことなく、別個の研究領域ないしスタイルとして鼎立していると言わざるをえない。

あくまでも本書の目的は、イギリス社会の文脈のなかから生まれたユース・サブカルチャーズ研究という領域を、戦後日本社会を舞台に展開するにあたり、アメリカ社会学の系譜から多くの示唆を汲み取りながら、理論的・方法論的な新たな提言を試み、それにもとづいた具体的・歴史的な把握と記述をめざす点にある。次章では第2部の下準備として、研究の視座・枠組み・方法などの点検・確認をおこなっておきたい。

注

（1）John R. Baldwin, Sandra L. Faulkner, Michael L. Hecht and Sheryl L. Lindsley eds., *Redefining Culture: Perspectives Across the Disciplines*, Lawrence Erlbaum Associates, 2005.

（2）Chris Jenks, *Subculture: The Fragmentation of the Social*, Sage Publications, 2005, p.2.

（3）トム・スティールによれば、「ウィリアムズの生涯を通じての問題であり、かつ彼に最も実り豊かな成果を生み出させたものは、文化人類学的意味での a way of life としての「文化」概念と、人々の想像力の産物、アートとしての「文化」との間の緊張関係であった」（Tom Steele, *The Emergence of Cultural Studies: 1945-65*, Lawrence And Wishart, 1998, p.182）。

（4）レイモンド・ウィリアムズ『文化と社会――一七八〇―一九五〇』若松繁信／長谷川光昭訳、ミネルヴァ書房、一九六八年、二六六―二七〇ページ

（5）レイモンド・ウィリアムズの「コモン・カルチャー」概念は、ポール・ウィリスなどによって受け継がれていくが、ウィリスの描いた一九八〇年代のコモン・カルチャーとは、若者たちのメディアの使用を中心とした文化のことであった（Paul E. Willis, *Common Culture: Symbolic Work at Play in the Everyday Cultures of the Young*, Westview Press, 1990）。本

書で言うところのサブカルチャーは、ウィリスの著作で言うならばラッズ・カルチャー（ポール・ウィリス『ハマータウンの野郎ども――学校への反抗・労働への順応』熊沢誠／山田潤訳、筑摩書房、一九八五年）や、ヒッピーやバイカーなどの「異端文化」を想定している（Paul E. Willis, *Profane Culture*, Routledge & Kegan Paul, 1978）。

（6）Stuart Hall, "Notes on deconstructing 'the popular'," in Raphael Samuel ed., *People's History and Socialist Theory*, Routledge Kegan & Paul, 1981, pp.235-238. 岡田宏介は、大衆文化研究における三つの主要な視座として、「資本制システムにおける支配的イデオロギーの閉域」としてのマス・カルチャー、「日常生活世界における対抗的イデオロギーの可能性」としてのサブカルチャー、「「ポピュラー」をめぐるイデオロギーの交渉」としてのポピュラー・カルチャーを挙げ、研究史と概念のクリアな整理をおこなっている（岡田宏介「マスカルチャー、サブカルチャー、ポピュラーカルチャー――文化理論とイデオロギー概念の変容」、ソシオロゴス編集委員会編「ソシオロゴス」第二十七号、二〇〇三年）。

（7）ディック・ヘブディジは、新たなメディア環境やポストモダンの文化情況のなかでは「競合する文化の定義として分離されていたヒエラルキー――高級文化、低級文化、マス・カルチャー、ポピュラー・カルチャー――の崩壊や、そうしたカテゴリーやそのコンテンツがもはや分離され、区別され、垂直にランク付けされえない」と論じている（Dick Hebdige, "A report on the Western front," in Chris Jenks ed., *Cultural Reproduction*, Routledge, 1993, p.74）。

（8）東浩紀『動物化するポストモダン――オタクから見た日本社会』（講談社現代新書）、講談社、二〇〇一年、八ページ

（9）橋本治「サブカルチャーの不思議」「思想の科学」一九八七年四月号、思想の科学社、三〇ページ

（10）ミルトン・M・ゴードン『アメリカンライフにおける同化理論の諸相――人種・宗教および出身国の役割』倉田和四生／山本剛郎編訳、晃洋書房、二〇〇〇年、ピーター・ラドウィグ・バーガー／ブリジット・バーガー『バーガー社会学』安江孝司／鎌田彰仁／樋口祐子訳、学習研究社、一九七九年

（11）小川博司「現代日本のサブカルチャーとは何か――支配的価値観のゆらぎの中で」、日本民間放送連盟編「月刊民放」一九九九年九月号、コーケン出版、四ページ。一方、大月隆寛は「映画その他が「サブ」だったら「メイン」はなんだ、というと、それはやはり「活字」の領域ということになるのでしょう。（略）「サブカル」とはかつての視聴覚文化といったもの言いにも親しい響きを持っています」（大月隆寛「「サブカルチャー」の来歴――真に責任ある文化をつくるために」、同誌一〇―一一ページ）と述べている。だが本書は、サブカルチャー≠視覚文化《ヴィジュアル・カルチャー》という立場を採るものでもない。

（12）Donald Cressey, "Foreword," in David O. Arnold ed., *The Sociology of Subcultures*, The Glendessary Press, 1970, p.vi. デ

イヴィッド・マッツァも、通念的文化と非行サブカルチャーとの間の漂いを問題としている（デイヴィッド・マッツァ『漂流する少年――現代の少年非行論』非行理論研究会訳、成文堂、一九八六年）。また「スケートボーダーたちは、自己同定的な価値観と外見が、通念的な行動のコードと対峙するところの、彼ら自身のサブカルチャーを創造する」（Iain Borden, *Skateboarding, Space and the City: Architecture and the Body*, Berg Publishers, 2001, p.137)。

（13）サブカルチャーを論じるとき、'*subterranean*' '*subordinate*' '*subaltern*' '*subversive*' といったニュアンスからは自由となりえないのが常だが、社会学の伝統でサブカルチャー（下位文化）研究は、決して若者やアウトサイダーだけを対象としてきたわけではない。「（a）「支配的文化《ドミナント・カルチャー》」の文脈の外に先行してあった、もしくはそこで形作られたもの。例えばホストカルチャーのなかで「サブカルチャーズ」となっていった移民グループの「文化」、もしくは包括する「支配的文化」に先行して存在し、それと共存・吸収・反発する地域的なサブカルチャー。（b）支配的文化の文脈のなかに発生するもの。これには以下の二つのサブカテゴリーがある。(i)社会的文化的構造の要求に対して肯定的に反応して出現するもの、例えば職業的サブカルチャーズ、年齢集団的サブカルチャーズ。(ii)社会的文化的構造の要求に対して否定的に反応して出現するもの、例えば非行サブカルチャーズ、宗教的な再生降臨《メシアニック・リヴァイヴァリスト》派サブカルチャーズ、政治的過激派サブカルチャーズ」（David Downes, *The Delinquent Solution: A Study in Subcultural Theory*, Routledge & Kegan Paul, 1966, p.9)。この（b）の(i)のなかには、社会的スティタスが高いとされる人々や若者以外の年代のものも含まれている（Arlie Russell Hochschild, *The Unexpected Community: Portrait of an Old Age Subculture*, University of California Press, 1973、前島賢士「銀行員の職務犯罪――銀行業界の業界下位文化と犯罪」、日本犯罪社会学会編「犯罪社会学研究」第二十六号、現代人文社、二〇〇一年、など)。「～族」ということで言えば、二十一世紀に入って最も人口に膾炙したのは「(六本木）ヒルズ族」だろうが、青年実業（ないし虚業）家たちである以上、それもユース・サブカルチャーズの一種と見なしうる。彼のIT長者や金融エリートたちに対して、先行するユース・サブカルチャーズ同様、「～族」呼ばわりが定着した背後には、やはり彼らの手法が、すぐには通念的なものとなりえないだろうという暗黙の了解、さらに言えば当該社会の規範からは逸脱しているのではないかという密かな疑念を社会の側が抱いていたからのように思われる。時代の寵児ともてはやされ、すっかりテレビ・タレントとしてお茶の間に受容され、定着したかにみえた経営者の逮捕劇は、彼らを「族」と見なし、当該社会のあくまでも「サブ」に位置づけ、有徴の存在と見なし、もっと言えばスティグマタイズしてきた「世間の狡知」が、それこそ事後的に確認された出来事であった。

（14）例えばストレイトエッジャーは、一九八〇年代北アメリカでパンク・ムーヴメントから派生したユース・サブカルチャーだが、反ドラッグなど健全かつ禁欲的な生活態度を信条とする（Ross Haenfler, *Straight Edge: Hardcore Punk, Clean-living Youth and Social Change*, Rutgers University Press, 2006）。

（15）サラ・ソーントンによれば、「主流（the mainstreams）vs傍流（the alternatives）」の構図をめぐっては、それを「支配的文化《ドミナント・カルチャー》とブルジョアジー・イデオロギーvsサブカルチャー・逸脱的前衛」と捉える伝統的バーミンガム学派やディック・ヘブディジ、「マス・カルチャーと商業的イデオロギーvsサブカルチャー・逸脱的前衛」と捉えるアンジェラ・マクロビーら、「マス・カルチャーと商業的イデオロギーvs学生文化・教育を受けた前衛」と捉えるサイモン・フリスらといった相違が見られるという（Sarah Thornton, *Club Cultures: Music, Media and Subcultural Capital*, Polity Press, 1995, pp.96-97）。

（16）Rupert Weinzierl and David Muggleton, "What is 'post-subcultural studies' anyway?," in David Muggleton and Rupert Weinzierl, eds., *The Post-subcultures Reader*, Berg Publishers, 2003.

（17）サブカルチャーとカウンターカルチャーの間に一線を画す定義の仕方もあるが（ミシェル・ド・セルトー『文化の政治学』山田登世子訳、岩波書店、一九九〇年、青木秀男『寄せ場労働者の生と死』明石書店、一九八九年、高田昭彦「サブカルチュアとネットワーキング——現代青年の特質と戦後日本の青年文化」、庄司興吉／矢澤修次郎編『知とモダニティの社会学』所収、東京大学出版会、一九九四年、など）、本書では「サブカルチャー∪カウンターカルチャー」としたい。またミルトン・インジャーは、サブカルチャーの用例を集めて、原基文化《プレカルチャー》、より大きな社会の部分文化、より大きな社会への対抗文化の三つに類型化し、この三番目を特に'contraculture'と呼ぶことを提言している（Milton J. Yinger, "Contraculture and subculture," *American Sociological Review*, 25（5）, 1960）。他にもアンダーグラウンド・カルチャー、フリンジ・カルチャー、ストリート・カルチャー、クイア・カルチャー、ファン（ダム）・カルチャー、'covert culture'、'alt. culture'、周縁文化、境界文化などの用語もあるが、それらすべては本書の採る最広義でのサブカルチャー概念に包摂されうるだろう。

（18）例えばフランスのラッパーたちの場合、フランス国民文化だけではなく、世界的なアンダークラス文化、ブラック・カルチャー、ヒップホップ・カルチャー、移民文化全般などに対するサブカルチャーとしても位置づけ可能であり、何が通念的文化かは容易に一定しない（陣野俊史『フランス暴動——移民法とラップ・フランセ』河出書房新社、二〇〇六年）。

（19）Ken Gelder ed., *The Subcultures Reader (second edition)*, Routledge, 2005, p.1.

（20）こうした立場は、のちに検討するイギリスのカルチュラル・スタディーズの流れからすれば、一見、文化をとりまく権力関係への無頓着と捉えられかねない。だが、ここで構想したいユース・サブカルチャーズ研究とは、あるユース・サブカルチャーに対して何らかのCultureが、通念的という意味で支配的なものとして現出してくる過程を追うなかで、そこに見え隠れするポリティクスを語ることなのである。したがって本書の立場は、以下の引用にあるような「支配的文化《ドミナント・カルチャー》／被支配的文化《ドミネイテッド・カルチャー》」の二項対立の図式は採らない。「私の視点からすれば、サブカルチャーズは被支配文化から生まれるのであって、支配的文化からは生まれない以上、中産階級はサブカルチャーズを生み出さないと考える」(Phil Cohen, "Subcultural conflict and working-class community," in Stuart Hall ed., *Culture, Media, Language: Working Papers in Cultural Studies, 1972-79*, Hutchinson, 1980, pp.85-86)。その時代や社会における「非通念性」をサブカルチャーのメルクマールとした場合、自身が「一般ピープル（略してパンピー）」とは違うことにステイタスを感じていた八〇年代の日本版ヤッピー「ヤンエグ」や九〇年代の「シャネラー（など特定ブランドのファン・カルチャー）」などの、より享楽的《ヘドニスティック》な消費文化のあり様も、当然一種のユース・サブカルチャーズということになってくる。

（21）Louis Wirth, "Urbanism as a way of life," *American Journal of Sociology*, 44, 1938.

（22）Albert K. Cohen, *Delinquent Boys: The Culture of the Gang*, The Free Press, 1955など。

（23）松本康「クロード・S・フィッシャーの「アーバニズムの下位文化理論」について」、クロード・S・フィッシャー『都市的体験――都市生活の社会心理学』所収、松本康／前田尚子訳、未来社、一九九六年、四〇六ページ

（24）前掲『都市的体験』四四ページ。ネルス・アンダーソンは、ワースへのオマージュともいうべき論文のなかで、「ウェイ・オブ・ライフとしてのアーバニズムは、それが大都市中心部から発生したものであったとしても都市や町に限定されるものではない。それは、行動の仕方であり、当人が村に住んでいようと、その思考や行為が非常に都会的でありうることを意味している。他方、都市の最も都会化された地域に住んでいようとも、非常に都会化でないこともありうる」と指摘している(Nels Anderson, "Urbanism as a way of life," 1959, reprinted in Nels Anderson and Raffaele Rauty eds., *On Hobos and Homelessness*, University Of Chicago Press, 1998, p.268)。

（25）フィッシャー自身のサブカルチャーへの定義は、「様式的な信念や価値や規範のセットであり、それは、より大きな社会システムや文化のなかにあって、相対的に区別される（人と人とのネットワークや諸制度のセットとしての）社会的下

位体系」（クロード・S・フィッシャー「アーバニズムの下位文化理論に向けて」、奥田道大／広田康生編訳『都市の理論のために――現代都市社会学の再検討』所収、多賀出版、一九八三年、五七ページ）、もしくは'have a common way of life'といった非常に広義なものであった（クロード・S・フィッシャー『友人のあいだで暮らす――北カリフォルニアのパーソナル・ネットワーク』松本康／前田尚子訳、未来社、二〇〇二年）。

（26）エスニシティとサブカルチャーの関係について、フィッシャーは「支配的文化からの同化のプレッシャーが強まるにつれてマイノリティ・エスニック・サブカルチャーズの存続可能性や明確さが消失していく一方で、非エスニック・サブカルチャーズがいっそう増殖し、成長して」おり、「現代社会で、飛行機や高速道路、電子的コミュニケーションなどによって人々がよりいっそうともに在ることが、新奇なサブカルチャーズの形成を加速化している」と指摘している。そして、階級やメディアといった要因がもつ意味合いの増大によって、「エスニック諸文化を支持する都会的な環境においてさえ、アメリカは二世・三世を通念的文化（the conventional culture）へと吸収し続けている」（Claude S.Fisher, "Uncommon values, diversity and conflict in city life," in Neil J. Smelser and Jeffrey C. Alexander eds., *Diversity and Its Discontents*, Princeton University Press, 1999, pp.216-219）。

（27）Claude S.Fisher, "Toward a subcultural theory of urbanism," *American Journal of Sociology*, 80, 1995, pp.549-550.

（28）*Ibid.*, p.547.

（29）かつてのように確固たるコミュニティなりサブソサエティなりが存在し、そこで分有されているものがサブカルチャーであるという説明――「サブソサエティ＝サブカルチャー」との実体化――では間尺に合わなくなった今日、サブカルチャー研究には「相互作用論的な枠組みによるサブカルチャーの再概念化」が必要であり、「文化的な要素の発生や活性化における対面的な相互作用の重要性を強調する」パースペクティヴの導入が必須となってくる（Gary Alan Fine and Sherryl Kleinman, "Rethinking subculture:An interactionist analysis," *American Journal of Sociology*, 85 (1), 1979, p.8）。他にもサブカルチャー概念の精緻化や賦活のために、社会学における相互作用論者《インタラクショニスト》の伝統を援用すべきとする論者は多い（Mike Brake, *Sociology of Youth Culture and Youth Subcultures*, Routledge, 1980, Peter Martin, "Culture, subculture and social organization," in Bennett and Kahn-Harris, *op.cit.*, Dan Laughey, *Music and Youth Culture*, Edinburgh University Press, 2006）。

（30）Cressey, *op.cit.*, p.v.

(31) David Arnold, ed., *Subcultures*, The Glendessary Press, 1970.

(32) John Irwin, *Scenes* (*City & Society*), Sage Publications, 1977.

(33) John Irwin, “Notes on the status of the concept subculture,” in Arnold, *op.cit.*, p.164.

(34) Irwin, *op.cit.*, p.167. 同論文でアーウィンは、それまでのサブカルチャーに関する主な定義・用法として、ミルトン・ゴードンの「人口の一部によって保持される文化パターンの部分集合《サブセット》」とアルバート・コーエンらの「小集団もしくは小集団によって保持されるパターンズとしてのサブカルチャー」の二つがあるが、「その保持者のマインドにおける当該概念への認知状態の問題はおおむね無視されている」と述べている。

(35) 例えば永井良和は、日本での社交ダンスの普及過程の研究を通じて、フィッシャーの諸命題に則ったかたちでの説明に魅力を感じながらも、「豊穣な具体的事実はモデルに回収されることを受けつけない」として、「下位文化が都市の公共空間で『見られる』ことによってどう変容したか」や、「都市では異質な下位文化が出会う。その出会い方が、『見る』側と『見られる』側との相互作用を通してコントロールされる」ことへと関心を集中させている（永井良和『社交ダンスと日本人』晶文社、一九九一年、二八七ページ）。

(36) Joshua Meyrowitz, *No Sense of Place:The Impact of Electronic Media on Social Behavior*, Oxford University Press, 1985.

(37) John Springhall, *Coming of Age:Adolescence in Britain, 1860-1960*, Gill and Macmillan, 1986, p.9.

(38) ジョン・R・ギリス『〈若者〉の社会史――ヨーロッパにおける家族と年齢集団の変貌』北本正章訳、新曜社、一九八五年。日本では両者をともに青年文化と訳してきた歴史があるが、本書では若者文化《ユース・カルチャー》と青(少)年文化《アドレッセント・カルチャー》とは区別して考えたい。カルチュラル・スタディーズの立場からも「心理学と社会学の間の学問領域的の分裂――「青少年」と「若者」のカテゴリーの分裂によって増大されている――と、アイデンティティへの伝統的なアプローチの優勢によって、若い人々のアイデンティティの個人化と脱文脈化のなか、それらの主体性の無視、もしくはその多元性の捕捉の失敗に結果している」という問題意識から、「まるですべての若者が同時に、同じ方法でそれを通り過ぎるものであるかのように青少年期を議論する傾向に挑む」ユース・サブカルチャーズ研究が提起されている（Ali Rattansi and Ann Phoenix, “Rethinking youth identities: Modernist and postmodernist frameworks,” in John Bynner, Lynne Chisholm and Andy Furlong eds., *Youth, Citizenship and Social Change in a European Context*, Ashgate, 1997, pp.121-126)。

(39) 「アメリカ合衆国では、一九四五年一月七日付の「ニューヨーク・タイムズ・マガジン」に載ったエリオット・E・コーヘンの「十代の権利法案（A Teen-Age Bill of Rights）」という文章が、ティーンエイジャー（teenager）という言葉を生みだしている。／だがこの言葉が社会的に拡大し認知されたのは、五〇年代になってからだった」（桜井哲夫『不良少年』〔ちくま新書〕、筑摩書房、一九九七年、一〇九ページ）

（40）Michael Brake, *Comparative Youth Culture: The Sociology of Youth Cultures and Youth Subcultures in America, Britain and Canada*, Routledge, 1985, p.40.

（41）John Davis, *Youth and the Condition of Britain: Images of Adolescent Conflict*, Athlone Press, 1990, pp.138-139.

（42）John Clarke and Tony Jefferson, "Subculture, culture and class," in Stuart Hall and Tony Jefferson eds., *Resistance through Ritual: Youth Subcultures in Post-War Britain*, Routledge, 1990, p.21.

（43）Stuart Hall and Paddy Whannel, *The Popular Arts*, Hutchinson Educational,1964, p.276. アメリカでケニス・ケニントンも、戦後のティーンエイジ市場の一層の拡大や高等教育の普及などによって、すみやかに大人へと移行しないベビー・ブーマーズと対抗文化の隆盛という六〇年代の現実を前にして、青少年期《アドレッセンス》ではすでに間尺にあわず、若者《ユース》という「この古くからある、しかし曖昧な言葉に新しい特定の意味を付与すること」を提案している（ケニス・ケニストン『青年の異議申し立て』高田昭彦／高田素子／草津攻訳、東京創元社、一九七七年、一七ページ）。

（44）例えば一九五八年時点のロンドン・ソーホー地区を描いた小説"Absolute Beginners"では、商業主義に先導されたティーンエイジャーの出現の一方で、クラブ・シーンではトラッズ（Trads）とモッズが対立し、大戦の名残の瓦礫の上で依然テッズは踊り続け、ノッティングヒルでは西インド諸島からの移民の若者たちと、白いイギリスを主張する右翼青年たちとが乱闘を繰り広げている。「相対的な経済的な自立と社会的・政治的な責任との結合」、「ファッションや音楽的な要素の折衷主義的なセットであるアイデンティティ・シグナルズのブリコラージュ」の普及、「他のマーカー（特に階級、もしくは政治的・性的な志向、ナショナルもしくはエスニックな出自、ジェンダー）の地位低下ないしは非妥当性」といった背景のもと、若者たち自身によるユース・サブカルチャーズの構築が始まっていた（Gerd Stratmann, "Absolute Beginners' and their heirs in contemporary British novels," in Gerd Stratmann, Merle Tönnies and Claus-Ulrich Viol eds., *Youth Identities: Teens and Twens in British Culture*, Universitätsverlag C. Winter, 2000, p.126）。

（45）Springhall, *op.cit.*, p191-192. エドワーディアンの上流階級ファッションを流用した「テディ・ボーイの起源は、相対的に高い賃金を稼ぐが、熟練労働へと掬い上げられていくより進んだ同輩たちやグラーマー・スクールの上昇志向からは取り残されたと自身をみなす、非熟練・半熟練の若い労働者のセクションからリクルートされたと見るべきだろう」（*ibid.*, p.202）。ティーンエイジャーとの関係で言えば、「ある晩パディントン「ボーイズ」が、ノッティングヒルからほど近い地域のユース・クラブの窓を突き破り、レンガと鉄棒で、貴族が「卓球台」と呼ぶものを叩き壊した。これは突発的な暴力であるとともに、テディ・ボーイズとユース・クラブ的な環境にある「ティーンエイジャーズ」との敵対を示す興味深い例である」（*ibid.*, p.213）。

（46）Dick Hebdige, *Hiding in the Light: On Images and Things*, Routledge, 1989, p.12.

（47）Gunilla Holm and Helena Helve eds., *Contemporary Youth Research: Local Expressions and Global Connections*, Ashgate, 2005.

（48）Andreu Lopez Blasco, Wallace McNeish and Andreas Walthereds eds., *Young People and Contradictions of Inclusion: Towards Integrated Transition Policies in Europe*, Policy Press, 2004, Carmen Leccardi and Elisabetta Ruspini eds., *A New Youth?: Young People, Generations and Family Life*, Ashgate, 2006.

（49）Vered Amit-Talai and Helena Wulff eds., *Youth Cultures: A Cross Cultural Perspective*, Routledge,1995, Sunaina Maira and Elisabeth Soep eds., *Youthscapes: The Popular, the National, the Global*, University of Pennsylvania Press, 2004.

（50）日本でも一九六〇年代にはファッションのコンセプトは「個性化」へと移行し、「自己実現」「すべての階層のファッション」「自由裁量所得と時間」「ファッションの変化の加速化とあいまいさ」といった傾向が指摘されている（大塚尚人『近代ファッション論』同文舘出版、一九七五年、二六四ページ）。普遍的・一般的な若者文化の成立と相即的に、それとの差異を主張するユース・サブカルチャーズが登場し始めていた。

（51）Hall and Jefferson, *op.cit.*, p.5. フィル・コーエンによると「上流階級の服のスタイルの、「テディボーイ」による流用（expropriation）はおおむね非熟練の肉体労働で、ルンペンに近い実際の仕事やそのライフ・チャンスと、土曜の夜の「着飾っても、どこにもいくところのない（all-dressed-up-and-nowhere-to-go）」経験との間のギャップを「覆い隠す」ものである。こうした消費とスタイルそれ自身の流用と物神化という点で言えば、「モッズ」は、終わることない週末と、月曜の退屈で未来のない仕事の再開との間のギャップを覆い隠すものである。そしてスキンヘッズは、労働者階級の服装の、典型的かつ「象徴的」（しかし、実はアナクロの）形式の復活において、またフットボールの試合への代理的な熱中、試合「結果」への「専心」によって、すでに労働者階級の大人たちの少数しか有していない「仲間意識」や階級の価値、スタイルの本質を（想像上ではあっても）取り戻そうとしている。それは、都市計画者や理論家が急速に壊そうとしているテリトリィやローカリティの感覚の「表象」である」（Clarke and Jefferson, *op.cit.*, p.48）。

（52）エスニシティの問題を重視したディック・ヘブディジや、ジェンダーの問題にスポットをあてたアンジェラ・マクロビーなど。だが、七〇年代のカルチュラル・スタディーズのユース・サブカルチャーズ研究の基調は、依然、労働者階級出自を強調するものであった（Geoff Mungham and Geoff Pearson eds., *Working Class Youth Culture*, Routledge & Kegan Paul, 1976, John Clarke, Charles Critcher and Richard Johnson eds., *Working-class Culture: Studies in History and Theory*, Hutchinson,1979）。

（53）John Clarke, "Style," in Hall and Jefferson, *op.cit.*, p. 187.

（54）Stanley Cohen, *Folk Devils and Moral Panics*, Routledge, 1972.

（55）Stuart Hall, Charles Critcher, Tony Jefferson, John Clarke and Brian Robert, *Policing the Crisis*, Macmillan, 1978, p.65.

（56）Stuart Hall, "Deviance, politics, and the media," in Paul Rock and Mary McIntosh eds., *Deviance and Social Control*, Tavistok Publications, 1974, p.297.

（57）例えばヘブディジによれば、モッズたちはスクーターに対するメーカー側の「おしゃれでフェミニンな」という意味づけ（分節化）に対し、自らの「アイデンティティ・マーカー」というまったく異なる意味づけ（再分節化）を採用したのだという。「日用品の選択を通じてだけ、モッズは自身をモッズとしてマークし、それら商品を、自身の周囲に存在する相容れないティーンエイジ・テイストの世界（テッズ、ビートニクス、のちにはロッカーズ）からの汚染を防ぐための「排除の武器」として用いた」（Hebdige, *op.cit.*, p.110）。

（58）カルチュラル・スタディーズの「サブカルチャーの「英雄」視」（Weinzierl and Muggleton, *op.cit.*, p.8）や、ユース・サブカルチャーズの「チアリーダー」に堕する危険性を指摘する声などもある（ピーター・ジャクソン『文化地理学の再構築——意味の地図を描く』徳久球雄／吉富亨訳、玉川大学出版局、一九九九年）。

（59）Angela McRobbie, "Settling accounts with subcultures," in Tony Bennett, Graham Martin, Colin Mercer and Janet Woollacot eds., *Culture, Ideology and Social Process*, The Open University Press, 1981, Angela McRobbie and Mica Nava eds., *Gender and Generation*, Palgrave Macmillan, 1984.

（60）Davis, *op.cit.*, Andy Bennett, "Subcultures or neo-tribes?: Rethinking the relationship between youth, style and musical taste," *Sociology*, 33 (3), 1999, Jeremy Gilbert and Ewan Pearson, *Discographies: Dance Music Culture and the Politics of Sound*, Routledge, 1999 など。例えばモッズとロッカーズとの交雑や（サイモン・フリス『サウンドの力――若者・余暇・ロックの政治学』細川周平／竹田賢一訳、晶文社、一九九一年）、「あるスキンズは、（フィル・コーエンら）著者たちによってモッズに限定されるものと考えられてきた「スマートネス」の価値を主張するかもしれない」(Gary Clarke, "Ski-jumpers," in Simon Frith and Andrew Goodwin eds., *On Record: Rock, Pop and the Written Word*, Routledge, 1990, p.83) といった、モッズとスキンヘッズとの共通性の指摘など。

（61）Linda Andes, "Growing up Punk:Meaning and commitment careers in a contemporary youth subculture," in Jonathan S. Epstein ed., *Youth Culture: Identity in a Postmodern World*, Blackwell, 1998, Paul Hodkinson, "The Goth scene and (sub) cultural substance," in Bennett & Kahn-Harris, *op.cit.*

（62）Angela McRobbie and Sarah L. Thornton, "Rethinking 'moral panic' for multi-mediated social worlds," *The British Journal of Sociology*, 46 (4), 1995, Weinzierl and Muggleton, *op.cit.*, Bennett and Kahn-Harris, *op.cit.*, など。例えば「五〇年代にはテッズやロックンロール・ミュージックを排除していた、より明快な階級と文化の境界は、キャッチィなザ・ビートルズの歌や、その時代のよりファッショナブルなアイコン、ミニスカート、ビバ、マリー・クアント、トゥイギーなどへの、拡大された嗜好によって、曖昧なものとなっていた。（略）ラジオの音楽は、ブリティッシュビート・ブームのときの海賊局の成功以後、広く認知され、アップデートなものとなっていった。そして七〇年代初期からは、四つのBBCチャンネル（そのレディオワンはポップ用）は、八十ほどの独立ローカル局で放送されていった」(Iain Chambers, *Popular Culture*, Methuen Publishing, 1986, pp.159-164)。

（63）Frith, *op.cit.*, Dave Laing, *One Chord Wonders*, Open University Press, 1985, David Muggleton, *Inside Subculture: The Postmodern Meaning of Style*, Berg Publishers, 2000, Tara Brabazon, *From Revolution to Revelation: Generation X, Popular Memory and Cultural Studies*, Ashgate, 2005, Rupa Huq, *Beyond Subculture:Pop, Youth and Identity in a Postcolonial World*, Routledge, 2006 など。例えば「パンクの場合、ヘブディジは、それがアートスクールの卒業生と一匹狼のファッション起業家によっても創出されたものであることを無視している」(Van Cagle, *Reconstructing Pop/subculture: Art, Rock and Andy Warhol*, Sage Publications, 1995, p.40)。

（64）Clarke, *op.cit.*, Steve Redhead, *End of the Century Party: Youth and Pop Towards 2000*, Manchester University Press,

1990, Sue Widdicombe and Robin Wooffitt, *The Language of Youth Subcultures*, Harvester Wheatsheaf, 1995, Paul Sweetman, "Stop making sense?: The problem of the body in youth/sub/counter-culture," in Sarah Cunningham-Burley and Kathryn Backett-Milburn eds., *Exploring the Body*, Palgrave Macmillan, 2001 など。

(65) Bill Osgerby, *Youth Media*, Routledge, 2004, Andy Bennett and Keith Kahn-Harris, "Introduction," in Bennett and Kahn-Harris, *op.cit.*, など。

(66) Roger Burke and Ros Sunley, "Post-modernism and youth subcultures in Britain in the 1990s," in Kayleen Hazlehurst and Cameron Hazlehurst eds., *Gangs and Youth Subcultures*, Transaction Publishers, 1998, Christina Williams, "Does it really matter?:Young people and popular music," *Popular Music*, 20 (2), 2001.

(67) Clarke, *op.cit.*, p.87. また抵抗をメルクマールとした場合、「抵抗は行為の質ではなく、行為に対する判断のカテゴリーである」(Chris Barker, *Cultural Studies: Theory and Practice*, Sage Publications, p.347) 以上、何が抵抗であり、誰がそれを判断するのかという問題が生起する。

(68) Cagle, *op.cit.*, p.38.

(69) Straw Will, "Systems of articulation, logics of change: Communities and scenes in popular music," *Cultural Studies*, 5(3), 1991, Groff Stahl, "It's like Canada reduced: Setting the scene in Montreal," in Bennett and Kahn-Harris, *op.cit.*, など。「シーン」概念は、音楽を中心としたサブカルチャーに関して用いられることが多く、とりわけポピュラー音楽研究の立場からのカルチュラル・スタディーズ批判の文脈で使用されている (David Hesmondhalgh, "Subcultures, scenes or tribes? none of the above," *Journal of Youth Studies*, 8 (1), 2005)。例えばウィル・ストローによれば、「シーンというものは、特別な集団や階級やコミュニティといったものから自動的に立ち現れてくるものではなく、積極的《アクティブ》に形成し、維持していかないかぎり潰れてしまう、いくつもの「連帯関係」やら「仲間意識」のなかから生まれてくるものである」(キース・ニーガス『ポピュラー音楽理論入門』安田昌弘訳、水声社、二〇〇四年、五二ページ)。

(70) Bennett, *op.cit.*, ミシェル・マフェゾリらのトライブ・カルチャー概念は、日本でも一部で使用されつつあるが (上野俊哉『アーバン・トライバル・スタディーズ――クラブ文化の社会学』月曜社、二〇〇五年、など)、一方、中国の若者文化を検討したジン・ウォングは、サブカルチャー概念を、パンクのオーディエンスなど抵抗・反抗と結びつけて理解するのに対し、一般的なポップ・ミュージックの聴取を「トライブ・カルチャー」として論じている (Jing Wang, "Youth

culture, music, and cell phone branding in China," *Global Media and Communication*, 1 (2), 2005)。

(71) それぞれ George Lewis, "Who do you love?: The dimensions of musical taste.," in James Lull ed., *Popular Music and Communication*, Sage Publications, 1992, Steve Redhead, Derek Wynne and Justin O'Connor eds., *Clubcultures Reader: Readings in Popular Cultural Studies*, Blackwell Publishers, 1997, Kevin Hetherington, *Expressions of Identity: Space, Performance, Politics*, Sage Publications, 1998, Steven Miles, *Youth Lifestyles in a Changing World*, Open University Press, 2000, Muggleton, *op.cit.*, Muggleton and Weinzierl, *op.cit.*, Bennett and Kahn-Harris, *op.cit.*, Huq, *op.cit.*

(72) クラブ・カルチャーに関しては、Thornton, *op.cit.*, Ben Malbon, *:Clubbing: Dancing, Ecstacy and Vitality*, Routledge, 1999 など。レイヴ・カルチャーに関しては、George McCay, *Senseless Acts of Beauty: Cultures of Resistance Since the Sixties*, Verso, 1996, Lori Tomlinson, "'This ain't no disco'... or is it?: Youth culture and the rave phenomenon," 'in Epstein, *op.cit.*, Kevin Hetherington, *New Age Travelers: Vanloads of Uproarious Humanity*, Cassell, 2000 など。ジャクリーン・マーチャントらは、バーミンガム大学現代文化研究所が対象としたユース・サブカルチャーズとレイヴ文化の違いを以下の五点にまとめている。「1、レイヴは、モッズ・ロッカー・パンクス・スキンヘッド・テディボーイなどのサブカルチャーとは違い、若者のなかでのマス・カルチュラルな現象である。2、レイヴは総体的もしくは本質的に労働者階級の現象ではない。（略）3、上記に関連して、レイヴ文化は社会の支配的文化形式への、儀礼を通じての抵抗だと理解することはできない。（略）4、（略）レイヴ文化の場合、女性は周辺的な存在ではなく、男性的な行動スタイルに支配されたものでもなく、エスニック的にも混合している。5、テディボーイ、モッズ、ロッカーズ、パンクス、スキンヘッズなどに付随するすべてのものも消費の対象であり、簡単に識別される服のスタイルを、レイヴ文化はそのなかに含んでいない」(Kenneth Thompson, *Moral panics*, Routledge, 1998, p.54)

(73) カルチュラル・スタディーズのユース・サブカルチャーズ研究への批判者に対する反論として、「サブカルチャーのポストモダン的解釈は、若い人々の創造的実践を読み解く新たな方法を提供しうるが、その「ポスト・サブカルチャーズ」、トライブ、「ライフスタイル」といった新たな概念の展開は、社会的なレヴェルにおいては、理論的な一貫性と説明力に欠ける」(Shane Blackman, "Youth subcultural theory:A critical engagement with the concept, its origins and politics, from the Chicago School to post modernism," *Journal of Youth Studies*, 8(1), 2005, p.17)、「バーミンガム大学現代文化研究所による集団中心のサブカルチャーの特徴づけは明らかに過度なものであったが、最近の修正主義者たちの理論は、流動性や混成性といった特徴の優越や強度を、同様に過度に強調するものである」（David Muggleton, "From classlessness to clubculture:A genealogy of post-war British youth cultural analysis," *Young*, 13 (2), 2005, p.217）。また『儀礼を通じての抵抗』第二版では、執筆者たちによるその後の研究史の概観や批判に対する反論が示されている（Tony Jefferson and Stuart Hall eds., *Resistance through Rituals (second edition)*, Routledge, 2006）。

（74）大谷信介『現代都市住民のパーソナル・ネットワーク――北米都市理論の日本的解読』ミネルヴァ書房、一九九五年、原田謙「非通念的な結婚観とネットワーク――非婚化・少子化の現在」、松本康編『東京で暮らす――都市社会構造と社会意識』所収、東京都立大学出版会、二〇〇四年、松本康「居住地の都市度と親族関係――下位文化仮説、修正下位文化仮説および少子化仮説の検討」、日本家族社会学会編「家族社会学研究」第十六巻第二号、二〇〇五年、など。

（75）西澤晃彦『隠蔽された外部――都市下層のエスノグラフィー』彩流社、一九九五年、岸政彦「建築労働者になる――正統的周辺参加とラベリング」、ソシオロジ編集委員会編「ソシオロジ」第四十一巻第二号、一九九六年、杉野昭博「「障害の文化」と「共生」の課題」、青木保／内堀基光／梶原景昭／小松和彦／清水昭俊／中林伸浩／福井勝義／船曳建夫／山下晋司編『異文化の共存』（「岩波講座文化人類学」8）所収、岩波書店、一九九七年、伊奈正人『サブカルチャーの社会学』世界思想社、一九九九年、小松秀雄「現代社会における都市と祭礼」、中久郎編『持続と変容――社会学論集』所収、ナカニシヤ出版、一九九九年、桜井厚／岸衞編『屠場文化――語られなかった世界』創土社、二〇〇一年、三浦耕吉郎編『構造的差別のソシオグラフィ――社会を書く／差別を解く』世界思想社、二〇〇六年、など。

（76）青年文化と若者文化の語の関係について、これまでの諸説を整理すると以下の四パターンに分類できる（柴野昌山『現代の青年』〔教育学大全集23〕、第一法規出版、一九八一年）。包含関係による①「青年文化⊇若者文化」（松原治郎「青年文化論」、松原治郎／岡堂哲雄編『現代のエスプリ別冊――青年3文化と生態』所収、至文堂、一九七七年など）や②「青年文化⊆若者文化」（前掲「サブカルチュアとネットワーキング」など）、併存をみる③「青年文化≠若者文化」（溝上慎一『現代大学生論――ユニバーシティ・ブルーの風に揺れる』〔NHKブックス〕、日本放送出版協会、二〇〇四年、など）、遷移を指摘する④「青年文化→若者文化」（中野収『戦後の世相を読む』岩波書店、一九九七年、など）。筆者の「青年文化」の捉え方は、高田昭彦の言う青年文化の三類型中の一つである「支配的文化の一部を構成しそれに組み込まれた「部分文化」」（高田昭彦「日本の青年文化の現状と暴力」、成蹊大学文学部学会編「成蹊大学文学部紀要」第三十一号、一九九六年）、ないしは二関隆美の青年文化三類型中の「青年役割文化」にほぼ等しい（二関隆美「青年文化の問題

――青年社会学のための序説」、大阪大学人間科学部編「大阪大学人間科学部紀要」第一巻、一九七五年)。だが、もちろん青年文化の現存を否定するつもりはない。学校文化論の一つの興味深い展開である「上層:生徒文化・下層:若者文化」モデルのように(大多和直樹「「地位欲求不満説」再考――上層:生徒文化・下層:若者文化モデル試論」、日本犯罪社会学会編「犯罪社会学研究」第二十六号、現代人文社、二〇〇一年)、青年文化(⊆生徒文化)は、依然ある種の若者(たちのある側面)にとっては有意味なものである。

(77)伊藤茂樹「青年文化と学校の九〇年代」、日本教育社会学会編「教育社会学研究」第七十巻、東洋館出版社、二〇〇二年。「遊び」志向であり(井上俊「青年の文化と生活意識」、日本社会学会編「社会学評論」第二十二巻第二号、一九七一年)、より消費志向である若者文化の登場に対して、ポジティヴな意味づけをする議論としては、官製である「青年」にはない「やさしさ」(栗原彬『やさしさのゆくえ=現代青年論』筑摩書房、一九八一年)や「あたたかみ」(森清『怒らぬ若者たち』〔講談社現代新書〕、講談社、一九八〇年)をそこに読み込むものなど。なお「若者→青年」という遷移に関しては、民俗学・歴史学での多大な蓄積がある。

(78)一九七〇年代以降、若者文化論はメディア論やコミュニケーション論と関連づけられて語られてきた(代表的な論者として中野収・平野秀秋・成田康昭・藤竹暁・稲増龍夫・富田英典・渡辺潤・奥野卓司・宮台真司・石田佐恵子・松田美佐・岡田朋之・辻大介・米川明彦など)。近年では、長期化する若者期をめぐって家族社会学や労働経済学の領域で議論されることが多い(代表的な論者として宮本みち子・橘木俊詔・玄田有史・本田由紀・小杉礼子など)。

(79)青少年ネガティヴ・キャンペーンとして内藤朝雄は、パラサイト、ひきこもり、ニートなどの「なさけな系言説」と、太陽族、キレる〇〇才、バトル・ロワイヤルなどの「凶悪系言説」を挙げている(内藤朝雄「「構造」――社会の憎悪のメカニズム」、本田由紀/内藤朝雄/後藤和智『「ニート」って言うな!』〔光文社新書〕所収、光文社、二〇〇六年)。こうした言説の供給者として、七〇年代以降は精神分析医(小此木啓吾・加賀乙彦・野田正彰・大平健・福島章・香山リカ・斎藤環など)が起用されることが多い。

(80)城戸秀之「消費記号論とは何だったのか」、小谷敏編『若者論を読む』所収、世界思想社、一九九三年、植村貴裕「マーケティング時代の「若者論」と若者たち」、同書所収

(81)高橋勇悦を中心とする研究会の一連の著作。最近では、浅野智彦編『検証・若者の変貌――失われた十年の後に』勁草書房、二〇〇六年、岩田考/羽淵一代/菊池裕生/苫米地伸編『若者たちのコミュニケーション・サバイバル――親密さ

のゆくえ』恒星社厚生閣、二〇〇六年、など。

(82) 日本新聞協会／国立国語研究所『青年とマス・コミュニケーション』金澤書店、一九五六年、吉澤夏子「性のダブル・スタンダードをめぐる葛藤」、青木保／川本三郎／筒井清忠／御厨貴／山折哲雄編『女の文化』(「近代日本文化論」8)所収、岩波書店、二〇〇〇年、阪本博志「戦後日本における「勤労青年」文化――「若い根っこの会」会員手記に見る人生観の変容」、京都社会学年報編集委員会編「京都社会学年報」第八号、二〇〇〇年、阪本博志「一九五〇―六〇年代の勤労青少年に関する研究の現状と展望――大衆娯楽雑誌を手がかりにした研究に向けて」、京都社会学年報編集委員会編「京都社会学年報」第十二号、二〇〇四年、など。「〈若者〉や〈若者文化〉はずっと存在していたわけではない。そこそこにバイトをすれば大学に通い続けることが可能になって、五〇年代の学生のように学業か生活かのきびしい選択を避けられるようになったときに、〈若者〉が誕生したのである。女性を抜きにして青春について語りうる時代が終わった時に、〈青年〉から〈若者〉への言葉の地滑りが生じたのである。(略)三派全学連も、フォークソング・ゲリラも〈若者文化〉の一表現と言えたかもしれない」(海老坂武『かくも激しき希望の歳月――一九六六～一九七二』岩波書店、二〇〇四年、二六一ページ)といった観点からは、あくまでも学生中心の若者文化像しか視野に入ってこない。

(83) こうした六〇年代の時代精神を背景とした「サブカルチュア」は、多くのミニコミや「アングラ」メディアによって支えられていた(奥野卓司『ボクたちの生態学――紙ヒコーキは青い雲に出会ったか』ダイヤモンド社、一九七三年)。本書は、六〇年代的な「サブカルチュア」だけがサブカルチャーだとするものではなく、あくまでも「サブカルチャー＝若者文化＝ユース・サブカルチャー」という立場をとる(深作光貞「世界のサブカルチュア」「思想の科学」一九七五年四月号、思想の科学社)。一九七一年から七二年にかけて「YTVレポート」(讀賣テレビ)誌に連載された特集「サブカルチュアのメイン化」シリーズに見られるように、「サブカルチュア」は雲散霧消していく運命を辿るが(山田真茂留「若者文化の析出と融解――文化志向の終焉と関係嗜好の高揚」、宮島喬編『文化』(「講座社会学」7)所収、東京大学出版会、二〇〇〇年)、それをもってユース・サブカルチャーズの終焉とはみなさない。

(84) 坂田稔『ユースカルチュア史――若者文化と若者意識』勁草書房、一九七九年。「現代若者論――のり子とサメ男の時代」(「アクロス」一九八四年七月号、PARCO出版)によれば、「「ヤング」が登場するのは学園紛争直後の一九七〇年(昭和四十五年)である。(略)「ヤング」は、紛争後シラケてしまった若者を指した。大人社会にしてみれば反抗するYoung Powerも驚異だが、シラケて体制から逸脱しだした「ヤング」はもっとわけがわからない。七〇年代の初頭に十五

〜二十五歳の層を「ヤング」と呼ぶ言い方は、マスコミでアッという間に普及する。当時のヤング談義には紛争時の若者のほうがまだしも理解できた、というようなトーンがある」。
(85) 見田宗介『新版・現代日本の精神構造』弘文堂、一九八四年、二〇九ページ
(86) 一九九六年に東京大学社会情報研究所(当時)とブリティッシュ・カウンシルの共催によって「カルチュラル・スタディーズとの対話」と題したシンポジウムが開催されたが、ユース・サブカルチャーズ関連のワークショップは設けられなかった(花田達朗/吉見俊哉/コリン・スパークス編『カルチュラル・スタディーズとの対話』新曜社、一九九九年)。
(87) 小林義寛「テレビ・アニメのメディア・ファンダム――魔女っ子アニメの世界」、伊藤守/藤田真文編『テレビジョン・ポリフォニー――番組・視聴者分析の試み』所収、世界思想社、一九九九年、新谷周平「ストリートダンスからフリーターへ――進路選択のプロセスと下位文化の影響力」、日本教育社会学会編「教育社会学研究」第七十一号、二〇〇二年、水野英莉「スポーツと下位文化についての一考察」、京都社会学年報編集委員会編「京都社会学年報」第十号、二〇〇二年、田中研之輔「「若者広場」設置活動にみる都市下位文化の新たな動向――「土浦駅西口広場」設置を求める若年層の諸実践から」、関東社会学会編「年報社会学論集」第十七号、二〇〇四年、南後由和/飯田豊「首都圏におけるグラフィティ文化の諸相――グラフィティ・ライターのネットワークとステータス」、日本都市社会学会編「日本都市社会学年報」第二十三号、二〇〇五年、大山昌彦「下位文化におけるポピュラー音楽の消費・再生産・変容――茨城県A市における「ロックンロール」の実践を中心に」、三井徹監修『ポピュラー音楽とアカデミズム』所収、音楽之友社、二〇〇五年、渡辺明日香『ストリートファッションの時代――今、ファッションはストリートから生まれる。』明現社、二〇〇五年、三田知実「グローバル都市における消費下位文化の実践過程――東京南青山「独立系カフェFavela」を事例として」、広田康生/町村敬志/田嶋淳子/渡戸一郎編『先端都市社会学の地平』所収、ハーベスト社、二〇〇六年、石渡雄介「サブカルチャーによる脱テリトリー空間の生成とその意味づけ――宇田川町におけるクラブカルチャーのスポットとネットワーク」同書所収、高橋豪仁「プロ野球施設応援団の下位文化研究」、日本体育学会編「体育学研究」第五十一号、二〇〇六年、東園子「女同士の意味――「宝塚」から読み取られる女性のホモソーシャリティ」、ソシオロジ編集委員会編「ソシオロジ」第五十一巻第二号、二〇〇六年、小泉恭子『音楽をまとう若者』勁草書房、二〇〇七年、吉見俊哉/北田暁大編『路上のエスノグラフィ――ちんどん屋からグラフィティまで』せりか書房、二〇〇七年、伊藤公雄/金水敏編『イメージとしての〈日本〉』大阪大学21世紀COEプログラム「インターフェイスの人文学」、二〇〇七年、など。

第2章

諸状況としてのユース・サブカルチャーズ

1 アーヴィン・ゴフマンの視点から

ここまで述べてきたように、現在ユース・サブカルチャーズ研究には、（1）多様な「サブカルチャー」概念が並存し、各学問領域《ディシプリン》もしくは学派《スクール》ごとに研究成果が、交流のないままに分散している、（2）メディアの発展やユース・サブカルチャーズの担い手としての女性の台頭といった環境変化に十全に対応できていない、（3）ユース・サブカルチャーズの成り立ちを、その成員の所属階級や都市への人口集中などからのオートマティックな帰結として説明する傾向があり、当事者の「生きられた経験」に迫りえていない、といった指摘とともに、（4）そもそも「それは○○（というユース・サブカルチャー）である」と定義するのは誰なのか、その定義権は研究する側に特権的に与えられているものなのか、という根本的な疑義が突き付けられているのである。親族関係・年齢階梯・世代・地域・身分《カースト》・階級・人種・宗教・エスニシティ・ジェンダーなどの、さらには学歴・職業などにもとづくアイデンティティのもつ意味合いが、個別にはさまざまな再編・強化の動きがあるものの、全般的には低下していくなかで、若者としてあること、さらにはどのような若者として自他からカテゴライズされるかという問題の重要性が、当事者たちの間で相対的に高まってきているのである。(1) ユース・サブカルチャーズ研究を現状により即したアップ・トゥ・デイト

図4　1950年代、ホットロッド・ショウにて
（出典：David Fetherston, *Sixty Years of Hot Rod Photo Memories*, Fetherston Publishing, 1995, p.25.）

なものにするために、本章ではアルフレッド・シュッツ以来の現象学的な社会学の流れ——なかでも「状況の定義（the definition of the situation）」をめぐる議論——を振り返ることから始めたい。

周知のように状況の定義は、「もし人がある状況をリアルだと定義したならば、その結果としてその状況はリアルとなる」というウィリアム・トマスの公理に端を発し、その後主としてシンボリック相互作用論の流れのなかで検討されてきた。そして一九六〇年代後半ハロルド・ガーフィンケルやピーター・バーガーらの主著が相次いで出版され、シュッツ再評価の機運が高まるなか、「「行為者《アクター》の視点」と「状況の定義」の考えは、社会学において焦点とされるべき、中心的な領域となってきた」[2]。こうした動向のなかから、行為者の側からの「カテゴリー化」や「類型化（typifications）」の問題に取り組む「認知社会学」の系譜が登場してくる[3]。

エスノメソドロジーでは、ハーヴェイ・サックスが、'hotrodder' と呼ばれる改造車ないしドラッグレース・マニアを取り上げ、「「ティーンエージャー」というカテゴリーと「ホットロッダー」というカテゴリーの大きな違いは、「ティーンエージャー」はおとなが管理するカテゴリーである」点にあり、一方ホットロッダーというカテゴリーは、「運転している誰かが、どのカテゴリーのメンバーなのか、またメンバーの資格としてどんなことが必要なのかを識別するのは、ほかならぬ彼ら（一緒に乗っている若者たち）だということである。すなわちサンクションをあたえることができるのは彼らだということである」と論じている[4]。こうしたホットロッダーというユース・サブカルチャーの場合、五〇年代アメリカ社会において、若者の典型としてのティーンエイジャー像がより第一義的《プライマリィ》に存在するがゆえに、ホットロッダーたちの非通念性が、人々の意識に浮上してきたのである。つまり、一般的・常識的な若者への定義づけに対して、ホットロッダーたちの間でだけ、「それはホットロッド（文化の産物）である」「われわれはホットロッド的である」といった定義が共有されており、当初ホットロッダーと非ホットロッダーとはまったくの異文化状態にあったために、ホットロッドはその社会の自明性――エスノメソドロジストたちが追求し続けている「背景知・日常知」[5]――に対し、サックス言うところの「革命的カテゴリー」であったわけだ。だが、ホットロッドに対する世間の理解が進むにつれ、ホットロッダーではない（その状況への）参加者やマスコミなどによっても、「それはホットロッドである」と容易に同定されるようになれば、やがてそれは、徐々に当該社会でより通念的な状況定義のなかへと埋没していくことになる。

　このサックスの議論には、「まず第一に私たちが扱っているのは、集団ではなくカテゴリーであることだ」[6]との指摘や「カテゴリー化の自己執行（self-enforcement）」といった概念など、傾聴し、受け継ぐべき点は多々ある。だがサックスの早世もあって、その後エスノメソドロジーからの、ホットロッド・カルチャーなどユース・サブカルチャーズへのまとまった言及は見当たらない。サックスの講義や論文にしても、若者たちの会話分析を通じて、ホットロッド（ないしホットロッダー）というカテゴリーが起動するまさにその瞬間を捉えようとした試みは、たいへん刺激的ではあるが、ホットロッドとは何か、誰がホットロッダーであるかの問題は、特定の車種（に関する共有知識）をめぐる成員間の発話のみに還元、ないしはそこからだけ敷衍できるものではあるまい。『儀礼を通じた抵抗』の序文にあった「落ち着かない感じ」が、ここでも生起されてしまうのである。例えばホットロッダーの最も有名な表象は、映画『アメリカン・グラフィティ』の登場人物ジョン・ミルナーだろうが、ジョンにしても白人・スポーツマンタイプ・労働者階級――少なくとも東部の大学へと旅立とうとするカートやスティーヴと異なり、田舎町に残り続ける――といったその属性抜きには、ホットロッダーとして自他から認められなかったであろう。またサックスは、ホットロッドをめぐるB級映画や専門誌などのメディアが、ホットロッダー像を構築・流布・定着させていた点にも言及していない。[7]

　こうしたサックスらを嚆矢とする会話分析、とりわけ「成員カテゴリー化（装置）分析」のユース・サブカルチャーズ研究への適用可能性は否定できないが、本書は、エスノメソドロジストたちの「いま、ここ」への専心とは異なり、「過去にあったであろうどこか」の歴史（学）的な探査をめざすものである。[8] 当時のユース・サブカルチャーズにまつわる会話データを収集・精査することが不可能である以上、そのカテゴリーが作動したであろう状況を、雑多な文献資料やフッテージなどをもとに推測し、想像し、復元していかざるをえない。「われわれはホットロッダーズ（なるユース・サブカルチャー）である」という定義が成り立っている状況には、さまざまな属性を帯びた、もしくは多様な側面を負った諸身体や、それらの間の相互作用《インタラクション》――生身の身体による対面的な会話だけには限られない――がなされた場（occasions）のあり方など、有形無形のものの総体が内包されている。[9] こうした「状況の定義」を「行為者の視点」から考えるにあたり、アルフレッド・シュッツの社会学に呼応したさまざまな研究のなかでも、本書では特にアーヴィン・ゴフマンの“*Frame Analysis: An Essay on the Organization of Experience*”を取り上げ、日本の戦後社会におけるユース・サブカルチャーズを考える際の参照点としておきたい。[10]

ゴフマンとその著作の社会学史的な位置づけ、[11] とりわけその最大かつ最難解の著作である*Frame Analysis*に関しては、これまでさまざまに議論がなされてきたが、[12] 本書の立場は、ゴフマンをマクロ・レヴェルの問題をも視野に入れた、体系的社会理論家――「何よりも、共在の理論家であって、小集団の理論家ではない」[13]――と評価し、なかでも*Frame Analysis*をその最も体系的な著作としたアンソニー・ギデンズの見解に基本的に従うものである。そして、ここで*Frame Analysis*を選択した理由としては、①*Frame Analysis*の主題は、先述の「それを○○（というユース・サブカルチャー）であると定義するのは誰なのか」という課題と深く関連している、[14] ②文化をコンテンツの問題としてだけ捉えず、○○（なるユース・サブカルチャー）というカテゴリーを生成し、使用し、体現し、変転させていく人々の側へと引き付けて考えようとしたとき、有体（corporeal）の観察者であり、叙述家であり、理論家であるゴフマンは適合的である、[15] ③ゴフマンは通常、微視的社会学者《ミクロ・ソシオロジスト》とみなされがちだが、*Frame Analysis*は、対面的な相互作用の場にとどまらず、ユース・サブカルチャーズを当該社会のなかに位置づけるための方法的な示唆に富む、[16] ④ゴフマンの自己《セルフ》や現実《リアリティ》をめぐる議論は、非常に先見性に満ちたものであり、ユース・サブカルチャーズの現状を考えるうえで有用な視点や記述概念を多く含んでいる、などの諸点をここでは挙げておきたい。

では、そのフレーム・アナリシスとは何なのか。

端的にいえば、先述来の「状況の定義」問題に関するゴフマンなりの解答――frameという用語は、状況定義とイコールと考えて差し支えない――であり、彼の社会学がつねに状況的（situational）なものであったことへの証左である。(17)

> 私のパースペクティヴは、状況的なものであり、その意味するところは、ある個人が、ある特定の時点――しばしばの特定の個人を含むが、相互にモニタリングしあう対面的集まりのアリーナに限定されない――に意識を向けうることへの関心である。その個人は、そうした何らかの目下の状況に出くわしたとき、ある状況におかれた個人は、「ここで進行しているのは何か」という疑問に直面するだろう。(18)

あるユース・サブカルチャーをその成員個々やその集団へと還元するのではなく、複数の人が共在する状況で「これは○○（というユース・サブカルチャー）である」「この身体（群）は○○（なるユース・サブカルチャー）を分有するものである」といったカテゴリーがどのように生成し、そして作動するのかをまず注視する、というのが本書の基本的なスタンスである。人はつねにあるユース・サブカルチャーの成員でありつづけるわけではなく（少なくとも常時メインのアイデンティティとしつづけることはなく）、「いまここにあるわれわれは○○である」と成員間で、さらには成員外からも同定されうる状況において、なにがしかのウェイズ・オブ・ライフを共有しているのである。

では、人は随時、任意に状況を定義できるのだろうか。ゴフマンは、そうは考えない。

> 私たち西洋社会の個人がある事象《イヴェント》を認識しようとするとき、その人は何をなすときにも、一つないしは複数の解釈の枠組・図式――それは一次的と呼びうるような種類のもの――を採用するのである。私が一次的というのは、こうした枠組ないしはパースペクティヴの適用が、何らかの先行する、オリジナルな解釈に依拠したり、立

ち戻ったりすることなしにおこなわれているように見えるからである。（略）一次的枠組（primary framework）は、その使用者に無限にも見える具体的な出来事を位置づけ、知覚し、同定し、そして言葉で定義、レイベリングすることを可能にしている。人は往々にしてこうした、一次的枠組が持つ経験の組織化の特徴に気づいておらず、また一次的枠組とは何かを完全に述べることはできないが、しかしこのことはその容易かつ十全な適用の障害とはならない。[19]

ゴフマンのフレーム概念を、‘frame-as-structure’ と ‘frame-as-use’ の両義性として捉えたスティーヴ・クルックらの表現を借りれば、[20] この一次的枠組はより「構造としてある」ということになるだろう。多くの場合、われわれは当該社会でより常識的なものとして存在する一次的枠組に従い、その状況をほぼオートマティックに定義している。そしてゴフマンは、この一次的枠組は自然的枠組（natural framework）と社会的枠組（social framework）とに区別ができ、前者がより「誰からも指示されず、方向づけられず、後押しされず、ガイドされない「純粋に物理的な《フィジカル》」出来事として同定される」のに対し、後者はその事象の背後にある誰かの意志・意図などの理解を提供する、と述べている。[21]

だがこの一次的枠組に、*Frame Analysis* の議論の焦点があったわけではない。一次的枠組による状況定義が書き換えられていくフレームの転調（transformation）にこそゴフマンの関心はあり、なかでもその状況に関わる者たちが新たな定義を共有し、フレームを更新していく keying の具体的様相のタイポロジーこそが、*Frame Analysis* の主題であった。[22] シュッツらの言う「至高の現実」とは異なり、[23] 一次的枠組は、当該社会ではさしあたりプライマリィな状況定義でしかない。また彼の言うフレームとは、スキーマやスクリプトといった語と代替可能な、‘in mind’ の認識枠組だけを指しているのではなく、あくまでもその状況に埋め込まれ、織り込まれたものであり、その状況上に存在する人間の身体を含めた、さまざまな物理的なマテリアルや空間と不可分なもの、その状況に共在する人々の ‘in activity’ において現出・維持・破棄・更新されるものとして捉えられている。

これまでのユース・サブカルチャーズをめぐる議論に引き付けて考えるならば、「（社会的に構築された概念である）

「若者」（という呼称が適用されるべき人々）が複数名そこに共在している（それはありがちなことだ、健全なことだ、胡乱なことだ、警戒すべきことだ、微笑ましいことだ、etc.）」という社会的枠組にもとづく状況の同定を前提に、さらにそこから状況への参加者たちによって、特に「これ（ここにある人々）は〇〇である」という定義——その若者たちからみれば「この状況は、単なる若者の共在ではなく、われわれはあえて名指すべき〇〇である」、その若者たち以外の参加者からみれば「あの人たち（あいつら）は、あえて名指されるべき〇〇である」——へと転調していくこともありえるわけだ。このフレーミングの過程、その動態こそが、ここでユース・サブカルチャーズとして考えたい事柄なのである。

こうした「フレーム」「（リ）フレーミング」「（リ）キーイング」「一次的枠組」といったごく基本的な概念の説明だけで約百ページを費やした *Frame Analysis* は、そこからさらにさまざまな用語を派生させていき、膨大な事例・資料の引用を重ねながら、総ページ数六百弱に上る大著となっている。その全容の解説は措くとして、ここではユース・サブカルチャーズの分析や記述に有用な用語体系に絞ってピック・アップし、それら用語の具体的な様相を示すために、副題にまさに'a way of life'とある映画『クアドロフェニア（四重人格）』（邦題『さらば青春の光』）を中心に、六〇年代イギリスに端を発したモッズ・カルチャーを例にとって紹介しておきたい。

一九五〇年代後半からアート・スクールの学生など、イタリアないしフランス風のファッションや、アメリカのジャズやソウル、ジャマイカのスカなど黒人音楽を愛好する若者たちがロンドン・ウエストエンドに集まりはじめ、そのインターナショナルかつユニセックスなスタイルは、やがて労働者階級（出自）の若者たちの一部にも受け入れられていく。[24] そして、六二年頃にはスリムなシルエットのスーツにカーキ色のパーカーをはおり、イタリア製スクーターにまたがるモッズたちが多くのメディアに取り上げられるようになり、『クアドロフェニア』に描かれた六四年のモッズ対ロッカーズの一連の抗争の頃、ブームはピークをむかえる。モッズの文化《ウェイズ・オブ・ライフ》を事細かに再現したこの映画の封切り[25]によって、またモッズが愛した音楽やファッションに影響を受けた「ブリット・ポップ」のスターたちの活躍によって、その後もモッズをめぐるユース・サブカルチャーズは、数度のリヴァイヴァルを経てきている。

もちろん『クアドロフェニア』にしてもリアルタイムに撮影されたドキュメンタリー・フィルムではなく、十数年を経ての回顧である以上、かつての経験の再組織化であり、状況の再定義である点は否めない。年月を経た分、またいわゆる「スクーター・モッズ」に照準したため、よりステレオティピカルなモッズ像の呈示となってもいる。だがモッズは、ユース・サブカルチャーズの発生・展開・消滅・再生のプロセスの一つの典型的な事例であり、多くのユース・サブカルチャーズを考察・記述していくうえでの雛型を提供しうる、好個の素材であることは間違いない。他の研究や資料とつきあわせながら、この映画にそって「これはモッズ（なるユース・サブカルチャー）である」というフレームの挙動について検討しておきたい。

“Quadrophenia: A Way of Life”と*Frame Analysis*の用語体系《ターミノロジー》

「それはモッズである」というフレーム

映画『クアドロフェニア』（一九七九年）は、イギリスの代表的なモッズ・バンドとして知られるザ・フーのアルバム『クアドロフェニア』（一九七三年）の映画化であり、モッズ（スクーター・ボーイズ）とロッカーズ（バイカーズ）の対立――特に一九六四年五月の週末に南イギリスのリゾート地ブライトンで起きた暴動――を題材とした作品である。[26] 主人公のジミーは、ロンドンの広告代理店でメール・ボーイとして働き、労働者階級の典型的な住居であるテラスハウスに両親・姉と同居している。[27] 彼の最大の関心事は、モッズ仲間の間で一目置かれる顔役（face）になることと、スーパーマーケットでレジ打ちをしているステフ。そして、今度の週末にモッズが集まるブライトン――タブロイド紙やラジオのニュースは、モッズ対ロッカーズの抗争（の予兆）をセンセーショナルに報道している――にどんなスーツを着ていけばいいか。ジミーはフェイスとなり、ステフの気を引くためには、モッズ仲間のデイヴやチョーキーとともに、薬局からドラッグを盗み出すことも辞さない。ブライトンでは案の定、モッズとロッカーズが衝突し、そのさなか、ジミーはステフと想いを遂げ、スティング演じるAce Faceの知己を得るが、警察に検挙され略式裁判にかけられる。高揚した週末が終わり、ロンドンに戻ったジミーを待っていたのは、両親からの閉め出し、無断欠勤ゆえの解雇、ステフをデイヴに奪われ、自慢のスクーター（Lambretta）を事故で大破するという過酷な出来事ばかり。列車で再度ブライトンへと赴き、街をさまようジミーの目に、ホテルの脇に停められたAceのスクーター（Vespa）が飛び込んできたが、平日のエースはベルボーイとして上流階級の紳士に頤使される存在にすぎなかった。すべてに失望したジミーは、盗んだヴェスパを駆って、ブライトン郊外の海沿いの崖の上を疾走する……、というのがこの映画の粗筋である。

ロンドンのたまり場などでの共在の状況のもと、「それはモッズである」という定義が確認——まさにブライトンでジミーたちが隊列を組んで唱えた'we are mods, we are mods, we're, we're, we're mods.'——されていたわけだ。*Frame Analysis* の用語で言えば、何らかの合図（cue）によって時間的に前後を限定され、かつ何らかの括弧（bracket）によって空間的に区切られた状況で、「参加者（participants）がその活動（activity）によって保持される、意味ある世界（universe）へと入りえていると感じる限り、それは領野（realm）と呼びうるものになる」[28]。そして、そのモッズとしての世界や領野を維持するためには、さまざまな用具（materials）や資源（resources）が必要となる[29]。それには参加者の身体はもとより[30]、さまざまな舞台設定（setting）やモノ（artifacts）、guided doing（そのフレーム下では当然そう振る舞うよう導かれる行為）などが含まれており、なかでも特にその領野へと人を強く誘い、没頭させる資源をゴフマンはengrossables（没入を可能ならしめるもの）と呼んだ。こうしたさまざまなエングロッサブルズは、誰もが、いつ、いかようにでも任意にフレームが設定できるわけではなく、それぞれの状況（への定義）が一定の現実味を帯びるためには、それらエングロッサブルズの物理的な存在が必要であることを示している。フレームはイン・マインドでの単なるファンタジーではなく、環境世界（environing world）へと埋め込まれ（embedded）、投錨されている（anchored）のである。

図5　1964年、ロンドン・カーナビィストリートにたむろするモッズ
（出典：Ted Polhemus, *Street Style*, Thames &Hudson, 1994, p.50.）

モッズ・フレームを成立・維持させる道具立てと身体

映画に即して話を進めると、「それはモッズである」の始まりの合図は、週給の入った茶封筒を受け取り、同僚との「ナイス・ウィークエンド」と交わす挨拶、もしくはモッズ番組“Ready, Steady, Go!”（一九六三年から六六年、金曜夕方ITVで放送）からの‘5, 4, 3, 2, 1, the weekend starts here!’という呼びかけである。空間的には、スクーターで隊列を組んでの移動によって、徐々にフレームへの没入の度合いは高まっていき、眼下にブライトンの街と海が広がった時点で、ある閾値を超えていく。自身がモッズであることを呈示、演出するためには、さまざまに飾り立てたスクーター、アンフェタミン系のドラッグ（による一晩中の高揚）とドラッグ連用にともなう常にガムを噛む習癖、スリムなシルエットのイタリアン・スーツ——この週末のために仕立てたスーツを、ジミーはステフに「三つボタン、サイド・ヴェント、十六インチのボトムズ、色はダーク・ブラウン」だと自慢する——や、わざわざ濡らしてより細身にしたリーヴァイス、軍放出のパーカー・ジャケット、小まめに床屋に通い、頻繁に梳られる短髪、ときにはメイクも施す小ぎれいな外見（appearance）、リズム&ブルースなど音楽への嗜好、特定の踊り・身振り・ポーズや訛り・話法・隠語[31]——映画中の台詞にも、モッズ愛用のドラッグである「パープル・ハーツ」「フレンチ・ブルー」や、ロッカーズの別称かつ蔑称である‘greaser’などが使用されている[32]——を実践する参加者の身体などが活用される。

フレームへの参加者に関して、ゴフマンは三つの位相で問題にした。「役割（role）権利と役柄（character）権利、特定のフレームの適用への参加の権利と、そうした適用おける特定のやり方への参加の権利という二つの問題が存在する」[33]とあるように、役割―役柄関係はフレーム内の問題であるのに対し、「「パーソン」という語は、生活誌《バイオグラフィ》の主体への言及」[34]であり、パーソン―役割関係は、あるフレームがその環境世界にいかに投錨されているかの問題である。パーソンとしては、イーストエンドなどの労働者階級コミュニティを出自としながらも、主にサービス業などの非ブルーカラーの職業——専門職・管理職ではないが、昔ながらの熟練肉体労働者《マニュアル・ワーカー》でもなく、ロッカーズのように半熟練・非熟練肉体労働者たちでもない——に従事するといった属性を負うジミーたちが、カーナビィ・ストリートやサヴィル・ロウなど、ウエストエンドのソーホー一帯にくりだすことで、「それはスウィンギング・ロンドンの主役たる享楽的な「若者」たちである」というフレームに参与し[35]、その「若者」という役割のなかでもモッズという役柄を演じていたのである。

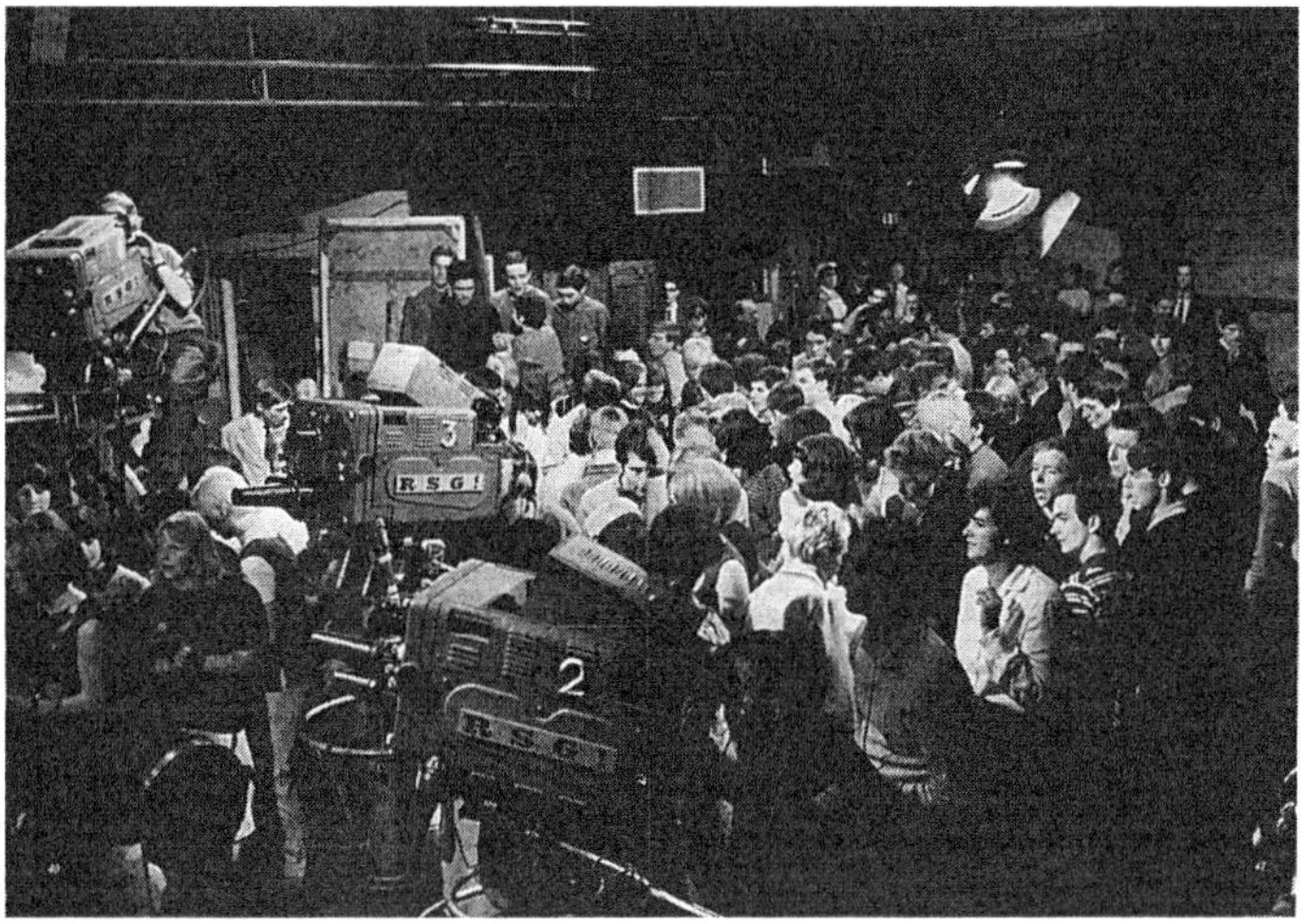

図6　“Ready Steady Go!”のスタジオ風景
（出典：Richard Barnes, *Mods!*, Plexus, 1979, pp.40-41.）

もしくはジミーたちは、「それはモッズである」という役割のなかでの、さまざまな役柄を担っていた。「モッドに関しては多くの異称が存在する。すべての名称は、そのファッションのようにモッズ自身から生じ、その外部からではない。以下の順にヒエラルキーが形成されていた。Modernists, Mods, Faces, Stylists, Individualists, Numbers, Tickets, Mids, Mockers, Seven and Sixes, States, Moddy Boys, Scooter Boys」[36]。ナンバーズ以下は、一応モッズにはカテゴライズされるものの、フェイスの単なるフォロワーであり、その廉価版ないし劣化コピーといった連中であり、なかにはミッズやモッカーズのように、モッズとロッカーズの中間形態までも混在していたが、これらは、基本的には「それはモッズである」というフレーム内部での「どのような（どのように）モッズであるか」という積層（layers, laminations）の問題であった。映画の前半部で、ジミーの幼なじみであり、ロッカーズであるケヴィンは、「モッズとロッカーズの対立はくだらない。俺たちは皆同じだ。俺は軍隊にも入ってみたが、俺たちは結局ヤツらにいいようにやられるだけだ」と語っている。このときケヴィンは、自身のパーソンとしての側面――何ものも有せず、世間から敬意を払われ難い階級かつ年齢――に重きを置いて自己定義をしていたわけだが、ジミーは「他の奴らと同じではありたくない。だから俺はモッズをやってるんだ」と、あくまでもモッズという役割、なかでもフェイスという役柄につくことへの執着を語ったのである。

またモッズ内部での、さらに細分化された種差に関しては、style および styled activity の議論が参考になるだろう。「われわれのいわゆる一般的・社会的役割は、ある部分で、スタイルズ、すなわち与えられた年齢・性別・階級などに「適切な」行動の様式とみなすことができる。（略）スタイルはしばしば、非常にマイナーなキーイング、もしくは少なくとも、ある方法によってスタイル化された活動が、他の方法によるスタイル化された活動から、結果的に非常に小さな差異しかないと感じられるような転調の一種を内包している」[37]。例えば、つねにポークパイ・ハットを被っているデイヴのようなスタイルもモッズ・ファッションのなかには存在したし、白人男性以外にも、ジミーに熱をあげているモッズ・ガールのモンキーや、ジャマイカ流のルーディ・ファッションできめた麻薬の売人ファーディ（西インド諸島出身と思われる）などが、「それらはモッズである」という状況の周縁部に位置していた。

日常と非日常との往還のなかでのモッズ・フレーム

そして、ロンドンの夜のクラブやコーヒー・バー、週末のブライトンの街全体が、モッズという状況定義に欠かせない舞台設定となっている。*Frame Analysis* では「スペクタクル／ゲーム」の区別が設けられており、演劇の比喩で言えば、前者が開演前や幕間、閉演後までを含め、観客が劇場にいる時間総体を指すのに対し、後者は芝居そのものが上演されている時間帯のことを意味する。この映画で言うならば、ジミーたちがブライトンに到着した時点からのスペクタクルは始まっており、騒動前夜のダンス・ホールなどで局所的なゲームは起こっていたものの、ゲームが最高潮に達したのは、騒動当日のモッズとしての行進、ロッカーズとの乱闘の時間帯であった。その後、護送される車のなかでジミーとエースがタバコの火を貸しあうシーンや、ブライトンの法廷でエースがそのフェイスとしての真骨頂を発揮する場面などの散発的なゲームを経て、閉廷後ジミーがブライトンを離れた時点で――拘留されなかったデイヴやステフにとっては、再度スクーターで隊列を組んでロンドンへと向かい、ブライトンを見下ろす丘を越えた時点で——スペクタクルは終了したのである。

こうしたジミーたちの行動をガイドしたものとして、エースのようなフェイスの存在はもちろんだが、さまざまなメディアによって呈示されたモッズ像の影響力は見逃せない。[38] 映画内でも、モッズたちの好んだリズム&ブルースのアーティストやザ・フーなども登場し、実際のフェイスたちによって最新のダンスがスタジオで繰り広げられた『レディ、ステディ、ゴー!』に熱狂するジミーの姿や、海辺のリゾート地での暴動の様子を伝えるタブロイド紙の煽情的な記事・写真——ピンナップ・ガールやザ・フーのポスターとともに、ジミーの自室の壁には、事件を伝える新聞の切り抜きが貼られた——が、繰り返しクローズアップされている。ギデンズは、ゴフマンの言う「「共在の十全な状態」は物理的に現前する人々の間の媒介されないコンタクトにしか存在しないが、共在の親近性(intimacy)を許容する媒介されたコンタクトも、電子的コミュニケーションによって現代では可能である」[39]として、「物理的な共在の状況と、メディアを介した「在(presence)」で「会える(availability)」とでもいうべきこととの相違は、どうもゴフマンが想定したよりもずっとぼんやりしているように思われる」[40]と述べている。

図7　ビーチに集まるスクーター・モッズ
(出典:Barnes, *op.cit.*, p.89.)

一方、ある状況で成立するユース・サブカルチャーズの成員であるというアイデンティティが、その状況を離れても持ち越されていく(carry-over)機制[41]について、ゴフマンは「資源の継続性(resource continuity)」と概念化している。「フレームされた活動に内包されているそれぞれのモノとパーソンは、持続的な生活誌《バイオグラフィ》、すなわちその事象の前後でも追跡可能な生命力(もしくはその痕跡)を持ち、それぞれの生活誌は、絶対的な弁別可能性、すなわち自己同一性(selfsame ness）を保証する」(42)。たとえば、儀礼の場で聖性を帯びていた旗は、日常でも何がしかを持ち越しており、「聖なる詩・遺物・形見・髪の房などは、記念し、追悼するものとの物質的な連続性を支えるものだが、資源の継続性についてのわれわれの文化的信念こそが、そうした遺物などに、何がしかの感情的な価値や、そのパーソナリティを与えるのである。同様に、そうした信念こそが私たちに私たちそのものを与えるのである（just as it is these beliefs that give us ours）(43)。ロンドンに帰還した後、ブライトンでの栄光のパーカーをはおり、ランブレッタにまたがり、再度ステフを奪回しようとしたジミーは、「オレはブライトン以降のことはすべておかしいと思ってる。ブライトンはＯＫだった。エースと一緒に法廷にも行った。俺はそこではモッズだった（I was a mod there, you know?）」と迫るが、ステフからは、あれは無意味な気晴らしだったと切り捨てられてしまう(44)。同じ路地裏での出来事をリフレームしながらも、ジミーはより劇的で有意味な体験と見なそうと up-keying（相対的に一次的枠組みからより距離の大きな再定義）するのに対し、ステフは単なる気の迷いであり、ありがちな男女のその場限りの交情へと差し戻そうと down-keying（より一次的な定義への還元）をしているのである(45)。またゴフマンは、ある役柄にはまりすぎたために、劇場外でもその役《パート》に同定される type-casting にも言及している。エースのあまりにも堂に入ったフェイスぶりゆえに、ジミーは垣間見た、ベルボーイとしてのエースの日常――「それはモッズである」からすれば out-of-frame activity――を受け容れられないのである。

図８　"Daily Sketch" 1964年４月19日付。ブライトン・ビーチでモッズのデッキ・チェア攻撃から逃げるロッカーズ。最凶の'ならず者たち（wild ones）'。
（出典：Barnes, *op.cit.*, p.110.）

モッズ・フレームをめぐる交渉・暫定・棄却・再構築の不断の過程

こうしたジミーとステフの定義のすれ違いや、ジミーの一方的な misframing といった事態は、非モッズの人々との間では、さらに顕著となってくる。例えばジミーの父親は、「お前はギャングの一味になってしまった。モッズになってしまった」と、モッズとギャングとを等置して叱りつける。ジミーを解雇した上司は、ジミーの行動を理解不可能と嘆き、また法廷で判事は、居並ぶモッズやロッカーズたちを、ならず者（hoodlums）やチンピラ（hooligans）など、旧来のカテゴリーで難詰している。ゴフマンも言う。「インナーシティの若者たちのばか騒ぎやいたずらとして報じられるものは、公権力や被害者にとっては vandalism や窃盗としても見なされうる。結局は、こうした議論のうちの一つが、他の議論を納得させる（もしくは、少なくともその見地へと従わせる十分な強制力を行使する）定義として確立されうるが、かなりの期間、同意可能なものが存在しないこともありうる」[46]。「それは○○（なるユース・サブカルチャー）である」というフレームが成立するまでには、その定義（ないし定義権）をめぐるさまざまな葛藤（frame dispute）が存在し、かつ成立後もつねにリフレームの可能性を孕んでいるのである。「フレームが判明する（clearing the frame）というのは、単に参加者それぞれがそこで何が起こっているかについての使用可能な正しい見方を持つだけではなく、通常、他者の考えについての許容可能な正しい見方――それはその人の見方についての他者の見方を含む――を持つことでもある」[47]

もちろん世の中のすべての事象や状況に、いつも確たる定義が与えられているわけではない。ゴフマンは、明示的《ポジティヴ》な状況定義が存在しない状況（とそこでの経験）を非明示的経験（negative experience）と呼んだ。突然モッズ対ロッカーズの抗争に巻き込まれたブライトンのカフェの店主などは、警察に電話をしながら、「やつらはベルセルク（北欧伝説の猛戦士）になってしまった。……ここでは一体何が起こってるんだ（what's goin' on here?）」と絶叫している。しかし、*Frame Analysis* での非明示的経験の議論の多くは、意図的にそうした状況をつくりだしうる、もしくはそうした状況に速やかに適応しうる人間の狡知ないし能力に対してのものであった。例えば、法廷で罰金刑を言い渡されたエースは、すぐさま小切手で払おうと気取ったポーズをとってみせる。あまりにも従順かつビジネスライクな姿勢は、それまでの判事の説教を無化する効果を発揮し、法廷を埋めたモッズなどから喝采を浴びる。これは裁判であり、権威と良識ある大人が無謀な若者たちに説諭し罰を与えているというフレームは維持されながらも、もしくは維持されたうえでの行動であるがゆえに、エースの放った皮肉は破壊的な力をもちえたのである。

このように状況全体への定義は維持されながらも、その内部でさまざまにフレームが操作され、ときに局域的にキャンセルされることも起こりうる。たとえば、仲間内での目配せなどの「友人間の共謀は、気詰まりな集まりで、同時にbreaking frame の方法にも、そのフレームの中に留まり続ける方法にもなりうる。実際、すべての状況設定は、参加者が時折フレームをブレークする瞬間をもっている」(48)。こうした微妙なフレーム操作のなかには、そのフレーム維持の当事者が自らそのフレームに言及することで、フレームをブレークさせることなく、かつ型どおりのそれではないというフレームを新たに重ねる手法もある。「ここで、セラピストや尋問官が用いる――穏やかな言葉づかいで、予期されるストーリー・ラインからはずれ、その前提にあるフレーミング・メカニズムへと注意を向けさせる――ような、広範に見られるある種のフレーム・ブレークについて述べておく。端的に言えば、それは自己言及的再帰的フレーム・ブレーク(self-referencing reflexive frame breaks)である」(49)。エースのように、そのユース・サブカルチャーのコアなメンバーとしての認証を得た者が、あえてモッズとしてはアンティピカルな行動――法廷での権威者に対する従順など――をとることで、そうした非モッズ的な振る舞いをしたところでモッズとしての自己がびくともしないことを誇示し、自身の地位の確認・強化をはかる手法などがそれだろう(50)。

こうした一九六四年の狂騒の後、ロンドンではサイケデリックな意匠が流行するようになり、ときには堅苦しくも思える、あまりに隙のないモッズ・ファッションは、アウト・オブ・デイトなものと化していった。モッズの好んだアイテムなどの一部は、その後スキンヘッズやグラムなどのユース・サブカルチャーズへと受け継がれていったが、七〇年代後半には、単にイギリス社会全体に対してだけではなく、それまでのイギリスのユース・サブカルチャーズすべてに対して悪態をつく、「それはパンクである」が登場してくる。ゴフマンは、代替となるポジティブなフレームを提示しない、非明示的経験を創り出すだけのフレームの破壊をソシアル・サボタージュと名づけたが、パンクの初期衝動はまさにそれであった。「下からの攻撃のいくつかは、多かれ少なかれその人自身のために、非明示的経験を、漠然とした究極の敵を代表する誰かに対して仕掛ける個人という、私的な役柄を持っているように思える」[51]。こうしたパンク・ムーヴメント以前のことではあるが、ゴフマンは六〇年代にアメリカ西海岸のバークレーにあって、ビートニクスからサマー・オブ・ラヴにいたる疾風怒濤——ホットロッダーたちと比べものにならないくらいに、自覚的に革命的カテゴリーであろうとしたヒッピーやラディカルズたち——を間近に体感し、通念や常識の強さだけでなく、それらが一気に雲散霧消しかねない脆弱性（vulnerability）をも視野に入れながら、*Frame Analysis* を著したのである。

以上、「それはモッズである」を例にとりながら、ユース・サブカルチャーズを考える際の、*Frame Analysis* からの示唆やその記述概念の有用性についてみてきた。ピーター・マニングが言うように、*Frame Analysis* という著作は、「フレーム・アナリシスそのものではなく、フレーム・アナリシスについての本である」[52] 以上、*Frame Analysis* で示された分類学《タクソノミー》や用語体系《ターミノロジー》を参照し、その着想を咀嚼しながら、人々のさまざまな相互作用を記述・分析する作業は、後に続く者たちの手に委ねられている。

2 ユース・サブカルチャーズへの五つの視角

ここまでの議論をふまえると、ユース・サブカルチャーズに対しては、「当該社会において自他から「若者」とされる人々の一部が、ある対面的ないし媒介《メディエイテッド》された状況で、「私（たち）は、あえて〇〇と名乗る（ないしは〇〇と名指されざるをえない）存在である」ことを、そこに共在している人（々）に向けて、特有のモノや自身の身体（技法・装飾）などによって呈示し、その状況への参加者によって〇〇であると同定されている場合、その〇〇というカテゴリーの成員たちが分有している（とされている）諸文化《ウェイズ・オブ・ライフ》」という、より包括的な定義が与えられることになる。これまでの研究の多くは、階級構造や都市化の度合いなど、ゴフマンの言葉を借りれば「自然的枠組」――参加者にとっては、非人為的かつ外在的なものとして経験される通念的な状況定義――からオートマティックに導出されるものとしてユース・サブカルチャーズを説明しがちであった。しかしユース・サブカルチャーズとは、通常、当該社会の一次的な《プライマリィ》「社会的枠組」――参加者にとっては、人為的かつ外在的なものとして経験される通念的な状況定義――に背反するものとして、成員内外から同定され、体験されるものなのであり、当然のことながら人智を超えた自然史的な過程の産物などではない。

　ではユース・サブカルチャーズの場合、どういった点で非通念的なのだろうか。ここではまず、「戦後日本社会におけるユース・サブカルチャーズの非通念性を考える際には、以下の五つの視角からアプローチすることが有効である」という仮説を掲げておきたい。その五つの視角とは、当初カルチュラル・スタディーズにおいて強調された「階級」「場所（バーミンガム大学現代文化研究所の場合は、崩壊しつつある労働者階級コミュニティからの離脱、ないしその存続・維持への過度の執着）」「世代（同じく、親たちの労働者階級文化の拒否、もしくはそれへの過剰な同一化）」に加え、その批判者たちが提起した「ジェンダー」「メディア」の計五つである。当該社会で、若者が通念的に帯びるべきであり、身体化すべきとされている階級文化・場所文化・世代文化・ジェンダー文化・メディア文化のありように何らかの点で違背し、ときに五重に分節された（quintuply articulated）ものとして、各ユース・サブカルチャーズ（とその成員たち）は自らの輪郭を顕示し、「図」足りえようとしてきたのではないだろうか。まさに「若年層のサブカルチャー」は、「「重層的に決定」されるもの」なのである。[53] こうした仮説の妥当性は第2部の具体的な分析・記述を通じて検証される必要があるが、ここではこの五つの視角それぞれについて、近年の議論を振り返りながら、より社会的に構築されたものとして経験される点に重きを置いて、それらを捉えようとする動きが高まっていることを確認しておきたい。

即自的階級《クラス・イン・イトセルフ》と対自的階級《クラス・フォー・イトセルフ》

社会学に限っただけでも、階級にはさまざまな概念規定がありうるが、[54] ここではごく大まかに、「法的、身分的な平等を保証された近代的な市民社会のもとでの階級」であり、それは「もっぱら経済的不平等を基礎に成立する」という理解にとどめておく。[55] スチュアート・ホールは、「経済的関係によって位置づけられたエージェントとしての「人々」とまず定義される class-in-themselves が、能動的な歴史的・政治的な力としての class-for-themselves となる過程の復権」の必要性を主張している。[56] この対自的階級《クラス・フォー・イトセルフ》という側面は、これまでの議論で言えば、ある階級（文化）の成員として自らを定義し、もしくは定義されるためには、その文化を身体化した参加者として、自身を何らかの状況に投じていく必要があることを意味している。[57]

モッズの例を続けるならば、その出自や現状においては労働者階級である若者たちが、汗ないし油臭い旧来型の肉体労働者《マニュアル・ワーカー》像とは異なる存在として、消費至上主義的な姿を呈示することによって、一般的な労働者階級文化《ワーキングクラス・カルチャー》およびその若者文化《ラッズ・カルチャー》からは非通念的な——彼らの主観からすれば、より最先端であり、クールである——ユース・サブカルチャーとして屹立しようとしたのである。問題なのは階級的なバックグラウンドではなく、どれだけヒップであるか否かだ、というモッズのモチーフは、もちろん今日でも変奏され続けている。サラ・ソーントンが論じたのは、その出自にともなう文化資本とは異なる、各自が各様に身につけた「サブカルチュラル・キャピタル」がクラブ・シーンに動員されることによって、「クラブ・カルチャーズ」が立ち上がる過程であった。

たしかにソーントンの言うように、古典的な階級概念からクラブ・シーンを考えることに限界はあるだろう。だが、そのサブカルチュラル・キャピタルの有無が、いくばくかは経済的不均等と連関している以上、クラブ・カルチャーズは、まったくクラスレスなものではありえない。[58] 以下は、日本でのクラブ・カルチャー勃興期の証言である。「DJは金持ちのボンボンでなければできないと言われたものだが、次から次へとマテリアルを求め、新譜からプレミア付きのレコードまで聞くことや、クラブがあるぐらいの人口の日本の都市の住宅環境の中で、一千枚単位の上の方、以上のアナログ・レコードを整理・保持することは、実際大変なことと思う」[59]。この場合、中産階級子弟が通例帯びるべきとされるリスペクタブルな文化ではなく、クラスレスを旨とする文化をあえてシェアした点で非通念的だった

のである。(60)

空間《スペース》と場所《プレース》

ここでは「空間」ないし「場所」概念を、「空間＝自然科学的、抽象的、定量的／場所＝人文・社会科学的、具体的、定性的」といった一般的な理解にとどめておきたい。(61)これまでの議論で言えば、自然的枠組のもと理解され経験される「空間」に対して、社会的枠組のもと、当該社会で第一義的にある意味を帯びている「場所」ということになる。その場所において、何らかの範域内・時間内でさまざまな状況が絶えず生成し、ときとして新奇なフレームが成立することもある。モッズで言えば、かつてカーナビィ・ストリートなどは寂れた通りにすぎず、またブライトンもオールド・タイプの保養地にすぎなかったにもかかわらず、そうした場所へとモッズの舞台設定――当初は場違いのものであった――は浸入していき、彼（女）らのためのクラブやショップなど、恒常的な施設も設けられ、やがて「そこはモッズのメッカである」が広く共有されていった。(62)

また社会地理学者デイヴィッド・レイは、グラフィティなどヒップホップ・カルチャーを例にとり、「場所の意味は統合的に同じような関心やライフスタイルの集団を引き付ける。場所は、知覚されたイメージと知識のストックを基盤とした反応的な意志決定者によって選択され保持される」(63)と述べている。今日その知識のストックやイメージの知覚にメディアがより深く介在しており、また物理的な空間・場所だけではなく、メディア上の空間・場所を舞台設定とするユース・サブカルチャーズも、もはや新奇なものではない。(64)だが、そこをあるユース・サブカルチャーの成員たちが選択し、独自の定義づけをし、そのことが新たな成員を呼び寄せるという構図自体は同型的である。

ゴフマンは、場所の領有の感覚がアイデンティティの確認にとって根源的であることを、多様な状況定義が成立しようがない「全制的施設（total institution）」でさえも、非通念的な解放区《フリー・プレーシズ》が生じることに関連して、以下のように述べている。

帰属するものを何ももたずには、われわれは確固たる自己を持てない。しかるに何らかの社会的単位への全面的な傾心と愛着は一種の自己喪失 selflessness でもある。一個の人間 a person であるといぅわれわれの意識が、大規模な社会的単位に帰属することに由来するものであるならば、われわれが自己を所有している selfhood といぅ意識は、その引力 the pull に抵抗するときの様々の些々たる仕方に由来するのである。われわれの〔社会的〕地位が世界の様々の堅固な構築物に裏づけられているとすれば、われわれの個人的アイデンティティの意識は往々にして、その世界の様々の亀裂を住処としているのである。[65]

さまざまな場所での「それは○○（なるユース・サブカルチャー）である」という状況の出現も、当該社会における「様々な亀裂」に他ならない。

コーホートと世代《ジェネレーション》

世代に関する社会学的考察は、カール・マンハイムまで遡ることができる。「階級状態と世代状態（同類的出生年次に互いに属しているという事態）とに共通な点は、この二つの事実がいずれもそれに所属する諸個人に、社会的歴史的生活空間における特定の状態をあたえる結果、かれらの経験の可能性を一定範囲内に限定するということであり、同時に、それによって特定の経験および思考の様式、歴史的過程との特定様式の結びつきの型を定めることである」[66]。このように古典的なマルクス主義的「階級」と「世代」とを類似したものと捉え、それらに一方的に人々が拘束されていく事態を論じたマンハイムの世代観に対しても、当然、近年多くの批判がなされている。

例えばジューン・エドモンズらは、「マンハイム・アプローチを補完する分析において、ブルデューは、それが生物学的にではなく、社会的に作られたものであると主張し、世代の議論を拡張させていった」ことをふまえ、「受動的な（存在としての）世代」と「能動的もしくは戦略的な（当為としての）世代」とを区別し、「一般的な意味で、われわれは世代を、それ自身を文化的アイデンティティとして構制する点で、社会的意味を持つことになる年齢的コーホートとして定義しうる。歴史的諸資源、偶有的な環境、社会的布置の相互作用が、「世代」を興味深い社会学的カテゴリーにする」と論じている。[67] 階級・場所の例に倣い、ここでは「当事者にとって所与のものとしてあるコーホート（cohort）」と「社会的に構築されたものとしてある世代」とを弁別しておきたい。[68]

もちろん、こうした世代観の変遷の背景には、二十世紀を貫く社会変動がある。イギリスの場合、「戦間期には不満を持つ中産階級の若者を中心とした、社会的思考の「世代的」モードの確立があり、それは、再度戦後において広まった、社会の主要な構造的な原則を構制するものが、階級よりも年齢であるという信念として堆積していき[69]」、アメリカからのティーンエイジ文化の流入といった事態を経て、「「世代」が主要変数となっていった[70]」。映画『クアドロフェニア』のなかでジミーたちモッズが、ザ・フーの“My Generation”[71]に熱狂していたのは、まさに階級的な出自ではなく、自らの世代にこそアイデンティティの源泉を求めたからであり、それは同時に、同世代のなかでも、よりオリジナルかつクールなわれわれという宣明でもあった。

性《セックス》と性差《ジェンダー》

セックスとジェンダーをめぐっても、これまでの議論同様に、「非人為的なものとして経験されるセックス」と「社会的なものとして経験されるジェンダー」という弁別をしておく。もちろん、これは便宜的なものでしかなく、ジュディス・バトラーの言うように、「セックスそのものがジェンダー化されたカテゴリー」なのである。[72] ただし、本書で問いたいのは、「セックス」が自然なものとして構築されてくる過程ではなく、各ユース・サブカルチャーズの成員たち――特にセックスの別やジェンダーのあり方を主たる焦点としているタイプのそれら――が、どのようなジェンダー観やセクシュアリティ（の非通念性）を自分たちのアイデンティティの資源としていったのかである。本書の課題は、ジェンダーをめぐる「多元的変動社会」にあって、[73] そのダイナミクスの動因であり、かつその産物でもあるユース・サブカルチャーズを描出していくことにある。

こうしたスコープの浮上によって、もっぱら街角の少年たちを取り上げてきたユース・サブカルチャーズ研究に対しては、研究する側のジェンダー・バイアスの問題が突き付けられていく。例えば当初バーミンガム大学を拠点とした研究は、ヒロイックな抵抗をユース・サブカルチャーズのメルクマールとすることが多く、また主として肉体労働にもとづく労働者階級文化を考察の中心にすえたため、より直接的・明示的な反抗であろうとした野郎どもの文化《ラッズ・カルチャー》(から派生したユース・サブカルチャーズ)に重きを置く傾向があった。[74]一方、アイドル・スターへの没頭など「ガールズのサブカルチャーズは、その「サブカルチャー」という用語が、そうした強い男性的な含意を持っているがために、見えないものとなっているのである」[75]。

ロッカーズからは、ユニセックスであり、ときにはホモセクシュアルだと侮蔑されたモッズ文化にしても、男性たちのホモソーシャルな団結の前に、モッズ・ガールは周縁的な存在でしかなかった。[76]しかし、最近ではラッズ文化を実践する女性(laddette)たちのように、ジェンダーにまつわる社会的通念――「男とはヘテロなセクシュアリティを有し、女を従属させるべきものである」「パブは、男たちだけの社交場である」「男こそが、サブカルチャーズの担い手である」など――に異を唱える(ないしは暗黙に反対を表出する)人々の出現によって、新たなジェンダー・アイデンティティが構築されつつもある。[77]これまで、その多くが「男/女」というセックスの二元論の自明性を覆すものではなかったにせよ、「ジェンダー・トラブル」としてのユース・サブカルチャーズは数多く生み出されてきており、今後もよりいっそう看過できない現象を引き起こしていくだろう。[78]

テクノ・メディアとソシオ・メディア

ジョシュア・メイロウィッツは、ゴフマンの言う「状況と自己とは、相互に共構築(co-construct)しあっている。それぞれは原因であり、かつ結果である。社会的状況を通じて構築される私たちは、私たちを再構築する状況を構築する。つきつめれば、場所状況とより広い社会的情報システムの両者は、それを通じて私たちが自身の人間性を形成し、ディスプレイするためのプライム「メディア」である」[79]と語っている。いわゆるメディア――何らかのコンテンツとそれを複製・通信・放送・保存・再生・編集するためのディバイスないしインフラストラクチャー――は、さまざまなメディア空間およびそこでの共在を実現するテクノロジーであるとともに、例えば『スタートレック』のファンダムであるトレッキーズ・カルチャーにおける放送メディア（上のコンテンツ）のように、「これは〇〇（なるユース・サブカルチャー）である」という状況定義のための資源や用具としても用いられる。

ここでもモッズを引くならば、その当初から、アーリー・モッズたちが集ったクラブやダンス・ホールの情報は、フライヤーなどのニッチなメディアによって流通しており、ソーントンの言うように、「サブカルチャーズは、種から発芽したわけでも、自身の力で不思議なムーヴメントに育ったわけでもなく、後からメディアによってダイジェストされただけのものでもない。むしろ、メディアは当初から効果的なものなのである」[80]。その後、ロッカーズとの抗争の報道のように、新奇なユース・サブカルチャーズに対してマスメディアは、通常それらをモラル・パニック視し、その成員をフォーク・デヴィルとして描き出し、当該社会における通念への侵犯として扱い、よりセンセーショナルにヴィジュアライズすることでそのスタイルを広く流布させ、一時の流行として消尽させる機能を果たす[81]。またその一方で、モッズのフェイスたちが登場する「〝レディ・ステディ・ゴー！〟は毎週新たなダンスを映し出し、ロンドン以外の地域がウエストエンドに追いついてくための方法となった」[82]うえに、この番組に関する雑誌など「一九六四年の半ばまでには、少なくとも六冊の、主としてモッズ向けの雑誌が発行され、週刊で約五十万部、月刊で約二十五万部発行されて」[83]いたという。こうしたモッズ向け雑誌（Modzine）には、ストリートで生起している最先端のモッズ事情が紹介されるとともに、そのフォロワーたちに向けたショップやアイテムの広告が掲載されていた。

近年メディア研究では、社会的文脈と無関係な技術の発展（史）としてではなく、政治的・文化的・経済的な力関係のもとでメディアを考察しようとする「ソシオ・メディア論」が提起されている[84]。所与のテクノロジーやインフラとしてあるメディア環境のなかで、ユース・サブカルチャーズの成員たちは何らかのメディア（とコンテンツ）を、当該社会における第一義的な用法やあり方とはズレたかたちで再編・流用、ときには創出することで、何ものかを共有しているのである。

以上、ユース・サブカルチャーズを考えていくうえでの視角として、また各ユース・サブカルチャーズ成立の資源として、「階級」「場所」「世代」は依然その意義を失っておらず、「ジェンダー」「メディア」がより緊要なものとなっていることをみてきた。一人の人間をこれら五つの視角から見た場合、それぞれ異なる側面が浮かび上がってこよう。そして、ある若者が「これは○○（というユース・サブカルチャー）である」と定義される状況において、成員として同定された場合、それら五つの側面のうちいずれか（もしくはすべて）の非通念性が、軽重の差はありながらもクローズアップされており、逆に言えば、それらの側面を帯びている――そのユース・サブカルチャーに緊切な関係にある資源として身体化し、フレーム内に持ち込んでいる――がゆえに、そのパーソンはそこにおいて○○の成員足りうるのである。

3 言説のなかの状況、状況のなかの言説

ここではまず第2部の見取り図として、前述のユース・サブカルチャーズの定義にもとづき本書で取り上げる十一の「和製ユース・サブカルチャーズ」を、五つの視角から見たとき、どのような要素や性質が浮かび上がるかを整理した表を提示しておきたい（表3）。これらの項目の何が当該社会において非通念的であり、どの要因が核となって、どういった人々によって（ないしどういった人々に対して）これらのカテゴリーが立ち現れ、それがいかに社会に定着し、人々に作用してきたのかを以後考察していく。ここで示した十一のユース・サブカルチャーズは、ある期間持続した様式を有し、その像も一定の輪郭を保ち、各呼称も当該時期には広く使用されたものばかりである。もちろん日本の戦後社会には、これら以外にも数多くのユース・サブカルチャーズが登場した。だがその多くは、表3で挙げたもののヴァリアントとして扱うことが可能であり、これら十一のユース・サブカルチャーズの検討によって変化の大筋は捕捉可能だと判断した。

またここでは、海外から輸入されたユース・サブカルチャーズの、日本での展開については考慮していない。ヒッピーやパンクスはもとより、モッズたちの動向もリアルタイムで日本に伝わっており、『さらば青春の光』の日本公開以降はネオないしネオ・ネオモッズのムーヴメントが展開され、[85]ヒップホップやクラブ・カルチャーは日本にすでに定着した感もある。もちろん十一のユース・サブカルチャーズにしても、完全にドメスティックなものはなく、何がしか海外の若者文化の影響を受けており、アメリカナイゼーションやグローバリゼーションといった問題からは決して無縁ではありえない。[86]しかし、これまでの日本の研究の多く――といっても非常に数少ないなかの大部分――は、英米などでの研究動向に多大な影響を受けており、それら諸外国において巨大な意味をもつエスニシティ、人種、ナショナリティ、ディアスポラといった問題群を、そのまま日本にも当てはめる、ないしは当てはまる部分だけにスポットライトを向け、それらに過剰に力点を置いて日本のユース・サブカルチャーズを論じているようにも思われる。マクロビーらの研究する側のジェンダー・バイアスの指摘と同様に、日本のユース・サブカルチャーズに関説する研究者・評論家の多くが、国際性という文化資本、特に海外（とりわけ欧米）のポピュラー・ミュージックなどを堪能できる「サブカルチュラル・キャピタル」を有する階級的出自にあったことのバイアスを、いま一度考えてみる必要があるのではないだろうか。もちろん本書も英米圏の研究にインスパイアされたものではあることは否定しないが、ここではこれら日本出自のユース・サブカルチャーズを、さしあたりはドメスティックなものとして描いていくことで、逆にそうするだけでは把握しきれない、海外との影響関係や共時性をあぶり出し、捉え返していきたいと考えている。

そして、これまで述べてきたようなゴフマンの*Frame Analysis*を、日本の戦後ユース・サブカルチャーズ史へと援用することに関しても、当然さまざまな疑問が出されよう。*Frame Analysis*のデータは参与観察によるものは少なく、多くを新聞や書籍などの活字文献に頼っているが、そこでおこなわれているのは歴史（学）的な研究というよりは、少なくとも近代以降の欧米社会に普遍化しうる社会人類学的な研究である。だがそれは、*Frame Analysis*の着想を歴史（社会）学の側が取り込めないことを意味してはいない。その状況に直接共在し観察することはできない

表3　本書で扱うユース・サブカルチャーズ一覧

	階級	メディア	世代	ジェンダー	場所	（主な関連するユース・サブカルチャーズ）
太陽族（1956年）	大学生（アッパーミドル）→拡散	小説（angry young men）、映画、ダンスホール	キネマ世代・戦後派	ファロセントリズム	湘南・銀座	マンボ族、カリプソ族、ロカビリー族、六本木族
みゆき族（1964年）	ミドルクラス（東京私立高生）など	「平凡パンチ」「MEN'S CLUB」など	（団塊世代）	男性の優越	銀座	アイビー族、原宿族
フーテン族（1967年）	クラスレス（ドロップアウト）	ジャズ（喫茶店）、若者向け番組	団塊世代	ユニセックス（単性化）	新宿	ビート族、ファンキー族、ヒッピー、アングラ族、サイケ族
アンノン族（1971年）	学生（短大・4年制大学）・OL	「an・an」「non・no」	モラトリアム世代	女性のみ	名所旧跡・表参道	カニ族
暴走族（1974年）	非進学組／無業／マニュアル・ワーク	ドキュメンタリー、写真集、新聞報道など	ポスト団塊世代	マスキュリニズム	地元・テリトリィ	カミナリ族、サーキット族、竹の子族、ヤンキー、レディース
クリスタル族（1980年）	ミドルクラス（東京私立大生）	小説（アンチ団塊）、「JJ」「popeye」	無共闘世代・ハナコ世代	女性の優越	港区・山の手・横浜	JJガール、プレッピー、サーファー、カラス族、ニューウェーヴ
おたく族（1983年）	ミドルクラス→拡散	アニメ（雑誌）、コンピュータ（雑誌）、アイドル、同人誌など	新人類世代	（ジェンダーレス）	コミケ・秋葉原など	Nerd、Geek、ハッカー、やおい、スラッシャー、アキバ系、腐女子、2ちゃんねらー
渋カジ（族）（1988年）	ミドルクラス（東京私立高生）	男性ファッション誌、J-WAVE、ポケベル	団塊ジュニア	男性性の再構築	渋谷（センター街）	アメカジ、車高族、チーマー、キレカジ
渋谷系（1993年）	クラスレス（テイスト・カルチャー）	外資系レコード店、フリーペーパー、クラブ	（団塊ジュニア）	ニュートラル（中性化）	渋谷（宇田川町）	オリーヴ少女、フレカジ、Girlie、クラバー
コギャル（1993年）	東京私立女子高生→拡散	コギャル雑誌、ケータイ、プリクラ	ロストプロセス世代	女性性の再構築→多義化	センター街・109	アムラー、ギャル男、V男、（ヤ）マンバ、センターGuy、お姉系
裏原系（1998年）	専門学校生→拡散	ストリート系雑誌、クラブ（ミュージック）	（ジェネレーションレス）	ホモソーシャル（主に男性）	裏原宿	古着系、パンクス、B系、クラバー、スケーター、バイカー

にせよ、分析者が史料・資料の検討を通じて、それらに痕跡として残された当事者の声に耳を傾け、さらにはそれらを記し、残した人々の目線に自身のそれを重ね合わせ、その状況を復元・再現し、そこに擬似的であるにせよ没入し、追体験することは可能だろう。[87] あるユース・サブカルチャーの現出した状況を再構成し、なぜそれが一種のユース・サブカルチャーである〇〇とカテゴライズされたのかを推測し、追究することは無意味な試みではあるまい。そして本書は、あるユース・サブカルチャーが図として浮き彫りにされ、問題視される状況を見ることで、当時の社会で地をなす通念、すなわち一次的枠組を再帰的に照射するという方略を採るものである。[88]

もちろん、本書が史・資料として使用するものの多くは、当事者の直接の発言でもなければ、その状況の精密な記録でもない雑誌記事などである。そしてそれらは、「これは〇〇（なるユース・サブカルチャー）である」という状況に対して単に外在的・客観的な記述というよりは、ときにそのカテゴリーの命名者であり、定義者であり、批判者であるなど、その状況（正確にはそれに後続する状況）へと関与する性格を帯びてもいる。それら史・資料で用いられる〇〇というカテゴリーは、当初から何らかの価値判断が織り込まれており、より広範な社会的情況や力関係を反映した、いわゆる言説であって、その状況の参加者たちによって意識され、参照され、ときにそこでの行動に何らかの影響を与えるなど、当該状況に内在し、何がしかの作用を及ぼすものでもある。「これは〇〇（というユース・サブカルチャー）である」と定義・言及する言説が、どのような社会的な布置にあるものかを、さらに他の言説を参照することで再現・確認し、またその言説の位置を……、という無限に循環する作業が生じるようにも思えるが、この手順はこれまでも史料批判として普通におこなわれてきたことである。[89]

フィル・コーエンは言う。「サブカルチャーの分析には、三つのレヴェルが区別可能である。一つは、ある階級軋轢を特定の問題として切り取る歴史的分析。二つ目は、それらサブシステムの構造的・記号論的な分析。（略）そして三つ目は、それを担い、支持する人々によって、実際にサブカルチャーが「生きられた（live out）」方法への、現象学的分析。サブカルチャーのリアルな分析は、これらのどのレヴェルを欠いても完成しない」。[90] だがコーエンらバーミンガム学派のユース・サブカルチャーズ研究に対しては、階級構造への還元論ないし階級関係の過度の強調といった指摘以外にも、「サブカルチュラルな布置を記号体系として主に扱い、テクスチュアルないしは記号論的アプローチを採用することが多く、当事者たち自身の生きられた経験を無視しがち」であり、「サブカルチュラルな実践が、それにかかわる行為者たちの身体を通じて、もしくは身体において分節される方法は、これまで見過ごされ、もしくは十分に注意を払われない傾向にあった」[91]との批判が寄せられている。*Frame Analysis* などはすぐれて現象学的な分析ではあるが、それゆえにこれまでのユース・サブカルチャーズ研究の欠落を埋めるに適しており、かつそれ以外の分析方法を排除するものではなく、他との補完によって、より十全な「生きられた経験」を捕捉する可能性を秘めている。

以上、ユース・サブカルチャーズを考えるにあたって必要な先行研究の整理と方法の検討をおこなってきたわけだが、第2部では、そうした議論をふまえ、日本の戦後社会におけるユース・サブカルチャーズ史という、ほぼ未踏のジャングル――それらの孕む多様性は、分類棚《ビジョン・ホール》への整理整頓をたやすくは受け付けないものだろうが――に分け入ってみたい。

注

（1）ピーター・バーガーらは、近代化のなかでわれわれのアイデンティティは、異様に未確定であり（peculiarly open）、異様に細分化され（peculiarly differentiated）、異様に再帰的であり（peculiarly reflective）、異様に個人的である（peculiarly individuated）と論じた（ピーター・ラドウィグ・バーガー／ブリジット・バーガー／ハンスフリート・ケルナー『故郷喪失者たち――近代化と日常意識』高山真知子／馬場伸也／馬場恭子訳、新曜社、一九七七年）。

（2）Wes Sharrock, "The omnipotence of the actor:Erving Goffman on 'the definition of the situation'," in Greg Smith ed., *Goffman and Social Organisation: Studies in a Sociological Legacy*, Routledge,1999,p.122. 状況の定義をめぐっては、「もたらすものとしての状況（situation-as-causal）。すなわちプロデューサーとしての状況」と「もたらされたものとしての状況（situation-as-caused）。すなわちプロダクトとしての状況」との双方を視野に入れる必要があり（Donald W.Ball, "The definition of situation," *Journal for the Theory of Social Behaviour*, 2(1), 1972)、その点でも本書で取り上げるゴフマ

ンの所説はアドヴァンテージを有している。

（3）片桐雅隆『認知社会学の構想――カテゴリー・自己・社会』世界思想社、二〇〇六年。シュッツは言う。「私は共在者を、対面状況によって与えられている時間と空間の無媒介性の中で直接的に体験している」が、そのときその場に現前しているわけではない「同時代者については、ただ媒介的に、すなわち類型化によって把握しているに過ぎないのである」。そして、こうした類型といった「理念型は、直接的に体験される社会的現実の領域においてもまた、解釈図式として用いられている」が、「具体的なわれわれ関係にあっては、生ける現在を共有しているという無媒介性のなかで把握される独自性を持った汝によって、類型化的な解釈図式は流動化され変様されうる」（アルフレッド・シュッツ／アーヴィッド・ブロダーセン編『社会理論の研究』〔『アルフレッド・シュッツ著作集』第三巻〕、渡部光／那須壽／西原和久訳、マルジュ社、一九九一年、六九―七四ページ）。一方、シンボリック相互作用論の系譜では、アンセルム・ストラウスによって「メンバーシップ」や「名付け」の議論がなされてきた（片桐雅隆「「メンバーシップと記憶」論の構想――自己論からメンバーシップ論へ」、船津衛編『アメリカ社会学の潮流』所収、恒星社厚生閣、二〇〇一年）。

（4）ハーヴェイ・サックス「ホットロッダー――革命的カテゴリー」、ハロルド・ガーフィンケルほか『エスノメソドロジー――社会学的思考の解体』所収、山田富秋／好井裕明／山崎敬一編訳、せりか書房、一九八七年、二八―三〇ページ

（5）佐藤郁哉「主体と構造――トマスおよびズナニエツキの「状況の定義」論をめぐって」、日本社会学会編「社会学評論」第四十一巻第四号、一九九一年

（6）前掲「ホットロッダー」三三ページ

（7）Herbert F.Moorhouse, "Racing for a sign:Defining the 'Hot Rod' 1945-1960," *Journal of Popular Culture*20, (2), 1986.

（8）サックスのホットロッダーに関する講義は、一九六六年から六七年におこなわれたものである（Gail Jefferson,ed. *Harvey Sacks*, Blackwell, 1992）。言及の対象となる出来事・事態・事象の「実体」や「実在」を括弧入れするエスノメソドロジーに比べれば、本書が依拠しようとするゴフマンの議論は、たしかに理論的・方法論的に透徹したものとは言えない。しかし、その曖昧さにこそ可能性を見たいと思う。

（9）ゴフマンは *Frame Analysis* において、共在する身体からなる〝集まり（gathering）〟での相互作用を考えるために、まず〝状況〟とそこに与えられた定義である'frame'を検討しつくそうとした。*Frame Analysis* で〝場（occasion）〟の語は、それら集まりや状況が生起する「より広範な社会的実体」を指している（Greg Smith, *Erving Goffman*, Routledge,2006, p.36)。

(10) 対面的状況における「相互作用秩序(the interaction order)」に関心を集中させてきたゴフマンには、「構造や文化などの社会的秩序の実践」という視点の欠落を批判する声もある(Sharrock, *op.cit.*, など)。またゴフマン自身も *Frame Analysis* の冒頭で、次のように語っている。「この本は経験――行為者個々人がその心の中に持ち込める何か――の組織化についてであり、社会の組織化についてではない。私は社会学の中核の事柄――社会的組織と社会的構造――について語っているとは主張しない。そうした事柄は、フレームに言及せずとも十分研究可能であったし、これからも可能だろう。私は社会的生活の構造について述べようとしているのではなく、個人が社会的生活を営む際の経験の構造について述べる。私個人はつねに社会を第一に考え、個人の目下の関与は第二である。このレポートは、第二の問題を扱っているにすぎない」(Erving Goffman, *Frame Analysis: An Essay on the Organization of Experience*, Harvard University Press, 1974, p.13)。しかし、「ゴフマンはフレームズが経験の解釈をガイドし、社会的事象の意味を決定し、個々人のパーソナル・アイデンティティーズを定義するする強力な役割を果たすことを論じた。彼はフレームズが、社会構造や社会組織にとって第二義的であり、しばしば派生的なものであるとしていたが、彼は状況依存的な解釈パターンズは、社会的・構造的な配置に積極的な影響を与えうるとも考えていた」(Ann Branaman, "Goffman's social theory," in Charles Lemert and Ann Branaman, eds., *The Goffman Reader*, Blackwell Publishing 1997, p.lxxxii)。

(11)「ゴフマンの社会学は、多くの解釈を引き起こし、その批判的な検討は、彼の著書を紹介するのにさまざまな二項対立を提示している。ゴフマンの著作は、構造主義かシンボリック相互作用論か、形式主義か現象学か、モダニストかポストモダニストか、マキャヴェリアンか実存主義か、実在論か経験論か」(Smith, *op.cit.*, p.3)。このように多様な解釈の余地のあるゴフマンの著作群だが、少なくとも *Frame Analysis* に関しては、シュッツからの影響が最大であったとゴフマン自身ものちに述べている(Jef C. Verhoevenf, "An interview with Erving Goffman, 1980," *Research on Language and Social Interaction*, 26(3), 1993)。

(12) フレーム概念をめぐっては、これまでさまざまな議論が展開されてきた(安川一編『ゴフマン世界の再構成――共在の技法と秩序』世界思想社、一九九一年、長田攻一「初期ゴフマンと多元的リアリティ」、佐藤慶幸/那須壽編『危機と再生の社会理論』所収、マルジュ社、一九九三年、Lemert and Branaman, *op.cit.*, Greg Smith ed., *Goffman and Social Organisation: Studies in a Sociological Legacy*, Routledge, 1999, Alan Gary Fine and Gregory W.H.Smith eds., *Erving Goff-*

man Vol.3, Sage Publication, 2000、渡辺克典「相互行為秩序から自己、フレーム、トークへ――ゴフマン世界を生きる〈人間〉の知覚をめぐって」、名古屋大学大学院環境学研究科編「名古屋大学社会学論集」第二十四号、二〇〇三年、など）。ゴフマン自身は、彼のフレーム概念はあくまでもグレゴリー・ベイトソンに発するもので、心理学（Schank& Abelson）・人工知能設計（Minsky）・言語学（Fillmore）などの分野で使われている'frame'とは異なると述べている（Erving Goffman, "A reply to Denzin and Keller," *Contemporary Sociology*, 10 (1), 1981）。社会学・人類学・心理学・言語学などでのフレーム概念の用法との相違については、デボラ・タネンが詳細に検討しており（Deborah Tannen, "What's in a frame?," in Roy Freedle ed., *New Directions in Discourse Processing*, Ablex, 1979）、*Frame Analysis* に対する批判はフィリップ・マニングが整理しているが（Philip Manning, *Erving Goffman and Modern Sociology*, Polity Press, 1992）、現在では *Frame Analysis* を冗長な失敗作とするのではなく、そこに新たな展開を見ようとする議論の方が優勢となりつつある（ランドル・コリンズ『ランドル・コリンズが語る社会学の歴史』友枝敏雄代表訳、有斐閣、一九九七年、Tom Burns, *Erving Goffman*, Routledge, 1992、イーヴ・ヴァンカン『アーヴィング・ゴッフマン』石黒毅訳、せりか書房、一九九九年）。また *Frame Analysis* は、その後主に社会運動研究の領域や（シドニー・タロー『社会運動の力――集合行為の比較社会学』大畑裕嗣監訳、彩流社、二〇〇六年、など）、（マス）コミュニケーション研究、なかでもジャーナリズム研究における「メディアによるフレーミング（現実の構成）」というプロブレマティックとして議論され続けている（ジョセフ・N・カペラ／キャスリーン・ホール・ジェイミソン『政治報道とシニシズム――戦略型フレーミングの影響過程』平林紀子／山田一成監訳、ミネルヴァ書房、二〇〇五年、Dietram A. Scheufele, "Framing as a theory of media effects," *Journal of Communication*, 49, 1999, Nick Couldry, *The Place of Media Power*, Routledge, 2000、烏谷昌幸「フレーム形成過程に関する理論的一考察――ニュース論の統合化に向けて」、日本マス・コミュニケーション学会編「マスコミュニケーション研究」第五十八号、二〇〇一年、Robert Entman, *Projections of Power: Framing News, Public Opinion, and U.S. Foreign Policy*, University of Chicago Press, 2004 など）。それ以外では、ゴフマン自身のジェンダー（Erving Goffman, "The arrangement between the sexes," *Theory and Society*, 4 (3), 1977）・写真（Erving Goffman, *Gender advertisements*, Harper & Row, 1979）・トーク分析（Erving Goffman, *Forms of Talk*, University of Pennsylvania Press, 1981, Erving Goffman, "Felicity's condition," *American Journal of Sociology*, 89 (1), 1983）や、テーブル・トークＲＰＧ（Gary Alan Fine, *Shared Fantasy: Role Playing Games as Social Worlds*, University of Chicago Press, 1983）やヴァーチャル・リアリティ

(Mary Chayko, "What is the real in the age of virtual reality? 'Reframing' Frame Analysis for a technological world," *Symbolic Interaction*, 16 (2), 1993)、日本でも非行・犯罪（大村英昭『非行のリアリティ――「普通」の男子の生きづらさ』世界思想社、二〇〇二年）、プロレスリング（Lee Thompson「プロレスのフレーム分析」、栗原彬／今防人／杉山光信／山本哲士編『身体の政治技術』新評論、一九八六年）、ジェンダー（高橋裕子『「女らしさ」の社会学――ゴフマンの視角を通して』学文社、二〇〇二年）、メディア（渡辺潤『メディアのミクロ社会学』筑摩書房、一九八九年）、プライバシー（阪本俊生『プライバシーのドラマトゥルギー――フィクション・秘密・個人の神話』世界思想社、一九九九年）、広告（難波功士『「広告」への社会学』世界思想社、二〇〇〇年、Namba Koji, "Comparative studies in USA and Japanese advertising during the post-war era," *International Journal of Japanese Sociology*, 11, 2002）などをめぐるフレーム・アナリシスが散見され、最近では、パンツ一枚で「これは介助である」というフレームが維持されるといった議論も展開されている（前田拓也「パンツ一枚の攻防――介助現場における身体距離とセクシュアリティ」、倉本智明編『セクシュアリティの障害学』所収、明石書店、二〇〇五年）。

(13) アンソニー・ギデンズ『社会理論と現代社会学』藤田弘夫監訳、青木書店、一九九八年、一五九ページ

(14) これまで逸脱や社会問題の社会学などで展開されてきた議論でも、現在「レイベリングされる自己の主体的反応をレイベリング論が軽視しているという批判」（佐藤恵「社会的レイベリングから自己レイベリングへ」、ソシオロゴス編集委員会編「ソシオロゴス」第十八号、一九九四年）にさらされており、「レイベリング論から社会的相互作用論へ」（宝月誠『逸脱論の研究』恒星社厚生閣、一九九〇年）、「コンセンサスからコンフリクトへ」（石川准『アイデンティティ・ゲーム――存在証明の社会学』新評論、一九九二年）、「アイデンティティ論からアイデンティフィケーション論へ」（坂本佳鶴恵『アイデンティティの権力――差別を語る主体は成立するか』新曜社、二〇〇五年）といった視座転換が求められている。

(15)「ゴフマンを、カント的な心身二元論から伝統的社会学を解き放つ、根源的な corporeal sociologist として同定する」(Nick Crossley, "Body techniques, agency and intercorporeality on Goffman's relations in public," *Sociology*, 29 (2), 1995, p.133) や「ゴッフマンはフーコーをはじめとする――身体を言説として捉える――ラディカルな社会構築主義的立場をとらず、身体を有体 corporeal として捉えている」（速水奈名子「身体社会学におけるゴッフマン理論」、大野道邦／油井清光／竹中克久編『身体の社会学――フロンティアと応用』所収、世界思想社、二〇〇五年、一六七ページ）といった再

評価が始まっている。速水の言うように「身体＝メタメッセージ／言語＝メッセージ」であるとするならば、身体はその状況定義への資源ともなりえるし（同「コミュニケーションにおける身体の役割——ゴッフマンとミードにおける「意味」の問題を通じて」、神戸大学社会学研究会編「社会学雑誌」第二十一号、二〇〇四年）、身体は単なる社会的な構築物であるだけではなく、現実の組織化を担う要因としても捉えられるのである（同「身体社会学とゴッフマン理論」、東京社会学インスティチュート編「コロキウム」第二号、二〇〇六年）。こうした視点を「これは〇〇というユース・サブカルチャーである」へと展開した例としては、ゴフマンを援用してクラブ・カルチャーの身体性や行為遂行性《パフォーマティヴィティ》を論じたヘレン・トーマスや（Helen Thomas, *The Body, Dance and Cultural Theory*, Palgrave Macmillan, 2003）、状況定義の生産物《プロダクト》であり生産者《プロデューサー》であるファッションをめぐるジョアン・エントウィスルの議論など（ジョアン・エントウィスル『ファッションと身体』鈴木信雄監訳、日本経済評論社、二〇〇五年）。

（16）ノーマン・デンジンらの批判に対してゴフマンは、*Frame Analysis* での分析対象の多くがミクロな対面的活動に限定されているにせよ、「私たち自身の長期に及ぶ関係や関わり合いの理解、そして私たちの社会のより広く制度化された企て（enterprises）への理解が、そうした場において確認され、かつ徐々に浸蝕を被っていること」を明らかにしようとしたと反駁している（Erving Goffman, "A reply to Denzin and Keller," *Contemporary Sociology*, 10 (1), 1981, p.68）。ゴフマンにおいては、相互作用の場の構造と社会構造との関係は、パーソンと役割の関係、つまり「社会構造的要因が変形を受けて参与者の立場設定に対応する」際の「ゆるいかみ合い（loose gearing）」として集中的に問題化されている（串田秀也「「フレーム」と「関与」——相互作用分析における「コンテクスト」の問題へのゴフマンの視角」、ソシオロジ編集委員会編「ソシオロジ」第三十三巻第二号、一九八八年）。また、フレーム・アナリシスがメディアを媒介とした相互作用を排除しないものである点に関しては、ジョシュア・メイロウィッツらが詳細に論じている（Joshua Meyrowitz, "Redifining the situation: Extending dramaturgy into a theory of social change and media effects," in Stephen Harold Riggins ed., *Beyond Goffman: Studies on Communication, Institution, and Social Interaction*, Mouton de Gruyter, 1990、河野昌広「個人ホームページにおける「リンク」行為の社会学的考察——ゴフマンの「状況」概念を手がかりとして」、情報文化学会編集委員会編「情報文化学会論文誌」第十巻第一号、二〇〇三年）。

（17）平英美「E・ゴッフマンの"frame"概念について」、大阪教育大学編「大阪教育大学紀要・第II部門・社会科学・生活科学」第三十四巻第二号、一九八三年、Robert Stebbins, "The definition of the situation: A Review," in Adrian Furnham ed., *Social Behavior in Context*, Allyn & Bacon, 1985、桐田克利「社会的相互作用における状況の定義」、ソシオロジ編集委員会編「ソシオロジ」第三十一巻第一号、一九八六年、天田城介「状況定義論の可能性――ゴフマンとストラウスの研究の比較検討から」、立教大学大学院社会学部研究室編「社会学研究科論集」第四号、一九九七年、など。現在、フレーム・アナリシスの議論を認知科学などの成果を踏まえて展開する動きもみられる（Luiz Carlos Baptista, "Framing and cognition," in Javier Trevino ed., *Goffman's Legacy*, Rowman & Littlefield Publishers, 2003, Thomas J. Scheff, *Goffman Unbound!:A New Paradigm for Social Science*, Paradigm publishers, 2006）。ユース・サブカルチャーズ研究において「状況の定義」論を展開した例としては、「パースのスキンヘッズの多くも、労働者階級出自であり、（略）彼らはオーストラリアの「儀礼を通した抵抗」の一例も言える。しかし、もしスキンヘッズが語り、解釈し、構築している彼らの社会的・文化的世界、すなわち彼らの「状況の定義」に耳を傾けるならば、彼らはエスニシティの観点を最重要としているのである。その明確な労働者階級エートスの欠落ゆえに、エスニック・カテゴリー「イングリッシュ」は、はるかに明示的な特徴となっている」（David Moore, *The Lads in Action: Ethnicity, Identity and Social Process Amongst Australian Skinheads*, Arena, 1994, p.10）。

（18）Goffman, *Frame Analysis*, p.8.

（19）*Ibid.*, p.21.

（20）Steve Crook and Laurie Taylor "Goffman's version of reality," in Jason Ditton ed., *The View from Goffman*, Palgrave Macmillan, 1980.

（21）Goffman, *Frame Analysis*, pp.21-22.

（22）ゴフマンはキーイングに対比して、フレームの参加者全員が同一の定義を共有しておらず、虚偽操作者（fabricator）とカモ（dupe）とに分割されている状態を「虚偽操作（fabrication）」と呼んでいる。一次的枠組からの転調には、基本的にキーイングと虚偽操作の二種類が考えられるわけだ。また、一次的枠組で解釈可能な行為と（リ）キーイングされたフレーム下における行為とを総称して straight activity とし、この概念も虚偽操作に対置されている。

（23）社会学における解釈的パラダイム内での、リアリティ概念の異同を検討したジェフ・ヴァーフォーヴェンによれば、シュッツやガーフィンケルにとってこの世界のリアリティとは、いったん現象学的にエポケーされた後、それぞれの様式に従って 'attended to' されている間、人々の 'in mind' において立ち現われてくるものである。それらに対し、もともとゴフマンの状況概念は、複数の参加者を含むある境界づけられた時空を意味し、そこに与えられたフレームとは、たとえば「フレームは意味以上のものを組織化する。それは関与をも組織化する」（Goffman, *Frame Analysis*, p.345）もしくは「in mind においても in activity においても支持される、組織化された前提を、私たちは活動のフレームと呼ぶ」（Goffman, *Frame Analysis*, p.247）といった具合に、参加する人々の行為やその状況内にある物理的なマテリアル――当然行為する人々の身体を含む――を不可分に織り込み、かつ人々の行為を通してだけ実現されるもの何ものかであり、その状況であるリアリティを構成していくものなのである。それゆえ *Frame Analysis* でリアリティという語は、極めて多義的に使用されることになる。ゴフマンにとってリアリティとは、「個人の行為者から独立した外部の事象」であり、所与のものとして存在するとともに、「同時にそれは関与する個人たちから意味を得るもの」でもある（Jef Verhoeven, "Goffman's frame analysis and modern micro-sociological paradigms," Horst Jürgen Helle and Shmuel Noah Eisenstadt eds., *Micro-Sociological Theory: Perspectives on Sociological Theory Volume 2*, Sage Publications, 1985, p.76）。*Frame Analysis* のタームで言えば、フレームが切り離されていく「現行の世界（ongoing world）」や、フレームを囲繞している「環境世界（environing world）」として語られた経験的世界（empirical world）をリアリティとして認める――現象学的な意味で括弧入れせずに――とともに、そこに生成・消滅する、定義づけられた諸状況（framed situations）のリアリティも「リアリティーズ」として扱われているのである。一方、ハーバート・ブルーマーらのシンボリック相互作用論では「リアリティは経験的世界にだけ存在する」（Verhoeven, *op.cit.*, p.77）のであり、人々の志向性（intentionality）などにはまったく依存しないかたちでリアリティ概念が措定されている。またゴフマンの言うそれらリアリティーズ相互の関係では、「至高のリアリティ（＝日常生活の世界）」が想定されていない点でも、シュッツらの「多元的リアリティ」論とは大きく異なる。「私たちはしばしば「リアル」を単に対照語として使用する。私たちが何かをアンリアルであると決定したとき、リアリティそれ自身は非常なリアル（very real）である必要はなくなり、事象のドラマ化――もしくはドラマのリハーサル化、さらにはリハーサルの絵および写真の複製も――は事象それ自身と同等になりうる。後者のうちのいくつかは、単なる模造である何ものかのオリジナルとして機能しえることは、崇高なものは関係であって、実質（substance）ではないという考えに人を導く」（Goffman, *Frame Analysis*, pp.560-561）。要するに一次的枠組とは、唯一至高のものではなく、転調がそこから始まるという点でプライマリィな存在であり、より'actually or literally'な経験の組織化のあり方という、比較級の意味しかもたないのである。すなわち「日常（the everyday）」は、その他のものへのコントラストとしておかれるべき特別なドメインではなく、単に他の一つの領野（another realm）にすぎない」（Goffman, *Frame Analysis*, p.564）。

（24）モッズ（リヴァイヴァル）に関しては、ディック・ヘブディジ『サブカルチャー——スタイルの意味するもの』山口淑子訳、未来社、一九八六年、Phil Cohen, *Rethinking the Youth Question: Education, Labour and Cultural Studies*, Palgrave Macmillan, 1997、高村是州『ザ・ストリートスタイル』グラフィック社、一九九七年、ジョン・サベージ『イギリス「族」物語』岡崎真理訳、毎日新聞社、一九九九年、Terry Rawlings and Keith Badman, *Empire Made: The Handy Pocket Size Guide to All Things Mod*, Complete Music publications, 1997、Terry Rawlings, *Mod: Clean Living under Very Difficult Circimstances - A Very British Phenomenon*, Omnibus Press , 2000 など。一般に原モッズには、以下の三つの流れがあったとされている。「のちのニューロマンティクスの先駆けとなるような、化粧をした少年たちの high camp なアートスクール・ヴァージョン。キチンとしたスーツと幅の狭いズボン、ペイントされたシューズを身につけ、「クラシックな」シャツやドレスを着たショート・ヘアのガールフレンドを連れた、主流もしくは「スムース」モッズ。そしてクローム・アクセサリーや多くのヘッドライトやミラーをつけたイタリアン・スクーター（「労働者階級のスポーツカー」）に乗り、ジーンズと工場用の作業ブーツ（それらは後にスキンヘッドへと変化する）を着たスクーター・ボーイズ」（Burke and Sunley, *op.cit.*, p.44）

（25）監督フランク・ロダムは、テレビのドキュメンタリー番組を多く手がけており、この映画製作にあたっては多数のオールド・モッズやロッカーズにインタヴューを繰り返し、そのリアリティには徹底的にこだわったと回顧している（DVD "Quadrophenia: Special Edition" Universal, 2006）。

（26）前述のようにスタンレー・コーエンは、メディアによるモラル・パニックの構築——「過敏化・ドラマ化・エスカレーション」と定式化される作用——としてモッズ対ロッカーズの抗争を描き出した。『クアドロフェニア』に描かれたブライトンでの衝突にしても、タブロイド紙が針小棒大に書きたてた「ロンドンから来たモッズとロッカーズたちが閑静な保養地を舞台に乱闘騒ぎを起こす」という予言が自己成就した態のものであった。コーエンは、労働者階級の若者たちが当時背負っていた問題を、彼らがドラッグなどの逸脱行動と独自のファッションや余暇のスタイルによって解決しようとしたことに対し、社会の側が反応——統制を加え、ステレオタイプを創出し、ときには商業主義的な利用・搾取を試みる——を示すことで、結局は逸脱の増大・極端化に至った過程を論証している。

（27）両親は強烈なコックニー訛りで話し、テレビとビールと紅茶を偏愛し、手にする新聞は "Daily Mirror" "Daily Mail" といったタブロイド紙であるなど、典型的な労働者階級として表象されている。フィル・コーエンらのモッズ研究は、こうした出自にありながらも、労働者階級の両極分化や労働者コミュニティのジェントリフィケーションなどを背景に、店員・事務員などよりホワイトカラーな職業に就き、ミドルクラスのスタイルを帯びようとするモッズ像を描き出した。そして、よりフェミニンであり、非肉体労働を志向するモッズであるがゆえに、非熟練・半熟練のブルーカラーな仕事に就き、労働者階級のエートスにこだわるロッカーズたちと対立していた。

（28）Goffman, *Frame Analysis*, p.46.

（29）「体系的な転調は、ある解釈のスキーマに一致する、すでに意味を持つ用具を包含し、それ抜きにはキーイングは無意味ものになる」（Goffman, *Fame Analysis*, p.45）。まさに、ゴフマンの言う「アイデンティティ・キット」であり（アーヴィング・ゴッフマン『アサイラム――施設被収容者の日常世界』石黒毅訳、誠信書房、一九八四年、一二ページ）、ヤコブ・ラズはこうしたゴフマンの議論を、日本のヤクザ・サブカルチャーに適用している（ヤコブ・ラズ『ヤクザの文化人類学――ウラから見た日本』高井宏子訳、岩波書店、一九九六年）。

（30）ゴフマンは、「ある外見が、異なる場面では異なる意味を持つことは明らかである。ディナーの皿をすっかり平らげた人は、飢えているとも、礼儀正しいとも、大食漢とも、倹約家とも見なしうる。だが通常、文脈（the context）は誤った解釈を排除し、正しいそれを招来する」ものであり、その文脈とは「あるフレーム理解と両立可能で、その他のものとは両立不可能な、直接的に利用しえる事象として定義される」（Goffman, *Frame Analysis*, pp.440-441）と述べ、そうしたあるフレームを確定し、支持するのに必要な文脈の一つとして「その状況への参加者」を挙げている。「活動への参加者は、体系的な変更が包含する知識、そこで何が起こっているかをラディカルに再構制する知識を有している」（Goffman, *Frame Analysis*, p.45）。またギデンズは、「ある一定の状況内にいる個人は各々、そこにそれ以前からの生活誌やパーソナリティをもちこむのであり、人々は共有する知識を通してそれらに焦点を合わせることができるのである」（前掲『社会理論と現代社会学』一八〇ページ）と述べている。

（31）「モッズは、独自のウォーキング・スタイルを持っていた。彼らは肩を揺らし、短い歩幅をとり、足を若干外に開いていた。それは単なる威張った歩き方ではなく、自信の誇示であった。彼らはときには、その手を背中で、コートや合羽の下で組み、それらを揺らした。彼らの手がポケットにあるときは、親指を外に出していた」（Barnes, *op.cit.*, p.6）。また*Frame Analysis* 後半の大部分はトーク分析に割かれており、意図的に洗練された会話パターンへと場を導く speech enterprise などが言及されている。これは「単なる遊びのために上流階級の話し方を用いる'talking posh'とは別物」であり、「スピーカーの「訛り」は、他者にとって、その人の社会的出自を知り、そのコンタクトの場を超えてその人を扱う方法や、その相互作用の前後でその人の特徴を同定するための装置として用いられる」ことを利用した、フレームないし自らのアイデンティティの操作・管理の手法である（Goffman, *Frame Analysis*, p.494)。

（32）グリースなどオイルでヘア・スタイルを固めたロッカーズたちに対し、グリーザーの名が侮蔑的に用いられていた。この油への嫌悪は、「バイクとは違い、少年たちはそれが汚くないマシンであり、労働者階級的ではないと感じていた」(Barnes, *op.cit.*, p.122）という、モッズたちのスクーターへの偏愛へも結びついている。映画中では、スクーターの修理を嫌がるモッズたちに対し、それが得意なケヴィンらロッカーズの姿や、床屋で髪に油をつけられることを頑なに拒否するジミーのこだわりが描かれている。「イタリアン・スクーターはモッズによって、（略）洗練を「知っている」という他者へのシグナルとなり、残りの人々からの距離を表すもの、ある世界観となっていった」。そして「スクーターはその乗り手の服装に制約を加えなかった（このことが、結局スクーターをおしゃれ好きなモッズに「最適なもの」にした）にもかかわらず、この乗り物をめぐるスタイルを固定的なものにした――カーキ色のパーカーやアノラック、リーヴァイス・ジーンズ、ハッシュ・パピーズ」(Dick Hebdige, *Hiding in the Light: On Images and Things*, Routledge, 1987, p.111)。

（33）Goffman, *Frame Analysis*, p.276.

（34）*Ibid.*, p.129.

（35）クリストファー・ブリュワード／ジェニー・リスター／デヴィッド・ギルバート『スウィンギン・シックスティーズ――ファッション・イン・ロンドン一九五五―一九七〇』古谷直子訳、ブルース・インターアクションズ、二〇〇六年、長澤均『BIBA――スウィンギン・ロンドン一九六五―一九七四』、ブルース・インターアクションズ、二〇〇六年

（36）Barnes, *op.cit.*, p.122.

（37）Goffman, *Frame Analysis*, p.290.

（38）メディアを介した共在について、*Frame Analysis* では次のように述べられている。「個人の何が起こっているのかへの知識をしばしば脅かす配置《アレンジメント》は、他人の直接的存在であることは事実である。が、その主な例外――私たちにますます関係しているが――は、映画・テレビ・印刷物内で商業的に呈示され、描かれた社会的状況の断面である。しかし、こうした虚構も社会的なものであり、一人で見ているかもしれない視聴者から、単に一旦距離をとっているだけである」(Goffman, *Frame Analysis*, p.379)

（39）Anthony Giddens, *The Constitution of Society: Outline of the Theory of Structuration*, Polity Press, 1984, p.68.

（40）前掲『社会理論と現代社会学』一八七ページ

（41）だがゴフマンは、状況を横断して何事かを持ち越している人やモノをより本質的な何かであり、より価値の高いものだと考えていたわけではない。「人間間のリアルな対面的相互作用に立ち返ってみれば、再度人は、連続的な自己同一的な実体としての個人とそのときどきにたまたま演じられる役割との間の区別を見出だす」のがつねであり、通常は前者があってこその後者だと考えがちだが、「しかし、このパーソナル・アイデンティティから目下の役割へのスタイリスティックな持ち越しは、個人の行動が、それ自身を超えた何ものかに根拠づけられ、投錨されているという感覚の、他の局面として取り扱うことができるが、私はそれを説明を要する最初のものだとは考えない」(Goffman, *Frame Analysis*, p.297)。

（42）Goffman, *Frame Analysis*, p.287.

（43）*Ibid.*, p.300.

（44）*Frame Analysis* の「活動の投錨」の章では、その方法の一つとして「エピソード化の慣習（episoding conventions）」が挙げられており、「ある方法——特に社会的活動の集合的組織化——でフレームされた活動は、しばしば、ある特別の境界のマーカーのセットないしは慣習化された種類の括弧によって、周囲の事象の現行の流れ（ongoing flow）から摘出（marked off）されている」(Goffman, *Frame Analysis*, p.251）と論じている。

（45）こうしたリキーイングとしてモッズ・リヴァイヴァルは考察しうる。新たな世代による、さまざまなモッズギアに対する「それは（ネオないしネオ・ネオ）モッズであり（いまクールなモノである）」というアップ・キーイングがもたらされる一方、九〇年代後半の映画「オースティン・パワーズ」シリーズなどは、パロディというかたちをとりながらも、スウィンギング・シックスティーズの若者風俗（特にモッズ・テイスト）を徹底的にくだらないものとして描き、原モッズに対して社会が下した定義へと差し戻している。

（46）Goffman, *Frame Analysis*, pp.321-322.

（47）*Ibid.*, p.338.

（48）*Ibid.*, pp.382-383.

（49）*Ibid.*, p.388.

(50) ゴフマンは、若者ないしモッズという役割のなかで、あえてその役割の通念的あり方から微妙に外れることで、逆にその役割を十全に演じきり、コントロールしうる自己およびその能力を周囲に印象づけようとする方略を、「役割距離(role-distance)」として概念化している。「例えばトーク・ショウは言うまでもなく、ドラマの台本においても、野次を予期するだけではなく、その野次へのパフォーマーの直接の反応を、あらかじめ設定することも可能である」(Goffman, *Frame Analysis*, pp.424-425)。ヒッピー・カルチャーの系譜を引く、ジャムバンドのファンダムにもとづくデッドヘッズ・サブカルチャーなどでも、ニュー・デッドヘッドほどより原理主義的であり、ハードコア・デッドヘッドの方が、「それはデッド・ヘッズである」という原理原則に縛られない振る舞いをとる(Robert Sardiello, "Identity and status stratification in Deadhead subculture," in Epstein, *op.cit.*)。

(51) Goffman, *Frame Analysis*, p.426.

(52) Peter Manning, "Goffman's framing order:Style as structure," in Ditton, *op.cit.*, p.278.

(53) 遠藤竜馬「サブカルチャー論から見る大学のマージナル化——社会学的な観点からの文献レビュー」、居神浩／三宅義和／遠藤竜馬／松本恵美／中山一郎／畑秀和『大卒フリーター問題を考える』所収、ミネルヴァ書房、二〇〇五年、七四ページ

(54) 八木正『社会学的階級論の構造』恒星社厚生閣、一九七八年

(55) 渡辺雅男『階級！——社会認識の概念装置』彩流社、二〇〇四年、六五ページ。カール・マルクスの場合の階級(class/Klasse)は、「生産手段の所有／非所有によりたがいに特定の社会関係に置かれるような種差的な集群ないし集団」であり、マックス・ウェーバーの場合「財や労働能力に所有によって、(とくに市場的な)経済活動や生活のチャンスに生じる種差的な状況を共有する諸個人の集群」(丹辺宣彦『社会階層と集団形成の変容——集合行為と「物象化」のメカニズム』東信堂、二〇〇六年、二七ページ)であった。生活程度からみた「上流—中流—下層」、財産(資産)からみた「有産—中産—無産」、(生産手段の所有・不所有という)階級的位置からみた「資本家—中間—労働者」といった整理が一般的だろうが、ユース・サブカルチャーズの成員のことを考えた場合、この三つの側面は複雑に絡みあっており、それらを総称して「階級」としておく。また、社会学でこれまで用いられてきた「階層(stratum)」ないし「成層(stratification)」は、「個人の職業・収入・財産・生活様式(さらには学歴)などによって区別される人口部分をいう。これは連続的な構造をもっていても差支えないし、人為的ないわゆる「統計的集団」であっても差支えない」(安田三郎

編『現代日本の階級意識』有斐閣、一九七三年、四ページ）とあるように、もっぱら研究者による操作的な概念であり、本書で問題にしたい「状況に参加する当事者の視点」からのものではない。

（56）Stuart Hall, “Cultural studies: Two paradigms,” in Richard Collins, James Curran, Nicholas Garnham, Paddy Scannell, Philip Schlesinger and Colin Sparks eds., *Media, Culture and Society*, Sage Publications, 1986, p.45. 古典的な「即自階級（Klasse an sich）／対自階級（Klasse fur sich）」という区分に再度スポットライトを当てたホールの意図は、構築主義的な階級（文化）観の導入による、カルチュラル・スタディーズにおける階級という視点の復権にあった。アリ・ラタンシらは、論文「ユース・アイデンティティーズ再考」中の「階級を「取り戻す」」の節で、「多く議論されてきた「アンダークラス」のテーマとの関連だけではなく、若者研究は、階級の問題と再結合する必要がある。（略）階級は生産だけではなく、消費の社会関係でも同様に構制されるものである。アンジェラ・マクロビーが指摘したように、低収入および失業のために、つねに変化しているファッション・アイテムズによって開かれている創造的な可能性を、手に入れることができない多くの人々がいる」（Rattansi and Phoenix, *op.cit.*, p.141）。まさにエドワード・トムスンが言うように、「階級それ自体は物事（thing）なのではなくて、出来事（happening）なのである」（Edward Palmer Thompson, *The Poverty of Theory and Other Essays*, The Merlin Press, 1978, p. 295）。

（57）「階級のカテゴライゼーションを単なる分類や社会的位置ではなく、パーソナルな傾向として身体において読み取られる文化的特徴のアマルガム――それら自体は最初から書き込み（inscription）のシステムを通じて生じる――としてわれわれは認識すべきである」（Beverley Skeggs, *Class, Self, Culture*, Routledge, 2004, p.1）。またフィオーナ・デヴァインらは、階級分析のカルチュラル・ターンを唱えた論文のなかで、伝統的なマルキストやウェーバリアンのそれとは異なり、「ブルデューのアプローチは、構造主義もしくはポスト構造主義の言語理論と一致して、アイデンティフィケーションは、自身がどの所与のポジションに属するかの認識をベースとしたものではなく、さまざまな賭け金とプレイヤーからなるゲームを演じているという理解を通じて、あるフィールドにおいて自己を他者より差異化する行為を意味している」（Fiona Devine and Mike Savage, “The cultural turn, sociology and class analysis,” Fiona Devine, Mike Savage, John Scott and Rosemary Crompton eds., *Rethinking Class: Cultures, Identities and Lifestyles*, Palgrave Macmillan, 2005, p.14）としている。

（58）エクストリーム・メタルという音楽ジャンルのファンダムでも、「サブカルチュラル・キャピタルは、他の種類の資本を持つ者の手に集中する」(Keith Kahn-Harris, *Extreme Metal: Music and Culture on the Edge*, Berg Publishers, 2007, p.138)。またサラ・ソーントンも、「その自由・友愛・調和といった言説にもかかわらず、レイヴは、主として白人・労働者階級・ヘテロセクシュアルというデモグラフィックな特性を持ち、ラッズによって支配されている。レイヴは、多くの人々を含み込み、若者のレジャーのための新たな空間を見つけることで、新たな領域に踏み込みえるにもかかわらず、その社会的状態をリ・アレンジするだけである」(Thornton, *op.cit.*, p.25) と述べている。

(59) 山名昇「pizzicato five」「MORE BETTER」第1号、ソニーマガジンズ、一九九四年、二〇ページ

(60) 日本における階級・階層と文化との関係については、「文化的寛容性が文化資本の一部となる」点や「女性というジェンダーを通じての文化資本の継承」が指摘され（片岡栄美「文化的寛容性と象徴的境界」、今田高俊編『社会階層のポストモダン』所収、東京大学出版会、二〇〇〇年）、「階層下位文化」のみならず「学力、高校階層構造を媒介として、職業社会への移行様式を規定する」点が指摘されてきた（耳塚寛明「揺れる学校の機能と職業社会への移行——教育システムの変容と高卒無業者」、社会政策学会編「社会政策学会誌」第十三号、御茶の水書房、二〇〇五年）。また寛容性以外にも、国際性が文化資本として機能することも指摘されている。「コスモポリタニズムは、新たな中産階級的な自己の布置の特別なヴァリアントであり、それは美学的で、つぎはぎ（prosthetic）で、雑食性で、いかなる場所でもテイストを判別する際の判断基準をなすものである」(Skeggs, *op.cit.*, pp.171-172)

(61) 例えば「「空間」は「場所」よりも抽象性を帯びている。最初はまだ不分明な空間は、われわれがそれをもっとよく知り、それに価値を与えていくにつれて次第に場所になっていく」（イーフー・トゥアン『空間の経験——身体から都市へ』山本浩訳、筑摩書房、一九八八年、六—七ページ）。またアンソニー・ギデンズが用いる'locale'は、本書でいうところの場所と状況にほぼ等しい（アンソニー・ギデンズ『社会理論の最前線』友枝敏雄／今田高俊／森重雄訳、ハーベスト社、一九八九年）。ギデンズの構造化理論において、主体と構造の結節点がロカールであるわけだ（野澤秀樹「地理学における空間の思想史」、水内俊雄編『空間の政治地理』所収、朝倉書店、二〇〇五年）。

(62) 例えばイングランド北部の鉱工業都市ニューカッスルのラッズたちによる Geordie culture について考えてみれば、ニューカッスルという都市空間のローカル・パブなどの場所を舞台装置として、さまざまな「これは（俺たちは）ジョーディである」と定義される状況が生成され、そのつどこのユース・サブカルチャーは再生産・再確認されている。ジョーディ文化は当然ラッズ文化だが、今日では単純に生産関係には還元できない側面を有する（Robert G. Hollands, *Friday*

Night, Saturday Night : Youth Cultural Identification in the Post-Industrial City, University of Newcastle upon Tyne, 1995, Nayak, Anoop, *Race, Place and Globalization: Youth Cultures in a Changing World*, Berg Publishers, 2003)。ギデンズも、イングランド北部の「空間的分化にもとづく階級文化の沈殿」に関連して、「階級文化は今日では、時間的・空間的距離を克服する新しい様式によって、部分的に解体されつつある」と述べている（Giddens, *op.cit.*, pp.227-228）。

（63）デイヴィッド・レイ「社会地理学と自明視されている世界」長尾謙吉訳、日本地理学会「空間と社会」研究グループ編『社会―空間研究の地平――人文地理学のネオ古典を読む』所収、大阪市立大学地理学教室、一九九六年、四〇―四一ページ

（64）日本の事例として、ドン・キャメロンの大阪アメリカ村研究を挙げるならば、「ストリート・ファッションは、日本の都市のストリートで、空間的・人格的・地理的アイデンティティが上演される重要な文脈を構成している。特定のファッション・メディアによってプロモートされる象徴的「ストリート」の抽象的空間と、実際に生きられた場所との間のギャップと交渉しながら、若者たちは、同一性と差異性の微妙なバランスを、美学的な最優先課題としながら、リアル・ライフの都市劇における役者として振る舞ってもいる」（Don Cameron, "Off-the-rack identities: Japanese street fashion magazines and the commodification of style," *Japanese Studies*, 20 (2), 2000, p.179）。つまり、行政区分で言うところの大阪市中央区西心斎橋一・二丁目一帯の空間で、ファッション雑誌が供給するストリート像と連関しながら、これは「アメリカ村＝若者の街」であると第一義的に定義される場所が出現し、そこでさまざまなユース・サブカルチャーズが上演され、かつ新奇な「これは〇〇（というユース・サブカルチャー）である」が胚胎され、なかにはファッション雑誌のストリート・スナップなどにフィーチャーされることによって、広く知られていくケースも生じている。

（65）アーヴィング・ゴッフマン『アサイラム――施設被収容者の日常世界』石黒毅訳、誠信書房、一九八四年、三一七ページ

（66）カール・マンハイム『世代・競争』鈴木広／田野崎昭夫訳、誠信書房、一九五八年、四〇ページ

（67）June Edmunds and Bryan S. Turner, *Generations, Culture and Society*, Open University Press, 2002, pp.7-18.

（68）こうした議論の背景には、九・一一の衝撃があり、生年よりも「記憶の共有」を軸にした世代観の浮上がある。「トラウマティックな歴史的イヴェントは、階級やジェンダーの違いを超えて、ラディカルな世代的ムーヴメントや文化が生まれるという意識の新たな形を作り出す。歴史は、戦略的で能動的な世代意識の歴史である」（*ibid.*, pp.ix-x）

(69) Davis, *op.cit.*, p.208.
(70) *Ibid.*, p.139.
(71) マンハイムの時点では、「戦後世代がモダン・コンシューマリズムの勃興を構制しており、そこでは社会的階級もしくはエスニックな差異と同等もしくはそれ以上に、世代的なオーディエンシィーズが重要となっている」といった事態は想定されえず、また「国際的な同世代間の交流の可能性は、非常に限定されていた」がゆえに、「彼の焦点は国内の諸世代へとおおむねあてられていた」(Edmunds and Turner, *op.cit.*, pp.3-5)。
(72) ジュディス・バトラー『ジェンダー・トラブル――フェミニズムとアイデンティティの攪乱』竹村和子訳、青土社、一九九九年
(73) 多賀太『男性のジェンダー形成――〈男らしさ〉の揺らぎのなかで』東洋館出版社、二〇〇一年
(74) モノの流用とそれによるスタイルの創出としてのユース・サブカルチャーズ――モッド・スーツ、ロッカーズのバイク、パンクスの安全ピンなど――というアプローチは、「ティーンエイジ・ガールとその雑誌へは、限られた有効性しか持たない。(略) *Jackie* はその読者に、少女たちをその参加へといざなう、明示的な「プレゼンス」を提供はしない」(Angela McRobbie, *Feminism and Youth Culture: From Jackie to Just Seventeen*, MacMillan, 1991, p.86)。
(75) *Ibid.*, p.3.
(76) 好況のなか、ファッション関連など少女たちの職場は広がったが、「モッド・サブカルチャーへの参加は、少女たちへの社会的期待を変えないし、たとえ一時は親元を離れ、フラットに暮らしたとしても、母と娘の紐帯を緩めるものではなかった」(*ibid.*, p.10)。
(77) Imelda Whelehan, *Overloaded: Popular Culture and the Future of Feminism*, Women's Press, 2000.
(78) 「第二次世界大戦以降でずっと、若者文化は、様々なものがあったにせよ、常にアウトサイダーを賞賛してきた。多くのヨーロッパ、アメリカの若者たちが、対抗的タイプとしての自らの役割を自認し、社会規範に対する自分たちの優越性を主張してきた。(略) 対抗的タイプは、常に標準的な男性性に対する根本的挑戦を行ってきており、今やその挑戦は、最大限に達している」(ジョージ・L・モッセ『男のイメージ――男性性の創造と近代社会』細谷実/小玉亮子/海妻径子訳、作品社、二〇〇五年、二八九―三〇〇ページ)。日本では一九九〇年代に入り、「カマ男《お》(フェミ男《お》)」「ギャル男《お》」といったユース・サブカルチャーズが浮上する。

（79）Meyrowitz, *op.cit.*, p.94.

（80）Thornton, *op.cit.*, p.117. またソーントンは、パイレーツ・ラジオ「Caroline が創設される一九六四年三月以前に、Ronan O'Rahilly は、ソーホーでおしゃれなモッズの溜まり場 The Scene を始めていた」(*ibid.*, p.146) など、非合法な海賊放送とクラブ・カルチャーとの深い関係を指摘している。

（81）McRobbie and Thornton, *op.cit.*, John Springhall, *Youth, Popular Culture and Moral Panics: Penny Gaffs to Gangsta-rap, 1830-1996*, Macmillan, 1998, Chas Critcher, *Critical Readings: Moral Panics and the Media*, Open University Press, 2006 など。「アメリカでは、イギリスでモラル・パニックスと呼ばれたような問題に関する議論は、社会構築主義（social constructionism）と呼ばれるアプローチにおいてなされて」きており、アメリカの場合の主要定義者（key definers）が、異議申し立て者《クレーム・メーカーズ》であるのに対し、イギリスではそれを政治的エリートやメディアが担ってきたため、「アメリカの伝統が社会運動のポリティクスを強調してきたのに対し、イギリスの伝統は社会不安の強調にある」（Chas Critcher, *Moral Panics and the Media*, Open University Press, 2003, pp.20-23)。

（82）Barnes, *op.cit.*, p.123.

（83）Cohen, *op.cit.*, p.186. こうしたニッチなメディアや口コミによって、モッズたちは、どこでスーツを仕立て、どこでレコードを漁るかの情報を得ていたのである。好況下、得た給料のほとんどをおしゃれ、ドラッグ、音楽、スクーターにつぎ込んだ「彼らはもはや労働の理想を信じていないが、その必要には従っており、彼らは上の世代のような、テレビやライト・エールの受動的な消費者ではない」(Cohen,*op.cit.*, p.188)。

（84）水越伸『デジタル・メディア社会』岩波書店、一九九九年。例えばウェブ・カメラを採用した若者（を中心としたユーザー）たちによる、開発者・生産者の意図を超えた、独自の使用法の発見・発展にもとづく'webcam subculture'と呼ぶべき実践など（Mark Andrejevic, "The webcam subculture and the digital enclosure," in Nick Couldry and Anna McCarthy eds., *MediaSpace: Place, Scale and Culture in a Media Age*, Routledge, 2004)。

（85）『モッズ——あの時代からボクらは走り続けているそして、これからも走り続けるだろう』スタジオタッククリエイティブ、一九九六年、ＶＡＮＤＡ監修『オール・ザット・モッズ！』シンコーミュージック、一九九八年、ポイズン・エディターズ『トーキョー・モッズ・グラフィティ一九八一—二〇〇五』星雲社、二〇〇五年、エナメル・ヴァーグレン『This is a modern life——ネオ・モッズ・シーン』新井崇嗣訳、シンコーミュージック、二〇〇六年、など。「平凡パンチ」一九六四年六月十五日号（平凡出版）の記事「おしゃれ・モッズ対かっぱ頭・ロッカーズ〝血の決闘騒ぎ〟の真相」にあるように、モッズの動きは日本にもリアルタイムで伝わっており、それはやがてGSファッションとして独特な展開を遂げ、モッズ映画も製作された（オムニバスCD『モッズが愛したニッポンの夜』P-VineRecords、一九九七年）。また「宝島」一九八一年十月号（JICC出版局）の特集「反逆の六〇年代〜ポップ・カルチュアの誕生」では、『さらば青春の光』に絡めて、詳細なオリジナル・モッズの紹介記事が掲載されている。このとき起ち上がった日本のモッズシーンは、今日まで命脈を保っている（オムニバスCD『MODS MAYDAY 25 th』コロンビアミュージック・エンタテインメント、二〇〇五年）。まさに、「私たちは、ユース・サブカルチャーが、一つの文化的文脈から他の文脈へと転移する問題ついて語るべき位置にきた」（Jon Stratton, "On the importance of subcultural origins," reprinted in Gelder and Thornton, *op.cit.*, p.190）。

（86）若者の混淆的な文化的アイデンティティとその資源の多様性に関して、「純化し、固定化し、「正統化」するかわりに、すべての若者の主体の位置は、多くの文化的な場（sites）で交錯し、年齢・エスニシティ・ジェンダー・階級・セクシャリティなどが交わるなかでそのアイデンティティは構築されている」（Osgerby *op.cit.*, p.180）、「階級・ジェンダー・エスニシティのような変数は、テクノロジー・グッズ・アイディア・スタイル・ファッションの世界的な循環へのアクセスに、影響を与える重要な要因であり、それらは、そうした資源から構築されたアイデンティティの正統性の認識という観点からは、依然主要なものでありつづけている」（Weinzierl and Muggleton, *op.cit.*, p.19）といった指摘がある。

（87）本書は、以下の「言説の歴史社会学」という方法を戦後ユース・サブカルチャーズ史研究へと展開させるものである。「人間の活動の痕跡としての言説が、当事者不在か、分析者が直接関与できない状態でのみ分析者の眼前に残されている。そうした環境下で研究しなければならないことこそ、言説史に固有な、資料と研究主体との関係である。であるがゆえに言説の歴史社会学は、ミクロ構築主義とは異なる作法で、分析を進めざるをえないのだ」（赤川学『構築主義を再構築する』勁草書房、二〇〇六年、一〇九ページ）

（88）ゴフマンの用語の多くは記述概念であり、「*Frame Analysis* の関心はおおむね"what"や"how"の問題にあり、"why"の問題はあまり顧慮されていない」（Verhoeven, *op.cit.*, p.90）ために、社会構造の変化やその動態的把握に至ってはいないことは確かだろう。だがギデンズは言う。「ゴフマンはきわめてはかないものに専心し、ブローデルは文明全体の長期的に確立された生活パターンに専心している。だが、両者とも、日々の社会生活の性質に、より明確には、制度的再生産の非常に広範なパターンへと日常の社会生活を結びつける様式に、光を当てているのである。（略）もしもゴフマンの仕事がこうしたことに無関係に見えるとすれば、その理由は、相互行為的秩序がそうした変動過程にかかわりなく続いていくものとしてあるからではない。逆に、それは彼が、変化する制度的調整がいかに社会生活のセッティングの変化を条件づけるか、またそうしたセッティングの変化によっていかに条件づけられるか、ということを考察していないためである。社会理論へのより包括的なアプローチがこうした課題に、ゴフマンが発展させた主要な着想を取り込みつつ、着手してはならないという理由はない」（前掲『社会理論と現代社会学』一八九ページ）。

（89）遅塚忠躬「言説分析と言語論的転回」、現代史研究会「現代史研究」第四十二号、一九九六年。それ自体も一個の言説である *Frame Analysis* の、その社会的な布置を問うたとき、アルヴィン・W・グールドナー以来の「ゴフマン＝マキャヴェリアン」説に従えば（アルヴィン・W・グールドナー『社会学の再生を求めて』岡田直之／田中義久／矢沢修次郎／矢沢澄子／瀬田明子／杉山光信／山口節郎／栗原彬訳、新曜社、一九七八年）、ゴフマン自身は状況への‘primary definer’の側から社会を考察したということになるかもしれない。しかし、彼の最後の発言であるアメリカ社会学会会長講演の末尾を見れば、彼がどのような立場、視点から人々のあり様を観察していたかが理解できよう。「私たちのすべては、社会を研究することが私たちの仕事であることに賛同すると思う。もし、あなたがなぜ、そして何の目的でと聞くなら、私は「それがそこにあるからだ」と答えたい。（略）もし研究に社会的ニーズの保証が必要だとしても、社会的権威をもつ人々に享受されている社会的配置が、スポンサーとしてついていない分析の場合は、放っておいてほしい。その権威者とは、牧師、精神分析医、教師、警官、軍や政府の要人、親、男性、白人、同国人（nationals）、メディア操作者、そしてそれ以外の、リアリティのヴァージョンに公式に判を押す位置にあるすべての well placed persons」（Erving Goffman, “The interaction order,” *American Sociological Review*, 48, 1983, p.17）

（90）Cohen, *op.cit.*, p.83.

（91）Sweetman, *op.cit.*, p.184.

第2部

戦後ユース・サブカルチャーズ史

若者関連の系	それ以外の系	「族・系」以外の若者への呼称
		アプレ・ゲール
		戦後派（⇔戦中派）、愚連隊
		安後派（⇔安中派）
		ニューヤング
		ハマトラ
		指示待ち世代
		一般ピープル
		新人類、団塊ジュニア
		フリーター
		オタッキー、チーマー
		ゾッキー
	汗キツ系	コギャル
	ビーイング系	ヤンママ
渋谷系		
		アムラー
だらしな系		シノラー
アキバ系	複雑系	
ハット系、キューティー系、ミクロ系、ビジュアル系		ヤマンバギャル、ジベタリアン
あゆ系、ジャニーズ系、裏原系、マルイ系、大人系、マイナー系（⇔メジャー系）、詩人系	出会い系、癒し系、和み系	
		ヒッキー
B系		

1994年、小林信彦『現代〈死語〉ノート』岩波書店、1997年、同『現代〈死語〉ノートII』岩波書店、2000年も参照)。なお、72年版『現代用語の基礎知識』から年頭に発売されることになったため、実際の語の発生・流行とは1年のタイムラグが生じる傾向にある。また80年版『現代用語の基礎知識』から「若者用語」の章が設けられ、「社会がある若者たちに対して与えた呼称」と「若者同士が自他に対して与えた呼称」との差が際立つようになってきた。

表4　戦後の「族」と「系」

年	若者関連の族	若者以外の族
1948		斜陽族
49		
50		あちら族
51		社用族（公用族）、親指族
52		
53		
54	ソーラー族	
55	マンボ族	た行族、自動車族
56	太陽族、月光族、お茶と同情族	抵抗族
57	ドラクラ族、ロカビリー族、カリプソ族、ケロリ族、テンテル族	ペンギン族、よろめき族
58	ながら族、街かど族	団地族、バンガロー族
59	カミナリ族（マッハ族、オトキチ族）、ビート族	サッチョン族、エスカレ族
60	ファンキー族	
61	六本木族	
62		
63	ツイスト族	
64	みゆき族	
65	アイビー族、エレキ族、モンキー族、深夜族	
66	原宿族、ロッカー族	3 DKCB族
67	フーテン族、ヒッピー族、イエイエ族、長髪族	ツーカー族
68	サイケ族、奇装族、アングラ族	
69		
70		
71		脱サラ族
72		ハオハオ族
73		
74	暴走族（ナナハン族、サーキット族）、傍騒族	
75	ニュートラ族	社会的不公平族
76	サーファー族	
77		シルバー族、円高族
78		窓際族（→裏窓族、壁際族、水際族、ベランダ族、せとぎわ族、アラスカ族）、ナマバン族（⇔カラオケ族）
79		文化センター族（朝カル族）、夕暮れ族
80	ヘッドホン族、竹の子族（→テクノコ族）、ロックンロール族、アメグラ族	
81	クリスタル族、三語族（→単語族）	
82	ロリコン族、マヤ族	
83	カラス族、ねくら族、まねっこ族	ひょうきん族、まくはり族、とりのこ族
84	くれない族、しなちく族、3 D族、ヤンキー族	おしん族、うなだれ族、おこげ族
85	ぶらさがり族、ベルサッサ族、行けない族、ネオ・ヌーボー族	くれない族
86	ドア際族	オジサン族、ハンフリー族、ニュートラ族
87	ダブルスクール族	アンマリ族（シングル族、ML族）、ないコン族
88	ダーツ族、東京アパッチ族、Hanako族	たそがれ族
89	カウチポテト族（こたつむり族）、いちご族	カウチエダマメ族、討ち死に族、中年ひまわり族
90	おたく族、新深夜族、朝シャン族	濡れ落ち葉族、逆夕暮れ族、ホタル族、あ〜&ライド族
91	一応族、イタトマ族、プラザー族、車高族、パーキング族	3ナイ族、新みゆき族
92	ひげ族、いちおう族、渋カジ族	ランチタイムレジャー族、LT族、中年ちょんまげ族、五飯族
93		カエルコール族、リングアーバン族
94		老人深夜族、オソト族、ダンチュウ族
95	ドリフト族、ゲジコ族、自分族、ポチ族	雨宿り族（新腰掛け族）
96		かげろう族、マルゼロ族、ゼロヨン族、休プラ族
97	なごみ族	
98		散り花族
99		住まい渡り鳥族、低煙族
2000	原宿ふくろう族	もうイラナイ族
1	新親指族	裏原宿バギー族
2		
3		

表中の→は派生を、⇔は一対の語として誕生したことを示す

各年版の『現代用語の基礎知識』、1983年版付録『昭和20〜56年読める世相・風俗・流行語年表』をもとに作成（大宅壮一「社会風俗用語の解説」、『現代用語の基礎知識』自由国民社、1965年、赤塚行雄編『青少年非行・犯罪史資料①〜③』刊々堂出版社、1982年・1983年、佐藤郁哉『暴走族のエスノグラフィー』新曜社、1984年、稲垣吉彦／吉沢典男『昭和ことば史60年』講談社、1985年、宮西直子『時流語』新峰社、1991年、朝日新聞社編『データ読本：戦後50年』朝日新聞社、

第1部ではユース・サブカルチャーズを「当該社会において自他から「若者」とされる人々の一部が、ある対面的ないし媒介《メディエイテッド》された状況において、「私（たち）は、あえて○○と名乗る（ないしは○○と名指されざるをえない）存在である」ことを、そこに共在している人（々）に向かって呈示し、○○と同定されている場合、その○○というカテゴリーの成員たちが分有している（とされている）諸文化《ウェイズ・オブ・ライフ》」と定義した。こうした定義からすれば、当然、戦前にも、さらには前近代にもユース・サブカルチャーズが存在したことになる。(1)

だが、個性的な多くの「○○族」が、広く世間を騒がせ、マスメディアを賑わすようになるのは戦後のことである（表4）。そして、それら○○族という呼称は、一九九〇年代以降は「○○系」へと遷移していく。こうした現象は、数多くの論者によって指摘されているが、(2)その精査や、なぜ「族→系」という移行が生じたかの議論は、まだ十分にはなされていない。第2部では、そうした歴史的な変遷を資料に即して跡づけていくわけだが、(3)その出発点を『経済白書』において「もはや戦後ではない」と宣言された一九五六年に置くこととしたい。当時の青年像・十代像を大きく逸脱した太陽族と、そのゴッド・ファーザーである石原慎太郎——実際の命名者は大宅壮一であったにせよ——から話を始めるわけである。その石原は、「文学界」一九五九年十月号の「怒れる若者たち・座談会」の席上「いまになってまだ戦争ばかり書いて、どうなるんですか」と、村上兵衛——「中央公論」一九五六年四月号「戦中派はこう考える」で論壇にデヴュー——らに毒づいている。戦争によって若者というライフ・ステージを奪われた時期を経て、いよいよ日本でもユース・サブカルチャーズが、欧米社会ほかの思潮を横目で睨みながら浮上しつつあった。

以下、十一のユース・サブカルチャーズに対して、そのカテゴリーの出現・存続の社会的背景やその成員の置かれた環境をマクロに概観し、かつ「それは○○（というユース・サブカルチャー）である」が成立している状況へと史・資料を通じてミクロにアプローチし、その非通念性の所以や由縁を探ることを通じて、当該時期の社会を捉え返していく作業を順次加えていくことにしたい。

注

(1)例えば大正期、神戸の新開地では、紫団・董団・曙団・白手組などの「不良少年団」が闊歩しており、揃いの下駄・帯・シャツのユニフォーム、一定の集合場所、「親指と小指を以て中指三本を折ること」といった特有の身振り・符牒・隠語などを共有していた(村島帰之『わが新開地』文化書院、一九二二年、南博ほか編『近代庶民生活誌第二巻――盛り場・裏街』三一書房、一九八四年に再録、五四―五五ページ)。前近代に関しては、上林澄雄『日本反文化の伝統――流行性集団舞踊狂の発生根拠としての』エッソ・スタンダード石油広報部、一九七三年。

(2)上野俊哉「解説――都市の部族のために」、前掲『イギリス「族」物語』所収、山崎鎮親「子供たちのリアリティ――制度・儀礼・アイデンティティ」、門脇厚司/久冨善之編著『現在の子どもがわかる本』所収、学事出版、二〇〇〇年、上野俊哉/毛利嘉孝『実践カルチュラル・スタディーズ』(ちくま新書)、筑摩書房、二〇〇二年

(3)「モボ・モガ族から暴走族まで――アッと驚く全行動をいま明かす」(「週刊アサヒ芸能」一九七五年六月十九日号)、「ヤングライフの開拓者《○○族》にみる戦後三十年」(「週刊プレイボーイ」一九七五年九月九日号)、「街頭で見る若者ファッションの戦後史――太陽族から竹の子族まで」(「女性自身」一九八〇年八月七日号)、「ZOKUフーゾク大研究」(「checkmate」一九八七年五月号)、「平成不良宣言――好き勝手に生きた時代の不良たちは、いつも族といわれてきた!」(「GORO」一九九一年二月二十八日号)、「進化する〝族〟たちを追え!」(「SPA!」一九九一年十月九日号)、「本邦遊び人カルチャー年代記――太陽族から並木族まで」(「STUDIO VOICE」二〇〇四年八月号、インファス)や「ドンドン」一九九〇年三月号(日本ジャーナル出版)から始まる計八回の〝族〟シリーズ(「太陽族」「カミナリ族」「六本木族」「原宿/エレキ族」「フーテン族」「渋カジ族」「アンノン族」「竹の子族」)など。

第3章
太陽族の季節

1 十代とプロト太陽族

アメリカのティーンエイジ文化の世界的な広がり——一九五五年の映画『エデンの東』『理由なき反抗』の封切りにともなうジェームス・ディーン人気や、同年封切りの『暴力教室』挿入曲「ロック・アラウンド・ザ・クロック」のヒットなど——と呼応するように、五〇年代には日本でも「十代」が取り沙汰され始める。例えば十返肇は「婦人公論」一九五六年九月号で、「五年ほど以前から「十代」がジャーナリズムに、にぎやかな旋風を巻きおこしていた(略)。「十代もの」とか「性典もの」という言葉が出版界やジャーナリズムで流行し、ティーン・エイジャーへの注目が一般的に高まっていた。現実にも十代の人気者が芸能界に活躍し、彼らを対象とした雑誌も「知性」から「明星」「平凡」に到るまで高級低級さまざまあった」と指摘している。映画で言えば、当時大映は、『十代の性典』『続十代の性典』『続続十代の性典』『十代の誘惑』(一九五三年)、『十代の秘密』(一九五四年)、『十代の反抗』(一九五五年)と十代ものを連発していた。(1)

ここでティーン向け高級誌として名が挙がっている「知性」(河出書房)の一九五四年十一月号では、「十代の夢」と題した特集が組まれ、南博ら社会心理研究所が次のように述べている。「敗戦まで、日本には「青年期」がなかったとさえいわれている。それは、日本では、青年期の人々が一人前の人格として殆ど認められなかったからだろう。徴兵検査を境にして、それ以前は判断力のない子供として扱われていたのが、それ以後は、急に大人として待遇されるようになるのである。子供と大人との途中の段階がなかったことが、十代の若い世代から、発言力を奪っていたのである。ところが戦後、ティーン・エイジャーズが、一つの世代として問題にされはじめたのは、彼らが、何らかの発言力をえたことの証拠であろう」。また「このティーン・エイジャーズたちの心理を巧みに利用したのは、読者の平均年齢が十八才三カ月といわれる雑誌『平凡』である」とも指摘している。

この大衆的な娯楽雑誌「平凡」（平凡出版、現・マガジンハウス）に取り上げられた当時のスターたちについて、「週刊朝日」一九五四年八月二十九日号の記事「十代の象徴たち――その魅力は何か」は、「戦争直後の笠置シズ子とか、美空ひばりの人気はいわば超世代のもので、あらゆる年齢層にうけた。戦争からの解放感がそうさせたのだ。人気スターの年齢的分類がまだできぬ時代であった。／ちかごろは六三制も板について、所謂アプレ層が整理され、占領期間を終わる頃から、『高校生』層が明白に形づくられてきた。彼らの人気が自分たちと共通の考え方、生き方をもっている若いスターにあつまりだしたことは、正常な状態であり、不健康なものではない」として、ティーンが独自の偶像をもつことを肯定的に評価している。だが、当時のメディア接触調査の結果や（表5、6）、高等教育機関への進学率を勘案すると（表7）、「平凡」読者の中心は、地方の勤労者層にあったと考えられる。[2] 雑誌メディアに媒介されながら、日本でも「若者」たちが、都鄙を問わず、世代的なまとまりをもって立ち現れはじめていたのである。

都会の十代については、「中央公論」一九五六年二月号「座談会――銀座と浅草のティーンエイジャー」に次のような発言がみられる。

編集部「銀座のティーンエイジャーというのはどんなタイプですか」

原仁太郎（土曜日曜新聞編集局長）「自動車に乗つてきて、女の子をさそつて連れて行くようなやつばかりですよ。結局親がそのくらいのものを与えていますね、車ぐらい。車でドライヴぐらいさせなければ銀座のいい女の子な

秋田・高校生男	%	秋田・高校生女	%	角館・高校生男	%	角館・高校生女	%
蛍雪時代	19.8	新女苑	15.1	蛍雪時代	10.3	平凡	12.0
週刊朝日	9.4	文藝春秋	12.4	高校時代	7.0	蛍雪時代	12.0
高校時代	9.2	平凡	10.9	家の光	7.0	明星	10.2
文藝春秋	6.7	週刊朝日	10.7	平凡	5.5	高校時代	9.5
リーダーズ・ダイジェスト	5.5	蛍雪時代	8.0	リーダーズ・ダイジェスト	4.8	週刊朝日	8.3
英語世界	3.2	主婦の友	6.6	明星	2.2	いずみ	5.8
サンデー毎日	2.9	婦人生活	5.7	週刊朝日	2.2	婦人公論	4.8
高校英語研究	2.2	婦人公論	5.1	サンデー毎日	1.9	婦人倶楽部	4.3
ユース・コンパニオン	2.0	リーダーズ・ダイジェスト	4.1	小説新潮	1.9	新女苑	4.3
学燈	1.5	婦人倶楽部	3.7	人生手帖	1.5	社会人	2.8

1971	1972	1973	1974	1975	1976	1977	1978	1979	1980	1981	1982	1983	1984
84.1	86.2	88.3	89.7	91.0	91.7	92.2	92.7	93.0	93.1	93.2	93.2	92.8	92.8
85.9	88.2	90.6	91.9	93.0	93.5	94.0	94.4	95.0	95.4	95.4	95.5	95.2	95.0
32.5	35.7	37.5	39.9	43.0	43.3	41.9	43.1	41.5	41.3	40.5	39.8	37.9	38.3
20.8	23.7	26.6	29.3	32.4	33.6	33.3	33.5	33.1	33.3	33.0	32.7	32.2	32.8

表5　いつも読む雑誌（1954年の調査）

	東京 国公立高生男	%	東京 国公立高生女	%	東京 私立高生男	%	東京 私立高生女	%
1	蛍雪時代	16.6	週刊朝日	13.7	週刊朝日	10.0	週刊朝日	11.6
2	週刊朝日	16.4	蛍雪時代	6.6	蛍雪時代	9.1	平凡	10.2
3	高校時代	8.6	高校時代	6.0	サンデー毎日	6.1	蛍雪時代	6.1
4	文藝春秋	7.2	文藝春秋	5.8	平凡	5.9	文藝春秋	5.2
5	サンデー毎日	5.7	平凡	4.6	文藝春秋	4.5	サンデー毎日	5.0
6	ユース・コンパニオン	5.5	リーダーズ・ダイジェスト	4.6	高校時代	3.9	明星	4.9
7	リーダーズ・ダイジェスト	4.1	サンデー毎日	3.1	週刊読売	3.3	リーダーズ・ダイジェスト	4.7
8	高校英語研究	2.8	婦人公論	2.1	リーダーズ・ダイジェスト	2.5	週刊読売	2.8
9	科学朝日	2.7	主婦の友	1.7	小説新潮	2.1	トルー・ストーリィ	2.6
10	朝日カメラ	2.2	新女苑	1.7	映画之友	1.5	映画之友	2.5

（出典：国立国語研究所／日本新聞協会『高校生と新聞』秀英出版、1956年、から作成）

表7　男女別進学率（単位％）

	1950	1955	1960	1961	1962	1963	1964	1965	1966	1967	1968	1969	1970
高校進学率男	48.0	55.5	59.6	63.8	65.5	68.4	70.6	71.7	73.5	75.3	77.0	79.2	81.6
高校進学率女	36.7	47.4	55.9	60.7	62.5	65.1	67.9	69.6	71.2	73.7	76.5	79.5	82.7
大学進学率男		15.0	14.9	16.9	18.1	21.7	21.9	22.4	20.2	22.2	23.8	26.6	29.2
大学進学率女		5.0	5.5	6.5	7.4	9.0	11.6	11.3	11.8	13.4	14.4	16.1	17.7

（出典：東洋経済新報社編『人口統計総覧——国勢調査集大成』東洋経済新報社、1985年、から作成。高校進学率に高等専門学校を、大学進学率に短期大学を含む）

表6　どんな雑誌が読まれているか（1955年に調査）

	東京 定時制高生男	%	東京 定時制高生女	%	東京 非就学生男	%	東京 非就学生女	%	三重※男	%	三重※女	%
1	週刊朝日	12.5	平凡	10.8	平凡	20.1	平凡	39.2	平凡	25.4	平凡	18.9
2	高校時代	6.4	週刊朝日	10.3	リーダーズ・ダイジェスト	7.4	明星	10.1	明星	10.4	婦人生活	8.1
3	平凡	5.7	高校時代	8.2	明星	5.3	婦人生活	6.3	週刊朝日	5.7	サンデー毎日	6.8
4	サンデー毎日	5.5	サンデー毎日	3.9	週刊読売	4.3	週刊朝日	5.1	農業世界	4.7	家の光	6.8
5	週刊読売	5.1	高校コース	3.9	週刊朝日	2.1	若い女性	5.1	サンデー毎日	3.8	週刊朝日	5.4
6	リーダーズ・ダイジェスト	3.1	明星	3.2	サンデー毎日	2.1	サンデー毎日	3.8	富民	3.8	装苑	4.1
7	文藝春秋	2.7	婦人公論	2.9	文藝春秋	2.1	トルー・ストーリィ	2.5	高校時代	2.8	高校時代	2.7
8	高校コース	2.3	婦人生活	2.4	人生手帖	2.1			蛍雪時代	2.8	婦人倶楽部	2.7
9	週刊サンケイ	1.5	若い女性	2.4	初歩のラジオ	2.1			家の光	2.8	主婦の友	2.7
10	アサヒカメラ	1.4	蛍雪時代	2.4	映画之友	2.1			高校コース	1.9	社会人	2.7
			リーダーズ・ダイジェスト	2.4							若人	2.7

（出典：日本新聞協会／国立国語研究所『青年とマス・コミュニケーション』金澤書店、1956年、から作成。※三重県度会郡度会村の定時制高校生および非就学生、年齢15歳から19歳）

んかついてこないですよ」
菊岡久利（詩人）「浅草と新宿は着がえをしなくても盛り場に出られますからね。銀座というのは一応前掛けをはずしただけじゃ来ないでしょう。やっぱり一張羅を着てきますからね」
北原武夫（作家）「銀座はあつまってあそこで時間をつぶす場所があるだけですよ。集まる場所があるということだけで、あそこの人種じゃないですよ。通いであつまってくる」

こうしたティーンたちのファッションは、当時の彼・彼女たちにとって主要な関心事であった映画——十代のメディア接触に関して、北原曰く「映画だけといってもいいくらいです。映画は十代の生活の一部ですからね」——やダンス（ホール）と深く関わっており、一九五五年夏にはマンボ・スタイルが流行していた。

そして翌五六年には、親が「車ぐらい」与える階級の子弟たちの姿を描いた「弱冠二十四歳の石原慎太郎氏の『太陽の季節』が、第三十四回の芥川賞に決定するや、マス・コミが同調音を奏でて、全国的にひろまった。幾多の問題や異論があるにしても、内容の例外的な野心性、ことに若い世代の共感を呼び、三月単行本で刊行されるや、たちまちにしてベスト・ワンとなり、本年の最高売行き（約二十八万部）を記録した」[3]。その反響の大きさは、三十年以上を経た「文藝春秋」一九九八年三月号での「思い出に残る芥川賞作品」読者アンケートの結果——「太陽の季節」は総得票数八千百二十二票の約一一％にあたる八百九十一票を獲得し第一位——からも容易に推察できるだろう。

だがこのアンケート結果は、小説の内容や石原慎太郎個人の力というよりは、同年に映画化された『太陽の季節』（日活）で銀幕デヴューを果たし、石原慎太郎脚本『狂った果実』（一九五六年）の主役に抜擢された実弟石原裕次郎の人気との相乗効果によるものであった。第一作「灰色の教室」やデヴュー作「太陽の季節」以降立て続けに発表・公刊された石原作品の多くは、中産階級子弟である不良学生たちが喧嘩と性的な放埒に明け暮れる、といったものであり、そこには湘南・葉山のサマー・ハウス、逗子のヨット・ハーバー、油壺のヴィラ、銀座並木通りでのナンパ（「太陽の季節」）や、品川Ｐホテルでのダンス・パーティー、クルマは五四年型のポンティ、地方で鉱山会社をやっている父親が、上京した大学生の子供のためにこしらえた「東京支社のビルの四階の贅沢なアパートメント」（「処刑の部屋」）などが、小道具や舞台背景として散りばめられていた。(4)「そろそろ大学生の大衆化という現象が目立ちはじめていた頃とはいえ、学生といえばまだエリートと見られ、映画などでも深刻な表情をしたまじめなアルバイト学生しか登場しなかった時代である。そんな不真面目な、遊んでばかりいる大学生がいるということに人々は驚き、おまけにその若者たちが若くて元気のいいセックスをこれ見よがしに誇示することに目をむいた(5)」

実際に、石原兄弟の父潔は山下汽船の重役であり、小樽から東京への転勤に際して一家は逗子に会社から住居を与えられ、湘南高校から一橋大学に進むことになる慎太郎と高校から慶応義塾大学へと進んだ裕次郎のために、潔はヨットを買い与えている。また湘南での裕次郎の遊び仲間たちは、その後「太陽族元祖会」を名乗ったりもしている。(6)こうした兄弟の個人情報がマスメディアを通じて喧伝されることで、読者・観客の側は、『太陽の季節』での兄道久（三島耕）・弟竜哉（長門裕之）、『狂った果実』での兄夏久（石原裕次郎）・弟春次（津川雅彦）の関係を、どこかで石原兄弟の現実の物語とオーヴァーラップさせながら受容していった。それゆえ、小説の登場人物の無軌道や不品行への反感が、ときには石原慎太郎への個人攻撃として表明され、慎太郎の側も、さまざまなマスメディアへの露出を通じて挑発的に自己の存在を誇示し、また小説の題材やインスピレーションを、裕次郎とその周囲の交友関係から得たことを明言していた。(7)慎太郎自身は、当時の情況を次のように回顧している。

社会的に見ると、ようやく戦後が終わり、現在に続く消費社会が台頭してきたころだった。もちろん当時は現在のように中産階級意識の階層が大部分の社会ではなかったから、いろいろ階級差みたいなものがあった。アンダー・ミドルもあったし、アッパーミドルもあった。私はあの小説に出てくる、私たちの青春風俗というのは、身分が学生だっただけに一般の社会人よりも当然消費能力は低いわけで、その限りでは背伸びもしていたといえる。しかし若い人なりに、消費社会があたえる生活様式や、風俗から醸し出される情念・情感というものに対しては非常に敏感だった。(8)

前年から神武景気に入り、「もはや戦後ではない」が流行語となった五六年。慎太郎の感応した新たな消費社会の台頭について、竹内洋は次のように述べている。「石原の初期作品は、新制大学キャンパスを支配した旧制高校的なるものへの違和感である。（略）石原が一橋大学という旧制高校・帝大的な文化と異なったところで学生生活を送ったこと、身近に、左翼インテリ風な学生文化つまり「ロシア型」学生文化とは違ったジャズとダンスとヨットに興じる「アメリカ型」学生文化（裕次郎）を見ることによって彼の作風が練りあげられたのだろう」[9]。こうした「青春風俗」は、五六年夏に爆発的な流行をむかえ、やがて石原兄弟らプロト太陽族の手を離れていく。

2 メディエイテッド太陽族

この石原兄弟をめぐる狂騒の背景として、一九五六年に映画館六千百二十三館、入場観客九億九千四百万人、一人当たり観覧回数年約十一回、翌年にはそれぞれ六千八百六十五館、十億九千八百八十三万人、約十二・三回を数えるにまで至る、当時のメディア環境は見過ごせない[10]。五三年に始まったテレビ放送にやがて凌駕されるものの、五〇年代後半には、全国津々浦々の老若男女を均しても月一回程度は映画館へと足を運んでおり、この時期映画は最大のマスメディアであった[11]。三六年から四五年生まれを指して「キネマ世代」という呼び方も存在するが[12]、そこから太陽族ブームの担い手の多くが輩出されたのである。キネマ世代の以下の証言からは、狂騒がより広い層へと波及していき、スクリーンに映し出された裕次郎の姿を真似た若者が、海岸や街角に大量発生した様子が見てとれる。

ぼくが唖然としたのは、日常の生活ぶりの驚くべき落差であった。／ぼくの周辺には、ヨットやスポーツカーはいうに及ばず、ヴィラもナイトクラブもなかった。スコッチのウィスキーもコニャックもない。元華族の令嬢も、新興財閥のお嬢さまもいなかった。／しかも、それが如何にも日常だということになると、畳一枚千円の日常とは何だろうという思いだった。／何十キロしか離れていない湘南海岸が、地球の果て、あるいは、文化圏の違う国のように遠く思えたものである。（略）その都市の夏から秋、海岸はもちろん街中にも太陽族があふれた。／風俗として、前年のマンボ族をひきついだようなところもあったが、大体は、映画における石原裕次郎をそっくり真似た。／歩き方も、しゃべり方もなぞった。／慎太郎刈り、黒いサングラス、アロハ、白いコットンパンツ、デッキシューズ、の若者がドッとあふれた。[13]

図9　1956年　太陽族
（出典：馬淵公介『「族」たちの戦後史』三省堂、1989年、45ページ）

当時の大人たちはこの作品のもつ「反倫理性」に驚愕したようだが、筆者たちはもっと単純に小説の登場人物たちの「豊かで優雅な暮らしぶり」に仰天したのである。（略）エリートの御託宣だの、前衛党の指導原理だの、既成の常識だけでは動かない、大衆の欲望が主役をつとめる時代が到来しようとしていたのである。（略）その年から数年間、全国各地にサングラスに慎太郎刈り、そして左足を少し引きずるようにして歩く若者が氾濫した。筆者と同室のあの法大生も、その年の秋の砂川闘争に『太陽の季節』を上衣の下に忍ばせて出かけて行き、党の指導に頼ることをせず、若さにまかせてただむやみに警官隊と殴り合う毎日を送った。そして筆者などもそのころ髪型を慎太郎刈りに変えていた。[14]

田舎の高校では、太陽族の世界は時代の最先端を行くモラル、風俗といった印象はあったけれど、やはりどこか遠いところにある別世界だった。ところが東京へ来て翠荘に入ってみると、それが急に身近になった感じでね。もちろん、湘南の坊ちゃん嬢ちゃんと違って、僕らにはきらめく海もヨットもなかったし、やってることもかなり違ってはいたけれども……。「太陽の季節」に登場したような太陽族そのものは特殊な種族に過ぎなかったが、若いものが現象的に太陽族的にならざるをえない状況はすでにあった。[15]

現実はきびしかったが裕次郎兄貴はさえていた。（略）裕次郎が小林旭や渡哲也と決定的に違う点は、いかに与太ったところでその底には、常にプチブル的風貌を漂わせているということである。彼には日常的労働の翳りがほとんど見られない。当時の我々が絶望的に憧れた理由のひとつもそこにある。貧乏人ほど軽蔑しながら裕次郎に傾倒していたといっても言いすぎではない。[16]

「週刊東京」一九五六年九月八日号の記事「〝太陽映画〟はいくら儲けたか――連続ヒットに息を吹き返した日活」には、「映画界の景気が絶頂にあった昭和二十九年頃までは、一本で一億以上稼ぐ作品がザラで、各社何れも年間に一億から二億、三億と稼ぐ作品数本が目白押しに並んでいたものである。（略）ところが今年あたりは、興行界の不況もいよいよ深刻で、一億稼ぐのは大ヒットという有様」のなかで、日活の『太陽の季節』『狂った果実』『逆光線』（岩橋邦枝原作）はあわせて五億円のヒットをとばし、[17] 不良少年ものでは定評のある大映も石原慎太郎原作『処刑の部屋』で一億五千万円の配収を見込み、[18] 東宝も同じく慎太郎原作・主演の『日蝕の夏』を準備中とある。かくして太陽族ブームは、「太陽族映画騒動《クレーズ》」としてヒートアップしていくことになる。

3 モラル・パニックとしての太陽族

こうした映画界の動きに待ったをかけたのが[19]、当時勃興しつつあった「週刊誌」というメディアであった。新聞社系の週刊誌はすでに存在していたが、五六年二月の「週刊新潮」を皮切りに[20]、同年の「週刊アサヒ芸能」（徳間書店）、五七年の「週刊女性」（主婦と生活社）、五八年の「週刊大衆」（双葉社）、「週刊明星」（集英社）、「週刊女性自身」（光文社）、五九年の「週刊現代」（講談社）、「週刊文春」（文藝春秋）、「週刊平凡」（平凡出版）、「週刊漫画サンデー」（実業之日本社）、「週刊コウロン」（中央公論社）と創刊ラッシュが続き、五九年には週刊誌の部数が、月刊誌のそれを初めて凌駕した[21]。五八年版『出版年鑑』（出版ニュース社）では、週刊誌各誌の発行部数は「週刊朝日」百二十万、「サンデー毎日」百万、「週刊新潮」七十万、「週刊読売」六十五万、「週刊サンケイ」五十五万、「週刊女性」四十万、「週刊東京」三十万、「娯楽よみうり」三十万、「週刊漫画」（芳文社）二十五万、「週刊アサヒ芸能」二十五万程度と推定されている。

これら週刊誌のうち、まず「週刊新潮」一九五六年三月二十五日号が、「若き「背徳者」の波紋——芥川賞「太陽の季節」の投じたもの」で『太陽の季節』を問題視し[22]、「週刊東京」五月五日号の「〝太陽族〟の健康診断」では、「あれから十一年、戦後派の中から新しいアプレ族が誕生した。「太陽の季節」で登場したいわゆる〝太陽族〟と呼ばれる一群の青年男女がそれ」と、大宅壮一が初めて「太陽族」の語を用いている[23]。以降、映画封切りとともに批判の矛先は太陽族映画へと向けられ、「週刊朝日」七月十五日号「「もういい、慎太郎」——〝太陽族映画〟をたたく」、「週刊読売」八月五日号「〝もうごめん太陽族映画〟全国に広がるボイコット運動」、「週刊東京」八月十一日号「ヤリ玉に上った映倫——騒がしすぎる太陽族映画」、「サンデー毎日」八月二十六日号「〝太陽族映画〟をどうする」、九月二日号「週刊サンケイ」「〝太陽映画〟の体臭に世論大いに怒る！」と、ほぼ全誌が太陽族（映画）批判の論陣を張ることになる。[24]また「週刊新潮」七月十七日号「裁かれる太陽族――家庭裁判所・少年審判部」や「サンデー毎日」八月五日号「月明下の太陽族――戦後最大のグループ昭島友好会」といった記事では、愚連隊や非行少年の別称として「太陽族」を使用しており、フォーク・デヴィルとしての太陽族像が構築され、定着していった様子が見てとれる。[25]

そして「週刊新潮」八月六日号「バンガロー族と月光族」において「「一般に去年とくらべるとグンと派手になりましたね。太陽族をやれない?階級の人も、無理して太陽族ぶってみたり、あこがれたりしているということでしょう」という片瀬橋交番の巡査の言葉は、核心をついている」と指摘され、「毎日グラフ」八月十二日号「羽根をのばす衛星族」では「これらの衛星族は、なぜ、非太陽族を主張するのか?(略)1、いわゆる太陽モノの小説や映画の主人公たちみたいには、うまく異性との関係を成就できない。2、ブルジョアの子弟ではない」と揶揄されたように、プロト太陽族とは異なる階級の若者たちがこの夏湘南の海辺に押し寄せ、似非太陽族と見なされていく。

この年の秋口からは、月刊誌も太陽族問題――「婦人公論」九月号の板垣直子「〝太陽族〟の実態と批判――青春の破壊」、「知性」十月号の向井啓雄「太陽族は葬るべきだ――ジャーナリズムの落し子」、「別冊知性」十月号の猿丸一平「ブームをつくった張本人たち――〝太陽族〟はマスコミのでっちあげたピエロだ!」、「中央公論」十月号の丸山邦男「週刊ジャーナリズム批判」など――を大きく採り上げ始める。なかでも丸山のものは、単に太陽族批判というよりも、マッチポンプのように「××問題」「△△ブーム」を作り出す週刊誌を非難する内容であった。[26]だが、こうした批判も翌年には沈静化していき、週刊誌の「石原裕次郎を取り上げた記事(「朝日」三三・二・九号)の見出しをみてみよう。『タフガイの魅力―石原裕次郎の素描』=その魅力、イカスじゃないか、けんかスター、悪人相、低音……、その生活=さびしがりや、理想の女性、ヘミングウェイを愛読……。彼に関してはこのほかの週刊誌でも再三再四とりあげられた」[27]とあるように、石原兄弟は徐々にデヴィルからヒーローないしスターへとその位置をずらしていく。

加藤秀俊の「中間文化論」における、①一九四五年から五〇年=高級文化中心の段階(総合雑誌)、②五〇年から五五年=大衆文化の時代(ラジオ、ダンス・ホール、パチンコ、映画館、「平凡」)、③五五年以降=中間文化の時代(新書、週刊誌）の区分に従えば、結局太陽族（映画）問題とは、①の文化資本を享受・保持すべき階級にあるはずの石原兄弟が、①の権威を否定し、②的な世界に耽溺し、かつ②の階級から多くのエピゴーネンを派生させたことに対する、③の階級の人々（週刊誌読者層）の反発だったと言えるだろう。[28] だが加藤も「石原慎太郎氏の一連の作品なども、それを風俗の面から見るなら、学生文化の中間化を示すひとつの例であるかもしれない」[29] と言うように、本来石原兄弟は③の人々にこそ受け容れられやすい存在であり、五七年以降は、慎太郎は「中間小説」の作家として、[30] 裕次郎は都会的な映画・歌謡のエンタテインナーとして地位を築いていく。

4 太陽族その後

その後も夏になると若者たちは海岸に集まり続け、「娯楽よみうり」一九五七年八月三十日号の記事「月光族ハンランす――浜辺は夜中も大繁盛」では、月光族以外にもモーターボートで海上を爆走する「水爆族」とかいわれるティーン・エージャー」が指弾され、「週刊サンケイ」一九五八年七月二十七日号「海の〝若い獣〟たち――ルポ真夏の青春海流をゆく」では、「一昨年は太陽族といわれるチンピラやぐれん隊が目立つ存在だった。昨年は目立たなくなった。というのは極言すれば海へくる若者達すべてが太陽族になってしまったからである」と指摘されているように、太陽族のスタイルはビーチ・ファッションとして定着し、その行動様式も若者全般へと拡散していった。[31]「太陽族の制服拝見」と題された「サンデー毎日」一九五六年八月二十六日号の記事にある銀座街頭でのスナップ写真を見ても、ごく一般的な「太陽族の制服ともいうべきアロハと落下傘スタイル」の男女が撮られているだけで、太陽族のファッションは確固たるユニフォーム足りえてはいなかった。また「これが〈太陽族〉だという特定の定番ブランドがあったわけでもなく、ファッション雑誌も無かったこの時代、アロハの柄や素材も、今見るとアロハ風にすらなっていないものも存在した[32]」とされるように、太陽族ファッションはいつのまにか雲散霧消し、のちの世代・時代に大きな影響を与えてはいない。そして、当然ながらすべての若者がこの喧騒に巻き込まれていたわけでもない。

当時、慎太郎刈りとリーゼント派の二通りが若者を代表するヘア・スタイルで、慎太郎刈りが太陽族なら、リーゼント派がロカビリー族というふうに大まかな区分ができた。（略）慎太郎刈りは、太陽族、グレン隊、スポーツ選手に多く、どちらかといえば硬派で、リーゼントになるとジャズキチ族、バーテン族など軟派な連中に人気があった。しかし、当時の若者がすべて、この両派の髪形のどちらかをえらんだのではない。大半は、オーソドックスな七三分けで、流行にノラない抵抗派だった。[33]

だが、太陽族が示したいくつかの特徴は、思いのほか大きな社会的含意をはらんでいたのではないだろうか。先の①から③の階級文化で言えば、太陽族現象には、プロト太陽族の出自としての①も、メディエイテッド太陽族の出自としての②も、さらには最終的には石原兄弟の作品を愛好していくことになる③も内包されており、それらは渾然としていた。階級の差が文化の差であった時代から、階級（文化）よりも世代（文化）が卓越する時代への転換点に、太陽族は登場したのではないだろうか。[34]

大衆文化は、全般的に若い年齢層を対象とする。すなわち生産のみならず消費においても、中間層を中心に、若い世代を社会的に前面におしだしてくる。このところは映画・大衆雑誌などに明確にみられるが、さらに最近では「流行」自体、漸次、若さを追ってきている。たとえば、かつて中年のブルジョア・マダムが服装の指導者であったが、最近ではBG、さらにティーン・エイジャーへと変わりつつある。（略）太陽族、月光族、カリプソ族、ロカビリー族などとつぎつぎ銘うたれてマス・コミに登場するようなかたちのティーン・エイジャーは、数字としてはわずかなものである。彼らは身分的安定性をもっていた旧「家族」の崩壊、政治的経済的矛盾の激化さらに大衆社会状況の露呈にともなって、賤民化したものに過ぎない。しかしそれが、「例外」としてではなく、「事例」として、マス・コミにのって社会的に拡大再生産されているところに、現代の問題が伏在している。[35]

表8　1955年と65年の比較

	1955年	1965年
東京の青年人口(20～24歳)	100万人	158万人
青年人口のうち大都市居住者	38%	46%
高校・高専進学率	51.5%	70.7%
大学・短大進学率	10.1%	17.0%
平均世帯人員	4.97人	4.08人
農業従事の青少年指数	100	26
高校求人倍率	0.7倍	3.5倍
都市総合消費水準（昭9～11年を100）	106.5	174
エンゲル係数	46.9	38.2
高３男子身長	161.8cm	166.8cm
高３女子身長	153.2cm	154.8cm
青少年死亡数	15.0万人	6.9万人
自殺者数（15～24歳）	8,231人	2,690人
百貨店売上高	2,123億円	9,900億円
電話加入数	217万人	849万人
乗用車数	15.7万台	187.8万台
ＮＨＫテレビ契約数	11.2万人	1,822.4万人
鉄道輸送人員	2,800万人	10,100万人
レコード生産数	1,450万枚	9,093万枚
家裁扱少年事件	33.1万人	108.7万人
刑法犯未成年者比	20%	36%
衆院選挙20歳代棄権率	14%(58年)	36%(69年)

（出典：坂田稔『ユースカルチュア史』勁草書房、1979年、252ページ、から作成）

要するにここでは、若者のアイデンティティに占める消費やメディア、さらにはそれらによって共有される世代体験の意味合いの増大が指摘されているのだ。この傾向は表8にあるように、血縁・地縁から相対的に切り離され、空前絶後のボリュームをもつコーホートが、若者文化の前面に登場してくる六〇年代にはいっそう顕著となってくる。

その後、アメリカのビート（ニクス）から派生したビート族やファンキー族など、ジャズ（喫茶）の流行と連動した族が登場し、[36]六一年には六本木族がマスコミを賑わせ始める。だが「厳密な意味でいうと、六本木族は、三十三年の夏に誕生し、三十五年には、すでに形はともかく、内容を失っている。その後に現れたのは、彼らのエピゴーネン達に過ぎない」という。そもそも六本木に深夜若者たちが集まるようになった背景には、「車の普及、TVの発達、三十四年の基地返還」の三つの要因があり、当初「ほとんどは、慶応の生徒、父親は大会社の社長クラスか、元大臣で、月三十万ぐらいの小遣いをつかい、中には六台の車を持つ少年もいた」という特権的な階級の子弟が、駐車しにくい銀座を避け、六本木に集まり始めていた。[37]そして、テレビ局が近いことからニューフェイスやロカビリー歌手などタレント（の卵）たちが合流し、六本木族は形成されていった。遊び人であり、その場所が六本木であるという以上に、格別にスタイルを共有するわけでもない六本木族だったが、その遊びっぷりが太陽族ほどではないにせよ、大人たちの眉を顰めさせる結果となったのである。そして、彼・彼女らがメディアに取り上げられていくなかで、そのフォロワーも登場してきたが、それらは中流家庭のハイティーンが多く、遊び方もプロト六本木族に比べると地味だったという。[38]

＊

以上、太陽族の発生・衰退から、[39]そのヴァリアントとも言うべき六本木族現象までを概観してきた。「それは太陽族である」という状況は、小説が出版された当初、湘南の浜辺や銀座の街角に遊ぶ裕福な若者たち（主役は男性）の共在によるものであった。しかし、メディアによって媒介され、大衆化された太陽族たち——例えば一九五六年六月号「平凡」誌上には映画『太陽の季節』のノヴェライズが、挿絵を多用しつつ早速掲載されている——が登場し、「太陽族＝太陽族映画に悪影響を受けた青少年」へと転化するに至り、ほぼひと夏のブームとして終息していった。夏の夜、若い男性たちが異性の物色のためにたむろし、ときに同性との喧嘩に至ること自体は、なにも太陽族に始まったことではない。だが、そのスタイルがメディアによって喧伝され、固有の名称を広く世に定着させた点では画期的であった。かくして五〇年代には幅広い層の若者のなかに諸族が胚胎され始め、いよいよユース・サブカルチャーズ情況への幕が上がったのである。

小説・映画に描き出されたプロト太陽族たちの生態は、それまでの真摯な苦学生像や青年像——男性であることをデファクト・スタンダードとした——を裏切ることで世間の通念を挑発した。と同時に、彼らがスキャンダラスだったのは、戦争の影やアメリカに対する屈託を匂わせない点であった。『狂った果実』のなかでアメリカ軍将校の愛人を奪った裕次郎は、当時としてはまれな長軀をスクリーンいっぱいに誇示し、ジャズメンたちの隠語や身振りから流用した「バタくささ」を全身から撒き散らしていた。太陽族は「ヘアスタイル、ファッションから隠語まで、当時もっともモダン、いいかえればアメリカ的と認識されていた日本のジャズメンたちから借用していた。シボレーをシュビーと呼び、ヤバイとかハクイとかを好んで口にし、また百円札を円筒型に巻いて輪ゴムでとめて細身のズボンのポケットに入れてみたりした」[40]のである。こうした太陽族の舞台背景となった銀座には、占領期に進駐軍関連の施設が数多く設けられ、湘南にはその後もアメリカ軍関連の施設が存続し[41]、また『太陽の季節』『狂った果実』などの衣装を手がけた森英恵は、アメリカ軍将校夫人の服を多く仕立てた経験を、スクリーンへと反映させたと語っている[42]。

このように映画に表象されたプロト太陽族が、アメリカ文化に近しくありながらも、卑屈にすり寄るふうに見えなかったのは、単にその出自がエリート層にあったためだけではなく、「まだ感受性もなかったころに、戦争時代を経験し、意識し、行動する年齢に達したころは、終戦直後であった」[43]という世代的特性によるところが大きい。日高六郎は言う。同じアプレゲール(戦後派)であっても、石原慎太郎ら「アプレ・ゲール第二グループ」は、「敗戦の当時もっと幼く、思想的道徳的におれまがる必要のなかった世代」「六・三制実施以降に新教育の洗礼をうけた世代」であり、「彼らの衝動の肯定には、自信と安定感と、それゆえに一種の健康さがみられ、(略)この世代は、自信をもって、自己の世代をおしだそうとした」[44]。戦争体験によるこうした差異は、世代間のギャップや世代そのものへの意識を高め、同世代としてあるウェイズ・オブ・ライフを共有している、ないしは共有していて当然であるという想定

――逆に言えば異なる世代とは共約不可能な部分があることは自明だという前提――のもと、メディエイテッド太陽族たちは自世代のコードを求め、それを太陽族映画での石原裕次郎らの姿態・言動に見出していった。(45)

海岸や街角に裕次郎のコピーとして出かけた太陽族たちは、階級という点ではプロト太陽族と共有するものは少なかったが、世代、およびその世代特性であるアメリカ文化の受容を通じて、ユース・サブカルチャーとして自己を主張したのである。週刊誌上での評論家の命名を起点とする「太陽族」の語は、自身を指す言葉としても、さらには同じ世代の旗印としても転用され、世代ないし「若さ」が卓越した意義を有することを主張した点でも、当時としては非通念的な自己定義のあり方であった。そして六〇年代に入ると、太陽族のなかには依然残滓としてあった戦争の影を微塵も感じさせない族が陸続と登場してくることになる。

注

（1）「ティーン・エージャーといわれる世代が、二十代を代表するアプレゲールといわれる世代と、厳密な意味で区別される理由は、（略）敗戦経験をもたぬ点においてである」（後藤宏行『陥没の世代――戦後派の自己主張』中央公論社、一九五七年、二九ページ）とあるように、当時、戦後世代のなかにもさらに新たな世代が台頭していた。また赤塚行雄によれば「ティーンエイジャーという言葉が雑誌などに登場するようになるのは一九五二年（昭和二十七年）ごろから、そして、一九五八年（昭和三十三年）ごろになると一般にひろく用いられるようになる」。その背景には「これまで学生・生徒、農村、工場などの若年労働者、商店などの奉公人、職人の徒弟といったように、職業別、階層別、あるいは地域別に捉えられていた日本の青少年」が一括に捉えられうる、もしくは捉えざるをえない現実があった（赤塚行雄『戦後欲望史――混乱の四、五十年代篇』〔講談社文庫〕、講談社、一九八五年、二五〇―二五一ページ）。

（2）西村一雄「乙女たちは考える」、思想の科学研究会編「思想の科学」一九五四年五月号、大日本雄弁会講談社、同「「平凡」読者との文通」、野間宏／永丘智郎編『学生たちの記録』所収、河出書房、一九五六年、阪本博志「一九五〇年代前半における大衆娯楽雑誌の受容経験――『平凡』の共同体的受容と共振性」、京都社会学年報編集委員会編「京都社会学年報」第九号、二〇〇一年

（3）出版ニュース社編『出版年鑑　一九五七年版』出版ニュース社、一九五七年、一五ページ
（4）「ドンドン」一九九〇年三月号の記事「太陽族」には、「昭和三十一年の大学初任給は、民間会社で平均一万二千円弱だった。乗用車は七十五万円（ダットサン）もする時代だった」とあり、また小中陽太郎（石原慎太郎と同じ昭和九年生まれ）の談話として、「小説のように華やかなのはほとんどいなくてそういうのに憧れてた青年ですよ、普通の太陽族は。せいぜいが慎太郎刈りにしてサングラスかけてアロハ着て、肩ゆすって歩く位のもんですよ。アロハ着て東京の街歩くと太陽族だって見たんじゃない」とある。
（5）佐藤忠男「湘南ボーイの元祖は不良と呼ばれた〈太陽族〉だ」「BRUTUS」一九八四年六月増刊号、マガジンハウス、一六〇ページ
（6）水の江瀧子『みんな裕ちゃんが好きだった――ターキーと裕次郎と監督たち』文園社、一九九一年、山本淳正『友よ――太陽族裕次郎の素顔』日本イベントプロデューサーズアカデミー、一九九六年、佐野眞一『てっぺん野郎――本人も知らなかった石原慎太郎』講談社、二〇〇三年
（7）裕次郎と仲間たちは「学校のある日吉の駅むこうの麻雀屋には着替えのスーツが置いてあった。このスーツに着替えて、私たちは東京のキャバレーやナイトクラブにくり出したりもした。／狸穴の『ゴールデン・ゲート』、『日比谷イン』、赤坂の『ラテン・クォーター』、築地の『リオ』……そんなナイト・クラブに高校生のころから出入りしていた」（百瀬博教編著『俺の裕次郎――六〇年代が眩しいぜ』クレスト社、一九九六年、一〇六ページ）。
（8）石原慎太郎「『太陽の季節』のころ」『〝太陽族〟の季節――新旧混在の時代』学習研究社、一九八二年、一三八ページ
（9）竹内洋『教養主義の没落――変わりゆくエリート学生文化』（中公新書）、中央公論新社、二〇〇三年、八〇ページ
（10）新聞総合調査委員会編『社会生活とマスコミュニケーション』近代科学社、一九六〇年
（11）アメリカ二百五十八本、インド二百五十本、香港二百本などを凌駕して「一九五五年には日本は百間《ママ》四百二十三本の劇映画を制作した。製作本数の順位からいうと世界一の多産国」となったが、その背景には「制作費の安い映画で、製作費の高い外国映画に対抗するのには、一対一ではとても勝負にならないから、二本立、三本立で量的に対抗してきたわけである。／日本では映画産業は銀行の長期融資をうける道をふさがれている関係上、封切一週間後に直接製作費に近い額を回収してこれを再生産費にまわさねばならない」といった事情があった（絲屋寿雄「背骨か細い日本映画界」「社会教育」第十一巻第九号、全日本社会教育連合会、一九五六年、一四―一五ページ）。

（12）川島蓉子／小原直花『おしゃれ消費ターゲット——売れるマーケットは七つの世代が決める』幻冬舎、二〇〇二年

（13）阿久悠「ヒーローは一・五倍で走った」『六〇年安保・三池闘争——一九五七—一九六〇』毎日新聞社、二〇〇〇年、四六ページ。「焼け跡の時代、飢餓の時代が過ぎ、何かしらの繁栄の道を歩みそうな時代の中で、貧富の差がすでにこんなにもついたのかと実感としておそれさせたのが、この「太陽の季節」であって、文学賞がどうのこうのってことはどうでもよかった」（阿久悠『三十六歳・青年　時にはざんげの値打ちもある』講談社、一九七三年、一五六—一五七ページ）

（14）井上ひさし『ベストセラーの戦後史1』文藝春秋、一九九五年、一四四—一五三ページ。当時「太陽族と砂川族」を対置させる話法が存在した（山下肇『現代学生論』平凡社、一九五七年）。前衛であり、知識人であると自負していた大学生たちの『太陽の季節』の受容について、中野収は次のように証言している。一九五五年に「日本共産党の第六回全国協議会があり、共産党の路線は平和革命に一八〇度転換する。したがって、六全協まであった学生社会を支配していた暗い緊張感はかなり薄れてきてはいた。これが『太陽の季節』ブームの契機のひとつとはいえると思う。しかし、あの当時の大学キャンパスを『太陽の季節』をむき出しにして持って歩くことなど、別に禁止されていたわけではないが、とてもできることではなかった」（中野収『戦後の世相を読む』岩波書店、一九九七年、一四六ページ）。

（15）河出書房新社編集部編『わが世代　昭和十三年生まれ』河出書房新社、一九七八年、二二八ページ

（16）西脇英夫『アウトローの挽歌——黄昏にB級映画を見てた』白川書院、一九七六年、八五—八六ページ

（17）「五六年度の興行ベスト・テンでは、『太陽の季節』が七位で一億八、〇〇〇万円、一位は『任侠清水港』で三億五、〇〇〇万円であった」（千村典生『時代の気分を読む——ヤングファッションの五十年』グリーンアロー出版社、一九九六年、六六ページ）。『太陽の季節』などのヒットによって「日活映画の観客の平均年齢は二十三歳と他社より四歳も若返った。三十五年には直営館二十館のみで八百八十三万人、興行収入は二十三・三％増加。契約映画館の数も二千三十八館と大幅にのび、東映に次ぐ第二位の地位を確保した。まさに裕次郎は救世主だった」（吉田司『スター誕生——ひばり・錦之助・裕次郎・渥美清そして新・復興期の精神』講談社、一九九九年、一八九ページ）。なお岩橋邦枝は、当時お茶の水女子大生で、週刊誌などで「女慎太郎」といった扱われ方をしていた。

（18）「十代スターも反抗する——「処刑の部屋」」（「週刊読売」一九五六年五月二十七日号）によれば、「主人公には〝和製ジェームス・ディーン〟で売出し中の川口浩君（略）床屋へ十八回も行って慎太郎刈りを工夫するほどの熱心ぶり」だったという。川口松太郎・三益愛子の子息である川口浩も、慶応高校を中退し、放蕩生活を送っていた。また津川雅彦も、

『狂った果実』でデヴューした当時は早稲田高等学院の学生であった。

(19) オーソドックスな教養主義者や左翼陣営からの批判としては、「こうした消費文化の手先になるような種族はほんの一部分です」(山下肇『青春の広場に立ちて』社会思想研究会出版部、一九五六年、二〇ページ)、「太陽族とは、結局は、戦後しばらく、戦争責任を問われて鳴りをひそめていたブルジョア階級の復権宣言でしかなかったのである」(佐藤忠男『青春映画の系譜』秋田書店、一九七六年、一〇七ページ)など。

(20)「週刊誌は、新聞社特に朝日、毎日、読売、サンケイの四社によって占められ、その部数均衡も『週刊朝日』、『サンデー毎日』、『週刊読売』、『週刊サンケイ』の順位で進み、四誌一回分の合計発行部数三百五十万部と伸び」ていたが、「新潮社が、他の出版社にさきがけて〈週刊新潮を創刊〉して、週刊雑誌界に一石を投じた。部数四十万で発足した『週刊新潮』は、連載小説に重点をおき、新聞社の週刊誌とは、文芸的感覚に相違点と特色をもって、大いに発揮し、話題を生んで、着々と広く読者にアッピール」した(前掲『出版年鑑 一九五七年版』三四ページ)。

(21) 日本出版学会『出版の検証――敗戦から現在まで 一九四五―一九九五』文化通信社、一九九六年

(22) 次のような媒体でもセンセーショナルな報道がなされていた。「本探しでホームの売店に近づいた私の眼を惹きつけたのは、デカデカと書かれたショッキングな見出しの「国民週報」というB六版ザラ紙週刊誌だった。/「特集・現代の奇形児太陽族の生態!」/異色の芥川賞作家、一橋大学生・石原慎太郎の「太陽の季節」が文藝春秋に再び掲載され、物議を醸し始めてきた頃である」(小松俊一『俺の裕次郎――ひとりの若者に青春を賭けた日活宣伝マンの熱い日誌』につっ、一九八九年、四〇―四一ページ)

(23) 当時は「サン・ボーイ」という異称も存在した(教育技術連盟編「教育技術」一九五六年九月号「座談会 太陽族はどこへ行く」、小学館)。

(24) こうした批判を受けて、日活は石原慎太郎原作『灰色の教室』の製作を中止している。「朝日新聞」でも「犯罪を真似させる危険 上映するならカットせよ 『処刑の部屋』(大映)」(一九五六年六月二十七日付)、「映倫の立場――自主規制意識の徹底望む」(七月二十四日付)、「不良映画退治するよい児童映画を」(七月二十九日付)、「女を酔わせ監禁――愚連隊大学生らを送検」「一味は某大学参事や会社重役、官庁の部課長の子弟という裕福な家庭に育ったがヤクザの世界に足を突っ込み、パチンコの景品買いなどをしていたが、映画「処刑の部屋」を見て某女に暴行を加えようとしたという」(八月十日付)と太陽族(映画)批判を続けていた。

（25）「午前二時の社交界——軽井沢の上流太陽族たち」（「週刊新潮」一九五六年八月二十日号）のように、上流階級の放恣に対しても「太陽族」のレッテルが用いられていた。「愚連隊と太陽族　朝日新聞警察担当記者座談会」（「朝日新聞」一九五六年九月十二日付）には、「E　太陽族は金があって自家用車をもって、女と遊ぶのを目的とするやつのことだろう。／Q　それは太陽族だ。普通の太陽族は〝処刑の部屋〟が一番多い（略）／I　太陽族という言葉はきらいだが、あの連中は卑きょうだね。昔だったら「悪うござんした」というところを、「実は〝処刑の部屋〟をみたとか〝太陽の季節〟をみてやった」とか「男女共学の結果がこうなった」とか余計ないいわけをする」とある。

（26）もちろん、すべての週刊誌が同様の批判をしていたわけではない。「週刊誌の典型的なセックスの表現は、肉体主義＝セックス解放＝セックスの消費財視の方向に常に力点がかかり、精神主義＝性モラルの確立＝生産財視という方向には力点をおかないのが特徴のようである。／たとえば、比較的セックスの記事を扱わない『週刊朝日』『サンデー毎日』が、三十一年の夏、「太陽族」を、「現代はドライ時代か——中年読者に捧ぐひとつの太陽族分析」（『朝日』九・二十三号）といった形で問題にした場合は、後者の方向を強くふくんでいた。しかし「軟かい」週刊誌のチャンピオン『週刊新潮』の場合は、これと違い前者の方向に徹しており、週刊誌のセックスはこれに代表される」（週刊誌研究会編『週刊誌——その新しい知識形態』〔三一新書〕、三一書房、一九五八年、九一ページ）

（27）同書九五ページ

（28）一九六〇年の調査では、「週刊誌を読むか」の問いに対して「読む」と答えた人々には、自己判定による階層帰属では「中流の上＞中流の下＞下流の上＞下流の下」、階級帰属では「中産＞労働」となる傾向が見られた（西平重喜「中間階級の意識」「自由」第二巻第七号、自由社、一九六〇年）。

（29）加藤秀俊『中間文化論』平凡社、一九五七年、一七ページ

（30）石原慎太郎は、横浜のディンジャー党や「青山の紫会と原宿のダンディ党と、六本木のガッツ」といった架空の不良グループの抗争を描いた小説も発表している（石原慎太郎『野蛮人のネクタイ』読売新聞社、一九六八年）。

（31）五島勉『禁じられた地帯』知性社、一九五八年。上野昂志は、「「カミナリ族」にしても「みゆき族」にしても、あれがそれだと指さすことのできる連中がいたが、「太陽族」の場合は、それがひどく漠然としているのである。（略）にもかかわらず、そのイメージは、他のどの族よりもっとも鮮烈なのである。それは、「太陽族」が、それ自体イメージであり、個別の風俗やグループではなく、何よりも時代の気分を表していたからであろう」と回顧している（「アサヒグラフ」一

九九四年七月八日号）。
（32）「中洲通信」二〇〇〇年八月号、中洲通信編集部、四五ページ。一九五七年四月号「男の服飾」に石津謙介は、「アロハシャツはもう全く私達の夏の一番大切な魅力ある男のキモノになってしまいました。〝アロハのアンチャン〟というような失礼な言葉は、もう今年あたりは聞かれなくなる程、ティーンエイジャーも、四十八歳の抵抗組も、彼も彼女も、みんなアロハになりそうです」と書いている（石川弘義／藤竹暁／小野耕世監修『アメリカンカルチャー——日本の戦後にとってアメリカとは1　四五—五〇年代』三省堂、一九八一年、四八ページ）。
（33）前掲『わが世代　昭和十三年生まれ』二一六—二一七ページ
（34）階級政党の指導を信じ、「青年」たちの階級意識の覚醒に期待を寄せる言説も存在した（竹内真一『階級と世代——青年運動の選択』新日本出版社、一九九一年）。例えば「〝かつて〟の闘争の誇りも、警察に逮捕されたときに感じとった反体制的感覚も、階級的感覚を階級意識として自覚させ、さらに階級的思想にまで結晶させる系統的な学習活動がなかったならば、会社の激しい巻き返しの中で、〝戦う戦後世代〟から再び単なる〝ロカビリー族〟に転落しないとは限らないのである」（石原慎三「労働運動と戦後世代」「思想」一九五九年七月号、三七ページ）。
（35）松下圭一「戦後世代の生活と思想（下）」「思想」一九五九年十月号、八六—八九ページ。こうした動きはもちろん日本社会に限ったことではない。テッズ研究で知られるT・R・フィヴェルは「広く知られた非行であるアメリカのストリートギャングや、よりエキゾチックな現代的なユース・フォーク・デヴィル——ドイツのHalbestarken、スウェーデンのSkinnkunuttar（革ジャケット）、フランスのBlousons noir、日本の太陽族（太陽の子供たち）、オーストラリアのBodgies、ロシアのStilyagi（スタイルボーイズ）——を同様な社会的混乱によって強いられたコンプレックスの宣言として引用しながら、実際に「テディ・ボーイ・インターナショナル」とまで言っている」（Davis, *op.cit.*, p.155）。
（36）もっとも当時は、ハワイアンやマンボ、ルンバに至るまで、少しでもアメリカのにおいのする洋楽全般を「ジャズ」と称しており（マイク・モラスキー『戦後日本のジャズ文化——映画・文学・アングラ』青土社、二〇〇五年）、ジャズ喫茶では歌謡曲からロカビリーまで、幅広く演奏されていた（谷和子／近藤益子著／伊藤強監修『黄金の銀座ACB伝説』ホーム社、二〇〇三年、井上達彦著／寺内タケシ監修『新宿ACB——六〇年代ジャズ喫茶のヒーローたち』講談社、二〇〇三年）。
（37）野坂昭如「変貌する夜の歓楽街・麻布六本木」「日本」第五巻第六号、一九六二年、講談社、一三〇ページ。当時の六本木（族）に関しては、野地秩嘉『キャンティ物語』（幻冬舎文庫）、幻冬舎、一九九七年）、加賀まりこ『とんがって本気』（新潮社、二〇〇四年）。

（38）アクロス編集室『ストリートファッション一九四五―一九九五――若者スタイルの五十年史』ＰＡＲＣＯ出版、一九九五年

（39）一九五七年にある都立高校での「一番好きな映画俳優と嫌いな俳優」という調査では、「嫌いな方はというと、なんと石原慎太郎と北原三枝が仲好く並んで」おり、その理由は「自分たちまでが「太陽族」視される近視眼的戯画化」への反感であったという（前掲『現代学生論』九六―九八ページ）。

（40）関川夏央『昭和が明るかった頃』（文春文庫）、文藝春秋、二〇〇四年、九七ページ

（41）吉見俊哉「冷戦体制と「アメリカ」の消費」、小森陽一／千野香織／酒井直樹／成田龍一／島薗進／吉見俊哉編『冷戦体制と資本の文化』（「岩波講座近代日本の文化史」9）所収、岩波書店、二〇〇二年、同「東アジアにおける『アメリカ』という日常意識」、青木保／姜尚中／小杉泰／坂元ひろ子／莫邦富／山室信一／吉見俊哉／四方田犬彦編『市場』（「アジア新世紀」5）所収、岩波書店、二〇〇三年、同「ベースとビーチ――「湘南」の記憶」、吉見俊哉／若林幹夫編著『東京スタディーズ』紀伊国屋書店、二〇〇五年、同『親米と反米――戦後日本の政治的無意識』（岩波新書）、岩波書店、二〇〇七年

（42）森英恵『ファッション――蝶は国境をこえる』（岩波新書）、岩波書店、一九九三年。石原裕次郎は、国民的スターとなるにつれ、「バタくささ」を失っていく。「太陽族映画の逗子コスモポリタニズムから、裕次郎が初めて地域の祭りで神輿を担いだ『明日は明日の風が吹く』のような下町のナショナルにコード化された空間へのシフトをみることができる」(Michael Raine "Ishihara Yujiro: Youth, celebrity and the male body in late-1950s Japan," in Dennis Washburn and Carole Cavanaugh eds., *Word and Image in Japanese Cinema*, Cambridge University Press, 2001, p.214)。

（43）扇谷正造『私の大学――次代にささげる』春陽堂書店、一九五八年、三四ページ

（44）日高六郎「世代」、『現代日本の思想』（「岩波講座現代思想」11）所収、岩波書店、一九五七年、一四四ページ

（45）岩間夏樹『戦後若者文化の光芒――団塊・新人類・団塊ジュニアの軌跡』日本経済新聞社、一九九五年

第4章 みゆき族というストリート・カルチャー

1 みゆき族の生成・消滅

一九六四年夏、銀座みゆき通りに着飾った若者たちが集まるようになり、その特異なファッションゆえに「みゆき族」として話題となっていく。このみゆき族は、ハイティーンたち（特に男性）が、独自にファッションを楽しみだした先駆的な現象として注目される。そして見逃すべきでないのは、ハイティーンに達し始めた団塊の世代が、まず最初に起こしたユース・サブカルチャーだった点である。

その前提には、若い男性向けの既製服ブランドの登場がある。太陽族・六本木族などは、それらユース・サブカルチャーズ成員たちが群れ集う場所に「アメリカの影」はあるものの、そのファッションが海外の動きと連動していたわけではない。(1) だが五〇年代からすでに、アメリカ東海岸のエリート大学生たちのファッション「アイヴィー」の日本への紹介は始まっていた。(2) 五四年に婦人画報社から「婦人画報」増刊として「男の服飾読本」（六三年「MEN'S CLUB」に改題）が出版され、アイヴィーの紹介を始めていたが、これは先行する「男子専科」（五〇年に「スタイル」〔スタイル社〕増刊号として創刊）とは明らかに「内容も対象年齢も違っていた。「男専」はオーダーメードの紳士服、ならびに愛好者向けだったが、「男の服飾」はレディーメード中心で、年齢も下げてあった(3)」という。また、アイヴ

図10　1964年　みゆき族
（出典：前掲『「族」たちの戦後史』119ページ、124－125ページ）

ィー・ファッションの代名詞ともなったヴァン・ジャケットを率いた石津謙介も、「〝男の服飾〟の創刊から十号目くらいまでは、VANも非常にプレステージの高い、ハイ・ブロウでオーソドックスなスタイルを発表していた。（略）その〝男の服飾〟なのだが、号を進むにつれて、内容を少しずつ、低年齢向けにしていくことになった。そんなわけで、VANのファッションも、それに同調し、少しずつ若くなっていく」(4)と語っている。要するに「VANが年齢層を下げた具体的な理由に、婦人画報社と組んだことがある」わけだが、そこにハイティーンとアイヴィーが結びつく契機があった。

その一方で、ヨーロッパ大陸（ふうのファッション）を意味する「コンチ（ネンタル）」と呼ばれるスタイルも生まれていた。コンチを代表するブランドJUNは、「VANがアイビーファッションと称した細身のズボンを打ち出して、大当たりをとった昭和三十四年に、立教大学のバスケットボール部の学生だった佐々木忠らによって作られた会社、三文字ブランドの乱立時代を生き抜いてヨーロッパテイストのトラッド・ファッションでのし上がってきた会社である」(5)。「VAN・JUN・JAC・ACE……横文字が三つならんだメーカー。そんなところから三つ文字メーカーと呼ばれた」各社が送り出すニュー・モードは、「若者は少なくとも日本製の偽《にせ》アメリカ・ファッションにはあきあきしていた。しかし、輸入ファッションなどさか立ちしても手に入らなかった」(6)という情況下、一部の若い男性たちに熱狂的に支持され始めており、それがみゆき族騒動《クレーズ》へとつながっていく。

だが、みゆき族という呼称が浮上してくる過程には、以下の記事にあるように「西銀座族」や特に女性をさす「ロング族」といった言い方も存在した。(7)

西銀座族の年齢は十五、六歳から十八歳ぐらいで、女の子はウエストの紐ベルトをうしろでだらりと結んだスリムなロングスカートをはく。伸びっぱなしのロングヘアか、ぐっと短いセシル・カット（これは五八年に公開されたフランソワーズ・サガン原作の映画『悲しみよこんにちは』に登場する、主演のジーン・セバーグ扮するセシルの髪型によるもの）、素足にサンダルまたはゴムぞうり、着替えや化粧道具を入れた大きな麻袋を引きずるようにして持って歩く。／男の子はつんつるてんのコッパン（コットンパンツのこと）、スニーカー、アイビー調のダーク・トーンのチェック（マドラスチェックをさす）のシャツ、縞のハンティング、バーミューダショーツ、太い糸のコットンのハイソックスをはき、女の子と同じような大きな麻袋か、黒の皮製の角型ケースを持つ。／みゆき族というのは、西銀座とほぼ同じだが、やや金のかかった装いをして、もっぱら銀座のみゆき通り（別名・親不孝通り）を徘徊する。(8)

こうした亜種も、やがて「みゆき族（ないし、女みゆき族）」という呼称に統合されていき、今日では「みゆき族〟アイヴィー・ファッション〟ヴァン・ジャケット」として語られることが多いが、その男性たちのファッションは、皆すべてがアイヴィーであったわけではなく、「アイビー調」ですらないものも多く混在していた。(9)

男性は、丈が短かく先の広がったステテコズボンに、木綿のニット・シャツ。時には、ビニールのレイン・コート等、そして女性は、足首にとどくような超ロング・スカートに、男物風なワイシャツといった所が、パテント・マーク。いずれにしても、かける筈のボタンをはずしたり、銀座にふさわしくない場ちがいな服装で、無雑作をよそおった、だらしない着こなし。／午後の三時、四時頃が、一番の出盛りと言われるが、その時分になると、何か一杯につまった大きな袋を小脇にかかえて現われる。／それも米や、メリケン粉袋のような麻のごついものが、ぐっとイカスと彼らは言う。／およそ、銀座らしくない無神経さが、人目をそば立てようという寸法だ。（略）だんだんに既製服が進歩して、誰にでも、そうした、おしゃれが出来、同じように〝カッコよく〟なってしまうと、もうそれでは、特別に目立つこともなくなってしまう。／そこで、出来上がったバランスをもう一度くずしても、何か自分の特殊性をきわ立たせようと試みる。(10)

一方、女みゆき族のファッションは、女性にはVAN・JUNのような既製服ブランドが存在せず、手製の服が中心であったため男性ほど画一的ではなかったが、やはりロング・スカートなどいくつかの共通点はあった。

当初はこうしたファッションを披露しあうために、みゆき通り界隈にたむろしていたみゆき族だったが、メディアに取り上げられることでさらにその数を増していった。(11)

（テリー伊藤談）「みゆき族したのはとっても純粋な気持ちからなんだ。女の子との出会いを期待していたのと、本当にお洒落を見せたかったからなの。野球だったら大リーグ、サッカーならイタリアに行く、それと同じ気持ちで銀座には行ってたんだよ(12)」

（川崎徹談）「毎週日曜日になると、朝の十時頃、銀座に集合するんです。銀座のみゆき通り。そう、みゆき族。僕も、けっこうそうだったんです。ほとんど毎週、ズタ袋を下げていくわけですよ。ウロウロしてるだけなのね。むこうからカワイイ娘が来た！って見ると、毎週会う娘なの。とにかく同じメンバーで、ウロウロウロウロしているだけなんだから（笑）。そういえば、高校生主催のダンスパーティーってのも流行ったな。大学生のバンドいれてね。ツイスト、サーフィンなんてやるわけ。そこにみゆき族が大挙して行く(13)」

その頃は、ともかくスソの短いコットンパンツだったし、細長いカサだった。あのカサのことを〝ナンパガサ〟なんて呼んだりした。／ナンパに関しては、偏差値のかなり高い私立高校に通っていたから、日曜日の銀座みゆき通りは、学校の課外活動に、参加している気分になったものだ。（略）細いカサをチャラつかせ、ナンパに成功し、みゆき通りにあった「ジュリアン・ソレル」とか「門」なんていう喫茶店あたりに女の子を連れ込み「あの後でよう。ベラかんじゃってよう」などと自慢していた…。／そういえばあの頃「みゆき族の歩き方」というのがあった。紙袋を小脇にかかえ、両手を親指だけ出してズボンのポケットにつっこみ、出す足の反対側の肩を、極端に、前に出すようにリズムをとって歩く。そして、築地署に補導されたことがあるかどうかが、みゆき族として、本モノかどうかを問われる、試金石であったりして…。[14]

街角に佇み、回遊するだけのみゆき族は、格別問題行動を起こしたわけではなかったが、商店会からの苦情もあり、オリンピックをひかえた街頭浄化の気運のなか、秋には一斉補導がおこなわれ、ひと夏限りの現象として消えていった。

2 「平凡パンチ」とみゆき族

このみゆき族の生成に大きな役割を果たしたのが、一九六四年四月に創刊された週刊男性誌「平凡パンチ」（平凡出版）だった。その陣頭指揮を執った清水達夫は次のように語っている。

いったい書店の店頭にならびきれないほど週刊誌がならんでいるのに、二十代の男性を対象にした週刊誌がない（略）、もしこの世代をわれわれが開拓すれば、必ずあとにつづくものが現れて、新しいマスメディアの分野ができるのではないか……。（略）この頃は化粧品にしても、服装にしても、男性用の売り場がしだいに拡張されて、FOR・MENという外国語が日常語化されてきました。ですから、FOR・MENの週刊誌も、どうやらグッド・タイミングになってきたのではないか……。[15]

団塊の若者向けに、海外・セックス・ファッション・クルマなどの情報を盛り込み、特にそのファッション記事にはストリートでのスナップ写真が多用され、[16]当初は石津謙介構成による「ウィークリー・メンズコーナー」なども連載されていた。また、大橋歩の表紙イラストでは、つねにアイヴィー・ファッションできめた男性のシルエットが描か

図11 「平凡パンチ」創刊号表紙と「FIVE6SEVEN」表紙
（出典：「平凡パンチ」はアクロス編集室『ストリートファッション』〔PARCO出版、1995年、93ページ〕から、「FIVE6SEVEN」は、わせだ書房時代の1963年8月号と恒文社時代の65年10月号）

れていた。[17]一般の若者たちにも都会の、さらには海外のファッション事情がヴィヴィッドに伝わり始めていたのである[18]（表9）。

そして、その第六号にあたる一九六四年六月十五日号特集「キミはVAN党かJUN党か？」は、数あるメンズモードのメーカーのなかでも、「アイビー調とコンチネンタルルック」という違いはありながら、「二十代男性のおしゃれ感覚をリードしている」両ブランドを取り上げている。

> 銀座を流す――という言葉がはやっている。（略）用もないのに、おしゃれをして銀座をブラブラ歩くことなのだ。一日に一度は、これをやらないと落ち着かないという常連もいる。／この常連のなかに、ヴァン製品しか着ないアイビー信者があり、また、ジュンのものしか着ないジュン愛用者がいる。かれらは、ときには、西銀座デパートの前にたむろして、道ゆく人をみていたり、明るい喫茶店の中でしゃべっている場合が多い。しかもおなじものを着ているという一種の連帯感から、ひとつのグループを作っており、おたがいのおしゃれ感覚を批評しあったりしてたのしんでいる。

みゆき族のトレードマークの一つであった大きな麻袋以外にも、VANやJUNなどのロゴの入った紙袋を持ち歩く者も多かった。この

表9 “いつも読む週刊雑誌”の年次別推移表（数字は順位）

	61	62	63	64	65	66	67	68	69	70	71	72	73	74	75	76	77	78
週刊朝日	1	2	2	3	3	2	1	1	3	4	2	5	4	2	4	1	1	1
週刊新潮	5	5	5	5	4	4	4	4	2	1	4	2	3	4	1	2	2	2
週刊現代	11	12	11	14	13	9	7	7	5	5	6	6	6	6	5	5	3	3
女性自身	3	3	3	1	1	3	3	2	1	1	1	1	1	1	2	4	4	4
サンデー毎日	2	1	1	2	2	1	2	3	3	3	3	3	2	3	3	3	4	5
週刊平凡	4	4	4	4	5	5	5	5	7	6	5	4	5	5	7	7	8	6
週刊ポスト										17	7	8	12	7	6	6	6	7
週刊明星	9	7	7	7	7	7	6	8	10	10	8	10	10	8	9	8	9	8
週刊文春	6	6	6	6	6	6	8	6	6	8	10	7	7	9	8	9	7	9
non•no													19	17	13	11	10	10
プレイボーイ							17	16	17	19	20	16	16	18	21	19	14	11
週刊女性	8	8	8	9	10	10	12	11	8	11	11	11	10	12	11	11	11	12
女性セブン			13	11	12	14	14	10	11	7	8	8	8	10	10	10	12	13
少年ジャンプ													18	23	17	16	17	14
少年マガジン						24			18	13	16		20	14	15	14	13	15
セブンティーン								18	24	18	18			20	19	20	16	16
少年チャンピオン													40	32	23	23	19	17
an•an														21	20	18	20	18
平凡パンチ				15	11	12	11	14	14	15	17	14	13	13	17	22	22	18
週刊読売	7	9	9	10	8	8	10	13	12	12	14	13	14	15	16	15	15	20
朝日ジャーナル	14	13	14	13	15	15	13	12	13	15	13	16	17	22	22	24	26	25
ヤングレディ				8	9	11	9	9	9	9	12	12	8	11	12	13	24	28

（出典：毎日新聞社編『読者世論調査（復刻版）』大空社、1997年、から作成）

学歴			学職別							
9年以下	10〜12年	13年以上	管理職・自由業	事務・技術職	労務職	中小企業主	農漁業者	単純労働者	学生	その他
43(43%)	52(52%)	5(5%)	6(6%)	22(22%)	35(35%)	11(11%)	12(12%)	1(1%)	7(7%)	6(6%)
73(50%)	68(47%)	6(4%)	5(3%)	42(29%)	45(31%)	12(8%)	10(7%)	3(2%)	25(17%)	5(3%)
56(50%)	49(44%)	7(6%)	—	—	—	—	—	—	—	—
37(43%)	47(54%)	3(3%)	—	—	—	—	—	—	—	—
36(57%)	25(39%)	3(5%)	—	—	—	—	—	—	—	—
26(46%)	27(47%)	4(7%)	—	—	—	—	—	—	—	—
16(26%)	33(54%)	12(20%)	2(3%)	18(30%)	20(33%)	2(3%)	2(3%)	0	15(25%)	2(3%)
40(27%)	90(62%)	16(11%)	5(3%)	46(32%)	39(27%)	5(3%)	7(5%)	4(3%)	35(24%)	5(3%)
25(26%)	55(57%)	19(20%)	—	—	—	—	—	—	—	—
36(32%)	56(50%)	20(18%)	—	—	—	—	—	—	—	—
18(24%)	45(60%)	12(16%)	—	—	—	—	—	—	—	—
6(11%)	34(63%)	14(26%)	—	—	—	—	—	—	—	—

いわゆる「「フーテンバッグ」と呼ばれた袋の中の着替えとは高校の制服であり、化粧道具以外に洗面道具なども入っており、中には睡眠薬や覚せい剤を忍ばせてもいたという。連中は都内の高校生ばかりでなく、千葉・埼玉・神奈川などの首都圏から集まってくる。だからといって、どこかに泊り込むために必要な道具を持ち歩いているのではない。ちゃんとその日のうちに家へ帰るものが大部分であって、ただそれらしき用意の袋を持ちあるくことが、仲間同志《ママ》のサインとなっているのである」[19]。いずれにせよ「VANの袋やJUNの袋を小脇に抱えて、銀座のみゆき通りを歩くことが誇らしかったあの頃。そんなに高いサラリーを貰っていなかった私（薄給と言っていいでしょう）が給料の大半をスーツや、シャツや、靴やネクタイに入れあげて行く時代に突入したのでした」[20]と回顧されるように、この頃から、多くの男性がファッションを楽しみ、その愛好するブランドによる「党派」分けが始まっていたのである。そして、アイヴィーやヴァンの拠点となった観のある「MEN'S CLUB」や「平凡パンチ」に対し、

表10　「平凡」「平凡パンチ」の読者像

いつも読む雑誌に「平凡」を挙げた男性の内訳

年度	順位	実数	女性	地域別			年齢					
（年）	（位）	（人）	実数	七大都市	市部	郡部	16〜19	20〜29	30〜39	40〜49	50〜59	60〜
64	5	100	205	31(31%)	35(35%)	34(34%)	20(20%)	40(40%)	15(15%)	8(8%)	14(14%)	3(3%)
65	5	146	304	33(23%)	68(47%)	46(32%)	43(29%)	45(31%)	25(17%)	22(15%)	8(5%)	4(3%)
66	6	112	199	22(20%)	49(44%)	41(37%)	37(33%)	30(27%)	22(18%)	15(13%)	6(5%)	2(2%)
67	8	87	193	22(25%)	46(53%)	19(22%)	29(33%)	34(39%)	16(18%)	4(5%)	3(3%)	1(1%)
68	9	64	137	15(23%)	32(50%)	17(27%)	15(23%)	32(50%)	6(9%)	5(8%)	4(6%)	2(3%)
69	8	57	123	11(19%)	28(49%)	18(32%)	15(26%)	21(37%)	8(14%)	7(12%)	5(9%)	1(2%)

いつも読む雑誌に「平凡パンチ」を挙げた男性の内訳

64	8	61	6	25(41%)	22(36%)	14(23%)	16(26%)	36(59%)	4(7%)	3(5%)	2(3%)	0
65	6	146	29	62(42%)	56(38%)	28(19%)	42(29%)	80(55%)	17(12%)	3(2%)	4(3%)	0
66	8	96	20	35(36%)	39(41%)	22(23%)	37(39%)	48(50%)	6(6%)	3(3%)	1(1%)	1(1%)
67	6	112	15	37(33%)	54(48%)	21(19%)	42(38%)	49(44%)	17(15%)	3(3%)	1(1%)	0
68	6	75		29(39%)	32(43%)	14(19%)	26(35%)	44(59%)	4(5%)	1(1%)	0	0
69	9	54		17(31%)	27(50%)	10(19%)	16(30%)	30(56%)	4(7%)	3(6%)	1(2%)	0

（出典：前掲『読者世論調査（復刻版）』から作成）

エンタテインメント・フォー・メンと謳った月刊誌「FIVE 6 SEVEN」（わせだ書房→恒文社）などはコンチ寄りの編集方針をとり、ジュンの広告出稿も目立っていた。(21)

　また「平凡パンチ」とみゆき族の結びつきの強さを端的に示すものとして、「みゆき財布」がある。同誌の「表紙で「財布」を作るのである。発明者は不明だが、この紙の財布はみゆき族の間で大ブレーク。ズボンの尻ポケットからのぞかせるのがカッコよかった(22)」という。かくして「平凡パンチ」は「春に発売した創刊号の発行部数が六十二万部だったが、それが同じ年の秋、十月には七十五万部を発行している。（略）そして、二年後の昭和四十一年には月刊雑誌の『平凡』、『週刊平凡』に続いてこの雑誌も百万部の壁を突破することになるのだ(23)」。六五年十二月の読者調査によれば、「平凡パンチ」読者は、配本状況で見ると東京（三四・二％）、ステータス別で見ると学生（三四・二％）・会社員（三二・一％）が中心だが、学歴別で見ると中卒（一四・八％）・高校生（一六・二％）・高卒（四〇・一％）・大学生（一四・四％）・

大卒（一一・四%）とヴァラエティに富んでいる。[24] 地方在住者やブルーカラーの若者たちの間にも、アイヴィー・ファッションやみゆき族などの情報が少なからず伝達されており、同世代の人々の間で共有されていたのである（表10）。そして、「六〇年代後半の学園闘争時代には、「P&J族」つまり、『平凡パンチ』と『朝日ジャーナル』を読む若者たちが多かった」[25] ように、若い男性にとっての「やわらかい方の総合誌」という地位を築いていった。[26]

3 フォーク・デヴィルとしてのみゆき族

このようにユース・サブカルチャーズをインキュベートしていく雑誌がある一方で、みゆき族をフォーク・デヴィル視することで、読者を集めようとした雑誌も存在した。たとえば「週刊女性」一九六四年十月七日号の記事「みゆき族のSEX→その探訪——家出してフーテンバッグに泥の足で銀座を歩く少女たち」には以下のような件がある。

> あるみゆき族の大学生の話では、交際密度に三段階ある。／「A、B、Cとあるんです。Aはベラカンまで……。ベラカンはキスのことです。Bはペッティング。Cは最後、つまり、すべてを許す……。まあ、初めて会ったその日はA。Cまでいくのに一週間くらいですか。みゆき族のバージンは、一週間もったら、いいほうですよ」「フーテンバッグはね。もともとVAN（男性用既製服店）の袋からはやったの。米の袋がいいとか、麦の袋がいいとか言うけど、中味がたくさん入るのがいいのよ。服はIV《ママ》スタイルからコンチ（コンチネンタル—ヨーロッパ大陸ふう）に移ってきてるわね。今のみゆきじゃコンチのほうがハバがきくわ」／念のため、こう語ったのは男の子。

また「週刊大衆」一九六四年十月十五日号の森柊二の署名記事「みゆき族の掟——ドキュメント'64」に、「バン

(組長)は、類を求めて入って来た少女にそう説明し、協定価格も示したが……。「ベラ(接吻)五百円。胸八百円。本番は三千円からやりマン(二万円)よ……」。(略)サミーたち五人は、他の〝みゆき族〟と同様、東京の山の手、近郊の衛星都市の中産階級のやや上の部の家庭の子女である」とあるように、女性の場合はその性的な放埒が、生まれ育った家庭環境にふさわしくないものとして、また男性の場合はファッションに現を抜かす軟弱ぶりを非難する声が多かった。こうした批判や揶揄のなか、みゆき族は速やかに消散していくが、その後継者も出現している。[27]「みゆき族が半袖、半ズボンのカジュアル志向だったのに対し、アイビー族はスーツで決めたドレスアップ・バージョン。黒に近いグレイの三つボタン・スーツは、VANでなければ通用しなかった。彼らのドレスアップをいっそう引き立てたのは細身の傘。何とも不思議な取り合わせだが、お手本は多分黒人のジャズ・メンだろう[28]」

また「朝日新聞」一九六五年四月二十五日付には「百人余りを補導――銀座の〝コウモリ族〟狩　築地署」との見出しのもと、「〝コウモリ族〟とは、髪がケネディ・カット、つんつるてんのズボンに黒っぽい背広、細身のステッキ代わりのコウモリを持ち、群をなしている少年たち。(略)このスタイル、「レーンコート族」「ゾウリ族」「みゆき族」「フーテン族」に次いで五番目の銀座の十代風俗。いずれもみゆき通りや十番街に群がっており、高校生、無職、家出少年などまちまち。なかには暴力団の手先になってパーティー券を売りつけたり、睡眠薬の常用者もいるらしい。(略)補導された彼らは「カッコいい服着て、銀座のまん中を歩いて何が悪い。池袋や新宿辺の田舎者とは違うんだ」といってるが、調べてみるとほとんどが埼玉、千葉、神奈川など、地方出身だという」とある。[29]

「週刊大衆」一九六五年四月二十二日号の記事「何処へ消えた?問題の若者の群れ――夜の広場を追われた六本木族みゆき族のその後」には、みゆき族は「アイビー族」へと引き継がれ、六本木族はTBSのある「赤坂族」、NTVのあった「四谷族」へと移っていき、その末流は「青山族」となり、現在は「原宿族」「代々木族」としてわずかに残るだけ、とある。六六年には表参道と明治通り交差点あたりにクルマで乗りつけ、現在のラフォーレ原宿付近にあった「ルート5」などにたむろした「原宿族」が社会問題化したが[30]、クルマを必要とした点で、高校生中心であったみゆき族よりも年齢層が高く、「あくまで東京山の手の上流家庭の子女をメインとしたもので、幅広く若者が集うという感じではなかった」[31]という。

4 銀座のトポロジー

太陽族の世代に属する阿久悠は、「一九五五年　銀座の雀」と題した文章のなかで次のように語っている。「学生の頃、お茶の水界隈や駿河台下の書店街をうろうろする以外は、おおむね新宿にいた。（略）そんな中で、銀座は特別であった。銀座へ行くとなるとよそ行きの感じがした。銀座へ足を踏み入れて恥ずかしくないなりであるかどうか、一瞬気遣うようなところがあった。（略）しかし、よそ行きの気分を抱かせることは悪いことではなかった。ステータスと言ってもいいようなもので、「銀座へ行こうか」と言う時はどこか声が上ずったものである」[32]。敗戦直後の混乱期を過ぎて[33]、銀座は盛り場の老舗としての格を取り戻しつつあり、それゆえプロト太陽族たちのホーム・グラウンドとなっていたのである。

そうした高級感漂う場所であるべき銀座だからこそ、テッズたちのように'all-dressed-up-and-nowhere-to-go'を実践し、オーソドックスなスタイルを奇矯に引用していく若者たちは、排除されるべき存在として浮かび上がってきたのである。では、なぜ彼・彼女たちは、銀座みゆき通りに集結したのだろうか[34]。一つには、この地域に彼らの憧れのショップが集積していたからだろう。六四年にオープンした「銀座JUN」や、並木通りと晴海通りの交差点にあり、石津謙介が顧問を務めていた「テイジン・メンズ・ショップ」などがそれで[35]、くろすとしゆきは「みゆき通りと並木通りの交差点が、族の中心だった」と指摘している[36]。このテイジン・メンズ・ショップは、当時事実上のVANのモデルショップとなっており、「どうせ買うならテイメンでと、都内はもとより、地方からもお客が殺到した。（略）買った物の入ったVANの紙袋を大切に抱えた若者たちは、自慢げにあの一帯を歩き回ったのではないか」。そして「みゆき族の特徴のひとつ、つんつるてんのズボンだが、これもテイメンと関係がある（略）。当時、テイメンの高畠店長は今で言うカリスマ。（略）彼はズボンを極端に短くはいた」[37]。また、この頃数寄屋橋の阪急百貨店にも「テイメン」が出店していた。そして、クルマで移動しない（できない）みゆき族にとって、まだ地下鉄網が整備されていないこの時期、六本木・原宿・青山・赤坂などへは通いづらかったというのも一因だろう。

吉見俊哉は、一九二〇年前後の「浅草→銀座」と七〇年前後の「新宿→渋谷」という盛り場の移行を指摘している[38]が、細かく見れば、六〇年代中盤に「銀座→新宿」という重要な転換があったのではないだろうか。五〇年代、戦前からの「銀ブラ」の伝統は薄れたにしろ、依然銀座は東京最大の盛り場であり[39]、ジャズ喫茶や日劇ウエスタン・カーニヴァルなど、若者たちを誘引する力を有していた。だが、このみゆき族騒ぎあたりを画期として、ユース・サブカルチャーズのための舞台装置は副都心へと西進していく。若者文化の主役が、「団塊の上京者たち」へと移行するにつれ、流行の震源としての銀座は退場していくことになる。

*

みゆき族の場合、その街頭の共在に対して誰がみゆき族と命名したかは定かではないが、それを肯定的にも否定的にも紹介した雑誌メディアによって広く知られるところとなり、「それは銀座である」という定義との背反――「ここは大人たちの街である」に対して、「この通りは俺（私）たちのキャットウォークであり、ナンパのコロシアムである」――によって問題化し、これまたひと夏で排除されていった。

太陽族からみゆき族にかけての一連のユース・サブカルチャーズからは、階級から世代へという推移の加速がみてとれる。中産以上もしくは有閑階級の生態を描いた太陽族映画が、映画館のシートに身を沈める以上の娯楽を享受できない層にも影響を及ぼし、また本来はアメリカ東海岸のエリート学生たちのファッションを指す言葉が、「銀座のこじき」[40]呼ばわりされる若者へと転訛されていったように、若者たちが所属する文化は、その出自とはある程度無関係に、任意に選択されうるものとなり始めていた。経済的に恵まれた家庭に育った六本木族のメンバーが起用された映画や、彼らの歌うロカビリーや青春歌謡は、依然娯楽の中心にあった映画館やラジオ、そしてレコード（プレイヤー）、さらにはテレビの普及によって、さまざまな階級の若者たちに受け容れられ、高度経済成長へと向かう好況や消費志向のうねりのなかで、世代共通文化ともいうべき領域を切り開きつつあった。(41)「平凡パンチ」などは、従来からの高級文化や大衆文化のみならず、それ以前の週刊誌がつくりだしてきた「中間文化」をも、若者文化の隆盛をテコに突き崩すことで、発行部数を伸ばしていったのである。そうした若者文化情況のなかで、特にファッションや外見へのこだわり――社会的通念から見れば、服や恋愛に現を抜かす、真っ当ではないティーン（とりわけ男性）たち――という点で、みゆき族は世間の耳目を集めていった。

そしてみゆき族の場合、通りの名を冠したそれこそ「ストリート・スタイル」であった点も見逃せない。テッド・ポレマスは、単にファッションが上のクラスから下へと「トリクル・ダウン」するだけではなく、現在ストリートからハイファッションへ、パリコレなどでモデルたちが闊歩するキャットウォークへと「バブル・アップ」していると述べたが、石原兄弟のような偶像をもたないみゆき族にとって、原型のアイヴィー（ないしコンチ）は、より上の審級である欧米から滴り落ちてきたにしても、その着崩し方はあくまでもストリート発のものであった。(42)街角の対面状況のなかで当事者たちの手によって、日々新たなコードが産み出されていったのである。「平凡パンチ」にしても、そのストリートの動きを全国的に広めた功績は大だったにしても、基本的には自然発生的なユース・サブカルチャーズへの追随ないし随伴でしかない。(43)またみゆき族の場合、圧倒的なアメリカという「上」を有していた太陽族とは異なり、「純粋戦後派」であったことは重要なポイントだろう。(44)

ジェンダーに関して言えば、女性をセックスの客体としてしかみない太陽族に対し、みゆき族の場合、ナンパの際の主導権は女みゆき族にもあった。「週刊プレイボーイ」一九七五年九月九日号「ヤング・ライフの開拓者《○○族》にみる戦後三十年」には、風俗評論家いそのえいたろうの発言として、「族を評価する基準は、彼らが何を残したかということで決まる。太陽族は性を解放した。六本木族・原宿族は乱交を、アングラ族は新しい芸術を生んだ。そして、みゆき族は男を騙すテクニック。こうしてみると、やはり太陽族とみゆき族が戦後の二大族ですね」とある。
もちろんすべての若者が太陽族やみゆき族であったわけではないが、音楽やダンス、ファッションなど自己表現の手段をもちつつあった（同世代人がいることを知った）若者たちの多くは、既存の価値観やそれへの社会化とは異なる何かを求め始めていた。そして、六六年放映のドラマ『若者たち』（フジテレビ）といった青春の表象が依然生み出されていたように、[45] 若者という語に、「青年」から引き継いだ語感――逆境のなかで悩みながらも明るい未来を信じて健気に生きる――も残存していた六〇年代後半、そうした通念を根本から揺るがすユース・サブカルチャーズの登場をみることになる。

注

（1）ＮＨＫ放送世論調査所の調査によれば、戦後間もない頃「「アメリカが好きだ」という人は、二五年が六六パーセント、二六年には六四パーセントであった」が、以後アメリカ志向は低下していく。しかし、「ベトナム戦争が終結した五〇年代になると状況は一変する。「アメリカが好き」は年々増大し、五〇年代前半だけでも四〇年代の十年間に減少した分を取り戻すような急激な回帰現象が起きている」（ＮＨＫ放送世論調査所編『図説戦後世論史』〔ＮＨＫブックス〕、日本放送出版協会、一九八二年、一七六―一七八ページ）。

（2）佐藤嘉昭『若者文化史――Postwar, 60's, 70's and recent years of fashion』源流社、一九九七年。一九六〇年代に入ると、整髪料など男性向け化粧品のラインアップも登場してくる（資生堂企業文化部／前田和男『ＭＧ５物語』求龍堂、二〇〇〇年）。

（3）くろすとしゆき『アイビーの時代』河出書房新社、二〇〇一年、九ページ

（4）マガジンハウス書籍編集部編『平凡パンチの時代――失われた六〇年代を求めて』マガジンハウス、一九九六年、二二五ページ

（5）同書二三八―二三九ページ

（6）小野耕世編『六十年代のカタログ』主婦と生活社、一九七五年、二二六―二二七ページ

（7）「特別座談会――銀座のロング族気炎をあげる!!」（「週刊漫画サンデー」一九六四年七月二十九日号、実業之日本社）の出席者は、高校三年生が二名と十八歳無業（「ウチはオヤジが意外とお金持ってるからなんにもしてないんだ」）、十九歳大学生。なお西銀座族という名称は、地下鉄丸ノ内線西銀座駅（一九五七年開業。六三年に銀座駅に改称）にちなむ。

（8）千村典生『増補　戦後ファッションストーリー――一九四五―二〇〇〇』平凡社、二〇〇一年、一一二ページ

（9）前掲『アイビーの時代』などに描かれた「VANよりのみゆき族像」には異論もある。当時テイジン・メンズショップで働いていた吉田尚暉によると、みゆき族イコール食いつぶした不良、万引き集団であり、「やつらは、ビニールのレインコートの長いのを着て、ゴムぞうりを履いて、ファッションのファの字もないです。袋もVANの紙袋を持ってるのは、滅多にいないんですよね。VANの紙袋を持っていたのはVANのお客です。VANのお客さんは、ちゃんとしてましたよ。それは表通りに来るから。だから、表通りで撮った写真も、みゆき族になっちゃったんですね」（本橋信宏「VANの神話　第三話――真鍮屋になった男」、「団塊パンチ」第三号、飛鳥新社、二〇〇六年、八八ページ）。

（10）細野久「〝ミユキ族〟始末記」「言語生活」一九六五年一月号、筑摩書房、七六―七七ページ

（11）石津謙介も「その八割は高校生。次々と仲間を作り、グループごとにショーウインドーに立つ。土日には二百人ものみゆき族が首都圏から集まり、一種の社会現象となった」と回顧している（「青春残像」「サンデー毎日」一九九〇年四月一日号）。テリー伊藤は早稲田実業を経て日本大学、川崎徹は中高大と早稲田、永倉万治は中高大と立教。太陽族・六本木族同様、みゆき族の背景には私大系列校特有の遊び人文化があった。

（12）「別冊MEN'S CLUB　男のスタイルブック Vol.6」一九九九年四月号、婦人画報社

（13）「ちょっと早すぎた自叙伝――川崎徹の徹頭徹尾」「ビックリハウス」一九八三年十二月号、PARCO出版

（14）永倉万治『新・昭和三十年代通信――一九五五―一九六四』小学館、一九八六年、一四一―一四三ページ

（15）岩堀喜之助『平凡通信この十年――平凡出版株式会社小史』平凡出版、一九七〇年、五一四ページ

（16）一方、「『メンズクラブ』で「街のアイビーリーガーズ」が始まったのは一九六三年。単発でやってみたら評判がよかったので、もう一回やろうかということになり、ついには連載ということになった。結局二十七年間続いた」（日本経済新聞社編『永遠のＩＶＹ展』日本経済新聞社、一九九五年、六ページ）。

（17）大橋歩『平凡パンチ大橋歩表紙集』イオグラフィック、二〇〇三年

（18）小林泰彦『イラスト・ルポの時代』文藝春秋、二〇〇四年

(19) 千村典生『時代の気分を読む――ヤングファッションの五十年』グリーンアロー出版社、一九九六年、一〇七ページ
(20) ピーコ「自分のスタイルなんてものはなかった」、毎日グラフ／Amuse編『イエスタディ――'60～'70年代の青春群像』所収、毎日新聞社、一九九五年、七七ページ
(21) 一九六二年頃から、「若い男性の雑誌」を標榜し、わせだ書房から発行されていた同誌は、当初は石津祥介の連載や穂積和夫やくろすとしゆきのファッションページがあるなどアイヴィー色の強い内容だったが、「平凡パンチ」の創刊もあってか、版元の変更とともにコンチよりの雑誌として再出発している。
(22) 前掲『アイビーの時代』一〇九ページ
(23) 前掲『平凡パンチの時代』三四〇ページ
(24) 江藤文夫『見る雑誌する雑誌』平凡出版、一九六六年
(25) 寺田博編『時代を創った編集者一〇一』新書館、二〇〇三年、一四一ページ
(26) 以下は自画自賛にすぎるが、一九六〇年代後半のある側面を言い当てている。「日本の若者文化は昭和三十九年に『パンチ』が創刊され、まがりなりにもたくさんの若い読者を集めることができたことで誕生した。そして、そのおかげで六〇年代の後半に世界中で吹き荒れるカウンター・カルチャーの大波を受け止める場所を用意することができた」(前掲『平凡パンチの時代』二五四ページ)
(27) 「〝みゆき族〟にマラソンで挑戦した男　二十二歳の理容師小島健治君」(「平凡パンチ」一九六四年九月二十八日号)には、ニセ挑戦状にだまされて集まった人々のうちの高校二年生の声として、「みゆき族？　カッコはするけど、みゆき族っていわれるの、嫌いだな。ボクたちはアイビーだから。みゆき族ってのは中三から高一ぐらいじゃない？　アイビーは十六から十八ぐらいかな」という発言がある。
(28) くろすとしゆき／婦人画報社書籍編集部編『シティボーイ・グラフィティ――「街のアイビーリーガース」二十五年の記録』婦人画報社、一九九〇年、一〇一ページ
(29) この記事の出た同日には「京橋公会堂の〝非行パーティー〟　札つき少年が主催　ムッとする狂態　視察の関係者びっくり」という記事も掲載されており、六〇年代中盤までは青少年非行文化の重心が、依然東京の下町側にあったことがわかる(松本良夫「最近の東京における少年非行の生態学的構造」、日本犯罪社会学会編「犯罪社会学研究」第三号、一九七八年)。また、「銀座の夜を暗くする――水銀灯いたずら　〝コウモリ族〟の仕業か」(「朝日新聞」一九六五年五月二十三

日付）では、傘の先で受光器をつくコウモリ族が槍玉に上がっている。このコウモリ族などは、次のからす族と同類だろう。「カラス族というのは昭和四十年当時、みゆき族の一部に黒ずくめのスタイルがはやったのを名づけたものだが、極めて一時的な現象で、今日では覚えている人も少なかろう」（うらべまこと『流行うらがえ史』文化出版局、一九八二年、四ページ）。六四年には地下鉄日比谷線が全線開通し、東武伊勢崎線との乗り入れによって埼玉方面から銀座駅までが直通となった。

（30）「くたばれ！原宿族――地元はカンカン連中はスイスイ」（「週刊朝日」一九六六年十一月二十五日号）によれば、十一月八日のフジテレビ『小川宏ショー』で、原宿地元民と原宿族対決が放送され、「約十八分の放映中に視聴者からの電話が鳴りっぱなし」だったという。また「深夜の狂態〝原宿族〟の知能程度」（「週刊大衆」一九六六年十二月一日）によれば、「原宿族はTBSの「おはよう、ニッポン」でも取り上げたが、フジテレビは原宿族と地元民代表十数人を、一堂に集めてカミ合わせた」。

（31）隠田表参道町会『原宿――1995』隠田表参道町会、一九九四年、八〇ページ。ちなみに地下鉄千代田線の開通は七〇年。

（32）阿久悠『愛すべき名歌たち――私的歌謡曲史』（岩波新書）、岩波書店、一九九九年、七二―七三ページ

（33）岩佐義人『東京暗黒街――実録・銀座遊侠伝』徳間書店、一九七一年、山平重樹『銀座愚連隊物語』双葉社、一九九八年

（34）「昭和二十六年に出版された岩動景爾編著『東京風物名物誌』（東京シリーズ刊行会）には「御幸通りはお洒落横丁とか三丁巴里とか称せられてスタイリストの通う道、フランス名前の店が並立してさしずめシャンゼリゼーの十六ミリ型」とある」（川本三郎『銀幕の東京――映画でよみがえる昭和』〔中公新書〕、中央公論新社、一九九九年、一六二ページ）

（35）前掲『ストリートファッションの時代』

（36）ニコルのデザイナー松田光弘は、文化服装学院の「学生のころからよくデザイン画とかを建造たちと一緒に売り込みに行っていた銀座の三愛が、当時すごいカッコいいお店だったんですよ。（略）そのへんがちょうど、みゆき族の発祥地になるんですけれど」と語っている（前掲『平凡パンチの時代』二四三―二四四ページ）。

（37）前掲『アイビーの時代』一〇七―一〇八ページ

（38）吉見俊哉『都市のドラマトゥルギー――東京・盛り場の社会史』弘文堂、一九八七年

(39) 磯村英一編『東京』有斐閣、一九六一年
(40) 前掲『アイビーの時代』一〇八―一一〇ページ
(41) 劇画工房(一九五七年から五八年)あたりを境に、子どもマンガの読者層よりも上の年代がマンガを読み始め、青春マンガというジャンルが登場した。一九五九年に副題に「青少年のための健全なる読物」とある「ハイティーン」誌を創刊した曙出版は、その後短篇誌「ティーン・エージャー」「ローティーン」「素晴らしき十代」を創刊していく(貸本マンガ史研究会編著『貸本マンガRETURNS』ポプラ社、二〇〇六年、二三五ページ)。
(42) Ted Polhemus, *Streetstyle: From Sidewalk to Catwalk*, Thames & Hudson, 1994.
(43) その後、マガジンハウスはさまざまな編集タイアップの仕組みを開発し、スポンサーと協働して流行を仕掛けていくことになる。いわゆるカタログ雑誌の多くの原型をそこにみることも可能だろう(清水達夫『二人で一人の物語――マガジンハウスの雑誌づくり』出版ニュース社、一九八五年、マガジンハウス編『創造の四十年――マガジンハウスの歩み』マガジンハウス、一九八五年、赤木洋一『平凡パンチ一九六四』〔平凡社新書〕、平凡社、二〇〇四年)。
(44) 二関隆美「純粋戦後派の考え方――ティーンエージャーを診断する」「朝日ジャーナル」一九六四年一月十九日号、門脇厚司「現代青年の価値意識構造」、日本教育社会学会編「教育社会学研究」一九六七年十月号、東洋館出版社
(45) けっして裕福とは言えない兄弟たちの苦悩を描いたドラマ『若者たち』は、好評により続篇『若者はゆく』『若者の旗』も制作され、六七年には映画化もされている。またザ・ブロードサイド・フォーが歌った同名の主題歌もヒットした。

第5章

'Youthquake' とフーテン族

1 大都市に集住する団塊

一九五七年四月の東京都への転入者のうち、十五歳から十九歳は約五万三千二百人――この年齢帯の転出者数は約七千四百人にしかすぎない――を数え、総転入者数の五七・一%にあたる。(1) この勢いは、団塊コーホート――狭義には四七年から四九年生まれ、広義には四六年から五〇年生まれ(2)――がティーンエイジをむかえた六〇年代にさらに加速する(表11、12)。七〇年の東京都への流出入人口は、全体で一万千人の入超でしかないにもかかわらず、十五歳から十九歳では約十四万六千人の入超を記録している。(3) また六〇年代に高校・大学への進学率は急上昇し、在学者数で見ても、高校・高専で六〇年から七〇年で約一・三倍、大学・短大で約二・四倍に増加している(表7=一一二―一一三ページ、表13)。これらの数字を一瞥しただけでも、学生を中心にいかに多くの若者が東京圏(特に都区部、多摩東部、神奈川の東京湾岸部)をめざしたかが理解できるだろう。(4) 団塊の世代が高校生相当の年齢だった頃、東京近郊に住む高校生を中心としたみゆき族が登場するが、六〇年代後半には上京組を中心として、世界的な Youthquake と連動した新たなユース・サブカルチャーズが沸き上がってくることになる。

そうした団塊世代の上京者たちが多く群れ集ったのが新宿である。六六年春に九州から上京した岡留安則は言う。

表11　「団塊の世代」のあと、急速に低下した出生率

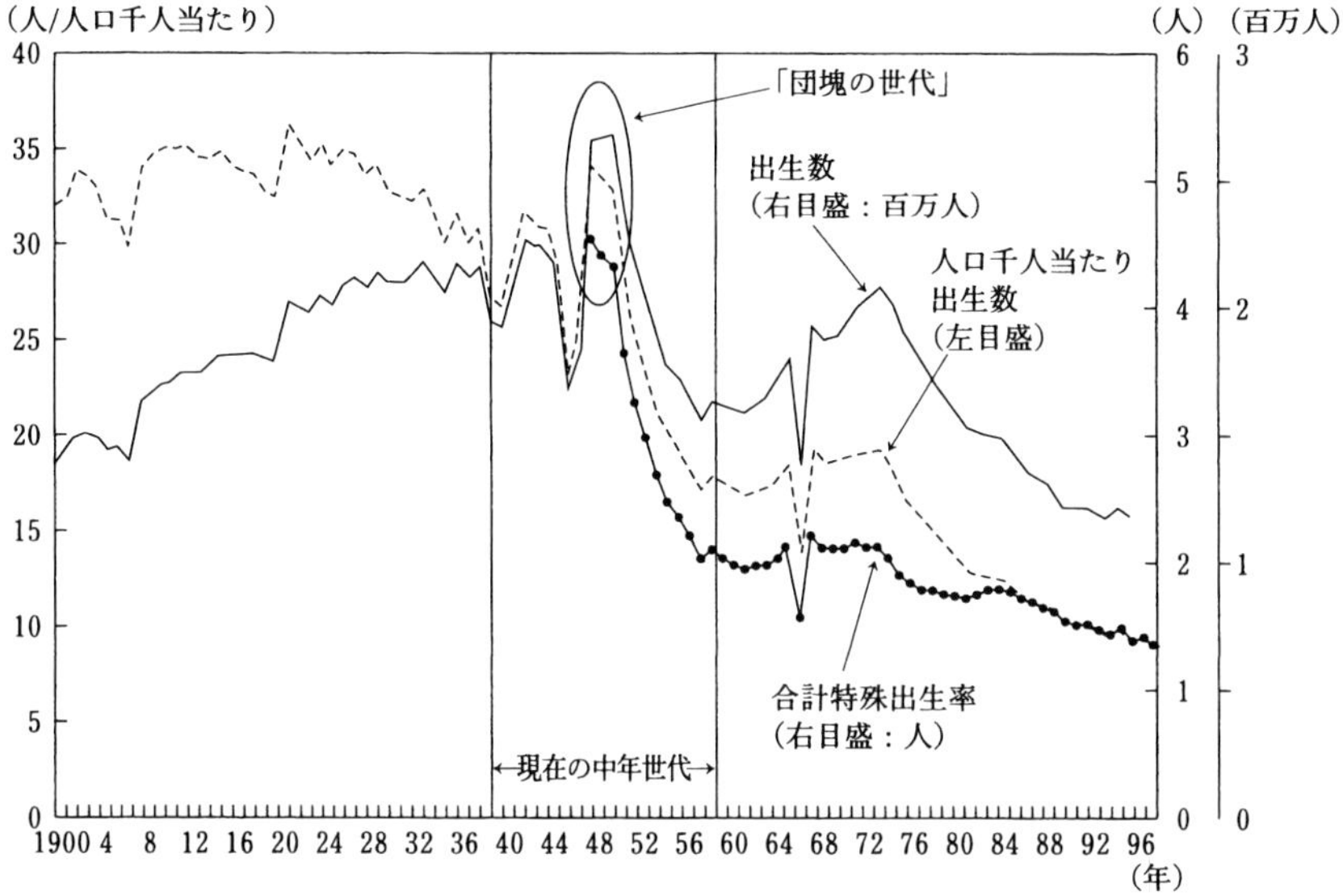

(出典：経済企画庁『国民生活白書（平成10年版）』大蔵省印刷局、1998年、5ページ)

表12　東京都の年齢5歳階級別人口構成比（単位%）

	東京都								
	0〜4歳	5〜9歳	10〜14歳	15〜19歳	20〜24歳	25〜29歳	30〜34歳	35歳以上	総数(人)
1950	12.4	10.7	8.6	10.4	11.0	9.0	7.4	30.5	6,277,500
1955	8.2	10.6	9.3	11.1	12.3	10.2	7.8	30.5	8,037,084
1960	7.2	7.0	9.1	12.9	13.5	11.3	8.7	30.3	9,683,802
1965	8.1	6.1	6.2	11.9	14.5	11.4	9.4	32.4	10,869,244
1970	8.5	6.9	5.6	8.5	14.7	11.3	9.0	35.5	11,408,071
1975	8.3	7.3	6.4	7.1	11.2	11.5	9.1	39.1	11,673,554
1980	6.2	7.5	7.0	7.5	9.6	8.7	9.7	43.8	11,618,281
	(全国)								
	0〜4歳	5〜9歳	10〜14歳	15〜19歳	20〜24歳	25〜29歳	30〜34歳	35歳以上	総数(人)
1950	13.5	11.4	10.5	10.3	9.3	7.4	6.3	31.3	83,199,637
1955	10.4	12.4	10.6	9.7	9.4	8.5	6.9	32.1	89,275,529
1960	8.4	9.9	11.8	10.0	8.9	8.8	8.0	34.2	93,418,428
1965	8.3	8.0	9.3	11.0	9.2	8.5	8.4	37.3	98,274,961
1970	8.5	7.9	7.6	8.7	10.3	8.8	8.1	40.1	103,720,060
1975	8.9	8.0	7.4	7.1	8.1	9.6	8.3	42.6	111,939,643
1980	7.3	8.6	7.7	7.1	6.7	7.7	9.2	45.7	117,060,396

(出典：前掲『人口統計総覧——国勢調査集大成』から作成)

「初めて新宿東口広場に出て、歌舞伎町に続く雑踏を歩いた時から地方出身者の私もスムーズにとけこめるフンイキがあった。六本木や銀座に比べると決してファッショナブルでも美しくもないが、田舎者、アウトロー、ヤクザ、フーテン、乞食、左翼、オカマ、売春婦……、何でも受け入れてしまう巨大な吸収装置をそなえた街に見えた」[5]。また日本のヒッピー・ムーヴメントに関わり続けた山田塊也によれば、「ロックが爆発的に襲来する直前のぼくらは、ハービマン《(ママ)》とかコルトレーンなどのレコードを、喫茶店に持ち込んで勝手に踊った。考えてみれば、その頃は寛大だったのだ。深夜喫店《(ママ)》なんてのが新宿には何軒もあって、焼酎を持ち込んで議論したり、眠ったりしても文句も言われなかったんだから。／六六年秋から六七年春にかけて、新宿は文化的爛熟のピークに達し、最後の徒花を咲かせた。それは革命前夜を思わせるような妙な解放感と興奮に満ちていた」[6]。

一九六六年には紀伊國屋ホールで、大野一雄・土方巽などによる『性愛思微学指南図絵・トマト』[7]が、翌六七年には紀伊國屋裏のジャズ喫茶ピットインで唐十郎率いる状況劇場の『ジョン・シルバー』[8]が上演され、夏には花園神社で同じく『月笛お仙——義理人情いろはにほへと篇』のテント公演が始まり、アートシアター新宿文化の地下では、アンダーグラウンド・フィルムの旗手足立正生作『銀河系』を柿落としとして、蠍座がオープンしている[9]。この年の

表13　学校種別（高校・短大・大学）の在学者数（単位千人）

	高等学校	短期大学	大学
1950	1,935	15	225
1951	2,193	36	313
1952	2,343	53	399
1953	2,528	64	447
1954	2,545	74	492
1955	2,592	78	523
1956	2,702	77	547
1957	2,898	73	565
1958	3,057	71	578
1959	3,216	76	598
1960	3,239	84	626
1961	3,119	93	670
1962	3,282	108	727
1963	3,897	122	794
1964	4,634	128	853
1965	5,074	148	938
1966	4,997	195	1,044
1967	4,781	235	1,160
1968	4,522	255	1,270
1969	4,338	263	1,355
1970	4,232	263	1,407
1971	4,178	275	1,469
1972	4,155	288	1,529
1973	4,201	310	1,597
1974	4,271	330	1,659
1975	4,333	354	1,734
1976	4,386	365	1,792
1977	4,381	374	1,839
1978	4,415	380	1,862
1979	4,485	374	1,846
1980	4,622	371	1,835
1981	4,683	372	1,822
1982	4,601	374	1,818
1983	4,716	379	1,835
1984	4,892	382	1,843

（出典：前掲『人口統計総覧——国勢調査集大成』から作成。大学に大学院生を含む）

八月八日にはアメリカ軍航空機用のガソリンを満載した貨物列車が新宿駅構内で衝突・炎上するなど、騒然とした時代情況のなか、ジャズ喫茶[10]・暗黒舞踏・前衛芸術・アングラ劇および映画といった舞台装置を得て、新宿（東口）は対抗文化の震源地としての陣容を整えていった。[11]

2 一九六七年、フーテン族の夏

一九四五年に生まれ、高校時代郷里ではカミナリ族だった若者は、日本大学芸術学部入学のため上京した当時を次のように回顧している。

ビート族っていうのは、もう少し上の世代、六〇年安保でくずれた連中が中心だったんだろうけど、まあ彼らのマネをしていたんだ。フーテンが出てきたのはもっと後だよ。／昼間から新宿のジャズ喫茶あたりにたむろしてね。初めのうちは「キーヨ」がほとんどだった。あそこへ行くとアーティストふうのやつがおおぜいいて芸術論のまねごとみたいなのをしゃべっていた。（略）一年の途中で「キーヨ」がなくなって「風月堂」によくいくようになった。（略）ところが、三年になるころから徐々に様子が違ってきた。街ではフーテンが出てきて理論派じゃなくなっちゃった。まわりにはだんだん学生運動の影響が強くなってきて、ビート族仲間でも山の中にこもっちゃうやつと政治運動に走るやつとの二つに分かれるようになったんだね。[12]

このように、六〇年代初めから新宿の喫茶店・風月堂などには、世界を放浪する外国人の若者たち――風月堂が「フーテンの巣窟と化したのは、「五ドルで遊べる東京」という本がアチラで出て、それに店の名前が載ったからだ」[13]――や、既成の価値観に背を向け、芸術や思想を志向する若者たちが集まり始めていた。[14]六七年四月からマンガ誌

「COM」に連載が始まった永島慎二の「フーテン」にしても、六〇年代前半の新宿を舞台に、マンガ家とフーテンを名乗る若者たちとの交流を描いた作品であった。また平岡正明は、六三年六月十日の日記に「瘋癲女の胃袋」とあるのは「フーテン娘に飯を食わせてやったからだ。「瘋癲」と漢字を使っている。／まだ日本版ヒッピーたる新宿フーテンが、ポピュラーになる前だ」[15]と述べている。

そして六七年夏、新宿東口の緑地帯――フーテン用語では「グリーン・ハウス」――に若者たちが、日がな一日何をするわけでもなくたむろを始め、「フーテン族」なる珍風俗として取り沙汰されていった。そのファッションは、一般に「何日も洗っていないような汚れたTシャツ、ジーパン、そして素足にサンダルを履き、それになぜかショルダーバッグをさげていた。髪は服と同じように何日も洗わず櫛さえ通していないような長髪（ナポレオンカットとも呼ばれていた）に、無精髭が基本。（略）髪が肩より下まで伸びているものも少なかった」[16]。先行するユース・サブカルチャーズと比べると、その徹底したドレスダウンによって異彩を放っていたわけだ。だが多くの論者が指摘するように、フーテン族は「ヒッピー族（ヒップ族）・フーゲツ族・サイケ族・アングラ族・ハプニング族・家出族・新宿乞食・長髪族」といった異称ないしは近しい呼称をもち、その像は一定せず、他のユース・サブカルチャーズとの線引きは、その主義主張においても、その風体においても不鮮明かつ流動的であった。[18]「アサヒ芸能」一九六七年九月十七日号の記事「女に寄生する〝青春コジキ〟の二十四時――潜入ルポフーテン族・東京新宿に群がる人目をはばからぬ三百人」には、「フーテンは志願すれば誰でもなれる。ベトコン・シューズに地下鉄工事のヘルメットを被った勇ましいフーテンもいる。玉なしメガネをかけ、そのめがねの先にボール紙の望遠鏡をつけた奇怪ないでたちもいる。モヒカン狩りもいれば、ビートルズ・カットもいる。それなりにお洒落なのだ。／が、ようは心である。物憂げに芝生に転がり、二、三日も彼らと生活をともにすれば心はいよいよフーテン的になり、結構あだ名もつき、薄汚いフーテンとして通用するであろう」とある。

その奇抜な外見とともに、シンナーの吸引などもあって、フーテン族はすぐさまモラル・パニックの対象となる。前年の原宿族騒ぎのときと同様、テレビ・週刊誌・新聞が若干のタイムラグはありながらも、ほぼ足並みそろえてフーテン族の生態を取り上げていった。まずテレビでは、一九六七年七月十八日の「おはようにっぽん」（TBS朝八時）のティーチイン「若者はダメか」においてフーテン族が画面に登場し、[19]八月二十日には「TBS朝十一時半の「新宿フーテン族」、十二チャンネル夜十時半の「無着先生フーテン族と語る」、それにフジ夜十時十五分「スター千一夜」のフーテン娘と大島渚氏の登場。――フーテンのいい分はバラバラだが、共通しているのは仕事ぎらいにフリーセックス、権威の否定などか」[20]と同日に三番組で取り上げられている。また八月二十八日「「マスコミQ（TBSテレビ、夜十一時二十五分）」[21]は、「何かになりたい」と題して、フーテン娘その他数人の十代の女性に「自分自身のための広告」をやらせていた」。そして十一月二十五日「TBS「土曜パートナー」（小田急提供）は、新店の地下に当る国鉄西口改札口前にテレビ・カメラを据えつけ、風月族にインタビューをこころみた」が、この番組で詩人・評論家の関根弘と文化人類学者深作光貞は「一日フーテン」を演じている。[22]

一方週刊誌は、「週刊文春」一九六七年八月十四日号「新宿フーテン族の東大生」、「週刊朝日」八月十八日号「風俗ルポ　新宿フーテン昆虫記」などの特集記事を組み、後者では、「この一月から半年間に四谷署が補導した件数は、無断外泊三三七、家出二三八、盛り場ハイ回二二〇、不健全娯楽八一、睡眠薬二三、ほか計一一四五。場所は大部分が新宿である。昨年同期は五七一件だから、ほぼ倍増している。（略）権力主義的な束縛を拒否しては、今の社会に生きてゆけないし、他の集団と事を構えることなしでもやっていけないのだ。こういうことが徹底的に嫌いなものははじきとばされる。それがフーテンであると見る。そこで彼らのグリーン・ハウスでは、完全なボスのいない、集団のまとまりの極めてゆるやかな社会ができた。若干の自衛と、ドロボウをしないなどの、必要最小限の秩序とモラルしかない」と報じられている。同様に女性週刊誌も、「女性自身」八月二十一日号「〝フーテン〟するってどんなこと？――モダンジャズと睡眠薬とセックスにくるった若者たちの素顔」といった記事で、

抱き合っていた二人は、男の子がJJ（十九・大学生）、女子がフーセン（十七）。／JJは原宿、六本木を遊びまわり、フーテン仲間に入った。喫茶店のボーイをしている。フーテン仲間に入ったのは、女の子にナンパ

（小づかいをせびられたり食事をおごらされること）をされたのがキッカケである。二人とも、友人のパート（アパート）や親戚の家を泊まり歩いて、フーテンする（外泊する。放浪する）生活を続けている。（略）深夜喫茶で踊ったり、ラリったりして一夜をすごしたフーテンたちは、夜がほのじろんでくるころ、新宿駅東口に集まってくる。（略）午前十時。デパートが開店すると、屋上にあがり、ベンチでひとねむり。（略）男の子も女の子も、グループの一員なら、食べものやお金を分けあって助けあうという暗黙のルールがある。しかし、がいしていうと、女の子が喫茶店なんかで一週間働いた収入を、仲間の男の子にわけてやることが多い。（略）セックス、ゴーゴー、それに睡眠薬は、フーテンの〝三種の神器〟といわれている。（略）睡眠薬は、ハイミナールが主で、それが手に入らないときは、ナロン（生理日を変える薬）、アトラキシン（鎮静剤）、ドロラン（鎮痛剤）、目薬などをつかう。

と、その性役割の転倒や放恣、薬物の使用を非難している。こうした騒ぎは夏だけにはとどまらず、淀橋署と新宿駅によって緑地帯に立てられた「立ち入り禁止」の表示が、九月十日未明にはフーテン族と野次馬五百人によって引き抜かれ、派出所が投石されるなどの混乱が続いた。(23)

3 フーテン族とは誰か

では、このフーテン族とはどのようなバックグラウンドをもつ若者たちだったのだろうか。「週刊大衆」一九六七年九月二十一日号「狂える若者〝フーテン乞食〟の行方」によれば、「フーテン族の主力は、夏休みでヒマになったイカレた学生たち、という見方に従って、七月二十四日から八月二十八日までに淀橋署に保護された未成年者の数を見れば、男五十人、女三十三人。／その内訳は中学生二十八人、無職四十五人、十人はレッキとした職業がある。／

さらに同署から警視庁に報告した『フーテン族に関する報告書』の抜粋――。／フーテン族の種類＝①十六歳から二十三歳ぐらいまでの家出学生、無職者がインテリぶってブラブラしながら、自由を愛し、誰にも束縛されない生活を望んで、フーテンであることを誇りとしている者。／②昼間は工員、ボーイ、バーテン、ウエイトレスなど一定の職業がありながら、夜になるとグリーン・ハウスや深夜スナックなどにたむろしている者。／③成人のいわゆる風太郎と、飲みすぎて終電に遅れた者」と、その属性は多種多様であり、なかには名古屋から上京し、現在大塚の予備校に通っている大学浪人フーテンや、その彼女である「家は原宿の商店で、東洋英和を品行不良で退学、目下は、午前中は服飾デザインの学校に通っているブルの娘（十六才）」などもいるという。[24]

大島渚の映画『無理心中日本の夏』の主役に抜擢されたフーテン娘にしても、「父親は新潟県長岡市の大きな紙問屋の専務。四人きょうだいの末っ子で、上の三人はすでに結婚して独立。彼女は私立十文字高校を二年で中退後、青山の高級洋装店でお針子見習いをしたり、姉の経営する洋装店を手伝ったりしながら「父の送金をうけてフラフラして」いるうちに大島作品の主役にスカウトされたしだい」[25]。また、一九六八年一月十三日号「週刊新潮」「頓死したフーテン女生徒――十七歳の少女がウイスキーのラッパ飲み」には、「経済的にさして不安がある家庭ではない。父親は、港区の電機会社の総務課長。（略）高校生になってからは、ジャズ、ゴーゴー、睡眠薬に熱中するようになる」とある。総じて「社会的には、中産階級の子弟が多い。彼らが一番きらいなのは、マイホーム主義」[26]であり、「朝日新聞」一九六八年十一月六日付によれば「フーテンの家庭環境は多くの場合、地方の中流に属して」いた。

だが一九六八年には、「新宿に暴力フーテン　四人組、ナイフでおどし」「新宿周辺のフーテン族の犯罪は、このところ目だって増え、淀橋署で今年逮捕したのは十三人。空き巣、置き引き、恐喝など百三十一件の悪事を働いていた。（略）このほか、組織暴力団に食べさせてもらい、その手先となって働いているフーテンも」[27]といった新聞記事が多くなってくる。「朝日新聞」六月十七日付によれば、新宿のフーテンには「本格派」「通勤フーテン」「観光フーテン」などがおり、通勤組・観光組のなかには、遊ぶ金や帰りの電車賃などに困ってゆすりたかりを働いたり、美人局《つつもたせ》がいの行為に及ぶ者も見られるという。[28]

一九六八年のフーテン族が前年のそれと異なるのは、昨夏の騒ぎをマスメディアによって十二分に知っていた点だろう。[29]十月十八日にニッポン放送をキー局としてオンエアされたラジオ番組『ザ・パンチ・ジャーナル』――新宿東口駅前広場を見下ろす三洋電化センター内のスペースで五十人ほどの若者を集めたティーチインの様子を夜七時から八時台に放送。スポンサーは三洋電機で、「平凡パンチ」誌の協力を得ていた[30]――では、「新宿って街はマスコミがつくったんだと思います。去年の夏フーテンとか、どうのこうのって騒いだでしょ。その前にもフーテン族みたいなのはいたと思うんです。マスコミが騒がなければ一般の人もあまりわかんなかった。騒ぐのであたしもぼくももっていろいろ出てきたと思うんです[31]」といった発言がなされている。

女1　それはまぁ、一定の職業につかないでね、食べたいときに食べて、ねたいときにねる、セックスしたいときにセックスする、そういうんじゃないかしら（略）

男2　たとえばアパート借りていても、フーテンはフーテンであるわけ？

女4　そうそう、だからお風呂に入ってもフーテンはフーテンなの…

女1　テレビなんかでフーテンみて、ちょっとやろうかなんてのがふえたのよね、そんなことでフーテン始めたりする学生が多いわけよね。で、純粋なフーテンっていうのは、その、社会に利用されたくない、利用したくない、そういう意味でなにもやらない。だから純粋なフーテン、それでその目的ってのは、何もやらないってことじゃないんですか。[32]

結局、「そもそもフーテンとは何か」が議論されなければならないほどに、本来ひたすら無為を追求していただけのフーテン族は、世間の耳目を集め、警察によって本拠を奪われていくなかで、当初の意味合いを薄れさせていき、さらに海外のヒッピー・ムーヴメント[33]や反戦運動、アンダーグラウンドないしアヴァンギャルドなアートシーンなどと交錯することで、その輪郭を失っていった。「平凡パンチ」一九六八年十月二十八日号「若者のための『派閥』案内」では、フーテン内のさまざまな分派が紹介されている。本格派フーテン・名士的フーテン（初期からの有名フーテンである「ガリバー」など）[34]やシンナー・フーテン以外にも、より政治的・思想的なオキナワ・フーテン、[35]マスコミ派フーテン（宮井陸郎など新宿アングラ文化の代弁者・解説者としてマスメディアに多く登場）、イラスト・フーテン（セツ・モードセミナーの学生など）、タブロー・フーテン（似顔絵描き）、詩人フーテン、風俗フーテン、オネエ・フーテン、ジジイ・フーテン、オマワリ・フーテン（私服警官）、外人フーテンなどが挙げられている。[36]こうした転用に次ぐ転用のなかで、固有名としての「（新宿）フーテン族」は消散していき、フーテンという語は、六九年から始まる映画『男はつらいよ』シリーズのなかに生き残ることになる。[37]

4　拡散する若者文化情況

まず日本にヒッピー・ムーヴメントを紹介したのは、一九六〇年代に族生した若者向け男性週刊誌であり、なかでも「平凡パンチ」誌は一貫して「和製ヒッピー族」を称揚し、一方、フーテン族は無思想・無節操であると批判し続けた。[38]だがその和製ヒッピーたちも、やがて辺境へと隠遁していき、社会的な影響力を失っていく。[39]後に残ったのは、ヒッピー・ムーヴメントをビジネスへと繋げた少数の起業家とアーティストたちだけであった。[40]一九六八年十月二十一日の国際反戦デーに新宿駅構内で市街戦をくりひろげた過激派や、翌年春に新宿西口広場を占拠したフォーク・ゲリラもやがて姿を消し、六九年の「タカノ新装オープンの日は新宿が街をあげて協力、協賛し、街中にタカノの提灯がともされたが、それは社会的問題児の集団だったフーテン族のイメージを新宿から消し去ろうという街ぐるみの態勢であった」。[41]七〇年夏には「歩行者天国」が出現し、この年の暮れには植草甚一に、「少し頭をはたらかさないぶんには、新宿に出たって面白いことにはブツからないんじゃないかな。（略）二年まえだったら、むこうから体当たりしてくるような雑多なムードがあったし、どっちの方向へ行くのが利口だろうかと、歩きながら押され気味になったり、うわっ調子になったものだが」「新宿は異端文化の原型を生んだが、みんな横取りされちゃったね。それにしても若い者に対して薄情な街になったなあ」と回顧されるに至ったのである。(42)

「朝日新聞」一九六七年八月三日付の「論争」コーナーで、フーテン族支持の立場から大島渚が「造反有理」を説くのに対し、反対派無着成恭は、「青年の自覚なし」と一蹴している。無着によれば、「青年」とは「人間の労働と、人間の社会を愛する真に人間らしい人間」へと成長すべき者であり、「この日本を、どのような方向へ導いていくことになるのかという役割の自覚」をもつ者であるという。無着にとっては、明日の国家や社会を担う、有為の成人へと社会化されるべき青年期は疑いようのないものであり、既存の社会的常識や労働・生産に背を向け、ときにそれを破壊し、利那に生き、成熟を拒否し、土俗への回帰をも試みる対抗文化は、到底受け容れることができない代物であった。そして、それまでの青年像を覆す多くのユース・サブカルチャーズの実践のなかでも、フーテン族は「貧しい有閑階級」という逆説と、当時のジェンダー観の転倒において際立った存在であった。(43)それはやがて七〇年代に入ると、「ヤング」たちのライフスタイルへと希釈され、かつて東京へ、新宿へ、街頭へと集中していた若者たち（の視線）は、「ディスカバー・ジャパン」の掛け声のもと、雑誌のグラビアやそこに描かれた「地方」へと散逸していくことになる。もしくは、東京でもさらに西へと向かうことになる。「朝日ジャーナル」一九七五年四月四日号の特集「新宿はだれの都市《まち》か」には、「新宿に、若者の一部は見切りをつけはじめている。たとえば、〝三寺族〟と呼ばれる連中がそうだ。彼らは、中央線沿線の吉祥寺、高円寺、国分寺あたりを中心に、自分が住んでいる生活圏の範囲内にそれぞれの活動の拠点をおき、地域社会に密着しながら行動するようになっている」とある。(44)

＊

「それはフーテン族である」との定義者は、まずはフーテン族自身であった。それゆえ百人百様のフーテン・スタイルが出現したが、新宿東口という場所の求心力もあって、ある一定のフーテン族像は、その輪郭を保持しえていた。その非通念性の第一のポイントは、高度経済成長期の日本にあって、勤労と生活の向上を旨とする常識に叛旗を翻した点である。それ以前からも、宿無し・風来坊といった意味合いでのフーテン生活をおくる若者は存在したが、それはごく限られた逸脱者たちであり、世の埒外にあって、社会に対して確たる主張をなす者たちではなかった。しかし、「労働に栄光をみいだそうとしているプロレタリアートとはまったく無縁の中流家庭出身のフーテン人口は、恐るべき早さで蔓延している。家出スタイルのみゆき族、コーモリ族、ちかごろ騒がれだした原宿族にいたるまで、すべてフーテンの変型なのだ[45]」と評されたように、一九六七年のフーテン族はごく一般的な家庭からも輩出され、かつ当時新宿全体が帯びていた非通念性を自らの資源としていった。

そして、当時まだ「団塊」という言葉はなかったものの、単に量的に多いだけではなく、世のなかに質的な変化をもたらす主体であるという意識をもった世代が、全国から東京（の特に西側）に集まってきた。自身も青森から上京した寺山修司は、「太陽族はどこへ行ったか」というタイトルのもと、かつて「銀座に「親不孝通り」というものがあって親のスネをかじり、家庭に安息の場を持ちながら反体制反秩序を叫ぶ太陽族たちが君臨していた。どんなに「親不孝」といわれようとも、そのことばがまだ存在し得る限りにおいて彼らは息子なのであって、自由人ではなかった[46]」と述べている。太陽族・みゆき族の場合、「大人の街銀座にもかかわらず」という、いわば逆接の非通念性であったのに対し、フーテン族の場合は、「反体制の街新宿においてもとりわけて」という順接の非通念性であったわけだ。

だが、新宿という街自体が非通念性の坩堝であったがゆえに、フーテン族もひと夏限りで、そのユース・サブカルチャーズの渦のなかへと溶解していった。六八年頃「前衛派のメッカだった映画館「新宿文化」支配人・葛井欣士郎は（略）今の新宿には西口ではビアガーデンを、仕事と生活の違和感を埋めるためのターミナル族またはブルースカイ族がおり、歌舞伎町は浅草延長上のサンダル族がたむろし、中央口は、いわゆるヒッピーとかアップル族がイメージとデザインを誇張しています。そして三光町一帯に知的前衛、ソウル族が存在し[47]」ていると語ったという。

新奇な自前のメディアをもち、新たな思想・表現を掲げたヒッピー（ミニコミ紙・誌など）やアングラ族（演劇・舞踏・映画など）、フォーク・ゲリラなどに比べ[48]、フーテン族はテレビなどに取材される対象にとどまりつづけた[49]。若者雑誌や夜の時間帯のラジオ番組などのなかには、単にバッシングするだけではなく、新たな成員のリクルーティングに機能したものも存在したが、やはりマスメディアは、フーテン族をステレオタイプ化し、陳腐化する役割を主としたのである。

そして七〇年代に入ると新宿も解毒され、巨大なターミナルという以上の特徴のない空間と化し[50]、地価高騰は若者たちの居住ないし起業の可能性を新宿から奪い取っていく[51]。音楽で言えば、七〇年代には東京城南地区の、都会的・中産階級的な文化資本を帯びたバンド「はっぴいえんど」が登場してきたことは、一つの象徴的な出来事であった[52]。近代的な価値観に対して、あえて背を向けたアングラ劇団や横尾忠則などとは反対に、同じ団塊の世代に属しながらも、アメリカ文化を巧みに消化・吸収していったこのバンドは、その活動期には決してメジャーな存在ではなかったものの、のちのち音楽業界に多大な影響力を及ぼすことになる。はっぴいえんどが所属した音楽プロダクションを回顧した本のなかには、六〇年代は「新宿のほうが少しだけ大人ぽい街で、新宿には「風月堂」の文化があった。前衛という言葉が生きていた時代で、新宿は外人が多くなりだしてから、ヒッピーの街になったんだ。それにくらべると、渋谷は高校生と大学生の街だった[53]」とある。新たなユース・サブカルチャーズのインキュベーションの場として、やがてこの学生の街——渋谷・青山・原宿界隈——が台頭してくることになる。

注

（1）舘稔編『日本の人口移動』古今書院、一九六一年
（2）天野正子編著『団塊世代・新論——〈関係的自立〉をひらく』有信堂高文社、二〇〇一年
（3）東洋経済新報社編、総務庁統計局監修『人口統計総覧——国勢調査集大成』東洋経済新報社、一九八五年
（4）高橋勇悦『東京人の研究——都市住民とコミュニティ』恒星社厚生閣、一九九五年、倉沢進／浅川達人編『新編東京圏

の社会地図──一九七五─九〇』東京大学出版会、二〇〇四年
（5）岡留安則文、荒木経惟写真『新宿よ！──岡留安則＋荒木経惟 Jam session』青峰社、一九八四年、一八ページ
（6）山田塊也『アイ・アム・ヒッピー──日本のヒッピー・ムーブメント'60─'90』第三書館、一九九一年、三九─四〇ページ
（7）一九六七年五月には『新宿オペラNo.1──時夜無銀髪風人（ジョンシルバー）』として草月アートセンターでも上演され、横尾忠則のポスターが評判を呼んだ。六月には新宿末広亭で天井桟敷が、『大山デブコの犯罪』（作寺山修司、美術横尾忠則、音楽和田誠、演出東由多加）を上演している。またこの年の暮れ、ハプニングアート集団「ゼロ次元」が、新宿西口で『焼身自殺芸術テロ儀式』を、東口で『防毒面全裸歩行儀式』を敢行している（「アートテロリスト講座」「クイックジャパン」二〇〇一年六月号、太田出版）。また「ダダ的な立場から、『新宿アート・フェスティバル』（'66年）」などもおこなわれた（石川弘義／藤竹暁／小野耕世監修『アメリカンカルチャー──日本の戦後にとってアメリカとは2　六〇年代』三省堂、一九八一年）。
（8）渡辺克巳『新宿──一九六五─九七』新潮社、一九九七年、『輝け六十年代──草月アートセンターの全記録』「草月アートセンターの記録」刊行委員会、二〇〇二年
（9）葛井欣士郎『消えた劇場──アートシアター新宿文化』創隆社、一九八六年、足立正生『映画／革命』河出書房新社、二〇〇三年
（10）「戦後の喫茶店数の推移を見ると、東京二十三区で五千店を超えるのは、ようやく東京オリンピック後の昭和四十一年（一九六六）のことにすぎず、（略）しかし、そのわずか五年ほど後には一万店を超えているから、急激に喫茶店の数が増えたわけだ。（略）『ジャズ日本列島・昭和五十一年版』には東京都内だけで百十一店のジャズ喫茶とジャズのライブハウスが掲載されている」（三浦展「新TOKYO地理学9　喫茶店」「東京人」一九九七年十月号、一〇一ページ）。ジャズ喫茶でも「銀座→新宿」という遷移が生じている（平岡正明『昭和ジャズ喫茶伝説』平凡社、二〇〇五年）。
（11）金坂健二『幻覚の共和国』晶文社、一九七一年、大島渚『大島渚一九六八』青土社、二〇〇四年。対抗文化には、支配的文化に抗するもの全般を指す用法もあるが（奥村隆「階級社会の再生産における「文化」の二つの様態」、庄司興吉編『再生産と自己変革』所収、法政大学出版局、一九九四年、など）、ここでは「日本の対抗文化は昭和四十年代後半から五十年代の前半にかけて、折からのベビーブームもあって都会に大集中した若者の世代体験を指す」（平野秀秋「対抗文化

の本質と現実」「青年心理──若者昭和史」第五十三号、金子書房、一九八五年、五五ページ）と理解しておく。

（12）河出書房新社編集部編『わが世代 昭和二十年生まれ』河出書房新社、一九八〇年、二〇〇―二〇一ページ。ビート族にはファンキー族・ダンモ族などの異称ないし類似のユース・サブカルチャーズが存在した。篠原有司男は、一九六〇年から六一年頃「ぼくは新宿二丁目の〝き〜よ〟と名のるモダンジャズ喫茶に毎夜出かけた。そこには新しい種族がいた。ビート族。そこでぼくはダンモのイロハから手ほどきを受け、（略）深夜営業なのでそこを根城に朝六時までねばり、始発電車で朝帰りだ」（篠原有司男『前衛の道』美術出版社、一九六八年、九七―九八ページ）。永島慎二によれば、「当時のフーテンには三種類いましたね。風月堂をたまり場にしている〝インテリフーテン〟と、厚生年金会館近くにあったキーヨというジャズ喫茶にいた〝モダンジャズフーテン〟。それに歌舞伎町にいた東京に行けばなんとかなる、と地方からあてもなく上京してきた〝ウスラバカフーテン〟ってヤツらです」（「散歩の達人」一九九八年九月号、交通新聞社）。この場合、これらはいずれも新宿にたむろし、放浪（ないしはそれに近い）生活をしていたという意味でフーテンではあるが、「ウスラバカフーテン」がフーテン族に近似し、前二者はそれぞれヒッピー族、ビート族に対応している。なお前章で取り上げた銀座の「フーテン族」ないし「フーテン部隊」（「ショック！銀座サーキット──〝ナンパ〟を狙うマッハ族とフーテン部隊」「週刊サンケイ」一九六五年三月二十二日号）は、みゆき族が抱えていた「フーテンバッグ」に由来し、その後継と推測される。

（13）関根弘『わが新宿！──叛逆する町』財界展望新社、一九六九年、三〇ページ

（14）加賀乙彦『現代若者気質』（講談社現代新書）、講談社、一九七四年、山口守「風月堂物語──元支配人の回顧する新宿風月堂の二十八年」「ユリイカ」一九八七年四月号、青土社、奥原哲志『琥珀色の記憶──時代を彩った喫茶店』河出書房新社、二〇〇二年

（15）前掲『昭和ジャズ喫茶伝説』五〇ページ。一九二二年にはすでに、神戸の不良少年のなかに「フウテンは一名チンピラとも言つて、主としてスリの下廻りを勤める所謂盗児の一団」がおり、「フウテンは大部分宿無しであります。仮令あつても貧民窟の冷たい二畳敷位です」（前掲『わが新開地』五六―五七ページ）。

（16）前掲『ストリートファッション一九四五―一九九五』一一六ページ

（17）松本孝『新宿ふうてんブルース』三一書房、一九六八年、前掲『アメリカンカルチャー──日本の戦後にとってアメリカとは2　六〇年代』

(18) フーテン族とヒッピー族とに関して言えば、「どちらがより汚いかといえばやはりフーテンに軍配が上がる。（略）フーテンはマリファナやシンナーを愛好したが、ヒッピーはマリファナ吸引だけ」（前掲『「族」たちの戦後史』一七八ページ）、「思想がないのがフーテン、思想があるのがヒッピーともいわれた。（略）ヒッピーはゴーゴーを踊らなかった」（前掲『ストリートファッション一九四五―一九九五』一一七―一一八ページ）といった区別があった。

(19) 「朝日新聞」一九六七年七月二十日付

(20) 「朝日新聞」一九六七年八月二十二日付

(21) 「朝日新聞」一九六七年八月三十日付

(22) 前掲『わが新宿!』三三一ページ

(23) 「朝日新聞」一九六七年九月十一日付。「平凡パンチ」一九六七年十月二十三日号「新宿モグラ族　健在だったフーテンたち」には、『グリーンハウス』ぎわの階段をおりると、駅ビル地下の通路。壁画のある一画が芸術的感興をもよおすのかどうか、彼らのお気に入りの巣。常時、二〜三十人くらい集まっており、フーテン少女の姿も目だつ」とある。

(24) 「週刊新潮」一九六八年七月二十日号「三菱重工副社長の意外な御曹司――財界エリートと新宿フーテンエリート」によれば、のちにピース缶爆弾事件の犯人として名乗り出る牧田吉明が、六八年夏にフーテンの集会を企画し、カンパを募っておきながら当日雲隠れするなどの騒ぎを起こしている（牧田吉明『我が闘争――スニーカーミドルの爆裂弾』山猫書林、一九八四年）。なお引用中の「ブル」は、ブルジョアの略。

(25) 「週刊現代」一九六七年九月七日号「フーテン族から村八分にされた桜井啓子」

(26) 深作光貞『新宿考現学』角川書店、一九六八年、一二八ページ

(27) 「朝日新聞」一九六八年五月十四日付

(28) 「彼らの生活費・遊興費の出所であるが、たとえばトムは、「休みがちだが街工場で働いている」。また、たとえばヨッタンは「金は天下のまわりもの。よほど窮したときは、私設職安へゆく」。私設職安とは、つまり手配師のことで、そこへ行けば日雇い労務者の仕事の口にありつけるそうだ。このヨッタンの言によれば、ときには、「グループの女性構成員中もっとも美人の者が、見るからに好色そうで、かつ金のありそうな中年男をハントする。そして、何でもいうことを肯《き》くから、お小遣いちょうだいよ、とネダる。首尾よく金を出させることに成功したら、隙を見て仲間のところへ逃げ帰って、みんなと分配する」」（福中宏允「性風俗最前線・新宿を行く」「文藝春秋」一九六九年七月号）。

(29)「週刊読売」一九六七年九月十五日号「大宅グループ日本考察〈37〉本格派フーテン族いでよ！」によれば、「彼らはおしなべて、異様なくらい饒舌であった。それはべつに「ハイチャン」（ハイミナール）や、ドロランという睡眠薬のせいではなかった。（略）ぼくがマスコミからの使者である、という理由だけで……。／他人指向型のフーテン、マスコミに色目を使う本格派（？）そこにはまさしく、やりきれないほどに十把ヒトカラゲの月並みな現代ッ子の顔がのぞいていた」という。

(30)当時ニッポン放送のディレクターだった上野修によれば、この「パンチ・ジャーナル」は六五年にスタートし、六七年夏に「四十人のフーテンをニッポン放送第一スタジオに集めた」回は、「フーテンがはじめて電波にのったわけで、翌日の新聞に一斉に〝新宿にフーテン族発生〟と報道された」（上野修『ミスター・ラジオが通る』実業之日本社、一九八六年、三五ページ）。

(31)内田栄一編『騒乱の青春――ティーチ・イン』（三一新書）、三一書房、一九六九年、二二ページ

(32)同書四三―四五ページ

(33)一九六七年のヒッピー関連の新聞記事は、ほとんどが海外の動向の紹介であり、ヒッピーという呼称は基本的に外国人に対して与えられていた。六八年に入り、ようやく日本のヒッピー・ムーヴメントが記事に取り上げられ始める。

(34)ロック・フェスティバル「TOO MUCH」に参加した若者の中に、安土修二ことガリバーもいた。／ガリバーは、京都から夜行列車で東京へ。アングラ・アーティストのたまり場、グリーン・ハウスや風月堂を覗いたことでヒッピーと座することになる。胸元までの超ロング・ヘアー、長い手足、大股で闊歩する風貌が「フーテンのキング」として『週刊朝日』に取り上げられ、一夜にして六〇年代の新風俗の象徴となった」（木村英輝「国産ロックフェスティバルの夜明け 第一話」「団塊パンチ」第一号、二〇〇六年、二〇六ページ）。「東京人」二〇〇五年七月号「新宿が熱かった頃 一九六八―七二」で、ゼロ次元のハプニングにも参加し、一九六九年に天井桟敷入りしたJ・A・シーザーは、「シーザーさんは、キリスト、ガリバーと並んで、新宿三大フーテンと呼ばれていましたね。／シーザー キリストとはデザイナー学院で一緒だったんです。はじめの頃は話をしたことはなかった。風貌はなるほど「キリスト」という感じでした。彼とはフーテンをするようになって、親しくなりました。ガリバーとはそれほど親しくなかった」と述べている。その他「ピエロ、アリババ、酋長、ノラケン、トイレ」など、奇矯なあだ名をもつ「フーテン名士」たちがいた（長尾みのる『バサラ人間』駿河台書房、一九六九年）。

（35）「週刊サンケイ」一九六八年九月十六日号「東大の〝寝首〟をかいた新宿ヒッピー」によれば、「八月二十四日午後七時。安田講堂近くの四か所からいっせいに火の手があがった。Ｇパンに黒ヘルメットの若者、ハデなサイケ模様で彩色したヘルメット、フーテンふうの女、芸術家を気取った長髪のヒッピー族などが約三十人。ワイワイいいながら紙クズや棒ぎれでタキ火を始めたのだ」という事件が起きている。一方、「朝日新聞」一九六八年五月三十一日付には「フーテン族、米軍王子病院に投石」とあり、反戦運動に参加する者もいたようだ。

（36）「一口にフーテンと云っても、現在の新宿には、幾つかのタイプやグループがある。／アングラ・フーテン、歌舞伎町フーテン、芋フーテン、紀伊国屋グループ、通勤フーテン、お巡りフーテン、ダンモ族、三派アナーキー系など」がおり、「若干ヤクザがかった連中」である歌舞伎町フーテン、お上りさん扱いの芋フーテン、万引き常習犯の紀伊国屋グループなどに細分化されるという（梶山季之「ズバリ新宿――爆発寸前の町」「現代」一九六九年九月号、一〇〇―一〇一ページ）。同様に、「一口にフーテンといっても、会社から新宿に直行し、公衆便所でフーテンスタイルに着替えて街頭にたつ、これはモード派。夜毎にムスメたちを狙うセックス派。全共闘くずれの理論派。それに地下道や緑地帯の虫になってビニール袋を吸うシンナー派。（略）すべての〝行為〟を否定して、慌てず騒がず仕事もせず、ホコリも立てず泣きもせず、明日のメシ代さえも思い煩うことなく、ただ延々と無為の日々を過ごしている本格派フーテン」（福島菊次郎『日本の戦後を考える――戦後の若者たちPartⅡ リブとふうてん』三一書房、一九八一年、一八ページ）。

（37）中島らも『アマニタ・パンセリナ』（〔集英社文庫〕、集英社、一九九九年）には、三宮のジャズ喫茶にたむろする、一九七〇年前後の神戸のフーテンたちの様子が描かれている。

（38）前掲『平凡パンチの時代』。「一九六四、五年頃、『平凡パンチ』誌はよく〝アンチ・エスタブリッシュメント〟という言葉を使っていたし、その頃『平凡パンチ』誌と対抗していた『Ｆ６セブン』誌は、若い批評家やジャーナリストを起用して〝反体制的な思想・行動〟という続きものをのせていた」（赤塚行雄『ゲバ・アン語典』自由国民社、一九六九年、一五ページ）。「平凡パンチ」一九六七年八月二十一日号「東京ヒッピー族」では、東口広場にたむろする人々は「大別すると三つのグループに分かれる。浮浪者の集団、新宿フーテン族、そして和製ヒッピーと呼ばれる集団。／浮浪者は中年、フーテン族はいわゆるガキ、和製ヒッピーは青年層といったところだ」と報じ、翌週の「平凡パンチ」（八月二十八日号）では「日本に生まれたヒッピーの本拠地　バムアシュラム富士見センター」といった動きも紹介している。

（39）渡辺潤『ライフスタイルの社会学――対抗文化の行方』世界思想社、一九八二年、今防人『コミューンを生きる若者た

ち』新曜社、一九八七年、同「対抗文化から日常生活へ」、栗原彬／庄司興吉編『社会運動と文化形成』所収、東京大学出版会、一九八七年

(40) 浜野安宏は、新宿のサイケデリック・ショップ「ジ・アップル」や日本最初のディスコとされる赤坂のMUGEN、「奇装族」という若手文化人によるイヴェントなどをプロデュースした（浜野安宏『ファッション化社会——欲望の先取り』ビジネス社、一九七〇年、浜野安宏著・浜野商品研究所編『人があつまる——界隈の発見→情緒都市→棲息都市　浜野安宏ファッション都市論』講談社、一九七四年）。こうした流れのなかで、有名フーテン族であったガリバーは、ファッション・ショーのモデルに起用され（前掲『若者文化史』）、ヒッピー・ムーヴメントも一種の風俗と化していった（砂田一郎「ヒッピーは風俗だったか」「思想の科学」一九七五年八月号、思想の科学社）。

(41) 楠しずよ「体験的東京ファッション年表」、『ファッション狂騒曲』（「別冊宝島」八七）所収、JICC出版局、一九八八年、二三六ページ

(42) 「新宿・ジャズ・若者——異端文化をさぐる」（「朝日新聞」一九七〇年十二月六日—八日付）。「副都心計画の次は新都心化計画——若者の街・新宿が策す《ヤング追放作戦》にメス!!」（「平凡パンチ」一九七二年十二月十八日号）によれば、商店会によるジェントリフィケーションの結果、来街者の年齢層の中心は十代後半から二十代前半へと移っていった。

(43) たなべみえこ「《イラスト・ルポ》新宿風月堂の性感覚」「婦人公論」一九六九年四月号。若松孝二の映画『新宿マッド』（一九七〇年）の原題は『新宿フーテン娘　乱交パーティー』であり、とりわけ女性の性的解放としてフーテン族は問題視され、かつ男性からは欲情された。

(44) 朝日新聞社編『朝日ジャーナルの時代——一九五九…一九九二』朝日新聞社、一九九三年、七七九ページ

(45) 前掲『わが新宿！』三一ページ

(46) 寺山修司『負け犬の栄光——寺山修司が駆けた六〇年代』角川春樹事務所、一九九九年、一九三—一九四ページ

(47) 松尾羊一「渋谷の課題」、光岡健二郎／上村忠／松尾洋一『ザ・渋谷研究——若者を吸引する渋谷現象とは何か』所収、東急エージェンシー出版部、一九八九年、二一一ページ

(48) 森昭道「フォークソングと若い世代」「月刊労働問題」一九六九年九月号、日本評論社、高橋徹「「アングラ新聞」の構造と機能」、東京大学新聞研究所編『コミュニケーション——行動と様式』所収、東京大学出版会、一九七四年、岩田薫「ミニコミの中の若者文化」「青年心理」第二十五号、金子書房、一九八一年

（49）前出の牧田吉明によれば、一九六八年「四月にどこかのTV局がフーテン実況中継をコマ劇場からやったのを逆手にとってサテライトをぶっつぶした。最初はヤラセのエキストラ集めの話を、ユニット・プロという映画のプロダクションをやっていた宮井睦朗が受けて、俺たちはそれにのったふりをしたのだ。しかも、現場に集まった千人以上の群衆の間に、エキストラ代の支払い場所を無差別に教えたのだった」（前掲『我が闘争』二一三ページ）。

（50）「都内の不動産業者で作っている都宅地建物取引業協会が四十三年の五月末に作成した地価評価図によると、都内でもっとも高いのは、新宿駅前の角筈一丁目、高野フルーツパーラー付近で三・三平方メートル当り九百万円、ついで同じく二幸付近で八百万円、渋谷駅前六百万円などで、これまで日本一の土地といわれた銀座三愛付近は、五百五十万円で新宿、渋谷に追い抜かれた」（前掲『わが新宿！』二五七ページ）

（51）「新宿は、若者たちの拠点たりうるのである。そこが銀座と違うところである。（略）一九六〇年の安保闘争の先頭に立ったゼンガクレンの唐牛健太郎たちのアジトも当時は新宿にあった。西大久保のアパートの一室を借りていた。新宿は、若者たちがただたんに遊べる場所ではなくて、住める場所なのである」（同書六一ページ）

（52）南田勝也「若き純粋芸術家たちの肖像――はっぴいえんどの音楽場における位置」「ユリイカ」二〇〇四年九月号、青土社

（53）北中正和責任編集『風都市伝説――一九七〇年代の街とロックの記憶から』音楽出版社、二〇〇四年、二六一―二七ページ。GS上がりのギタリストが、風月堂界隈のフーテンたちとつきあい、アメリカでヒッピー・ムーヴメントの洗礼を受けてきたヴォーカルとバンド「村八分」を結成し、京都を中心に活動しているが（山口冨士夫『村八分』K&Bパブリッシャーズ、二〇〇五年）、こうした対抗文化的な音楽のあり方は、やがていわゆるニューミュージック――はっぴいえんど『風街ろまん』（URCレーベル、一九七一年）に収められた「暗闇坂むささび変化」、表参道を歌った「風の街」（山田パンダ、一九七五年）や「雨ふり道玄坂」（ふきのとう、一九七六年）など港区・渋谷区界隈を題材にすることが多い――に取って代わられていく。

第6章
旅するアイデンティティ、アンノン族

1　急成長する女性誌

一九六〇年代以降、女性の進学率は増加し続けていたが、特に大学（短大含む）への進学率は、一九七〇年一七・七％から七五年三二・四％へと急上昇している（表7＝一一二―一一三ページ）。また団塊の世代以降、女性の就職率はほぼ今日の水準に近くなり、母数の多さもあいまって、大量のＯＬたちが出現することになる（表14、15）。こうした女性たちに向けて七〇年に創刊された「an・an」（平凡出版、現・マガジンハウス）とその翌年創刊の「non・no」（集英社）によって顕在したユース・サブカルチャーズが、ここで取り上げる「アンノン族」である。全国的な大手出版社の雑誌メディアに由来する族である以上、東京（近郊）出身者や上京者などによる、東京在住者中心のこれまでのものとは異なり、当然多くの地方に住む若者を巻き込むことになる。それまで多くのユース・サブカルチャーズにとってマスメディアは、それらを非難し、その成員をステレオタイピングし、陳腐化していく装置であったのに対し、アンノン族はメディアの介在を必須の前提としていたのである。

もちろん「an・an」「non・no」以前にも、少女向けや主婦向け以外に、若い女性を対象とした雑誌は発行されていた(1)（表25＝三二四―三二八ページ、表30＝三八七ページ）。例えば「『婦人画報』と女性の週刊雑誌との中間をゆくよ

表14　女性の出生コーホート別初就職累積経験率

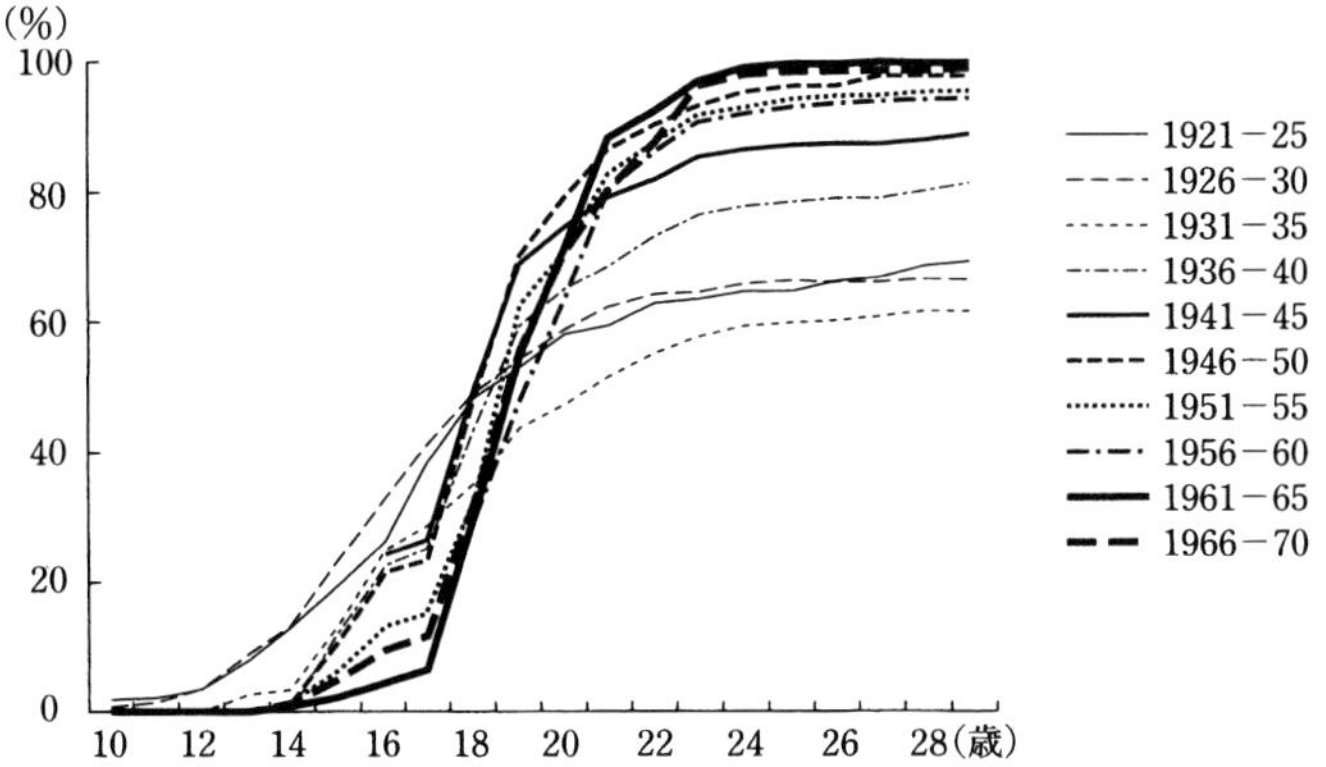

（出典：澤口恵一／島崎尚子「成人期への移行過程の変動」、渡辺秀樹／稲葉昭英／嶋崎尚子編『現代家族の構造と変容――全国家族調査「NFRJ98」による計量分析』所収、東京大学出版会、2004年、104ページ）

表15　新規学卒就職者（女性）の推移（単位：千人）

	1965年	1970年	1975年	1980年	1985年
中学校卒業者	301(43.2%)	131(20.2%)	46(9.2%)	27(5.1%)	27(5.1%)
高校卒業者	354(50.8%)	421(64.9%)	319(64.1%)	319(60.5%)	299(57.0%)
短大卒業者	24(3.4%)	68(10.5%)	91(18.3%)	119(22.6%)	132(25.1%)
大学卒業者	18(2.6%)	29(4.5%)	42(8.4%)	62(11.8%)	67(12.8%)
合計	697(100.0%)	649(100.1%)	498(100.0%)	527(100.0%)	525(100.0%)

（出典：土方苑子「女性と教育」、マーサ・N・オザワ／木村尚三郎／伊部英男編『女性のライフサイクル――所得保障の日米比較』所収、東京大学出版会、1989年、20ページ）

図12　1966年8月10日臨時増刊号「平凡パンチ女性版」と「an・an」「non・no」創刊号

うな講談社の「若い女性」は、五五年に創刊され「毎号スタイルブック等の付録をつけ、特集記事には職業、結婚、恋愛等をもって女性間に人気を得ている。部数も二十万台以上の伸び方である。／小学館が「婦人公論」のジュニア版と称して六〇年一月号で創刊した「マドモアゼル」なども登場している。[2]

だが、こうした婦人誌の年少版としての「ミス誌」や、洋裁のノウハウもしくはパリコレなどハイ・ファッション情報だけを伝えてきた服飾雑誌とは一線を画し、今日まで続く若い女性向け雑誌ブームの嚆矢となったのは、やはり「an・an」であり、「non・no」であった[3]（表9＝一四一ページ）。特に創刊当初の「an・an」は、海外ロケによる記事や斬新なデザインが評判を呼び、「平凡出版がパリの『エル』と提携して創刊したこの雑誌は、日本人のヨーロッパへの憧れに決定的な方向付けをおこなった。デザイナーとしての堀内誠一の意義は、ゴダールやフーコーが決して出来ない形で、日本人のフランス観に無意識的な枠組を与えた。六〇年代の終わりにしきりに唱えられていた、土俗的なるものへの回帰や、われらが内なる日常性の解体といった標語は、こうした趨勢のもとにしだいに色褪せ、文化流行から取り残されたものへと転じていった」と、今日でもその伝説が語り続けられている。[4]

しかし、「an・an」の誌面の先進性が、すぐに売り上げに結びつくことはなかった。「当初は、一般公募による奇抜な誌名もさることながら、横文字のレイアウトがやたらに出てきたり、パリ・モードがそのまま日本の飛行場に降り立った感じで、その場違いな誌面に、日本の読者は戸まどいを覚えたのかも知れず、売行きもあまり芳しくなったようだ、それが、次第に平凡独自のオリジナル編集を加味して軌道にのせ、号を追って読者を増やしていったのはさすがである。モデルを単に〝着るモデル〟としてとらえず、溌剌とした〝行動するファッション・モデル〟として生活の中に描いたことが、都会的な若い女性のフィーリングにミートした」[5]。そして七二年から始まった旅特集が、「an・an」「non・no」を完全に軌道に乗せることになる。[6]

2 カニ族からアンノン族へ

アンノン族の前史として注目すべきは「カニ族」の存在である。「朝日新聞」一九六七年八月七日付によれば、「カニ族——幅の広いリュックサックをかついでいるため、狭い列車内をカニのように横になって歩くためつけられた。国鉄がさる三十一年、道内ならどこでも、何度でも乗れる便利な「北海道均一周遊券」を発売してから現れはじめた。(略)札幌駅では午後十一時四十五分の最終列車が着いたあとは、降車口付近のコンクリートのタタキに寝袋や毛布をひろげて寝込む学生が多いときで四、五十人、旭川七、八十人、函館、網走二、三十人、といった具合で、なかには女性もいる」。海外でのヒッピー・ムーヴメントやバックパッカーたちの登場と同時に、ないしはそれらに先行して、日本でも北海道を中心に放浪する若者たちの姿が目立ち始めていた。このカニ族は、男性中心のユース・サブカルチャーズだったが、五一年生まれの女性の回顧には、「大学時代、カニ族といわれ、ザックをしょってラフな服装で、アルバイトをしては、日本各地を旅行していた私は、卒業して勤めはじめても放浪癖がやまず、(略)「アンノン族」が私と同世代の人が多いわけですが、彼女たちの豪華な旅行とは違って、私の旅行は質素倹約軽快をモットーにしています」[7]とある。

だが、やはり若い女性の旅の主流は、アンノン族として括られた、女性誌に触発された旅行のスタイル——「an・

an」一九七二年二月二十日号の「日本の旅――アンアン流『旅行けば―』の大特集。むかしの人達の、旅の仕方も発見しましょう。」（伊勢・尾道・札幌・京都・萩・野沢温泉・下総中山法華経寺など）あたりから本格化――にあった。[8]「〃アンアン〃〃ノンノ〃に国内旅行の特集記事が毎号掲載されたのは、一九七二年の秋から、七八年五月（アンアン）、八〇年六月（ノンノ）までの期間である。この時期以降、旅行記事がほとんどメインテーマとして取り上げられていない」[9]。こうした七〇年代を通じた旅のブーム化は、旅行専門誌「旅にでようよ」（毎日新聞社、七三年創刊）や「るるぶ」（日本交通公社出版事業部、七四年創刊）を生み出し、「既存の女性教養誌・実用誌は一般に話題に乏しく、売行きも概ね横ばい状態に終始したが、ヤング層対象の『ノンノ』『アンアン』だけは傑出した部数の急伸[10]」といった結果をもたらしていく。

図13 「an・an」旅特集号

もちろんこのブームは、女性誌だけが起こしたものではなく、大阪万博後の旅客需要の掘り起こしを狙った、七〇年に始まる国鉄（現JR）の「美しい日本と私 DISCOVER JAPAN」キャンペーンに後押しされたものであった[11]。「an・an」のモデル秋川リサを起用した周遊券などのコマーシャル――「気ままな旅のリサでございます」――が次々と作られ、また「an・an」で活躍したスタイリスト原由美子によれば、「このディスカバー・ジャパンには秋川リサのほか、平凡パンチの表紙のイラストを描いた大橋歩や北山修、なかにし礼、吉田喜重なども出演している。このキャンペーンは、アンアンの旅のページの人気と重なって、全国に『アンノン族』を生みだすことになる[12]」という。前出の「an・an」「日本の旅特集」号でも、

これからの旅はウーマン・リブで行こう！　女性のひとり旅というのは、国鉄でもポスターなんか作ってすすめているようだけど、古来よほどの事情がない限り、あり得なかったものとみえて、いまでも観光施設というのは男性用にできてるんだな!。（略）言っとくけど、女のひとり旅は自殺かと思うし、酒のまんので儲けがうす

いしイヤがって泊めてくれない。とくに予約してないと、ぜーんぜん。そうしたら、寺や道ばたにでも寝ればいいのだぞ。それはオーバーにしても、とにかくはらをきめなさい。泊まるとこがないくらいで死にはしない（ご両親にはこのページ見せないでくださいよ）。／暗くなってきて、お腹すいて、今夜の宿もなく、その泣きたいような気持ちは、ガッチリ予定をたてた旅行で味わえない。

と、国鉄のキャンペーンを意識しながら、女性一人旅への誘いがアジテーションされている。[13] その結果、「昭和四十五年の京都の観光客のうち、二十歳台は五〇％を占めていて、その男女の比率が五五対四五であった。それが五年後には、四三対五七と逆転している。この若い女性の増加は、明らかにアンノン族の入洛である」。[14] またその一九七五年当時、「萩には旅館が約六十軒、民宿が三十軒ほどあり、その収容能力は四千五百人だった。／そこに一日平均六千人が押しかけて、多い時は七万人もきたという」。[15]

3 ディスカヴァーされる日本

その旅先として「〃アンアン〃〃ノンノ〃が最も頻繁に取り上げた観光地は、京都である。両誌を通算して三六回といえば、京都の旅特集が各雑誌で一年に二度以上組まれている計算になる。北海道の一九回、奈良一七回、次いで鎌倉、軽井沢、金沢、神戸、津和野・萩、岩手、飛驒高山、長崎など」が好まれており、原田ひろみはその旅のカテゴリーとして「日本の伝統をたずねる旅・自然とのふれあいを求める旅・異国情緒を味わう旅」の三つを挙げている。二つ目の自然とのふれあいが、ヒッピーやカニ族のそれとは異なり、[16]「〃北欧を思わせる景色〃（北海道）、〃南欧の港町のような〃（南紀）」など「外国、とくにヨーロッパへの憧れが底流に根深くある」ことを反映しており、また「日本の伝統をたずねる」にしても、「東洋のエキゾチックな人や物を発見して歓声をあげる西洋人のそれへと微妙にスライド」しており、オリエンタリズムの眼差しを内面化させていた点で、かつて日本に渡来した西洋人の足跡を長崎・神戸などにたどる「異国情緒を味わう旅」と同型的なものだったといえよう。[17]

団塊の世代とされる女性たちの声を拾っておこう。

今、手もとに妹と京都・神戸旅行をした時の写真がある。観光スポットのあちこちですかした写真を撮っている。歴史の重みを感じさせる古い街並の中に最尖端ファッションの若い女の子を立たせてコントラストの面白さを狙う（あたかも〝親日派〟の欧米人が日本の古都を面白がっているかのような気分で）――というのが『アンアン』風だったのだけれど、私も妹もすっかりその気。『アンアン』の一ページを演じている気分である。／十一月頃だったのだろうか。私も妹もVIVID森英恵のコートをはおっている。私は、妹が編んだクローシュ（まぶかにかぶる釣り鐘型の帽子）あるいはチェックのハンティングをかぶっている。妹は、ロングのウィッグでつけ毛をしている、足もとは二人ともガッチリとした五㎝くらいのヒールつきの靴である。（略）どうも、昔は『アンアン』風の写真を撮るために旅に出た――というフシもあるようだ。[18]

ポスト団塊とされる世代も次のように述べている。

高校を卒業して制服を脱いだ私は、アンアン・ノンノから仕入れた情報をもとに、青山通りへベルボトムのジーパンを、また銀座のみゆき通りへアンチックプリントのスカートを買いに走った。そしてそんなファッションに身をつつみ、立て看板だけが空しく立ち並ぶ虚無的なキャンパスを闊歩した。／雑誌がでるとすぐ、友だちと顔をつき合わせては星占いを見たものだ。映画や音楽の知識も仕入れ、ロバート・レッドフォードもマイルス・デイビスも「いちご白書」もマザーグースも、アンノンで知った。「老舗のある町」「私の坂道をさがして長崎を歩く」「朝市のある町」「お寺に泊まる」……美しい写真で文学散歩道やお店を紹介した記事は、いつも私を魅きつけた。／初めてのひとり旅。京都へ行った。春、渡月橋の上でなごり雪に巻かれながら、私は一種の解放感に浸っていた。長崎へ、高山へと、イラストマップを片手に市電に乗ったり、裏通りを歩いたり……。〝もう一人の私を探す旅〟はアンノンが教科書だった。／そんなある年、京都の三年坂を下っていたら、むこうから上ってくる同じくらいの年かっこうの女性が、私と同じ雑誌を持っていた。気がつくと、まわりの女の子たちが、同じような格好で同じ店に入っていく。私はそっと雑誌をしまった。[19]

また送り手の側からも、「読者がすぐ実行できる、すぐ買える、そういう内容で全ページが埋められた。（略）毎号ここに載った商品は大変な売れ行きになるそうで、似たような品があっても、本に載ったのと同じでなければダメという。店の人たちからそんな話をきくにつけて、私はそろそろ『アンアン』に飽きていることに気づいた[20]」と、こうした状態への危惧が示されている。

一九七〇年代を下るにつれ、「不幸な生涯を送った昔人に自分を投影し、緑あふれる自然のなかで心安らげ、日本の心を探し求めながら自分のアイデンティティーをも求めた孤高なひとり旅。これが元祖アンノン族の旅ではなかったか。／だが、ブームというものはひとり歩きするのが常だ。（略）若い女性の受け入れに慣れていない観光地は、ニーズを勘違いした施設を作る。ティーンエイジャーの雑誌も、カップルでのラブラブ旅行をあおる。そして、「ネクラ」という言葉の流行とともに元祖アンノン族は行き場を失っていく」といった事態が進展する。[21]「朝日新聞」一九七九年五月一日付記事「「アンノン族」まばら　若い女性鎌倉・京都にソッポ」には、次のようにある。

「さらばアンノン族ですよ」と雑誌「アンアン」の甘糟章編集長はいう。（略）創刊の四十五年は、ファッションでは「既製服時代」の幕あけ、旅では国鉄の「ディスカバージャパン」が始まった年。高度成長のさなかだけに、若者たちは買いまくり、遊びまくった。ミニ全盛、秘境ブームも、一つの流行が多くの人を支配できたこの時代の特徴をよく示している。／不況が始まった四十九年、「アンアン」は最盛期を迎えた。五十万部が発売三日で売り切れ、毎号四、五千通のファンレターが舞い込んだ。ロングスカートと「古都」「城下町」ブームの時代。京都、鎌倉、飛騨高山の特集を年に各三回ずつ組んでもなお売れた。／不況の影響は五十一年ごろから現れ出した。流行の支配力が落ち、「みんながてんでに好きな格好をし始めた」という。以来、ファッション界では「圧倒的な流行」は現れない。二、三年遅れで、旅にも、いまその傾向が浮かび始めたのではないか、と甘糟さんは「旅の個性化」を見る。

そして八〇年代に入ると、「マスコミも近頃さすがにアキちゃったのか「アンノン族」と騒ぎたてないが、このテの女の子はまだまだサイレント・マジョリティとして存在しているはずだ[22]」と語られるようになり、ブームは終息していった[23]。

4 ジェンダー・トラブルか、従順な消費者か

では、アンノン族とは結局何だったのだろうか。甘糟の言うように、ファッションや観光など、レジャーと消費の主体として、女子大生やＯＬたちが立ち現れてきた現象であったことは確かだろう。「an・an」創刊時の総編集長清水達夫は、平凡出版の本拠銀座を離れて「新雑誌『アンアン』の編集室は、六本木五丁目に新設された。ファッション・マガジンだから、青山や六本木の、デザイナーやモデルたちがあつまっているブティックやスナックの多い街のなかでつくりたいという、これも堀内誠一氏の発想から、六本木編集室が生まれたのである」と語り、記事担当の編集長とは別に、木滑良久を「タイアップ・ページを担当する編集長」に据え、「スポンサー、代理店関係の皆さんとは、木滑編集長が、しばしばお目にかかる機会をもつことになるだろう」と紹介している[24]。その木滑は、当時を次のように回顧している。

カタログ雑誌の出発点は、「アンアン」なんです。ショッピング・ガイドと、熊猫集合という名で始めた告知板ですね。東京に出て下宿したいんだけど安い下宿はありますか、とか、パリの人が東京に住みたいんだけど東京はいくらかかるか、とかいう質問がいっぱい来るんで、これをダーッと並べようと思ったんですが、それが熊猫集合というちょっとひねった形になったんです。読者参加ですね。それとショッピング・ガイドですが、思い入れをやめよう、物だけを並べよう、ということで始めたんです。これまでのガイドって言うと、見ればわかるのに、すごく美しいとかきれいだとか、形容詞を山ほど書くんですね。そういうのをやめて、コレはどういう素材で、どこで売ってて、いくらだっていうことだけを書こう、というわけです。アメリカで〝ホール・アース・カタログ〟っていうカタログ・ブックが出ましてね、「パンチ」の頃から気になっていたんです。[25]

一方、「non・no」は、一九七三年五月三十日の朝刊に全面広告「ノンノの罪　日本のお嬢さんがパリのノミの市でまけさせる楽しみを知っている」を打つ。「若い女性をすぐ行動にかりたて」、パリの骨董業者にうれしい悲鳴をあげさせる罪な「non・no」のヒミツは、「徹底した取材」と「手作りの編集」にあり、「保存される〈ノンノ〉」はファッションだけではなく、「お料理も、インテリアも、ビューティも」若い女性の指針となっているというのが、その主旨である。ボディ・コピーの最後には「広告主と読者のスキンシップのために、また新製品の開発のために、ヤングマーケットの正しいとらえ方のために、企業イメージの浸透のために（略）集英社の雑誌は「行動する媒体」と呼ばれ高い広告効果を挙げています」とある。もちろんこの広告は、「non・no」読者に向けたものではなく、同誌に広告を出し、編集タイアップやマーチャンダイジングなどで提携するスポンサーを意識したものであった。[26]こうした呼びかけに応えたアパレル業界によって「『アンアン』の広告ページがどんどんふえて、雑誌の販売は赤字でも、全体としては大幅な黒字という結果も、既製服時代が反映しているようだ」。[27]その版型の大きさ、カラーページの多さゆえに「媒体力の点では、いずれにしても『ノンノ』『アンアン』がずば抜けた力を持って」[28]いたのである（表16）。

表16　1976・77年雑誌別・業種別広告量（単位・ページ、三幸社調べ）

雑誌＼業種	年	化粧品	薬品	衣料品	電気機械	機械器具	食品	全業種集稿計
明星	52年 (51年)	20.05 (19.25)	43.63 (47.26)	1.00 (0)	0 (4.00)	4.00 (0.20)	12.00 (1.50)	52年合計 436ページ
平凡	52年 (51年)	29.82 (26.40)	43.32 (48.17)	0 (0)	0 (6.00)	2.00 (0.33)	6.00 (7.00)	437　〃
週刊明星	52年 (51年)	175.36 (181.88)	98.12 (118.14)	14.65 (18.00)	13.86 (13.98)	17.86 (14.20)	65.86 (56.77)	923　〃
週刊平凡	52年 (51年)	138.33 (155.63)	102.95 (131.22)	1.33 (2.00)	16.65 (15.31)	13.46 (8.00)	134.54 (114.90)	1,107　〃
プレイボーイ	52年 (51年)	113.74 (109.70)	7.59 (2.97)	65.06 (82.33)	471.23 (563.41)	253.07 (219.94)	67.30 (40.26)	1,565　〃
平凡パンチ	52年 (51年)	126.09 (115.80)	5.62 (14.84)	40.89 (45.36)	501.48 (614.70)	250.84 (234.70)	74.33 (56.87)	1,679　〃
ノンノ	52年 (51年)	557.24 (453.82)	46.41 (38.24)	472.76 (490.62)	64.00 (99.00)	116.53 (89.60)	177.24 (135.17)	2,012　〃
アンアン	52年 (51年)	524.21 (155.63)	69.29 (86.47)	260.44 (266.12)	51.73 (85.92)	84.19 (74.93)	148.38 (118.38)	1,750　〃

（出典：斎藤精一『雑誌大研究』日刊工業新聞社、1979年、81ページ）

らべまことは、六八年から七一年を「ヤング・マーケット繁盛期」と呼び、その原動力としていわゆるマンション・メーカー――マンションの一室に事務所を構え、数人の仲間で趣味的な服を小ロットで作っていく――の存在を指摘したが、それらが集積していたのが当時の原宿であった[29]。女性誌による旅特集も、結局は旅先での消費への誘いであり、アメリカの匂いのする「エキゾチック」な街原宿でのショッピングであったりもした[30]。「原宿が《若者文化の街》として全国的に知れ渡ったのは、日本でファッション雑誌が誕生した七〇年代初頭。その代表格である『アンアン』の特集「東京の街で外国を発見した原宿物語」で、全国にセンセーショナルなデビューを飾った」。そして、その原宿のトレンドは、『原宿族』に変わって『アンノン族』と呼ばれる『アンアン』『ノンノ』志向の女性達がリードし始める。当時の彼女達のファッションの主流は、「ジーンズ・ブーム」と「アンノン・ファッション」であった。さっそうと歩く彼女達を称して「雑誌から抜け出たような…」という文句がホメ言葉になったのも、この頃である[31]」。そのアンノン・ファッションとは、七三年から七四年頃「原宿は、明らかに平日の顔と休日の顔があった。平日はアメリカン・カジュアルの人やフォークロアー調の一癖ある感じのおしゃれの達人が多いのに、土日や夏休みになると、レースのひらひら、フリルがついたようなカントリー調のお洋服の集団が溢れる。その人たちをアンノン族という[32]」とあるように、休日に原宿に現れる人々のものであった。

しかし、アンノン族を各種文化産業のターゲットとしてだけ捉えるべきではあるまい。七二年発足の「中ピ連」とは比較にならないかもしれないが、「七〇年代始めといえば、独身女性が一人で泊まりがけの旅行に出るなんて、もってのほか」という時代に、一人で、ないしは旅先で知り合った同性の友人と旅を続ける姿は、一種の「ジェンダー・トラブル」であった[33]。また七〇年代の「an・an」で多くのページを割かれていた読者の交流コーナー「アンアンミニコミ」の盛り上がりは、対抗文化やウーマン・リブが生み出したミニコミ以上に、同世代の若者を媒介するメディアとして機能していた。フーテン族、ヒッピー・ムーヴメント、学生運動、反戦運動、女性解放などにコミットできない層までもが、若者ないしヤングとして、時代の主役であるという意識・感覚を分有できたのは、雑誌などのより「ミディアムなマスメディア」によるところが大であった。

> 女性雑誌文化は、あえていうなら、私たちの世代とともに成長し、変容してきた。それ以前の年齢に応じた女性誌の区分けは、私たちの世代には無効で、読者の変容に合わせて、雑誌のほうが変身してこなければならなかったのである。しかも私たちは、雑誌と縁の切れない生活を送っている。／ところで、なぜ、「雑誌」なのか？（略）第一に、共同体的規範から切れたところで育ってきた私たち団塊《マス》の世代は、互いのコミュニケーションにマス媒体《メディア》を要請するほかなかった、という事情がある。私たちは深夜放送で同世代の動向を知り、「ぴあ」で同世代と出会う場所へおもむいた[34]。

雑誌によって完全に仕掛けられるのではなく、ある部分で雑誌を読者間のメディアへと変容させ、雑誌の主張を自らの側に取り込むとともに、自身たちの感覚を誌面へと反映させていく。そうしたプロセスを通じて、何らかの主体として構成されるだけではなく、自らを何者かに構成していく体験は、それまでのラディカルズや対抗文化が広く提供しえないものであった。[35]

アンノンが「女性解放」に果たした役割は、おそらく電気洗濯機と同じくらい大きい。なぜってそれは、すべてを「趣味＝ファッション」にかえてしまったからである。アンノンのファッション革命によって、かつて「家事」や「花嫁修業」の領域にあったものは、ことごとくカジュアルな趣味・消費の対象にかわった。裁縫は流行の既製服を買うためのファッション情報に、炊事は食べ歩きやクッキングというレジャーに、住まいの手入れはインテリアという趣味にである。今まで「女の義務」だったものが「女の子の趣味」にかわる。若い子たちの気分をこれがどれほど解放したことかわからない。[36]

「ホール・アース・カタログ」など対抗文化の成果を解毒し、希薄化させながらも、彼女たちはファッションという自己主張の回路をもち始めた。雑誌メディアに頼り、そこに指示された場所に赴いたにせよ、あるクラスの若い女性に課せられていた常識に違背し、同世代との連帯を求め、当時の社会的な通念に、そして女性の存在を欠落させてきたそれまでのユース・サブカルチャーズに密かに異を唱えたのである。

＊

アンノン族は、雑誌名を冠したユース・サブカルチャーという点で、前章までに検討してきたものとは一線を画していた。それ以前のユース・サブカルチャーズに対するマスメディアの役割は、街頭などに共在する○○族を発見し、それを非難もしくは伝播するものだったが、アンノン族の場合は、まず雑誌があって、その読者たちが各地の名所旧

表17　出生コーホート別累積初婚経験者割合

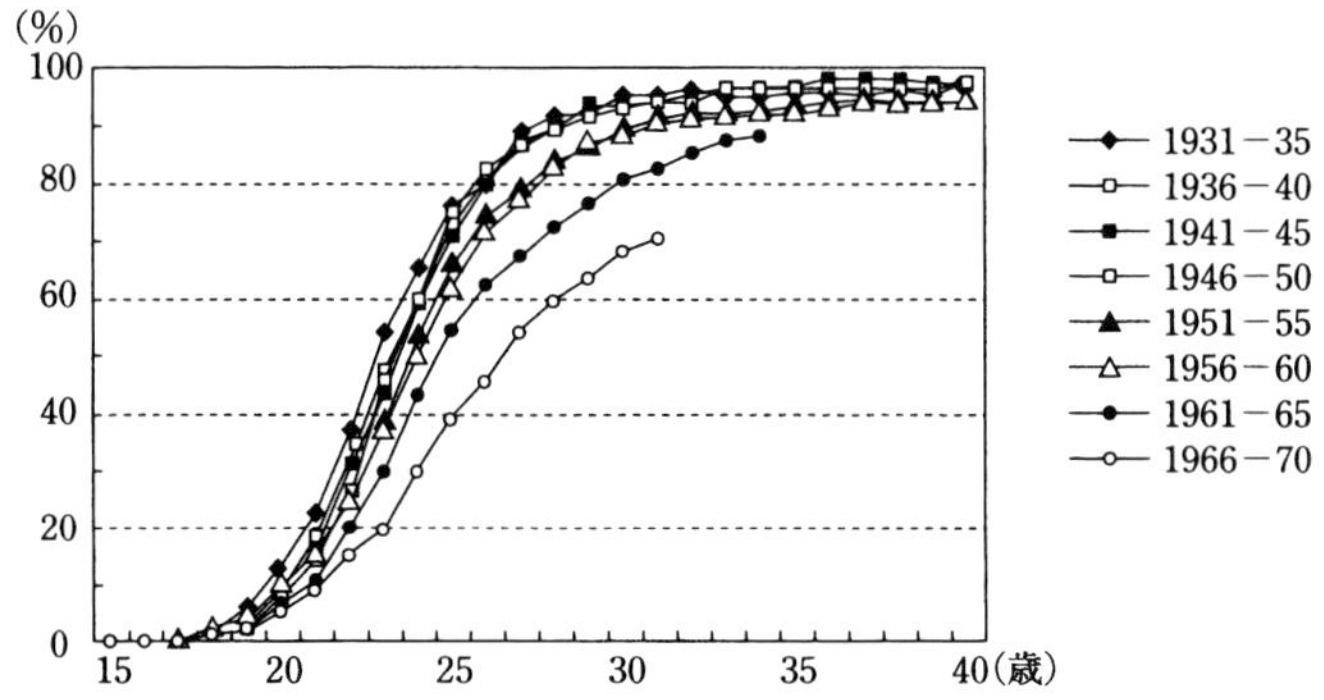

（出典：加藤彰彦「配偶者選択と結婚」、前掲『現代家族の構造と変容――全国家族調査「NFRJ98」による計量分析』所収、46ページ）

跡や街角でそのファッションを「見せる／見られる／見せられる」関係のなかで、何ものかを共有していることを顕示しあい、また読者欄などによって互いの存在と共同性を確認しあっていた。アンノン族の命名者は判然としないが、何がアンノン族（的）であるかの基準は、この二誌によって供給され続け、自室で雑誌を広げている状況でも、アンノン族であるとの自覚・再認は経験されえたのである。

もちろん、この時代、この世代の女性がすべてアンノン族だったわけではない。「団塊世代女性向け雑誌」調査によれば「「アンアン」「ノンノ」を両方読んでいた女性は全体の二二％であるのに対して、短大・大学卒の女性では三二％、高校・専門学校卒の女性では七・五％であった。（略）つまり、「アンアン」「ノンノ」を片手に、ショッピングをしたり、旅行に行ったりしたアンノン族は、団塊世代の中では、短大、大学に進んだ、一部の恵まれた女性だけだったのだ」[37]。また団塊コーホートの初婚年齢は低く（表17）、アンノン族を速やかに卒業した女性たちは、インテリア特集に専門化した「セゾン・ド・ノンノ」（七四年創刊）、さらには「クロワッサン」（七七年、平凡出版）や「MORE」（七七年、集英社）読者へと移行していく[38]。その母体は雑誌メディアであり、その出口すらも出版社によって用意されたアンノン族[39]を、それまでのあからさまな反抗・対抗にもとづく男性中心のユース・サブカルチャーズと比較して、取るに足らないものと評価することも可能だろう。現に、男性向け雑誌などのメディアによるバッシングも、ウーマン・リブなどに比してはるかに少なく、揶揄や嘆息を示す程度のものであった。

だが、青年や若者に代わって浮上してきた「ヤング」という呼称は、何もそれをマーケットとみなすビジネス側からの一方的な呼称ではない。[40] 根底からの社会変革は求めないものの、既成の価値観の強要を厭うヤングの一翼として、「私は観光客ではない」という旅を敢行したアンノン族は、やがて海外へと広がっていく女性の一人（ないし女性同士の）旅や自らファッションを選択する悦びを開拓していった。[41] それは、六〇年代までの女性誌が準拠していた、古典的な良妻賢母や美の基準としての白人女性といったイデオロギーが揺らぎ始める一つの契機ではあったのだろう。[42] 生産・労働から距離をとることで非通念的であろうとしたフーテン族と、能動的に消費・レジャーにコミットすることで非通念的であろうとしたアンノン族との間には、幾分かは通底するものがあったのではないだろうか。[43] そして「かつて受容されていた、文化における〝サブ〟と〝支配的《ドミナント》〟の区別は、いわゆる支配的文化がライフスタイルの感受性や嗜好の多元性へと細分化された世界においては、もはや正当であるとはいえない」[44] といった動向が一気に顕在化し、ユース・サブカルチャーズの資源が、カタログ雑誌を中心としたメディアとの関わり方[45]や、消費のあり方へと偏していく八〇年代以降の先取りとして、アンノン族を位置づけることも可能だろう。現にいわゆるカタログ雑誌を介したユース・サブカルチャーズのあり方は、その後もポパイ少年、JJガール、オリーヴ少女、[46] Hanako族、[47] キューティ女[48] と再生産され続ける。六〇年代的なアンダーグラウンドな異議申し立て（dissent）や新たな選択肢《オルターナティヴ》の時代が終焉したとしても、依然ユース・サブカルチャーズは様相を変えながらも生成と消滅を繰り返していくのである。

注

（1）井上輝子「マスコミと女性の現代」、女性学研究会編『女のイメージ』所収、勁草書房、一九八四年、諸橋泰樹「雑誌におけるジェンダー・カテゴリーの構築」、北九州市立男女共同参画センター〝ムーブ〟編『ジェンダー白書3女性とメディア』所収、明石書店、二〇〇五年、石田あゆう『ミッチー・ブーム』（文春新書）、文藝春秋、二〇〇六年

（2）出版ニュース社編『出版年鑑一九六〇年版』出版ニュース社、一九六〇年、一一〇ページ

（3）「新しいタイプの創刊誌は、平凡出版から月二回刊の『an・an』、主婦の友社から『アイ』、戦後『それいゆ』、『ひまわ

り』を発行した中原淳一の主宰する『女の部屋』、文化出版局の『アミカ』、次の四十六年には講談社の『ウーマン』、集英社の『non・no』、祥伝社からはヤングアダルト対象の『微笑』、またその次の年は婦人生活社からインテリア主体の『私の部屋』、四十八年は主婦と生活社から『JUNON』（尾崎秀樹／宗武朝子『雑誌の時代――その興亡のドラマ』主婦の友社、一九七九年、一五九ページ）

（4）四方田犬彦『ハイスクール一九六八』新潮社、二〇〇四年、一九四ページ。他にも『堀内さん』堀内事務所、一九九七年、木滑良久責任編集『雑誌づくりの決定的瞬間 堀内誠一の仕事』マガジンハウス、一九九八年、赤木洋一『「アンアン」一九七〇』（平凡社新書）、平凡社、二〇〇七年

（5）出版ニュース社編『出版年鑑一九七一年版』出版ニュース社、一九七一年、八四ページ

（6）当初売り上げが伸びなかった「an・an」では、「それまでは外部の〝タレント〟に依存する部分の多かった編集方針が、ほかの部と同じように普通の社員で作って行くように変わった」という人事異動がおこなわれ、海外よりも国内へと目が向けられていった（三宅菊子「「アンアン」と過ごした六年あまり」、総合ジャーナリズム研究所編「総合ジャーナリズム研究」第八十一号、東京社、一九七七年、二三ページ）。その結果、一九七三年には婦人雑誌が軒並み実売前年割れをおこし、「服飾誌も、読者志向の多様化や既製服の浸透普及に加え、後発の『NON・NO』『an・an』（いずれも月二回刊）二誌の尻上がりの好調の影響もあって、そろって落ち込んだ」（出版ニュース社編『出版年鑑一九七三年版』出版ニュース社、一九七三年、八〇ページ）。なかでも「non・no」は、「読者対象は都会派の十八～二十四歳の女性が中心。（略）ひたすらラヴリーな女性像をイメージアップした点、『an・an』と並んで、まさに既存のパターンを破った新しいフィーリング雑誌の誕生といえる。（略）年内、早くも創刊数ヵ月にして『an・an』の発行部数と背を並べるまでに上伸し、急追に成功したといわれる」（出版ニュース社編『出版年鑑一九七二年版』出版ニュース社、一九七二年、七九ページ）。

（7）河出書房新社編集部編『わが世代 昭和二十六年生まれ』河出書房新社、一九八一年、二三五ページ

（8）「an・an」の旅特集の初出は一九七〇年七月二十日号の「ペロとサブの軽井沢」「YURI ET VERO 京都」だが、まだこの頃は外人モデルを観光地に赴かせる斬新さが狙いであった。一九七〇年十一月二十日号から「ガイド&ショッピング」コーナーで各地（初回は会津若松）の名産・名店などを紹介する企画が始まっていたが（前掲『「アンアン」一九七〇』）、メインの特集で旅が取り上げられたのは七二年頃からである。「an・an」をはじめ平凡出版の多くの雑誌デザインに関わった堀内誠一によれば、「アンノン族なるものを最初に定義したのは上野駅のお巡りさんで、何時だったか朝日新聞に家

出娘の記事が載った時に、上野の交番の巡査が語った言葉でした。「最近は又、多くなりましたよ、勘でこの娘はそうだと解るんですが、恰好は、ほらアンアンとかいう雑誌によく出てるような服の女が居るでしょうが……」」(堀内誠一『父の時代・私の時代――わがエディトリアルデザイン史』日本エディタースクール出版部、一九七九年、一四一―一四二ページ)。

(9)原田ひとみ「〝アンアン〟〝ノンノ〟の旅情報――マスメディアによるイメージ操作」「地理」第二十九巻第十二号、古今書院、一九八四年、五一ページ

(10)出版ニュース社編『出版年鑑一九七四年版』出版ニュース社、一九七四年、七四ページ

(11)藤岡和賀夫『ディスカバー・ジャパン』電通、一九九一年、同『あっプロデューサー――風の仕事三十年』求龍堂、二〇〇〇年、森彰英『「ディスカバー・ジャパン」の時代――新しい旅を創造した、史上最大のキャンペーン』交通新聞社、二〇〇七年

(12)創刊当時を回顧する「an・an」一九七九年五月五日号特集「さよならアンアン」から。大橋歩は、「an・an」のマスコット・キャラクターであるパンダのイラストを描いた。またこの特集には「一九七一年　秋川リサがアンアン調の「……で〜す」でCMに新風を巻き起こす」「前年から始まった国鉄のディスカバー・ジャパンのCMは、「それまでの国鉄のもつ男っぽい、ごついイメージを、明るく若々しいイメージに」(電通・小田桐昭ディレクター)変えた」とある。リサは一九七二年の資生堂のコマーシャルでも農村に出向いたり、老女とお辞儀しあったりするファニィな女の子という役どころを演じている(資生堂宣伝部編『資生堂宣伝史』資生堂、一九九二年)。「CMに対する「アンアン」最大の寄与は若い女性のイメージを確定したことであろう。(略)ざっくばらんで親しみやすく、屈託がなくて物怖じせず、飾らずに口をきく。このイメージはいまでこそ当たり前になってしまったが、当時は実に新鮮で、CMは随喜してこれをとり入れはじめる」(向井敏『虹をつくる男たち――コマーシャルの三十年』文藝春秋、一九八三年、二七ページ)

(13)こうした「an・an」の主張の背景には、ウーマン・リブの思潮とそれを揶揄する「リブ報道」への反発があったと思われる(井上輝子『女性学とその周辺』勁草書房、一九八〇年)。だが、当初「太ったっていいじゃない!!」といった特集を組んでいた「an・an」も、徐々に一定の既製服の号数に女性の身体を馴化していく装置となっていった(稗島武「レディメイドと身体――女性ファッション誌『アンアン』に見る身体イメージの変遷」、日本社会学会編「社会学評論」第五十六巻第一号、二〇〇五年)。

(14) 馬場俊明「京都歌謡曲考現学」、現代風俗研究会編『現代風俗'85』所収、現代風俗研究会、一九八五年、一七七ページ
(15)「アンノン族」「ドンドン」一九九〇年九月号
(16)「an・an」一九七二年九月二十日号特集「目的を鞄一杯に、つめこむ、そして旅。」には、「夏休みは終わった。旅に出ようと思う。／そろそろ蟹族やディカバー・ジャパンの人たちが姿を消すころだから、こんどの旅は、なんとなく何でも見て歩くのはやめて、特別の理由がある道筋を選びたい」として、「十八歳のときからちょうど半世紀、糸をくりつづけてきたお婆さんに会う」(結城)、「牛乳は、牛のお乳なんだ、ということを思い出すために旅をした」(清里)、「〝こんにちは〟を上手にいえなくて、京都まで修行に出かけた…」(京都)といった範例が挙げられている。
(17) 前掲「〝アンアン〟〝ノンノ〟の旅情報」五六ページ
(18) 中野翠『お洋服クロニクル』中央公論新社、一九九九年、一八二ページ
(19) 河出書房新社編集部編『わが世代 昭和二十九年生まれ』河出書房新社、一九八七年、三三一ページ
(20) 前掲「「アンアン」と過ごした六年あまり」二四ページ。「宝島」一九七三年十二月号「an・an、non・noの京都なんて、どこにあるのだろう!?」では、旅のロマンティシズムとコマーシャリズムの結託が指摘されている。
(21)「再訪アンノン族の旅 思い出散歩」「毎日グラフアミューズ」一九九七年十月二十二日号
(22)「HotDogPRESS」一九八二年七月二十五日号
(23) 藤巻智美「一九七〇年のまぼろしの『アンアン』へ」「宝島」一九七九年二月号。また「週刊読売」一九七九年五月二十七日号は「an・an」の新創刊を取り上げ、「雑誌を小脇に、京都や鎌倉の街筋に群れるといった風俗は、すでに語り草」と評している。
(24) 前掲『見る雑誌する雑誌』五四九ページ
(25) 江藤文夫編『喋る——平凡出版三十八年のあゆみ』マガジンハウス、一九八三年、二二〇—二二一ページ
(26)「〝アンアン・カジュアル〟は『アンアン』と三愛が共同企画のオリジナルウェア、誌上で発表すると同時に全国の小売店組織「アンアン・ショップ」でこれを発売する。もう一つの「アンアン・クラブ」は、高島屋との共同企画・製作によるもので、高島屋系列デパートで販売する組織である」(斎藤精一『雑誌大研究——出版戦国時代を探る』日本工業新聞社、一九七九年、八四ページ)
(27) 前掲「「アンアン」と過ごした六年あまり」二三ページ

(28) 前掲『雑誌大研究』八一ページ
(29) うらべまこと『流行うらがえ史　ミニ・スカートからツッパリ族まで』(続篇)、文化出版局、一九八二年
(30) 高橋靖子『表参道のヤッコさん――Yacco growing up with Omotesando in the 70's』アスペクト、二〇〇六年。一九六三年まで現代々木公園にはアメリカ軍将校のための「ワシントンハイツ」があり、キディランドは五〇年に進駐軍向けの書籍や生活雑貨、本国へのおみやげ品を売る店としてオープンした。五八年に表参道と明治通りの交差点に、のちに多くのクリエイターたちが事務所を構えることとなったセントラルアパートがオープンし、六四年には渋谷川の暗渠化によって遊歩道(キャットストリート)が誕生するなどの動きはあったものの、六〇年代までの原宿・表参道は、ごく一般的な商店街と閑静な住宅街とから構成されていた。
(31) 前掲『原宿――1995』八〇―八二ページ
(32) 伊豆原月絵『ファッションの記憶――一九六〇―七〇年代おしゃれの考現学』東京堂出版、二〇〇五年、二一一ページ
(33) 前掲「再訪アンノン族の旅　思い出散歩」を取材した記者が「嵐山レディースホテル」を取り上げたコラムには、「ホテルの社長によれば、一人旅の女性は相部屋を好んだそうです。旅先で通りすがりの出会いを楽しみ、お互いに恋や人生の悩みを打ち明けあい、翌日には仲良く嵯峨野一帯を散策していくのが常だった」とある(http://www.onfield.net/column/020601/shuzai.html)。また山根一眞によれば、当時女性たちが寺社に備えつけられたノートなどに記した、いわゆる「まる文字」には、「an・an」に多用された書体ナールの影響があったという(山根一眞『変体少女文字の研究――文字の向うに少女が見える』講談社、一九八六年)。そして「今日の問題　新アンノン族」(「朝日新聞」一九八六年十二月四日付)は、「今年の出版界で、写真週刊誌の五誌競争と並ぶ大きな話題として、男性ファッション誌の相次ぐ登場がある。別冊も加えると十誌を超える」と、男性のアンノン族化を憂いている。
(34) 上野千鶴子「女の戦後史85　女とメディア――女性誌ニュージャーナリズムの同世代史」「朝日ジャーナル」一九八四年十一月二十三日号、八二ページ
(35) 「『アンアン』は完全に既製品の服が中心だった。しかも、服そのものではなくて、服と服、服と小物、さらにその背景(インテリア、雑貨、街並)などの組み合わせ＝コーディネイトの面白さに力点を置いて見せている感じなのが、新鮮だった」(前掲『お洋服クロニクル』一五八ページ)
(36) 斎藤美奈子『モダンガール論』(文春文庫)、文藝春秋、二〇〇三年、二六七ページ

（37）三浦展『団塊世代を総括する』牧野出版、二〇〇五年、六六―六七ページ

（38）高橋裕子「一九四六～五〇年生まれの女性の「自分探し」――その感受性の変化を一九七〇年代に見る」、立命館大学産業社会学会編「立命館産業社会論集」第四十一巻一号、二〇〇五年

（39）「an・an familleクロワッサン創刊の広告」（「週刊平凡」一九七七年三月十日号に掲載）には、「ファミーユはフランス語で家族という意味です」「アンアン卒業生のあなたに、結婚がきまったら、もうあなたはクロワッサンの読者です。／二十三歳から三十五歳までのヤング・ミセス――あなたが読者です。／そして、もしあなたがアンアン創刊号からの読者だったら、あなたこそこの新雑誌の最高の読者です」とある。

（40）「朝日新聞」の見出しで、若者の意での「ヤング」が登場したのも一九六六年以降のことである（『朝日新聞戦後見出しデータベース――from 1945 to 1999』CD―ROM、朝日新聞社、二〇〇〇年）。このヤングの特性に関して、藤竹暁は「背伸びをしない、他者志向型、現実的、同輩集団やマスコミの影響力の強さ」などを指摘している（藤竹暁『シラケ時代の文化論』学芸書林、一九七二年）。テレビ番組のタイトルを見ただけでも、TBSの『ヤング720』『ヤングジャンボリー』（いずれも一九六六年放送開始）を皮切りに、『ヤングおー！おー！』（毎日放送、六九年）のヒット以降、『ポップヤング』（テレビ朝日、七〇年）、『ヤング・ミュージック・ショー』（NHK、七一年）、『リブ・ヤング』（フジテレビ、七二年）、『歌え！ヤンヤン！』（テレビ東京、七二年）、『レッツゴーヤング』（NHK、七四年）、またラジオでは『ヤングヤングヤング』（ニッポン放送、六二年）を筆頭に、『ABCヤングリクエスト』（朝日放送、六六年）、『歌え！MBSヤングタウン』（毎日放送、六七年）、『セイ！ヤング』（文化放送、六九年）、『ヤングタウン東京』（TBS、六九年）と枚挙に暇がない。

（41）斎藤光「「アンノン族の京都」から「彼氏と行く京都」へ」、裏京都研究会編『京都ディープ観光』所収、翔泳社、一九九六年

（42）落合恵美子「ビジュアル・イメージとしての女――戦後女性雑誌が見せる性役割」、井上輝子／上野千鶴子／江原由美子編『表現とメディア』所収、岩波書店、一九九五年、前掲「性のダブル・スタンダードをめぐる葛藤」

（43）坂本佳鶴恵「消費社会の政治学」、宮島喬編『文化』（「講座社会学」7）所収、東京大学出版会、二〇〇〇年、同「女性雑誌の歴史分析」、お茶の水女子大学編「お茶の水女子大学人文科学紀要」第五十三号、二〇〇〇年

（44）David Chaney, "Fragmented culture and subculture," in Bennett & Kahn-Harris, *op.cit.*, p.47.

(45) 小出鐸男「出版業と産業化の実証研究（三）――雑誌広告収入の変遷について」「出版研究」第十九号、一九八八年、川井良介「現代マガジンの特徴」、東京経済大学コミュニケーション学会編「コミュニケーション科学」第二十二号、二〇〇五年
(46) 香山リカ「オリーブ少女の欲望のありか」、大塚英志編『少女雑誌論』所収、東京書籍、一九九一年
(47) 山下悦子『さよならHanako族――女たちは何を求め、何処へ行くのか』ベストセラーズ、一九九二年
(48) 岡山らくだ／永江朗『ぢょ《女子》しえっち』ワイレア出版、二〇〇三年

第7章

暴走族——モビリティとローカリティ

1　暴走族前史

暴走族の前史として、四輪に関しては前出の「原宿族」騒動が挙げられる。この「六本木族、みゆき族、新宿のダンモ族に続く原宿族」は、「表参道のいちょう並木の下は駐車自由。そこで、よその歓楽街の燈が消えると、若い自家用車族が原宿に集まってくる」態のものであり、「女性自身」一九六六年十二月十九日号「ドキュメント報告――原宿族狩り！」によれば、往きの電車賃だけもって原宿まで来る女性には「家庭も平凡な中流階級の娘達が多いという。「男の子は、上流階級の息子が多い。車もほとんど自分名義よ。女の子は車なんかもってないわね」」とある。[1]

一方、二輪に関しては、カミナリ族などがその前身にあたる（表18）。しかし、一九五九年に登場したカミナリ族は、「またの名をマッハ族――オートバイの消音器をつめたり、取りはずし高い爆音をとどろかせて突っ走るところからこの名がつけられた。都内だけで三万人、白いヘルメットをかぶり、皮ジャンパーに半長靴姿、主に深夜と明け方に出没。（略）カミナリ族は乗っている車が自家用車ばかりなのを見てもわかるようにほとんどが中流以上の若者」であり、当時のマシンの性能の制約もあって「東京足立区の都電通りで五十三キロ（制限速度三十二キロ）でとばし、警ら中の白バイに制止されたが無視、約四百メートル逃走して捕まった店員林成雄（二十）がカミナリ族逮捕一号」[2]

表18　モーターギャング諸族の比較

	Ⅰ　カミナリ族	Ⅱ　サーキット族	Ⅲ　暴走族
特色	技巧派	草レース派	無頼派
時期	昭和34年頃～昭和42年頃	昭和42年頃～昭和48年頃	昭和48年頃～現在
地域	東京中心	関西中心	関東中心
場所	特定広場（公園、空地）	特定道路（駅前、繁華街）	一般道路
時間	年中、夜間（但し土曜日に限らず）	夏季、土曜の夜、夜中、縁日の夜	年中（夏期最盛）、土曜の夜
構成員	オートバイマニアの高校生が主体	カーマニアの有職青少年が主体	高校生、有職者の未成年者が主体
リーダー	キャリアがありアクティブな高校生	特定リーダーなく、世話役程度の年長有職者	引率力、紛争処理能力、情報通、長いキャリア、高い運転技術、凄いクルマを所有する年長の有職者
グループ名称	あり（ないものもある）	ない（あるものもある）	奇抜特異なネーミング
旗、ステッカー等	すくない	ない	ほとんどあり
供用車	二輪車（中型以下）	四輪車主体	二輪(大型)、四輪、混合
行動	曲芸運転、ドラッグレース（ゼロヨンテスト）、持久競走	観客（一般市民）の前でのスピードレース、ハイテクニック披露	深夜集団で速度違反、信号無視、整備不良車運転、その対立抗争による犯罪に至る
取締り等	装置不良車運転として取締られたが社会は許容的	取締り警官に対し、観衆もまじって抵抗、騒動に至る	厳罰主義による徹底的規制、社会の非難の声大

（出典：兼頭吉市「暴走の病理」「月刊生活指導」第5巻8号、1975年、16ページ）

といったように、のちの暴走族の凶悪さにはほど遠い。

しかし、高度経済成長やモータリゼーションの大衆化のなかで、六〇年代後半に登場した「新宿カミナリ族」の場合は、「彼らのほとんどは十五歳から二十歳までの勤労青少年で、昼は職人、工員、店員、運転手などをして働いていた」[3]という。「初期の頃のサーキット族とかカミナリ族は経済的に相当のエリートであった。それに対して、現在の暴走族はいわゆる貧困層ではないが、いわば中間層が大部分である」という事態へ、徐々に移行していたのである。[4]だがその一方で、新宿カミナリ族の「代表的なファッションは長髪、革ジャン、ジーンズ。革ジャンには手を加え、ジーンズは、裾をほどいてわざとボロボロにしてはいていた。これがカッコよかったのだ。のちに登場する暴走族のファッションが、かなり「右」がかっていたのとは大きく違う」[5]。暴走族が今日のスタイルに定着するには、多くの紆余曲折が存在したのである。

2 「暴走族」の構築

スタンレー・コーエンは、モッズ（スクーターズ）対ロッカーズ（モーターバイクス）という図式が成立する直前の情況を次のように描いている。「一九六三年でもシンボルはまだ明瞭ではなかった。新聞は、相変らず両方のグループを指して「テディ・ボーイ」を使い、ロッカーズを指して「飛ばし屋（ton-up kids）」といった用語を使っていた。またエドワーディアン（のテディ・ボーイ）の初期がそうであったように、「モダニスト」の語もファッション・ページにとどまっている以上のものではなかった。それぞれのグループに、フォーク・デヴィルとしてのアイデンティティが与えられるには、公的なドラマが必要であった。（略）そうしたタイプへの否定的アイデンティティの割り振りは、モラル・パニックによっている」[6]。そして一九六四年、メディアを通じて増幅され、定型化されたスタイルを学習したモッズとロッカーズが、そのメディアの描くストーリーにのっとって実際に事件を起こすと、すぐさま警察・

図14　東京都大田区六郷の暴走族（1978年、倉田精二撮影）
（出典：『別冊太陽：1945－1995若者の顔』平凡社、1995年、66－67ページ）

司法・地方行政・教育機関などによる統制が始まっていく。

一九七〇年代の日本社会でも、クルマ関連のフォーク・デヴィルたちは、こうした過程を辿ることになる（表19）。まず「週刊ポスト」一九七二年七月二十一日号に「十八歳以下、サーキット・ゲリラ〝週末暴走族〟のスピードとセックス――富山、金沢、小名浜、岡山と広がる暴走集団の〝反乱〟が意味するもの」と報じられる騒動が起こる。

（昭和）四十五年以前は、まだ車は金持ちのドラ息子の遊び道具であった。それが、車の普及に伴って車は、庶民、とりわけ中央都市風俗にあこがれていた地方都市青年にも手がとどくシロモノになった。〝サーキット族〟の中味が変わっていった。／決定的な変化は、四十六年夏の福井市に起こったサーキット騒動だった。約三千人のヤジ馬の声援の中を、百台以上の車が、爆音と『キーッ』という音をたてて走り回った。この時の運転手はヤジ馬と同じ生活者大衆だった。金持ちのドラ息子が乗り回したのでなく、自らと同じ階層の連中であるから、歓声を挙げた。そして翌年夏の「富山を揺るがせた三十日間」もそうだった。

このとき、石川県警本部に検挙されたサーキット族百二十一人の内訳は、「〔年齢別〕①二十代八十五人②十代二十九人③三十代七人／〔職種別〕①会社員二十九人②大工十九人③運転手十七人④工員十四人⑤コック・バーテン等十

表19　1969年―79年　暴走族関連年表

1969年	5月17日	名古屋・テレビ塔周辺でカミナリ族が、群衆約2,000人を巻き込み大暴れ
	5月26日	東名・名神高速道路が全通
	7月19日	警視庁は新宿副都心のカミナリ族約200人と見物人約5,000人を完全規制
	10月1日	交通違反点数制度がスタート
1970年	8月19日	映画『イージー・ライダー』公開
1971年		この年、全国自動車保有台数が2,000万台を突破し、完全なマイカー時代へ
1972年	6月17日	富山事件。富山駅前のサーキット族100台以上と見物人約2,500人が暴徒と化す
	6月19日	警視庁による都内のカミナリ族グループの補導開始
	7月2日	暴走騒ぎが金沢市、小松市、岡山市に広がる。以後、全国に飛び火
1973年	10月26日	警視庁は都内150カ所で変形ハンドルの一斉取り締まりを実施
1974年	1月5日	東名高速・海老名事件。ヒットラー約100人とアーリーキャッツ約100人の衝突
		暴走族の本格的な対立抗争時代の幕開け。全国各地に連合組織が誕生
	5月24日	警察庁は暴走族解体作戦を全国に通達
1975年	1月18日	湘南片瀬海岸での大乱闘事件（暴走族7グループ、約700人）
	6月8日	鎌倉七里ヶ浜事件。東京連合・神奈川レーシング連盟双方約600人が大乱闘
	7月24日	警察庁はオートバイ免許制度を3段階にすると発表。実施は10月1日から
1976年	5月15日	神戸祭り事件。暴走族と群衆が暴動を起こし、カメラマン1人が死亡
	5月22日	警察庁は暴走族対策連絡室を開設
1977年	9月17日	大井埠頭乱闘事件。11グループ約3,500人が集結。スペクターと極悪が衝突
1978年	1月27日	関西最大の日韓連合（13グループ約700人）が、大阪府寝屋川署に解散届を出す
	9月7日	警察庁は「最近の暴走族の実態」を発表。低年齢化、凶悪化、レディースの急増など
	12月1日	新道交法施行。「68条共同危険行為等の禁止」の新設
1979年	12月18日	警視庁は、道交法改正以後、暴走族7割減を発表

（出典：中部博編『暴走族100人の疾走』第三書館、1979年、戸井十月『シャコタン・ブギ』角川書店、1980年、から作成）

表20　東西の暴走族の特徴・対比

特徴	東日本型	西日本型
グループ規模	大きい（連合化）	小さい
グループ結束	強い	弱い
年齢	若い	高いものもいる
高校生	多い	少ない
参加車両	二輪混合	四輪主体
暴走のタイプ	遠距離ツーリング	特定場所でのサーキット
抗争	多い	少ない
スプレーによる落書き	あり	なし
群衆	なし	あり
爆竹等	なし	あり
祭・夜市との関係	なし	あり
警察との関係	親警察的	反警察的

（出典：『暴走族・今日の青少年問題』神戸市青少年問題協議会、1977年、35ページ）

表21　暴走族関連図書一覧

《カタログ》	書名	出版社	出版年
グループ〈フルスロットル〉編	暴走列島'80——全日本暴走族グラフィティ	第三書館	1979
グループ〈フルスロットル〉編	ボア・アップ！——暴走列島'80part2	第三書館	1980
グループ〈フルスロットル〉編	暴走列島'81	第三書館	1981
グループ・フルスロットル編	レディス	第三書館	1981
グループ〈フルスロットル〉編	暴走列島1982——暴走ホットロード	第三書館	1982
《写真集》			
戸井十月編	止められるか、俺たちを——写真集「暴走族」	第三書館	1979
木村英輝／坪内成晃（グループ・フルスロットル）編	ザ・暴走族——写真本	第三書館	1980

《写真集》	書名	出版社	出版年
福田文昭	'69新宿カミナリ族は、いま……——青春ふたたび帰らず	第三書館	1980
竹村潤編	暴走族写真集——I Love Army	大陸書房	1980
観音野口	叫び——裏街道の青春写真集	企画室リバティベル	1980
犬飼長年	写真集・暴走最前線——止められるか、俺たちをpart3	第三書館	1981
会田我路	激突暴走「族」——ひとりひとりがヒーローだ	ダイナミックセラーズ	1982
会田我路	特攻㊎——暴走にかける青春	ダイナミックセラーズ	1982
《ドキュメンタリー（手記・聞き書き）》			
瓜田吉寿	俺たちには土曜日しかない	二見書房	1975
平林猛／朝倉喬司編	生きてる証しがほしいんだ——「暴走族」青春のモノローグ	大和書房	1977
中部博	暴走族100人の疾走	第三書館	1979
戸井十月	シャコタン・ブギ——暴走族女リーダーの青春	角川書店	1980
上之二郎	ドキュメント暴走族part 1	二見書房	1980
上之二郎	ドキュメント暴走族part 2	二見書房	1980
上之二郎	ドキュメント暴走族part 3	二見書房	1980
田中保次	ドキュメント暴走族part 4 写真集——「族」特写スーパーショット853	二見書房	1980
竹村潤編	爆走レディス——土曜の夜はパラダイス	大陸書房	1980
秋本誠	爆走——ストリート・エンジェル	大陸書房	1980
中村喜一郎	ドキュメント暴走少年	大陸書房	1981
秋本誠	ツッパリ——番長グループ100人の証言	ダイナミックセラーズ	1981
（構成・企画）集団BOX	ルージュをひいた悪魔たち——女暴走族ドキュメント写真集	青年書館	1981
佐藤信哉	心の中のバイクを見つけよう——暴走族だった僕の言い分	現代史出版会	1982
堂城剛	ドキュメント・暴走族	神戸新聞出版センター	1982
西村亨	検問突破——ノンフィクション族ドキュメント	新泉社	1983

人⑥学生六人⑦農林業四人⑧無職五人⑨その他十七人」[7]だったという。このなかには自身のバイクやクルマを乗り回した者だけではなく、いわゆる「傍騒族」も含まれており、こうしたギャラリーを巻き込んだかたちでの、特定の日時・場所で繰り返される暴走行為が、「西日本型」の特徴であった[8](表20)。

一方、関東では、「サーキット族は、それぞれグループを結成し、徒党を組んでいるのが特徴だ。／東京でいえば、「影」をはじめ「スペクター」、「ジェロニモ」、「流星」、「ファントム」、「一寸法師」、「ピラニア」…などといったぐあいに、グループ名をつけ結束を図っている」[9]。だが、「当時から抗争事件はあったものの、この頃の族は、とにかく改造車をいかにして走らせるか、いかにしてスピードの壁を突破するかということに熱中していた。しかも、年代層も大学生、社会人を含めて二〇代の連中が多く、ツッパリということよりもレーシングのほうに重点を置いた暴走集団だった」。しかし、その後「警視庁は一九七三年の暮れに記者会見を開き、都内を暴走するカミナリ族の数は約三〇グループ、未確認グループを含めると約五〇グループにのぼると発表。同時に、カミナリ族摘発強化を宣言した。／その中で、警視庁がとくに名を挙げたのが、四輪六〇〇人、二輪三〇〇人の全国組織を自称する最大組織「スペクター」だった。／当時から、浅草を本拠地としたスペクターは、川崎を本拠とするアーリー・キャッツ、調布を拠点とするルート20と連合し、「CRS」という巨大な連合組織を作っていた」[10]。そして、七四年には「東京サーキット族百五グループが大集結する!!──《関東連合》発会式に集まった七百台のマシン群!」が、「駒沢公園で深夜の平和会議」を開いたという。[11]これらサーキット族は、「金持ちのお坊ちゃんの道楽というより、月々二万円くらいかかるガソリン代を自分で稼ぐ者がほとんどだ」[12]。

こうして一九五〇年代から六〇年代的なカミナリ族・サーキット族とは異なる階級や年齢の若者たちが、バイクやクルマを操り、騒動を引き起こしていくようになるわけだが、「週刊読売」一九七四年六月八日号「若者をかりたてるこの〝深夜の楽しみ〟」の時点ではまだ、「〝カミナリ族〟〝スピード族〟〝サーキット族〟〝マッハ族〟〝暴走族〟〝狂走族〟──と、呼び名はいろいろあるが、とにかく土曜日の夜、時計の針が午前零時をさすころともなると、東京では、神宮外苑や青山通り、または馬事公苑周辺に、三々五々、愛車で乗りつけて、集まってくる若者たちの群れ」とあるように、「暴走族」の語はまだその地位を確立していない。だが、七四年五月に警察庁次長依命通達「暴走族に対する取締りの強化について」が出され、「暴走族とは、自動車を運転し、集団で最高速度違反、信号無視、整備不良車両運転等の暴走行為を行う者をいう」[13]と公的な定義が与えられることになる。そして三宮フラワーロードでの神戸祭りの際に、取材カメラマンが死亡するという大暴動の直後、七六年五月十八日に「暴走族対策会議」新設が閣議決定され、暴走族は国政レヴェルでの社会問題となっていく。そうしたなか、神戸祭り事件に関与した「暴走族」の一人は、「わしは暴走族といういい方は嫌いだ。マッハ族、カミナリ族、カーキチ族、サーキット族という呼び方がスマートだし、若者の気持ちをいい当てている。それを暴走族にかえたんは、むしろ社会や警察やと思うが」[14]と語っている。

こうした騒動は新聞などで繰り返し報道され、また七〇年代半ばには、暴走族（予備軍）にむけた「暴走族ジャーナリズム」も登場し始めている[15]（表21）。だが、この頃のファッションは、冬場は「ショッキングなカラーのヘルメットに黒の革ジャン、龍の刺繡のスーベニア・ジャンパーのヤング達[16]」、夏場は「シャツ――イタリアン・カラーふうのエリ、七分のソデ、胴回りと腕に模様の入った〝ハマカラ〟が今夏は大流行。アロハシャツも〝カミナリ族〟の時代のものより、ド派手なプリントが好まれ、カラフルなカッコでアクセルを握っている[17]」とヴァラエティに富んでおり、固有の暴走族スタイルはまだ確立されてはいなかった。

3　階級、マスキュリニティ、ローカリティ

一九七〇年代中盤におこなわれた暴走族のメンバーに対する各種調査からは、全国では「高校生三一・三％、会社員一三・五％、工員・店員・職人・その他四三・三％、無職・不明八％、大学生三・二％[18]」、西日本では「学生二一・三％、ホワイトカラー一七・〇％、ブルーカラー二四・〇％、店員八・八％、職人一一・〇％、運転手六・六％、

自営業四・四％、無職・その他三・七％」[19]と、その中心は有職者であり、やはり四輪の比重の高い西日本では、比較的年齢層が高く出る傾向にあることがうかがえる。[20]そして、「総じて暴走族の将来イメージはブルーカラー、グレーカラーである。また現在、無職である者、店員である者では水商売志向が強い」[21]。

一方、メンバーの親たちの職業・階級に関する調査をみていくと、「父の職業では会社員、工員、公務員など外勤が最も多く四三・五％だが、これについで自営業が多く全体の約四〇％を占めているのが目立つ。一般に家庭の経済状態は普通もしくはそれ以上といえよう。つまり、他の非行少年に比べると暴走族は恵まれた家庭環境におかれているといえる」[22]、「暴走族の親の場合、非行少年の親に比べ可成りよく、大凡一般の家庭状況の分布に近い」[23]、「少年たちの家庭環境をみると、およそ中流のやや下というあたりのところだろうか、欠損家庭の率も多くはない（一五％）。車やオートバイの購入も、彼等の約半数が親の援助によっている」[24]など、平均的な経済的環境のなかで育ったことが指摘されている。

では、同じような家庭環境にあって、暴走族に「なる／ならない」を分かった要因はなんだったのだろうか。暴走族の「特徴は、高校中退者が多いことである。すなわち、社会人中の三割を占め、中卒だけと合計して七割になっている。この高校中退を促したものは、基本的には家庭的状況であるよりも、本人の学業への態度にその大半がある」[25]。だが、当然のことながら、すべての学業不振者が暴走族の成員となるわけではない。森田洋司は「日本の青少年は一般に、発達につれて児童期よりも内向化する傾向が見られ、その生育環境にさまざまな内向化への文化的圧力が介在している」のに対し、「暴走族青少年の性格特性は、極端に高い外向性と高い神経症的傾向を示している」とし、それゆえ学校教育における「「かくれたカリキュラム」としての内向性志向文化への不適応」を起こすと論じている。要するに、その外向性ゆえに学校文化との不適合をおこし、校内において「問題児」という逸脱的レイベルを与えられ、その結果さらに学業不振に拍車がかかり、学外へと目が向いた先にあったのが暴走族だというのである。[26]だが、佐藤郁哉が丹念に描き出したように、暴走行為は、学校文化から「落ちこぼれた」欲求不満や、大学進学者への劣等感からの逃避や自暴自棄ではなく、社会全域を覆いつつある学校文化へのオルターナティヴの模索であり、彼（女）

らなりの「魅力―リスク」の追求を、その第一義としていたのである。[27]

では、階級や学歴以上に、彼（女）らの意識を占めていたものは何だったのだろうか。一つは、ひろくバイカー・カルチャー全般に見られるマスキュリニズムだろう。[28] 佐藤も、京都の暴走族少年たち特有の「イワす」という言葉に注目し、「「女イワす」――犯す、〝イく〟／「アイツイワす」――やっつける、殴る。／「河原町イワす」――単車で河原町通りに出かけ、思いきりうるさい音を立てて騒いでくる。／「単車イワす」――盗む。／〝タマる〟が受動的で不活発な状態であるのに対し、〝イワす〟は、自分から積極的に行う能動的な行為である。（略）暴走は、〝イワす〟タイプの逸脱行動の中でも最も華々しいものであるといえる」[29] と述べている。暴走と喧嘩と性交は、その攻撃性、「男らしさ」という点では等価なのである。千葉康則らの調査によると、「男性に比べると女性の方が暴走族に対する反感はかなり少ない。彼らに男性を感じる女性も少なくない。事実、彼らの異性交友のチャンスは多いし、集団走行中に異性を同乗させているものが多い」[30]。「オンナはちがうよ。ウソはつくしね。あんな下等動物とは、つきあってらんないよ」とうそぶきながらも、少年たちが暴走族を選好した要因には、同性との友愛以上に、異性からの視線があったことは確かだろう。[31]

一方、七〇年代後半から徐々に、女性だけの暴走族、いわゆる「レディース」が登場してくる。

結成式が終わってからの私たちは、いっそうまとまり、人数も増えていた。毎週木曜日にアーリーキャッツ幹部会に出席、二日後の土曜の集会の集合時間と集合場所、走るコースを聞き、次の日金曜日、BABY-FACEの幹部会で、それをメンバーに告げる。（略）この頃私は、車も二台目、紺のサニーに代わり、川崎アーリーキャッツについて走っていた。しかしキャッツのレディスとしてではもちろんなく、あくまで同等の立場で走っていた。それだけにつらいこともたくさんあったが、私たちBABY-FACEの名前はいよいよ有名になっていった。男のバックのいない、ほんとうに純粋な女だけのチームとして。[32]

だが彼女らの存在は、男性暴走族たちにすらも容認されない。「自分たち自身の行動については「若気の至り」あるいは〝ヤンチャ〟として、その道徳的意味を中和化する男たちも、女が同じような行動をとることに対してはきわめて厳しい評価を下し、かつまた、レディスに対して面と向かってそれを表明する」。またレディースの側も、「インタビューの結果などをみても、《女は、男よりも早い時期にオチツくことを予想しているだけでなく、「早い内にオチツかねばならぬ」と考えている》」[33]。

こうしたジェンダー観とともに、見逃せないもう一つの要因は、「地元」への愛着だろう。「京都の暴走族グループの多くは、地縁的な結合、特に出身中学を単位とした結合を背景として結成されている。（略）単車・クルマという形での機動力をもちながらも、「地元」の特定の場所を中心とするタマリ場集団がグループ形成の母体となることが、このようにテリトリーが特定の地域に限定される重要な背景となっている」[34]。かくして遠くの高校に通い、最終的には大学進学を機に地元を離れるかつての同級生たちとは、異なる文化圏が形成されていくのである[35]。

4 メディアというギャラリー

だが、そうしたローカリティへのこだわりにもかかわらず、一九七〇年代後半、かつての「西日本型／東日本型」の区別は消え去り、暴走族のスタイルは全国的に平準化していく。そこには「平凡パンチ」や「週刊プレイボーイ」などの男性誌をはじめとした、暴走族ジャーナリズムの存在があった[36]。

> 「もっと、暴走族らしくやってくれないかなあ」――、取材でやってきたっていう、雑誌のカメラマンがこういったことがあった。暴走族をテーマにした〝体験ルポ〟だの、〝同乗記〟だのって記事をこしらえるためにね。（略）カメラを向ければ、暴走族はイキがった表情にガラッと変わる――（略）たしかに、注文に乗っかったオレ

たちも馬鹿だったとこはある。なんとか、ほかのグループとは違う、怖くて、カッコいいグループに思われようって、さんざんつくったからね。もともとが、目立ちたがり屋の集まりだからさ、もう必死。（略）結局、〝商売〟なんだよ。「こいつらのことを書いとけば、世間の読者は読んでくれる」って思ってるだけの話だよ。〝暴走族産業〟な。オレはマスコミのことはよく知らないけど、車の部品《パーツ》やアクセサリーを卸してる会社で働いてたことがある。そこの社長がいってたよ。「暴走族がいなくなったら、まあ、七割ぐらいのパーツ・ショップはツブれちゃうんじゃないかな」ってね。(37)

現に出版業界の一部は、『暴走族100人の疾走』『止められるか　俺たちを』の二冊で「暴走族本は売れる」ということが証明された。以後、本という形で暴走族は、出版社から「私たちは暴走族を理解しています」というポーズが取られつつ、〝食い物〟にされまくる。（略）暴走族本は、彼らがほぼ鎮静化する八三年までに、少なく見積もって合計百五十万部が発行された(38)」というように、まさに暴走族産業の様相を呈していた。

　また佐藤郁哉も、「〝『取材』け？〟／〝第三書館の人け？〟／〝『暴走列島』け？〟／〝『暴走列島'83』出るの？〟／フィールド調査の間には、特にその初期、また、調査がかなり進んだ段階においても、インタビューなどをしていて、そこにそれまで面識のなかった者がいあわせたりした場合など、幾度となくこのような質問に答えねばならなかった。なかには、「どこの書館や？」と聞く者さえもいた(39)」と述べている。こうした全国暴走族一覧の「カタログ」に自ら売り込み、そのグループ名の出た新聞記事をスクラップするなど、暴走族の側は、マスコミを単にモラル・パニックを引き起こす反作用としてだけではなく、自らの存在を誇示するメディアとしても位置づけていた。また七六年には、当時東京で最大の勢力を誇ったグループを追ったドキュメンタリー映画『ゴッド・スピード・ユー！——BLACK EMPEROR』が公開されている(40)。

　こうしたメディアに媒介されることで、当初は思い思いのかっこうをしていた暴走族も、やがて特攻服スタイルへと一元化されていく。この「スタイルが一般化するのは七七年大井埠頭事件以降である。（略）元一寸法師の山村氏も、特攻服を着るようになったのは七八年頃からだったと言う。／「入ったころはドカジャンって呼んでる作業服や革ジャン。オートバイのときは太い作業ズボンにブーツはいて革ジャンにリーゼント。ツナギなんかも着ましたね。夏は甚平。出かけるときはサファリスーツとか。特攻服は上野の日の丸堂というところで買って、刺繡も入れてもらいました[41]」。また、難解な漢字を多用したグループ名やステッカーの作成なども、全国的な暴走族スタイルとして共通化が進んでいく[42]。この七〇年代後半の情況について、関西をフィールドとした研究者も次のような証言を残している。

道交法改正のために消え去るというので、その記録を残すと称し、暴走族の写真とか、プロフィールが一時期パッと出ました。これは、かなりの売れ行きを示しましたが、読んでいるものは、対策にあたっている人たちよりも、どっちかというと、暴走族自身の方に回っているわけです。この暴走族のパターンは東京が主で、箱乗りはするし、旗を振るし、鉢巻をするし、というような非常に攻撃性の強い写真がでております。（略）それがモデルになって、「暴走族かくあるべし」というように、若ものたちを刺激した面がかなり強いのではないかと思います。現在走っている姿に見られるように箱乗りをしたり、火のついたたいまつや鉄パイプを持って乗っている姿などは、むかし大阪方面ではなかったのですが、その写真集にそういう写真がいっぱい載っているわけです[43]。

*

一九八〇年代以降も暴走族は存続し、「族」と言えば一般に暴走族を意味するようになる[44]。また、さまざまなバイクやクルマ関連の逸脱的ユース・サブカルチャーズである「〇〇族」は、それこそ現在も族生し続けている[45]。だが、人とマシンが一体となって広場や公道を占拠し、暴走族としての自己を顕示しえたのは、七〇年代のごく限られた時期であった。その頃、「それは暴走族である」という状況への参加者たちの身体には、男性性の誇示や地元意識以外にも、その後継者たちとは異なる、この世代独自の特質が刻み込まれていた。それはポスト団塊世代であることと、大学への非進学者あることとがあいまった、中産階級出自の対抗文化や学生運動への反発であり、それらへの嫌悪がマスキュリニズムと重なり合ったとき、ある種の「右翼趣味」へと結実していくことになる。これは、七〇年代イギリスのパンク・ムーヴメントにおける、上の世代や良識ある大人たちから嫌悪されんがためだけのかぎ十字《スワスティカ》の引用とも共鳴している。(46)

そうした点で暴走族は、「ホール・アース・カタログ」などの六〇年代の遺産を希釈し、転用することで、自己を主張し始めたアンノン族とは対極に位置する存在とも言えよう。また、非進学者のユース・サブカルチャーズという点で言えば、次に取り上げる「大学生文化としてのクリスタル族」とは、水と油の関係にあるように思える。しかし、消費行動論からのバイカー研究において、そのサブカルチャーへの「目にみえるコミットメントの指標は、タトゥーやモーターサイクルのカスタマイゼーション、クラブ特有の衣服、さまざまな栄誉や達成、ラリーや他のライダー・イヴェントへの参加を示す縫い付けられたバッジやピンを含む」(47)と語られているのと同様に、日本の暴走族たちの消費行動も、結果的に「暴走族産業」を支えることになる。暴走族の間では「キャブレターは、ソレックス、ウェーバーあるいはデロルトのそれであるか、それとも名もない「△×工業」のそれであるかでは格段の違いがあるし、単車のミラー一つにしても、「モッサい」メーカーの純正部品とナポレオンのそれでは持ち主のセンスに対する評価がまったく違うのである」(48)といった具合に、用意された商品ラインアップやカタログのなかからの、アイテムやブランドの選択を核とするユース・サブカルチャーズという点では、アンノン族やクリスタル族と時代精神を共有しているとも言える。(49)このことは、集団暴走行為をするしないにかかわらず、暴走族テイストを日常のスタイルとした八〇年代以降の「ヤンキー」を見れば、さらに明確になってくる。(50)

Youthquake の社会全般への拡散によって、また高度経済成長の恩恵によって、大部分の若者たちは、消費・娯楽を通じての自己主張が可能となった。それは、単に「若者」や「ヤング」であるだけでは非通念的ではありえず、また一元的な「若者」像・「ヤング」像がいよいよ描きにくくなっていくなかで、どのように、どのような若者であるかを、多くの若者たちが自ら考えざるをえなくなったという事態でもある。一部の限られた若者が何らかのサブカルチャーにコミットする段階から、若者たちがすべからく、細分化されたユース・サブカルチャーズにいずれかを、アドホックに選択し続ける段階へ。八〇年前後が、そうした社会変容の大きな「潮目」と言えるのではないだろうか。

【補論】「ヤンキー」スタイルの消費へ

これまでヤンキーに関しては、関東の「ツッパリ」に対応する関西独自の存在——語尾にアクセントのおかれる「ヤンキー」——であり、当事者の「ヤンチャしてんのを、〝ヤンキー〟やな」といった説明[51]や、関西弁のヤーサン（ヤクザ）からきたという説、同じく語尾「〜ヤン（ケ）」が元であるという説などがあるものの、その語源は必ずしも明らかではないとされてきた。[52]だがこの語は、関西（弁）固有なものではなく、やはり'Yankee'からの転訛だろう。今井俊博は、一九六〇年代後半、のちにヤンキーと呼ばれるようになったスタイルの原型を次のように記している。

六八年秋——もうひとつのアンチが非行青少年のグループからも起こっている。風俗としてのアメリカン・アイビー——ヨコスカ・マンボ族がこれである。それは、アイビーの全く全く正反対の裏返しのルールを採用することによって、反社会的であった。／男はリーゼントでひさしをつくり、わざとポマードできめる。女は、真赤な口紅が典型的で、マユは細くはねあげ、茶のシャドウはことさらに濃く。黒の下着、花柄のビキニ、ガーターでストッキングを吊るしてみたり。要は、ミニ・スカート、パンスト、ユニ・セックスなどの中で失われた男臭さ、女臭さを追求したのである。トム・ジョーンズ、モンロー、ジーン・ハーローの世界。エロチシズム。／前述のゲバゲバサイケが、激烈な受験戦争を経過して大学に進んだ、進学組の典型——自意識派が辿った反社会、反体制の路線であったとするなら、後者——スカマン・ロンタイ族のそれは、むしろ非進学コース・グループ——進学する、しないにかかわらず、その態度を非行化の方向に選択したグループの反社会路線であった。／この二つのサブ・カルチャーは、いずれも反社会的で、外へ外へと向かっていくタイプの反体制であったことで共通性がある。しかし、一方、前者は自意識の文化、後者は下半身の文化という風に対照的でもあった(53)。

こうした「非進学組のサブ・カルチャー」は、アメリカ兵が集まる銀座のディスコ「ステップヘブン」閉店後はその拠点を渋谷の「ヴァン」や新宿の「ジ・アザー」に移していき、ソウル・ミュージック（とそのミュージシャンたちのスタイル）の影響下、独自の発展を遂げていく(54)。

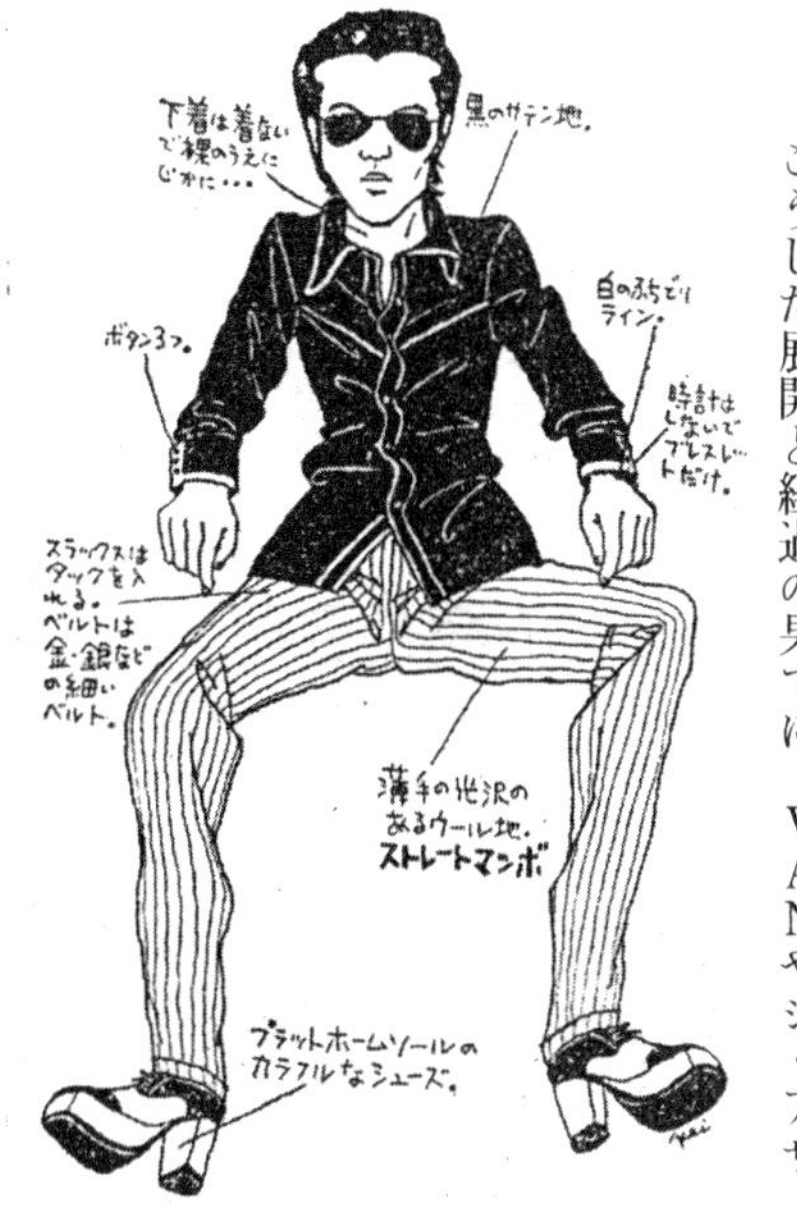

図15　ヤンキー・スタイル
（出典：「わが編集部は土曜日の新六本木族を〈キャロル野郎〉と呼ぶ」「週刊プレイボーイ」1973年6月19日号）

こうした展開と経過の果てに、VANやジ・アザーなどに見られたスタイルを、ヤンキーと呼ぶようになり、それが二年半くらい前から高校生の間に拡がっていったようだ。／このヤンキー・ファッション。元来が米兵の遊び着のスタイルである。／だから日本製では同じようなものが売られておらず、ヘブン時代にはアメ横でアメリカ製のスラックスや靴《ママ》が買われていた。しかし、これは輸入品であるために、思うようなものは少なく、あったとしても高価で、ヤンキーをやるにも随分と苦労があったらしい。／それが、七一年くらいになると、EX（エキスポートの略で、原宿のハラダなど、輸出向けの商品を売る店のこと）のように、輸出品を安く売る店ができたり、デパートあたりでも輸入品がふえて、高価だが一流品が手に入りやすくなった。そんなことがキッカケで、高校生中心に、ヤンキー・ファッション、ヤンキー風俗がかなり流行、――しかも、拡がるにつれて、いろんな情報が入ってその雑種化が進んでいったようだ。[55]

その雑種化したスタイル――「ヨコスカマンボの硬派といっしょになり、髪はパーマをかけたり、リーゼントにしたり。フィリッピン・カットに似たヘアースタイルで、スラックスはオリジナルのハイウエスト。スカマンとは違ってきれいなラインを見せている。シャツもオーダーで玉虫色からしぶい模様までいろいろ。スーツはもちろんコンポラ」[56]――から、さらに何重にもコピーが繰り返されていくなかで、典型的なヤンキー・スタイルが形作られていったのである。「週刊プレイボーイ」一九七三年六月十九日号「わが編集部は土曜日の新六本木族を〈キャロル野郎〉と呼ぶ」には、「ロックンロールグループ〈キャロル〉がノシてきた今年の四月頃から、六本木に集まるヤング層が変わってきた。まず、年齢層が下がって、十七才〜二十才ぐらいが主流になった。／ファッションは、〈キャロル〉のメンバーのように、概してヤンキースタイルが多いが、どこかで自分の個性を出す工夫をしている」とある。現在、ドメスティックな感覚や文化の代名詞的に使われる「ヤンキー」も、その出発点では、ソウルやファンクで踊った遊び人たちのファッションやロックンロールの影響など、文字どおりのYankee cultureと密接に関連していた。ヤンキーは、外国語をアレンジした隠語を好んで用いるかつての大学生たちとは階級的には対極に位置する若者たちが、自らのスタイルを名指すために、原義をほとんどとどめないまでに流用した「外来語」だったのである。

だがこの語が、広く人口に膾炙するようになったのは、一九八三年に嘉門達夫の「ヤンキーの兄ちゃんのうた」がヒットして以降だろう。

竹の子族に負けるナ、と大阪最新風俗は「ヤンキー」　東京・原宿の竹の子族やロックンローラー族に負けじとばかり、いま大阪の街をカッ歩しているのが、誰が名付けたか〝ヤンキー〟なる連中。目立ちたがり屋の若者たちだ。／そのスタイルたるや、男なのに女性用のサンダルをつっかけ、そり込みを入れたパーマ頭に黒っぽいカーディガン。これだけでも異様なのに、集団でガニ股で歩きまわり、街のそこここにしゃがみこんで煙草をふかすのだから、人目を引かぬはずがない。／もちろん女の子の〝ヤンキー〟もいる。こちらはチャイナブラウスにタイトスカート。色はやっぱり黒が主体で、こちらもサンダルを愛用しているのだ。／要するにツッパリの変形なのだが、どことなく野暮なところがいかにも大阪らしい。(57)

そして、原義を雲散霧消させた「ヤンキーファッションは、他の多くの若者のファッションとは異なり、外国から輸入されてきたものでもなければ、はじめから大手の衣料メーカーによって意図的に案出されたものでもない。ヤンキーファッションは、若者の間から自然発生的に生まれ、それが主に中小の衣料メーカーによって商品化されてきた」と語られるようになる。もちろん、このヤンキー・ファッションにも、マスキュリニズムが潜んでおり、「衣服およびしぐさの面で独特のパターンをもつヤンキースタイルあるいは〝ヤンキー〟というよび名それ自体について、ヤンキーたち自身は一面で「ヤンキー魂」とでもよべる自負をもっている。（略）ヤンキースタイルは、彼らにとって一種の侠気《おとこらしさ》の表現でもあれば、美的なセンスの表現でもある」(58)。また、八〇年代当時の他のユース・サブカルチャーズとの関係で言えば、竹の子族・サーファー・テクノ・ニューウェーヴのような軟弱ないしユニセックスな連中との間に、彼らなりの「男らしさ」という一線を画そうとしていたのである(59)。

その後、『日本一の田舎はどこだ』といった本で「暴走族、不良いますか?」という問いがなされ、「チーマーみたいなやつがいるけど紙一重なので、ここはヤンキー＝チーマーというハンパなところ。ヤンママも多い。バリバリミキハウス着て茶髪なママがかたまってる。(神奈川)(60)」といった投稿が寄せられるように、暴走族やヤンキーは田舎の代名詞扱いされるようになる。(61) またチーマーやギャングを含め、不良少年全般をヤンキーと呼ぶ用法も登場し(62)、嘉門達夫が「絶滅・ヤンキーの兄ちゃんのうた」(『達人伝説』ダイプロ・エックス、二〇〇三年、に収録)を歌うなど、ヤンキー・スタイルそのものは拡散し続けている。だがその一方で、依然、日本版ラッズ・カルチャーとして「ヤンキー＝低学歴・ブルーカラー職層（出身）の少年（少女）」は、「反学校」「自由と自立」など独特の価値規範を保ち続けてもいる。(63)

注

（1）「深夜の狂態〝原宿族〟の知能程度」「週刊大衆」一九六六年十二月一日号

（2）赤塚行雄編『青少年非行・犯罪史資料1』刊々堂出版社、一九八二年、五三六―五三七ページ

（3）福田文昭『'69新宿カミナリ族は、いま……―青春ふたたび帰らず』第三書館、一九八〇年、三ページ。一九六八年当時、「新宿西口には、まだ高層ビルは建っていなかった。（略）新宿西口の中央公園には、四百人ほどのカミナリ族がたむろしていた。白バイをとり囲んで、プラグをはずしてしまうこともたびたびだった」（嵐山光三郎『口笛の歌が聴こえる』〔新風舎文庫〕、新風舎、二〇〇三年、三七四―三七五ページ）。

（4）千葉康則「暴走族の実態とその背景」「ジュリスト」一九七五年八月十五日号、有斐閣、五五ページ。「カミナリ族」（「ドンドン」一九九〇年四月号）によれば、例えばホンダ車のバイクの場合、五六年ドリームME（二百四十六cc）は十九万二千円、七五年XL250（二百四十八cc）は二十六万八千円だったという。この間、タクシーの初乗料金（東京）は七十円から二百八十円に、映画館入場料は百～百五十円から千円前後へと上昇している（総理府統計局編『小売物価統計調査二十年報―全国六十六都市 昭和三十六―昭和五十五年』日本統計協会、一九八三年）。七〇年代にはより大きな排気量のバイクや自動車にしても、若者たちにとって手が届く商品となっていた。

（5）「平成不良宣言」「GORO」一九九一年二月二十八日号

（6）Cohen, *op.cit.*, p.190-191.

（7）「富山・金沢サーキット騒乱―北陸路を揺るがした四十日間」「流動」一九七四年五月号

（8）一九六七年の京都の宝ヶ池サーキット事件、六九年の名古屋テレビ塔事件など、特定の場所で見物人を巻き込む「西日本型」の騒動は六〇年代から起こっており、そのピークが七六年の神戸祭り事件であった。七五年の調査でも、集団走行するグループ間同士の激しい縄張り争いを特徴とする関東型と、野次馬とともにサーキット行為を楽しむ関西型という対

比が指摘されている（田村雅幸／麦島文夫「暴走族の実態分析1　加入少年の特性について」、科学警察研究所編「科学警察研究所報告　防犯少年編」第十六巻二号、一九七五年）。「暴走族取締りに名を借りたヤング無差別規制　福岡――夜間外出禁止令のもつ重大な意味！」（「週刊プレイボーイ」一九七六年七月六日号）にも「福岡の暴走族は、関西型と呼ばれるサーキット・タイプで、見物人を必要とするものだ」とある。

（9）「週刊ポスト」一九七二年七月二十一日号

（10）上之二郎『暴走族伝説――七〇―八〇年代を駆け抜けた青春群像』KKベストセラーズ、一九九五年、一六―一八ページ

（11）「週刊プレイボーイ」一九七四年二月二十六日号

（12）「週刊プレイボーイ」一九七四年六月二十五日号

（13）渡辺義正「暴走族に走った少年たち――その現状、背景、対策」、青少年更生福祉センター／矯正福祉会編「犯罪と非行」第五十八号、一九八三年

（14）堂城剛『ドキュメント・暴走族』神戸新聞出版センター、一九八二年、一四七―一四八ページ

（15）「週刊プレイボーイ」の記者だった上之二郎は、瓜田吉寿（新宿ブラック・エンペラー）に取材を繰り返し、そこから「今でも口コミで代々読みつがれていると聞く『暴走族の手記・俺たちには土曜しかない』という一冊の本が、彼との出会いから作られていった」（上之二郎『ドキュメント暴走族　part1』二見書房、一九八〇年、一六―一七ページ）。こうした手記の多くは、安価な新書判であり、写真集の類でも価格も二千円までであった。佐藤郁哉による推定発行部数の調査では、『俺たちには土曜しかない』は十三万部を売り上げており、写真集なども五万部前後は出ていたようだ。なかでも、「ナメ猫」をフィーチャーした『なめんなよ』は、三十三万五千部のヒット作となった（佐藤郁哉『暴走族のエスノグラフィー――モードの叛乱と文化の呪縛』新曜社、一九八四年）。

（16）「週刊プレイボーイ」一九七四年二月二十六日号

（17）「夏に燃えた狂走族…総括!!――コトバ…、ファッション…、オンナ…、〝目立とう精神〟こそ誇り…」「平凡パンチ」一九七五年九月一日号

（18）前掲「暴走族の実態分析1　加入少年の特性について」

（19）国際交通安全学会004プロジェクトチーム「暴走族と高校生に見る車接近の背景要因の研究（中間報告）」、国際交通安全

学会編「国際交通安全学会誌」第三巻一号、一九七七年

(20) 高田朗雄「暴走族——その実態と対策」「ジュリスト」一九七五年八月十五号、神戸市青少年問題協議会『暴走族・今日の青少年問題——暴走族等調査検討専門委員会報告書』神戸市青少年問題協議会、一九七七年。その後、道路交通法の改正など罰則の強化により、暴走族は十代の一時期に通過するものとなり、低年齢化が進んでいく(佐藤直樹「〈暴走族〉の誕生と解体——数字のなかの少年犯罪」、芹沢俊介編著『解体される子どもたち——少年犯罪の政治学』所収、青弓社、一九九四年)。

(21) 田村雅幸「法改正後の暴走族の動向に関する研究1　加入者の社会心理的特徴の分析」「科学警察研究所報告 防犯少年編」第二十二巻一号、一九八一年、六三ページ。有職者のなかでも、以下のインタヴューにあるように、現在の職に満足している者は少なく、やがて落ち着くまでの過渡期にあると認識している者が大半であった。「親たちャア怒ったぜ。「せっかく大会社にはいれたっていうのに」ってネ。/俺の勤めていた工場は大手の電機メーカーで、世間からみれば一流企業さ。けどよオ、考えてみなヨ、高校しか出てない俺がだぜ、ピチッとしたワイシャツに背広着て東京のド真中にある本社にいけるはずはないだろう。だからって、工場の〝頭《あたま》〟(工場長)になれるはずもない。せいぜい定年まで勤めあげて、コンベアの一つのラインのみみっちい頭になるぐらいが、俺にとっちゃア関の山なんだぜ」(平林猛/朝倉喬司編『生きてる証しがほしいんだ——「暴走族」青春のモノローグ』大和出版、一九七七年、四六—四七ページ)。

(22) 兼頭吉市「暴走族の実態と対策」「運転管理」第十一巻八号、一九七五年、二六ページ

(23) 麦島文夫/田村雅幸「暴走族の実態分析——全国的調査結果の概要 上」、警察大学校編「警察学論集」第二十九巻三号、一九七六年、立花書房、六五ページ。同論文によれば、保護者の職業がホワイトカラーである比率は、暴走族三六・五%、それ以外の非行少年一八・三%。以下、自営・農業は三五・三%/三七・四%、ブルーカラーは二三・五%/四四・一%となっている。

(24) 田村雅幸「暴走族の実態と動向」「犯罪と非行」第三十八号、一九七八年、七〇ページ

(25) 前掲「暴走族の実態分析」六五ページ

(26) 森田洋司「「暴走族」青少年の性格特性と学業不振——内向性志向文化と少年非行」、日本社会学会編「社会学評論」第三十六巻一号、一九八五年。学校文化への不適応はポール・ウィリスも描いたところだが、イギリス社会に比して労働者コミュニティが弱く、ラッズのようなユース・サブカルチャーズの伝統のない日本では、暴走族—ヤンキー文化がその受

け皿となった。

（27）前掲『暴走族のエスノグラフィー』など。研究者がミドルクラス（出自）であるがゆえのバイアスに関して、アリ・ラタンシらは「社会科学によって「問題のある」労働者階級の若者（少女たちを含む）へと投げかけられている、文化的剝奪の概念は、ミドルクラス文化がそれ自身にあるきびしい抑制を課している点への看過を前提としている」と指摘する（Rattansi and Phoenix, *op.cit.*, p.142）。

（28）Paul E. Willis, *Profane Culture*, Routledge & Kagan Paul, 1978, John W. Schouten and James H. McAlexander, "Subcultures of consumption: An ethnography of the new bikers," *The Journal of Consumer Research*, 22 (1), 1995.

（29）佐藤郁哉『ヤンキー・暴走族・社会人――逸脱的ライフスタイルの自然史』新曜社、一九八五年、一七八―一七九ページ。クルマ関連の非行をはたらいた若者への調査で「クルマに対する考え方を分析すると、非行少年は、一般青少年よりも、車に対する考え方に歪みが認められた。つまり、非行少年は、一般青少年よりも、遊びとしての車、スピード、セックス、いわゆるカッコのよさなどを強調するのである」（三宅守一／麦島文夫／中里至正「自動車を媒介として発生する非行の分析」「科学警察研究所報告 防犯少年編」第十二巻一号、一九七一年、六八ページ）。

（30）千葉康則「暴走族の世界」、通商産業大臣官房報道室編「通産ジャーナル」一九七六年八月号、三四ページ

（31）第三書館編集部編『増補版 暴走族百人の疾走 付・暴走族年表一九六九―一九九〇』第三書館、一九九一年、一一七ページ。首都圏に住む十歳から六十歳の男女千人に対する意識調査でも、女性の方が暴走族により好意的であるという結果が出ている。取り締まりへの意見としては、「″すべて厳しく取締る″でみると男性は五一・二パーセント、女性は三九・四パーセントと、一〇パーセント以上も男性が厳しい。（略）特に性差が著しいのは大学生で″すべて厳しく″では二七・三パーセントも、また高校生で一三パーセントも性差があった」。また取り締まりに対する心情としては、「一般サンプルの三八・五パーセントは″全く同情する気にならない″と答えたが、性別では男性四二・二パーセント、女性三四・四パーセントと一〇パーセント近い性差を《（ママ）》見られ前問（取締り全般）の回答と符合している」（後藤紀朗「暴走族に関する意識調査の結果」、道路交通研究会編「月刊交通」第六巻八号、東京法令出版、一九七五年、六八ページ）。

（32）集団BOX『ルージュをひいた悪魔たち――女暴走族ドキュメント写真集』青年書館、一九八一年、四八ページ

（33）前掲『ヤンキー・暴走族・社会人』二二七―二二八ページ。一九九〇年前後のレディース（さらにはその後のヤンママ）ブームに関しては、「他誌とは違い女の子が読者。そのため単車やクルマではなく、人物にスポットを当てている。

誌メディアが大きく介在している。

「レディース」ブームを巻き起こした」(ヤングオート編集部編『ヤンキー今昔物語――ジャパンオリジナルヤンキー文化決定版』芸文社、一九九四年、一八一ページ)という「ティーンズロード」(ミリオン出版、一九八九年創刊)など、雑

(34) 前掲『ヤンキー・暴走族・社会人』七七―七八ページ

(35) こうした若者たちのたまり場として、一九七〇年代急速に郊外へと普及していったファーストフード店やコンビニエンス・ストアが利用された(マクドナルド一号店は七一年に、セブンイレブン一号店は七四年にオープン)。八〇年代半ば「コンビニの前でしゃがみ込んでいた当時のヤンキーたち。地域共同体も家族共同体も解体したとき、最後の居場所を提供したのが、地域社会の「深夜の誘蛾灯」コンビニだったが、そのコンビニこそは、地域や家族に根ざした最後の共同体を崩壊させる役割を担った張本人だった。なぜなら、コンビニ、そこで売られる告白投稿誌や投稿写真誌、個室化した電話、という組み合わせこそが、若い身体を、家にも学校にも地元にも属さない「第四空間=街」へと解き放ったからだ」(宮台真司『世紀末の作法――終ワリナキ日常ヲ生キル知恵』リクルートダ・ヴィンチ編集部、一九九七年、八一ページ)。

(36) 女性ながら、キラー連合四千人のヘッドであったケイ子にテレビ取材を申し込むと、千葉の「地元の某所に、数百台の四ッ輪と単コロを集める」と請け負ったという(戸井十月『シャコタン・ブギ――暴走族女リーダーの青春』角川書店、一九八〇年、四ページ)。こうした「やらせ」は八〇年代初頭から問題とされ始めていた(前掲『暴走族のエスノグラフィー』二三二ページ)。また関西連合の会長は、「マスコミが暴走族ゆうたらみんな東京や。あれにはごっつう腹立つ。なんで関西きいへんのかなあ、雑誌社なにしとんねん」(前掲『増補版 暴走族百人の疾走』二〇一ページ)。

(37) 佐藤信哉『心の中のバイクを見つけよう――暴走族だった僕の言い分』現代史出版会、一九八二年、一一九―一二一ページ

(38) 土田紘夫「全開バリバリ暴走族本大集会」、『この本は怪しい!!!――日本一のモーレッ・ブックガイド』所収、洋泉社、一九九七年、一〇二ページ

(39) 前掲『暴走族のエスノグラフィー』二三〇―二三一ページ

(40) 一九七〇年代、既に「若者向けクルマ雑誌のパイオニア。人気はOh!my街道レーサー」という「ホリデーオート」(モーターマガジン社、一九七一年創刊)はあったが、暴走族ないしヤンキー向け雑誌は八〇年代に族生している(前掲『ヤンキー今昔物語』)。映画では、娯楽作品として岩城滉一主演『爆発!暴走族』(一九七五年)、『暴走の季節』(一九七六

年）、舘ひろし主演『地獄の天使　紅い爆音』（一九七七年）などが公開されている。一方マンガに関しては、『BE-BOP HIGH SCHOOL』（きうちかずひろ）、『シャコタン・ブギ』（楠みちはる）、『湘南爆走族』（吉田聡）、『ホットロード』（紡木たく）などはいずれも八〇年代に入ってからの作品である。また、若者向けテレビ番組が最新の若者風俗として暴走族を取り上げることもあった。「昔、エンペラーの千歳台の支部が、先輩から「まとまってない」って言われたことがあったんだ。／で次の日、支部の全員が、頭を逆卍の形に頭を剃ってきたんだよ。（略）あの時は、それでTBSの〝ギンザ・ナウ〟のヤツらに追いかけられて、もうタイヘンだったよ。あんなの、ガキの番組だよ。出てらんないよ」（前掲『増補版　暴走族百人の疾走』一一六―一一七ページ）。また昭和六十年代以降、「集団暴走のかわりに目立ってきたのが、ナンパが目的の新手の暴走族。渋谷などの盛り場や湘南海岸など、ギャルの集まりそうなところに派手な改造車でやってくる。彼らは「シャコタン・ブギ族」（楠みちはる氏の漫画『シャコタン・ブギ』から）と呼ばれている」（「カミナリ族」「ドンドン」一九九〇年四月号）ように、マンガがまずあってのユース・サブカルチャーズも登場している。

(41) 永江朗「一九七〇～八〇年代――暴走戦国時代クロニクル」、『アウトロー伝説――昭和～平成暴力裏面史』所収、ワニマガジン社、一九九九年、四六―四七ページ。DVD『THE 暴走族　極悪編』（二〇〇五年、GPミュージアムソフト）に収められた初代極悪メンバーへのインタヴューによれば、下町を拠点とする極悪は、対山の手の意識が強く、山の手の暴走族を軟派――カタカナのチーム名、走り志向、ヤンキー（スウィング・トップ）・アイビー（ボタンダウン）などのファッション――と規定し、自身らを硬派――漢字のチーム名、喧嘩上等、短髪・パンチ（リーゼント禁止）、革ジャン・学ラン・戦闘服（右翼団体の制服からの流用）――として演出したという。だが、極悪メンバーたちにしても、銀座の歩行者天国でゴロまいていた（ケンカに明け暮れていた）グループが、暴走族を報道した新聞記事に刺激され、極悪結成を思い立ったと語っている。この極悪スタイルが、一九八〇年代以降の暴走族のロール・モデルとなっていく（比嘉健二「Born to be wild――暴走族文化の変遷」「ユリイカ」一九九五年四月号）。

(42) 円満字二郎『人名用漢字の戦後史』（岩波新書）、岩波書店、二〇〇五年

(43) 神戸市青少年文化研究所編『くるまと青少年』神戸市青少年問題協議会、一九八〇年、三―四ページ

(44) 例えば、吉永マサユキ『族――吉永マサユキ写真集』リトル・モア、二〇〇三年、岩橋健一郎『「族」俺達の流儀――走りぬけた爆音人生』バジリコ、二〇〇四年。

(45) 長距離にわたる弾丸レースを実施するキャノンボール族、富士スピードウェイのグランドチャンピオン・レースの際に

集結・暴走するグラチャン族（暴走族対策関係省庁協議会編『暴走族対策ハンドブック』立花書房、一九八八年）、アメリカンバイク風にハンドルを改造するチョッパー族、首都高速大黒パーキングエリアなどに改造車で蝟集するパーキング族（「パーキング族、レディース、チーム、追っかけ…群れたがる少年・少女の〝規律と快感〟」「SPA!」一九九一年十月九日号）、バイクで峠道などを攻めるローリング族（「朝日新聞」一九八七年三月十四日付）、渋谷公園通りに車高を上げた改造4ＷＤで集まる車高族（「FRIDAY」一九八八年九月十六日号）、暴走行為を期待して蝟集する期待族（長山泰久「暴走族と高校生・中学生」、屋久孝夫編『暴走族』所収、同朋舎、一九八九年）、ローライダー風の改造《バニング&トラッキング》車族（「GORO」一九九〇年八月九日号）、ナンパ族（野田建次「共同危険行為」、藤本和男／関野博司編『交通非行と暴走族問題』所収、開隆堂出版、一九九一年）、ドリフト族・ゼロヨン族（「週刊宝石」一九九一年六月二十日号）、スピーカー族（「SPA!」一九九一年八月二十八日号）、首都高速を猛スピードで周回するルーレット族（「週刊大衆」一九九四年六月十三日号）、阪神高速環状線などでスピードを競う最高速族・環状族（『ウラ関西で遊ぼ！――ビックリ仰天の千スポット大公開』〔「別冊宝島三七六」〕、一九九八年）、巨大なスピーカーを積んだ改造ワンボックスカーで大阪梅田ナビオ前に集合するナビオ族（『超コギャル読本――世紀末ニッポンを駆け抜けたコギャルたちの正体！』〔「別冊宝島三九一」〕一九九八年）、大型セダン車を改造するＶＩＰ族（中国新聞暴走族取材班『トッコウ服を着ない日――断ち切れ暴走の連鎖』日本評論社、二〇〇三年）、ウーハー族・アメ村族（「読売新聞」関西版、二〇〇三年七月三日付）、電飾など派手な改造が特徴のギンギン族（「読売新聞」関西版、二〇〇三年七月十五日付）、クルマによるたむろとナンパ行為を繰り返すハント族（『報道特集』ＴＢＳ、二〇〇四年八月十五日放送）、奈良公園付近をクルマで流しながらナンパする周回族（『ザ・サンデー』讀賣テレビ、二〇〇五年五月十五日放送）、同様に姫路市内でナンパするぐるぐる族（『ニュース・スクランブル』讀賣テレビ、二〇〇五年十二月六日放送）など。

（46）現にブラック・エンペラーのシンボルはかぎ十字であり、ヒットラーというグループ名も存在した。日本における暴走族とパンクの結びつきに関して、元「アナーキー（亜無亜危異）」の逸見泰成は、「この雑誌って上福岡毘沙門天が載ったことあるんだってね？／俺、ＯＢなんだよ。茂は浦和なんだけど、しょっちゅう上福岡に来て一緒に集会行ってたよ。それで藤沼が鏖でね」と語っている（「BURST」二〇〇一年四月号、コアマガジン）。

（47）Schouten & McAlexander, *op.cit.*, p.49.

（48）前掲『暴走族のエスノグラフィー』九七ページ

（49）日本語の「雪」にあたるものに対し、十七の言葉を有するイヌイットの例を引きながら、ハーヴェイ・サックスは「若者たちが車について五十七ものカテゴリーをもって」おり、「こうしたカテゴリーに焦点を合わせているという事実は、ある安定的な文化に対して多かれ少なかれ根本的な攻撃がなされていることを示す。その文化は世界をあるがままのものとして見るすべての人々に準拠する限りにおいて安定的なのである」（Sacks, *op.cit.*, p.35）。佐藤郁哉は「彼らは、また、文学愛好家が文章のスタイルで作家を見分けることができるように、改造のスタイルの微妙な違い（単車の場合は、排気音とアクセルのふかし方）で仲間を見分けることができる。仲間とそのクルマの特徴は分かちがたく結びついているのである」（前掲『ヤンキー・暴走族・社会人』一〇四ページ）と述べている。

（50）音楽の消費という点では、海外のバイカー文化ほど、日本の暴走族と特定の音楽ジャンルとのつながりは明瞭ではない。しかし、外道（一九七三年デヴュー）とサーキット族の親密な関係や（野間易通「ロックがなる場、不良がいる場」「ミュージック・マガジン」二〇〇四年八月号）、キャロル（七二年）、ダウン・タウン・ブギウギバンド（七三年）、クールス（七五年）などの「ヤンキーロック」も存在した（大山昌彦「不良、ツッパリ、ヤンキーはどう違う?:」、『音楽誌が書かないJポップ批評29――氣志團と「俺たちのヤンキー・ロック」』所収、二〇〇三年）。

（51）前掲『ヤンキー・暴走族・社会人』一二九ページ

（52）『現代用語の基礎知識 一九八四年版』（自由国民社、一九八四年）の「若者言葉」の章には「ヤンキー族」として採録されており、「ヤーさん」起源説が述べられている。なおこの章には、「暴走族ことば」のコーナーも設けられていた。語尾「〜ヤン」起源説は、『所さんの学校では教えてくれないそこんトコロ!』（テレビ東京、二〇〇五年十一月二十五日放送）から。また「朝日新聞」（関西版、二〇〇六年九月十五日付）の「勝手に関西世界遺産」のコーナーでも、関西発祥のものとして「ヤンキー」が登録されている。

（53）今井俊博『生活ファッション考』青友書房、一九七四年、一二ページ

（54）前掲「Born to be wild」、KORN監修『ディスコ伝説70's』、銀河出版、二〇〇二年。「「ジ・アザー」は一九六六年オープン。新宿「ソウル族」の拠点であった。七〇年代にも同様のディスコの開店はあったが、当時は「ロックやフォークがユースカルチャーの旗印となり、ソウルの看板を掲げたディスコカルチャーは、好きなものだけのアンダーグラウンドなものになってしまう」（湯山玲子『クラブカルチャー!』毎日新聞社、二〇〇五年、二二三ページ）

（55）前掲『生活ファッション考』二八七ページ

(56) 同書二九〇ページ
(57)「週刊文春」一九八三年十一月三日号
(58) 前掲『ヤンキー・暴走族・社会人』一三〇―一三四ページ
(59) ときに暴走族の「竹の子狩り」といった事態も生じたが、暴走族と竹の子族との関係は、一種の近親憎悪であった。「一九七九年からは原宿の歩行者天国が始まったため、週末はディスコで日曜はホコ天でという活動パターンになる。一九七八年十二月から施行された新道交法の影響で、暴走族をやめて竹の子族やロックンローラー族に転向した少年少女たちがたくさんいた」(栃内良「レディス伝説」、前掲『アウトロー伝説』所収、九四ページ)からこそ、「バリバリ」「ビッとする」「ビシバシ」「全開」「ハンパじゃない」など「竹の子族」が好んで使う言葉には、暴走族由来のものが多い。暴走族風といえば、二十以上はあるというグループ名もそうだ。「流珠(ルージュ)」、「紫留美亜(シルビア)」、「不恋達(フレンズ)」、「麗羅(レイラ)」、「嫉妬心(ジェラシー)」」(NHKアーカイブス番組プロジェクト編『夢と若者たちの群像』双葉社、二〇〇三年、二七五―二七六ページ)。またヤンキーとサーファーもただ対立していたのではなく、七〇年半ばの大阪には「ちょうど〝ヤンキー〟と〝サーファー〟の交代時期には、〝ヤンキー〟が週末にはサーフィンに出かけるという、〝ヤンファー〟もいた」(山口由美子「大阪ヤンキーを探した」、『あぶない少女たち――渋谷チーマー、レディース暴走族、クラブキッズ、グルーピー、大阪ヤンキー』〔「別冊宝島一五八」〕、一九九二年、五七ページ)。
(60) 清水ちなみ『OL委員会秘宝館スペシャル「日本一の田舎はどこだ」編』(幻冬舎文庫)、幻冬舎、一九九六年、四九ページ
(61) 嶽本のばら『下妻物語――ヤンキーちゃんとロリータちゃん』小学館、二〇〇二年、同『下妻物語㊦――ヤンキーちゃんとロリータちゃんと殺人事件』小学館、二〇〇五年
(62) 二〇〇五年にテレビドラマ化もされたマンガ『ホーリーランド』(「YOUNG ANIMAL」〔白泉社〕誌上に二〇〇〇年から連載)では、街にたまる不良全般が「ヤンキー」と称されている。〇二年「四月愛知県警察本部は、暴走族対策室を発展解消させ、非行集団対策室を立ち上げた。チーマー・カラーギャングにどう立ち向かうか、課題はまだまだ多い」(名古屋保護観察所暴走族事件対策班「暴走族類型対象者に対する処遇の現状――暴走族事件対策班レポート」「犯罪と非行」第百三十三号、二〇〇二年、六七ページ)とあるように、また「読売新聞」(関西版、二〇〇三年十二月十三日付)の記事「ヴィッセル神戸譲渡」に「鹿島が地域に根ざすチーム作りに成功し、暴走族が激減したという」とあるように、今日、

場所や地域に依拠する非行文化のあり方は、暴走族―ヤンキー・カルチャーだけにはとどまらない。
（63）佐々木洋成「価値規範と生活様式――ヤンキー少年に見る職業・進路選択の契機」、関東社会学会編「年報社会学論集」第十三号、二〇〇〇年

第8章　クリスタル族——クラスとテイストのセクト

1　二十五年後の太陽族

一九六〇年に一〇・一％にすぎなかった大学進学率は、七〇年には二三・六％、七五年には三七・八％と急上昇を遂げる。また大学在学者数も七五年には二百万人を突破し、五六年時点の約五倍にまで達している（表7＝一一二―一一三ページ、表13＝一五六ページ）。その結果、暴走族―ヤンキー文化が、高校生ないし高校中退者を中心としていく一方で、エリートとしてではなく、大衆としての大学生をベースとした学生文化が、七〇年代を通じて浮上してくることになり、この二つのユース・サブカルチャーズないし社会空間の分化は、八〇年代に入り、より明瞭なものとなっていく。その顕在化の大きなきっかけが、石原慎太郎の場合と同様に、一橋大学在学中の田中康夫（一九五六年生まれ、小説発表当時二十四歳）によって書かれた『なんとなく、クリスタル』であった。主人公の由利は神戸出身で、青山学院とおぼしき大学に通い、同時にモデルの仕事をしており、フュージョン・バンドでキーボードを担当するミュージシャンの淳一——幼稚園から一貫して成城学園に通っているらしい——と神宮前四丁目のマンションに同居している。そうした女子大生の日常を描いたこの作品は、同年の文藝賞を受賞し、翌年に刊行された単行本はミリオンセラーとなり、さまざまな議論を巻き起こしていく。

テニスの練習がある日には、朝からマジアかフィラのテニス・ウェアを着て、学校まで行ってしまう。普段の日なら、気分によってボート・ハウスやブルックス・ブラザーズのトレーナーを着ることにする。スカートはそれに合わせて、原宿のバークレーで買ったものがいい。／でも、一番着ていて気分がいいのは、どうしてもサン・ローランやアルファ・キュービックのものになってしまう。いつまで着ていても飽きのこない、オーソドックスで上品な感じが魅力になっている。／六本木へ遊びに行く時には、クレージュのスカートかパンタロンに、ラネロッシのスポーツ・シャツといった組み合わせ。ディスコ・パーティーがあるのなら、やはりサン・ローランかディオールのワンピース。(1)

この作品では、こうしたブランド名などの一つ一つに脚注がつけられ、小説であるとともに、当時の若者のライフスタイルに関する批評ないしはガイドブックの体裁がとられている。(2)これは、七〇年代に登場した若者向け「カタログ雑誌」のパロディ(3)であり、小説中に登場する「ポパイ少年」や「J・Jガール」の語には、それぞれ「平凡出版(現・マガジンハウス)発行の『ポパイ』のコンセプトに合った若者を指します」「光文社発行の『J・J』のコンセプトに合った女の子を指します。いまや、「ごく普通の〝シーラカンス・レイヤード〟女子大生」が見る雑誌です」といった注が付されている。(4)

田中自身は、自作について次のように語っている。

居直るようだけど、ぼくは中身が空っぽなのがいまの若者たちの生活だ、と思いますね。「もう頬づえはつかない」や村上龍さんのように、悩みや怒りを描いた青春があってもいいが、何にも悩みがなくて、〝何となく気分のいいもの〟を買ったり、着たり、食べたりしながら、〝何となく〟毎日を過ごしている若い人が東京にはあふれてますよ。(略)これだけ豊かな消費文化の中にあっても、彼らが自分を見失っている、とはいえない。さ

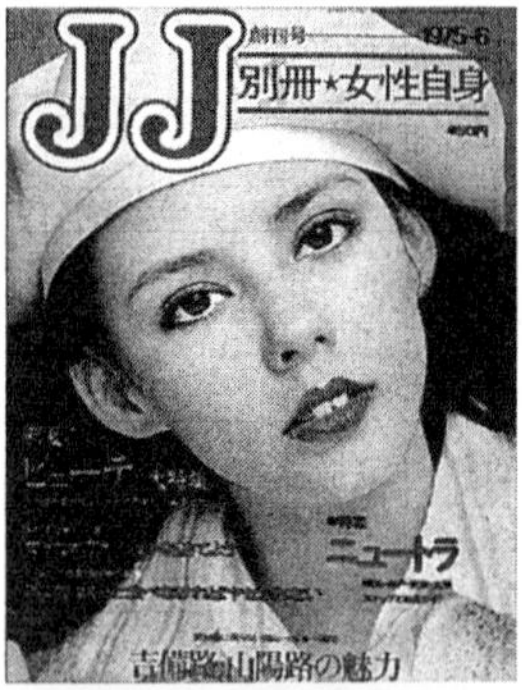

図16　「JJ」創刊号とJJガール、ニュートラ（上段中央・下段）とハマトラ（上段左）
（出典：「JJ」1995年６月号特別付録）

まざまな情報をノイズとシグナルに振り分ける感覚はいままでの世代にないものでしょう。クリスタル、つまり水晶に入った光は直進せずに水晶によって方向を変えられる。雑ぱくな情報をより分ける個人個人の感覚は大事にしたい。それがクリスタルな、生き方、だと思うんです。／渋谷公園通りを男の子と腕を組んでデートしても、自分の部屋に帰ったら、何かむなしい、だろうと思うんです。つくられた風俗に乗ったクリスタルな選択ではないから、です。(5)

昔、たとえば学園紛争のころとか、安保闘争のころには、皆ほとんど同じセリフを吐いていたんじゃないかと思うんです。でもぼくらの世代というのは、たとえば『ポパイ』がこういう、『an・an』がこうしましょうといっても、全員がそうするわけではない。その中から自分の関心のあるところだけを選び取っているわけです。（略）誰でも身近に感じるんですね。太陽族のころ、ヨットに乗れる人は少なかったし、村上龍さんの小説の主人公のように福生《ふっさ》で薬をやる人は少ない。ところが、ブランドを一個持てたら誰でも気持ちの上ではこうなれる。誰もが私のまわりでも起こりそうな話ととっています。[6]

このような田中の作品や言動に対しては多くの批判がなされたが、[7]「クリスタル族」「なんクリ族」は、一種の流行語ないし流行現象として、八〇年代初頭の文化情況を象徴する存在として注目を集めていく。[8]そしてブームが一人歩きするなかで、クリスタル族は、本来田中が冷笑していた「JJガール」（とそれに群がるポパイ少年たち）と等置されていく。[9]もともと「プロト太陽族／メディエイテッド太陽族」ほどの階級格差もなかったこともあって、プロト・クリスタル族は、メディエイテッド・クリスタル族の波に速やかにのみ込まれていったのである。

そのJJガールのスタイルは、七〇年代中頃に神戸から広まった「ニュートラ」[10]や、七〇年代後半に横浜を発祥とした「ハマトラ」[11]であった。中野翠は七五年当時を振り返って、

海外ブランド・ブームの日本的展開である「ニュートラ・ファッション」というものがはやったのも、この年の頃ではなかっただろうか。／エルメスやグッチふうの馬具模様やわけのわからない連続模様のブラウスの衿もとに二連三連のゴールドのチェーンを垂らす。バッグやベルトや靴には、がっちりとしたゴールドの金具があしらってある――という、なんだか金持ちおばさんふうのスタイルである。／「真面目で清楚な感じ」と男の人たちには評判がよかったようだが、私は大嫌いだった。（略）「美」とか「かっこよさ」とか「面白味」というものよりも、生まれ育ちのいい安心な女の子に見られたいという「計算」「打算」「世間への媚態」が優先されているようで、ファッション的にはまったく不純に思われるのだった。[12]

と述べている。このニュートラ、ハマトラの流行とともに「JJ」は部数を伸ばしていった。(13)

七五年以前、女子大生が読むことのできるファッション雑誌はan anとnon-noの2冊しかなかった。「an anは読むにはおもしろいけれど、学校に着て行ける服が全然載っていない」のに比べ、「最先端ではないけれど、実用的でお小遣い《（ママ）》買える服がいっぱい」という理由でnon-noは女子大生に高く支持されていた。／ところが七五年春に〝JJ〟が登場する。青山学院をはじめ、その後いわゆるJJガールを輩出するキャンパスのあちらこちらではJJを囲む女子グループが数多く見られた。／創刊号の特集は「ニュートラ　横浜・神戸・東京・大阪スナップとお店ガイド」、その後「街角のビッグスナップ」とタイトルを変え、ワンシーズンに一度必ず行われたヒット企画のベースである。(14)

そして、「街のJJ化ともいえるほど人気を呼んでいる『JJ』誌」は、「全国女子大生がJJ化し、その卒業生（家事手伝いを中心とする）にニュートラ旋風が吹き荒れる」(15)といった狂騒を巻き起こす。だが、そうした流行現象化によって、高級海外ブランドが差別化のアイテムとなりえなくなるにつれ、「ニュートラ＝JJガール＝クリスタル族（女性）」は、八〇年代中盤に向けてのDC《デザイナー・キャラクター》ブランド・ブームにとって代わられることになる。(16)

2　消費するアイデンティティ

こうしたJJガールを典型とするクリスタル族は、雑誌メディアによって媒介されていた点だけにとどまらず、それら雑誌が神戸・横浜などをフィーチャーし、一部のファッション産業と連動するなど、先行するアンノン族との間に多くの連続性が見られる。しかし、「an・an」「non・no」が短大生・大学生・ＯＬ・家事手伝いなどの女性を地方への旅に誘ったのに比して、「JJ」はあくまでも主に学生を、都心でのショッピングやレジャー、クルマでのデートへと向わせたのである。[17] 一九八一年におこなわれた調査の結果に「現在東京に住む若者のうち、「都内出身者」が七四％に対し、「都外出身者」は二六％と、四人に三人が「東京っ子」で占められているという結果になった」[18] とあるように、クリスタル族自体は、東京山の手に住む私立大学生（その中心は内部進学生）を核とした特権的な「遊び人文化」だったといえよう。[19] そして八〇年代には、そうした東京における情報は、若者向け雑誌に載ってすぐさま全国へと波及していった。[20]

八四年に都内でおこなわれた調査によれば、現代の若者には「感覚的、遊楽主義、仲間志向、計算高さ、モラトリアム、目立ちたがり」といった特徴があり、若者ファッションにはＪＪ派・ノンノ派・アンアン派・ポパイ派・メンクラ派の五つの主要な流れがあるという。[21] ＪＪ派中のオピニオン・リーダーは、「シュウ・ウエムラで基礎化粧、メサでヘアカット（ワンレングス）、ウノア・エレの18Ｋネックチェン・ブレスレット、和光で買った総レースのブラウス、ボルボネーゼのショルダーバッグ、エルメスのリストウォッチ、カルチェのゴールド指輪、ブルーノ・マリのプレーンなパンプス、ジョルジョ・アルマーニのスーツ」などによって、またフォロワーは「クロードモネ渋谷店（レイヤード）、アイシャドーはレブロン、チークはブルジョワ、リップはサンローラン、オックスフォードのブラウス、クリスチーヌのカーディガン、レノマのセカンド・バッグ、ヴァンドーム青山で買ったブレスレット、レブロンのマニキュア・パールピンク、アルファ・キュービックのスカート、レーシーな白タイツ、ブティック・オーサキのパンプス、「毎日、帰りに広尾ピラミッドでお茶して帰ります」」などのブランド名や固有名詞によって、その輪郭を描きうる人々であった。また、この調査では「ＪＪ派」を女性に限定しておらず、この派のリーダーたちは、「popeye」「HotDogPRESS」「an・an」「JJ」「Focus」などを、男性誌／女性誌の区別なく目を通す一方で、フォロワーたちは少年マンガ誌や女性週刊誌をより多く支持し、また「non・no」は、リーダーとフォロワー双方に高く支持されているという。この調査にいうところのＪＪ派こそが、クリスタル族（の後継）であるわけだが、[22] そこにリーダー／フォロワーという種別が生じており、それは単なる趣味・嗜好（の先進や洗練の度合い）の違いではなく、前述の小物類が前者と後者では価格が一桁異なるといった、経済的な格差が反映されている点は見逃せない。愛読していそうな、もしくは影響を受けていそうな雑誌による若者の分類が、すでにクラスの違いを示しているうえに、その各ユース・サブカルチャーズ内でも階層分化が進展していたのである。(23)

映画『なんとなく、クリスタル』の脚本家が、流行現象としてのクリスタル族について「あれはクリスタル族ではないと思う。クリスタル族というのは、族には絶対ならない人種だから(24)」と語るように、従来の「族」のもつ凝集性や斉一性はそこにはなく、あくまでも「派」としてのまとまりであり、そのなかでの無限の差別化――自分は「ありきたりのJJガールないしクリスタル族ではない」という意識をもつ成員の増大――が生じていたのである。主人公の由利にしても、「私のアイデンティティーは、それをモデル・クラブに求めることも、大学やテニス同好会に求めることも、求めようと思えば、できないことではなかった」が、「一人になると、急に、アイデンティティーを、一体、どこに置いたらいいのか、わからなくなることがあった(25)」と独白しており、この小説は、最終的には彼との結婚にそれを求めることを暗示させるシーン――ふとすれ違った、白いシャネルのワンピースとゲランの香水の似合う「素敵な奥様」への憧憬――で終わっている。

こうした消費やライフスタイルにもとづく階級的な差別化ゲームは、ファッションだけにはとどまらず、大学など学校（名）のブランド化にも通底していた。(26) 田中康夫らは、慶応義塾大学を頂点とした「アソビの開拓」大学――ただし、セックスの回数は父親の経済力に正比例する――をリーダーに、早稲田大学以下の「ファッション追従」大学――なかでも中央・法政・明治を「病的〝クリスタル族〟養成大学」と揶揄――を対置し、単に偏差値には還元できない、大学の階層化を半ば冗談、半ば本気におこなっている。(27)

一方、ジェンダーという観点からクリスタル族を見れば、『なんとなく、クリスタル』自体女性が主人公であり、少なからぬ数の男性が「JJ」に目を通し、「クリスタル野郎の時代」といった記事では男性のよりいっそうの高級ブランド志向が指摘されるなど、(28)「女性＝リーダー／男性＝フォロワー」という構図も成立していた。しかし、彼との関係のなかに安住の地を見出した小説の結末が示すように、クリスタル族はコンサヴァティヴなジェンダー観に対し、根本的な異を唱えたわけではなかった。

3 世代としての「新人類」

先に引いた田中康夫の談話のなかに、石原慎太郎や村上龍への反発がみられるように、クリスタル族は先行する世代への違和を大きな背景としている。[29] かつて団塊（ないしポスト団塊）世代の呼び名であった「ヤング」は、一九八〇年代に入ると急速に死語と化していくが、[30] 六〇年代に始まる若者たちの「私生活中心主義、メディア親和性、娯楽・消費志向、現実主義、延長されたモラトリアム期」などの傾向はいっそう拍車がかかっていく。[31] そして、八〇年代半ばには由利のような六〇年前後に生まれた世代に対して、「新人類」——それ以前には「ニューヤング」[32]——という呼称が急速に浮上する。この世代は「中学生になると、頻繁に「セブンティーン」や、「女友」の「プチプチ」、「MC・SISTER」などのファッション雑誌をながめるように」なり、ニュートラ・ハマトラを間接・直接に体験し、「あの「なんとなく、クリスタル」にも登場した「JJ」も、街頭スナップや読者のファッション傾向のリサーチなどを行ってきた雑誌だ。やはり生活が豊かになり、ファッションは夢から現実へと舞い降りてきた」という過程の真っただなかで育ってきたのである。[33]

戦後の四つのコーホートを、太陽族世代（ロカビリー族・ソーラー族・カミナリ族・ビート族・ながら族・六本木族・窓ぎわ族・トリノコ族・おじさん族・しぐれ族）、団塊の世代（アイビー族・ヒッピー族・深夜放送族・エレキ族・原宿族・みゆき族・ハレンチ族・フーテン族・アンノン紳士・行けない族）、モラトリアム世代（ヤング・アンノン族・モラトリアム人間・ツッパリ・六無主義・プレッピー）、新人類世代（クリスタル族・夕暮れ族・JJガール・ネクラ族・スキゾキッズ・ピーターパン人間）に整理した根本孝によれば、新人類世代は青年期特有のアイデンティティの危機に対しては「脱アイデンティティ」の戦略をとり、革新の方向性に関しては「体制からの逃走」を、仲間との関係は「個我集合」を特徴とするという。[34] 前世代までの明確な体制への反発、それにともなう同世代との連帯や均質化を避けながら、クリスタル族をはじめ新人類たちは、さまざまなモノを「限りなく支配的な体制文化への寄りそいの徴候でありながら、若者たちにとって、それは超脱の方へ微妙な差異をもって翻身していく際の小道具」[35]として利用し、曖昧な嗜好や気分をそれこそ「なんとなく」分有できる相手との共存をはかっていった。

だが、こうした気分の共有にもとづくユース・サブカルチャーズである以上、年齢や世代というファクターよりも、趣味や嗜好の共通性――クリスタル族の場合は、階級に裏打ちされた文化資本にもとづく趣味・嗜好――の方が重要なものとなっていく。まさしく「「文化の時代」にあっては、「若者」も「年輩」も、程度の差を問わなければ、例外なく記号的環境にのりあげていたのである」。[36] 八一年の調査に見られた次のような意識は、'Don't trust over thirty' を唱え、ヤングであることにことさら強い思いを抱いた上の世代とは、明らかに異なるものであった。

彼らは他世代――もちろん若者の場合、意味ある他者として自分たちより上の世代がずっと重要であるが――に対し、意識的に断絶感を持とうとせず、さらに共通情報を共有し合える関係になりうれば、年齢を超えて同世代意識を感じ合うことができるのである。(略)若者の仲間意識は特に年上に対して寛容で、多くは一〇歳くらい年上まで、さらに少なからぬ部分はそれ以上までも同世代として認めようという傾向が現れていた。また三人に一人は「年上だからといってズレを感じることはない」と答えている。これらのものにとっては、生活行動自体やそれを規定する情報の共通性にこそ、同世代意識を決定する要因であり、年齢と世代が必ずしも結びつかないものになっているとも考えられる。[37]

4　カタログ化する都市空間へ

ファッション評論家の川本恵子によれば、ニュートラは「別名カタログ・ファッション。カタログ雑誌を見て、これとあれなんて具合に選び出せば、鏡の前でいちいちコーディネートを考えなくても、まあまあサマになるという実に便利で万人向きのスタイル」[38]だという。こうしたカタログ雑誌を飾ったのは、初期「an・an」のような白人モデルではなく、より読者に近い（もしくは読者である）モデルたちであった。川本は一九八二年当時を次のように語っている。

若者向けのファッション雑誌には、よく〝街頭スナップ〟というページがある。（略）登場回数として一番多いのは、やはり渋谷の公園通りだろう。ほかにも原宿の明治通りの交差点なんていうのがあるけれど、あそこはファッションが仕事になっているプロか、でなければ地方からの遠征組がほとんどで、ほどよい素人っぽさではかなわない。／ほんの少し前まで、こういう場所としては、新宿の紀伊国屋書店前が選ばれていた。でも、〝若者の街〟というキャッチフレーズが新宿から渋谷に移ってから、こういったファッションスナップの代表的場所は渋谷公園通りだ。／プロというほど飛びぬけてはいないけど、オシャレには人並み以上の関心があって、ハヤリ物にも目がない。悪くいえばミーハー。こういう子が集まってくるのが渋谷の公園通り。[39]

『なんとなく、クリスタル』の舞台も、渋谷区から港区にかけての地域に限定されていた。八二年の渋谷街頭調査では、「ブティックは、アルファ・キュービック、バッグはルイ・ヴィトンにタバコはラーク。車はBMW、ディスコは六本木周辺、アルコールはバドワイザー、（略）とはっきりとクリスタル願望がでてきている。あくまでも雰囲気、

図17　若者ファッションの主なセクトと縄張り
(出典:「週刊朝日」1982年5月28日号)

ムードを重視し、リッチ感覚を必要とする」「カワイブリッコで山の手・お嬢様志向が強い彼女達」が多数派を占め、そこでは渋谷・東急東横線・「JJ」・テニスなどに対して良好なイメージが共有されている様子がうかがえる。[40]

だがこの時期、すべての若者が、クリスタル族(ファッション)やJJガールを志向していたわけではない。「週刊朝日」一九八二年五月二十八日号「最新キャンパス風俗　お仲間ファッションでしか連帯できないコマドリ学生たち」では、トラッド・サーファー・フィフティーズ・ニューウェーブの「四大セクト」それぞれが、青山通り沿い(ブルックスブラザーズ、ケントなどのショップが点在)、渋谷もしくは六本木(のディスコ)、代々木公園付近、キラー通り沿いを「縄張り」として棲み分けているさまが指摘されている。[41] また、マーケティング情報誌「アクロス」は、一九八一年二月号の特集「現代若者風俗大研究《タコツボ》カタログ」で、トラッド派(アイビー、プレッピー、ハマトラ、JJ)、NW《ニュー・ウェーヴ》派(フレンチトラッド、パンク、ニューモッズ、テクノコ)、代々木公園派(竹の子、ウエストコースト、50's)といった分類を試み、八〇年代を通じて若者文化の分化(タコツボ化)とそれぞれのテリトリィの変化を追っている。[42] まず、こうした多様な「タコツボ」成員のバックグランドは大学生と非大学生とに大別されよう。大学生中心のユース・サブカルチャーズとしては、アイビー(男、十九歳から三十歳、〔体育会系〕大学生・OB、慶応・青山学院）、プレッピー（男女、十九歳から二十三歳、〔文科系〕大学生）、ハマトラ（女、十七歳から二十三歳、家事手伝い、女子学生〔高校・短大〕、フェリス短大）、JJ（女、十九歳から三十歳、大学生、OL、家事手伝い）、ウエストコースト（男女、十七歳から二十五歳、一般大学生、立教・成蹊）などが、非大学生中心のユース・サブカルチャーズとしては、ニューウェーヴ（男女、二十歳から三十歳、ブティック店員・美容師、日大芸術学部、文化服装学院）[43]、竹の子（男女、十三歳から十七歳、中・高校生、暴走族）、50's（男女、十六歳から十九歳、高校生、勤労青少年）などが挙げられている。[44] また前者が、実際に居住するにせよ、単に憧れるにせよ城南地区を志向するのに対し、後者は原宿から新宿にかけてを志向しているという。

要するに七〇年代までであれば、ファッションにさほど興味をもたない（もしくはもてない）「サイレント・マジョリティ」ともいうべき若者たちがおり、そのなかから奇矯なファッションによって突出した「〇〇族」が現れ、時代の注目を一身に浴び、数年で廃れていくという構図が一般的だったものが、八〇年代以降は、大多数の若者がファッションに関心をもち、誰もがいずれかの「セクト」や「派」に所属し、その「タコツボ」の多くは、何らかの雑誌を核に形成されるようになったのである。また、各タコツボ向けに出版された雑誌は、ファッションだけでなく街遊びのためのカタログないしマニュアルとしても機能しており[45]、まさに東京は「スタイルのスーパーマーケット」へと化していくのである。[46]

そうしたなか、クリスタル族ブームは、八三年以降下火となっていく。[47] だが、メインストリーム感やステイタス感を体現できるスタイルとして、そのときどきの流行を取り入れながら、クリスタル族（的なタコツボ）は現在まで生きのび、幾度かのリヴァイヴァルをむかえている。その点では、社会空間をまったく異にするはずの暴走族―ヤンキーの流れ[48]と同様の軌跡を辿っている。暴走族やその後裔以上に、自覚的に消費者であったクリスタル族は、佐藤郁哉が「商品《モノ》と消費のあり方によってひきおこされた暴走族という逸脱の様式は、最終的には消費と商品生産という、より大きな様式の中にとりこまれることによって、潜在力を吸収されてしまう。（略）最終的には彼らを、より従順な消費者として、そしてまた次代の若者たちがそれに対して反抗する「日常性」を自らが作り出す「大人」として社会の中にとりこんでいく[49]」と指摘するプロセスにより適合的だったのである。

*

一九七〇年代後半、田中康夫の周辺にあった学生群像——城南方面の街区やキャンパス、テニスコート、六本木のディスコや「カフェバー」などを舞台とした——に端を発する「それはクリスタル族である」は、本来この小説がパロディの対象としたはずのカタログ誌によって、流行および消費に関する雛型として再定義され、陳腐化され、やがて「JJ」や「popeye」といった特定のテイストの雑誌をめぐる読者共同体へと収斂していった。そして、そうした若者向けファッション誌の介在が進むなかで、原クリスタル族は、自らがクリスタル族であることを否認し、ときにはより「ロウアー」なエピゴーネンである「なんちゃってクリスタル族」を冷笑し、もしくはクリスタル族であることへの自嘲によって、「ありきたりのクリスタル族ではない」と自身を定義し、「並みの大学生ではない私」の自演に余念のない者もいた。

では社会の側は、クリスタル族の何に対して苛立ったのだろうか。一九七八年のアンケートで「婚前交渉・不可」が五〇%に達していたことを考えれば[50]、由利たちの「共棲」がスキャンダラスに語られたこともうなずける。また「同棲」という言葉のもつ団塊の影を嫌い、あえて「共棲」と表現を用いたように、当初世代の刻印を帯びたユース・サブカルチャーズとして浮上したクリスタル族は、先行する世代の眉をひそめさせる存在であった。しかし、本来さほどの非通念性を有していたわけではないクリスタル族（的なもの）は、やがて一つジェンダー観（と結びついた階級文化）のあり方として継承され、社会全域へと拡散・溶解していく[51]。新人類と呼ばれる世代に属し、パンク、テクノ、ニューウェーヴを経験し、後にピチカート・ファイヴのヴォーカルとして「渋谷系の歌姫」となる野宮真貴は、「ところでハマトラとは一体何なの？ それは、お嬢様風アイビー・ルックとでも言いましょうか……。（略）日本の男性が、こういうコンサバな感じが好きな証拠だろう、きっと」「ニュートラについては「若いのに何でこんなババくさい格好をするのか」と日頃から嫌っていた」[52]と語っているが、こうした「男ウケ」をめぐるスタンスの違いは、八〇年代半ば、コンサヴァ『JJ』対DC『an・an』という構図へと変換され[53]、前者の系譜がより主流的・常識的な価値観とされていくようになる。

八〇年代前半、多様なユース・サブカルチャーズが棲み分けていた渋谷・原宿エリア[54]——七〇年代には表参道や青山通りで暴走族が示威することもあった——に関して言えば、その後、ヤンキー（など非学生組）は地元へ戻り、竹下通りは上京中高生へ、原宿ラフォーレ近辺はDCへ、渋谷は高校生へと明け渡されていった[55]。街を次世代やティーンエイジャーに奪われていったかっこうの元クリスタル族たちは、二子多摩川の「コマダム」や白金台の「シロガネーゼ」など、居住地のステイタスを競い合うようになる[56]。だが、対象年齢を上げながら、そうした元クリスタル族向け雑誌は、その後も発刊され続けている[57]。かつてほど「大人」像が判然としなくなり、若者とされる年齢層の拡大とともに、卒業ないし脱皮しながらも「ユース・サブカルチャーズのテイストを引きずる」年齢の重ね方が、この頃を境によりいっそう容易になってきたのである[58]。

東京と地方の関係で言えば、クリスタル族の出現は、東京から地方への流行情報の流れを決定づけた。だが八八年当時、関西に女子高生の制服観察に出かけた森伸之は、「東京の青山学院や慶応女子のようなハイソックス・スタイルではなく、三つ折ソックスというのもまたインパクトがある。そういえば、滞在中にハイソックスをはいている女の子を見ることは、ほとんどなかった。聞けば数年前のハマトラブームのときでさえ、東京のようにハイソックス一辺倒ということはなかったらしい」[59]。九〇年代のコギャルのように、渋谷センター街（ないし109）の情報が、瞬時に全国に伝わるような事態に、まだこの時点では至っていなかったのである。

しかし、ユース・サブカルチャーズのあり方がよりメディアと深く結びつき、物理的な空間や距離の問題が逓減していくなかで、また若者向けの、ないし若者が利用可能なメディアが社会全域へと広がるにつれ、若者たちが何らかのユース・サブカルチャーズに帰属しうる「敷居」は低くなっていく。言い換えれば、若者である以上、誰もがある程度はなにがしかのユース・サブカルチャーズへとコミットすることが、新たに通念として定着し始めたのである。「若者」ないし「ヤング」であるという主張に意味はなくなり、どのようにどのような若者であるかが重要となってくる。若者文化のなかにさまざまな分派《クリーク》が発生し、若者というだけでは自らのアイデンティティを担保しえなくなった七〇年代から八〇年代を経て、既存の社会のなかに「飛び地（enclave）」としてユース・サブカルチャーズが並立し、かつそれぞれのユース・サブカルチャーズへの関与は、よりアドホックなものへと流動化していく。いわば個人のレヴェルにおいても社会のレヴェルにおいても、本格的なサブカルチャーズとアイデンティティーズの時代へと突入していったのである。

注

（1）田中康夫『なんとなく、クリスタル』（新潮文庫）、新潮社、一九八五年、四四ページ

（2）当初「文藝」誌上で発表された際の注の数は二百七十四個、その後単行本化された時点では四百四十二個に増えている（Norma Field「『なんとなくクリスタル』とポストモダニズムの徴候」上野直子訳、「現代思想」一九八七年十二月号）。これは、ガイドブックとしてより有効であるための改訂だった。また引用部分に見られるようなブランド志向の前提には、より大衆化されたスポーツ（ウェア）ブームがある。昭和「五十二、三年を境に、フィラ、エレッセといったイタリアンデザインのウェアを着て戦う選手が増すにつれ、テニスをしない人々をも巻き込むテニスウェアのタウンカジュアル化が進み、クリスタル族のブランド指向を強めることになった」（河出書房新社編集部編『わが世代 昭和三十五年生まれ』河出書房新社、一九八二年、一七二―一七三ページ）。

（3）前田愛『都市空間のなかの文学』筑摩書房、一九八二年

（4）前掲『なんとなく、クリスタル』二九―三〇ページ。「「JJ」を支えている読者っていうのは、あまり、名前の知られていない短大にいってたりするんです。「JJ」の読者モデルで出てる子は白百合や本女、聖心に下から行っているような子たちでしょ。一応は標準以上にきれいな子なわけです。でも、そういう子たちは、「JJ」ってマンネリとか思いながらも、自分や学校の友達が出ているから、ついつい、買ってしまったというタイプなんですね。実際には、「JJ」で

スナップされたいなあと思っているんだけど、街でスナップしてくれるのは講談社の「ミス・ヒーロー」だっていう女の子たちが実際には支えているわけですよね」（田中康夫『感覚の論理学1』朝日出版社、一九八四年、一二三ページ）

（5）「'81新人・旧人――田中康夫氏クリスタル族」「朝日新聞」一九八一年一月十四日付

（6）「座談会　新入社員はクリスタル族」「中央公論」一九八一年四月号

（7）栗原彬『なんとなく、クリスタル』――モノ・ヒト・クニの共謀」「現代思想」一九八一年、門脇厚司『子供と若者の〈異界〉』東洋館出版社、一九九二年、など。

（8）例えば女性誌のなかでも、「クリスタル族おもしろカタログ」「週刊女性」一九八一年三月三日号、「週刊女性後援ミスクリスタルコンテクスト」「週刊女性」一九八一年六月二日号など肯定的に捉えるものと、「クリスタル・ギャル六十二人に街頭インタビューしたら三人に二人は「鈴木首相の訪米」を知らなかった！」「女性自身」一九八一年六月十一日号、「どうして？クリスタル族、パープー学生ばかりが目立つの？」「ヤングレディ」一九八一年六月二十三日号など否定的に揶揄するものとに分かれていた。こうした喧騒のなかで、七九年にオープンしたボートハウス（特にそのカラフルなトレーナー）は、すぐに「若者を思いのままに動かすパワーを持っていた「JJ」や「POPEYE」といった雑誌」に紹介され、「近くにいる（大学の西門から「ボートハウス」までは徒歩四十秒）青学生ですら、手にいれることが困難になってきたのが翌年。その翌年には、竹下通りで偽物が登場」（山田美保子「ボートハウス」「東京人」一九九一年十二月号、六二ページ）という人気を博した。

（9）「popeye」編集長であった木滑良久談「「ポパイ」にしても、六〇年代特集をやったころまでは、この雑誌から目が離せないなって言ってくれてた人たちがいたんですけど、あれから以降はおかしくなってきましたね。ポパイ族とかポパイ小僧とかポパイ人間とか言われる人たちが、ウォークマンをして、スニーカーをはいて街を歩く。一種の軽薄少年になって、そうなるとコレがまたすごいんで、一瞬にして皆そうなっちゃう」（江藤文夫編『喋る――平凡出版三十八年のあゆみ』マガジンハウス、一九八三年、二二〇ページ）。

（10）「ファッション系統図」（「an・an」一九七九年十月十一日号）では、「ハマトラ」「オーサカ・サーファー」と並んで「コーベ・エレガンス」が、「神戸の女の子には、東京にもヨコハマにも負けないぞ、という心意気《ファイト》と突っ張り《スノビズム》がある。一昔前にはグッチやセリーヌできめていた彼女たち、最近はブランド離れして、さらに一点豪華主義を追及中だ」と解説されている。だが異説もある。「ニュートラは一九七五年に流行した神戸発のコンサバファッションと言うけれど、一九七三年、銀座のワシントンや三越には、金の飾りのついたヒールのある靴がでている。このころ銀座や渋谷で見かけた大人のファッションが、少しおちついた茶色やブラウンのワンピース、そして鎖柄のナイロンのブラウス。その延長線上に膝丈のスカートや膝丈のシャツカラーのワンピースがあった」（前掲『ファッションの記憶』二〇八―二一一ページ）

（11）三田村蕗子『ブランドビジネス』（平凡社新書）、平凡社、二〇〇四年。由利の友人の早苗は、横浜元町の商品で全身を固めた典型的なハマトラとして描かれている。ハマトラに関しても、フェリス女学院発祥という通説に対し、青山学院高等部の制服スタイル「アオ・トラ」――「フィラのポロ、プリーツ部分が白地になっているボックスプリーツのスカート、ボンボンつきのハイソックスなどに、当時の懐かしい香りが感じられることと思う」（森伸之『日本全国たのしい制服教室』弓立社、一九八八年、一七ページ）――との類似を指摘する説もある。

（12）前掲『お洋服クロニクル』二一一―二一二ページ

（13）しかしファッション雑誌の細分化が起こる以前のことなので、八〇年代にはニュートラ（ひいては「JJ」）を批判した「an・an」も、「サンプラザの新しい波《ニュートラ》　いま神戸で」「an・an」一九七四年九月二十日号、「いま話題のニュー・トラって何？　東西でモデル《きまり型》がまったく違う…」「an・an」一九七五年一月二十日号、「東急沿線vs阪急沿線　東西ニュートラ・スナップ大全集」「an・an」一九七六年十二月二十日号など、七〇年代には繰り返しニュートラを特集していた。

（14）『カノッサの屈辱』フジテレビ出版、一九九一年、五八ページ

（15）「ファッション誌を斬る！」「アクロス」一九八一年五月号

（16）「脱・ニュートラ」「an・an」一九八一年九月十一日号特集中の中島梓のエッセイ「ニュートラには言いたいことがある」に「「上司、親、彼が喜ぶから」なんていう自主性のなさが、まず気に入らない」とある。以後、「田中康夫・神戸特派　ニュートラ発祥の地に変革を見た」「an・an」一九八一年九月十八日号、「不正入試を生むほど人気がある青学生の見事なワンパターンぶり」「an・an」一九八二年三月五日号、「曇ってきたクリスタル　都心から二時間の厚木校舎に通う青学生」「non・no」一九八三年九月五日号、「くたばれオールナイターズ」「an・an」一九八四年三月十六日号といった記事が続き、とりわけDCブランドを推奨した「an・an」は、「アンアンvsＪＪ」（「an・an」一九八六年三月二十一日号）という特集を組み、コンサヴァ「JJ」読者対個性派「an・an」読者という対立軸を鮮明にしている。

（17）田中康夫『東京ステディ・デート案内（popeye books）』マガジンハウス、一九八八年

（18）総合研究開発機構編『若者と都市――大都市に生きる若者の意識と行動』学陽書房、一九八三年、一六ページ

(19)一九八一年の調査では、東京の若者の三一・九％が親元から離れたいと思っているのに対し、そう思わないものは六六・五％に達していた（前掲『若者と都市』）。こうした若者の多くは、拡大を続ける第三・第四山の手の住人であった（アクロス編集室編著『いま揺れ動く、東京――新東京論』ＰＡＲＣＯ出版、一九八六年、同『「東京」の侵略』ＰＡＲＣＯ出版、一九八六年、三浦展『「家族と郊外」の社会学――「第四山の手」型ライフスタイルの研究』ＰＨＰ研究所、一九九五年）。

(20)一九八一年当時、東京の若者が好んだ雑誌は「ぴあ、JJ、少年ジャンプ、ノンノ、少年マガジン、セブンティーン、少年サンデー、プレイボーイ、少年チャンピオン、別冊マーガレット」といった順位であった（前掲『若者と都市』一七〇ページ）。一方、八二年の調査によれば、「地方都市の若者に最も人気のある雑誌は「少年ジャンプ」であり、続いて「non-no」、「少年マガジン」「少年サンデー」「マーガレット」の順となっている。（略）六位から十位は、「週・月刊プレイボーイ」「JJ」「少女フレンド」それに「more」と「PHP」であり漫画誌もあるが、多少活字の入った読みものも入ってくる」（総合研究開発機構編『地方都市青年層のライフスタイルと文化行動』総合研究開発機構、一九八三年、二二五ページ）と、都鄙の差はさほど感じられない。また当時、東京経済大学の学生も、よく読む雑誌として「（男性）ぴあ七一・二％、GORO四八・一％、ポパイ三九・八％、月刊プレイボーイ二七・六％、アングル二四・八％、FMレコパル二四・三％、メンズクラブ二三・二％、ホットドッグプレス一九・九％、写楽一八・二％、ナンバー一四・四％、（女性）ノンノ七五・〇％、ぴあ六八・八％、JJ五〇・〇％、アンアン四八・〇％、アングル一六・七％、モア一〇・五％、FMファン一〇・四％、GORO八・三％、月刊プレイボーイ八・三％、ナンバー八・三％」を挙げている（桜井哲夫「青年文化の変容をめぐって――東経大生の文化環境調査から」、東京経大学会誌編集委員会編「東京経大学会誌」第百二十七号、一九八二年）。

(21)『若者――感性時代の先導者たち』博報堂生活総合研究所、一九八五年

(22)こうしたファッション雑誌は、主に大学生（ないし大学卒）を想定してつくられていた。編集長木滑良久も『ポパイ』も、はじめは読者の教養程度を大学一年生くらいに想定して始めたんです。ガリ勉してやっと大学に入った、「さあ、入ったからのびのび遊ぼう」という、私立大学の同好会活動なんかを活発にやっている学生に目を配りながら本をつくろうと考え出したものなんです」（鈴木均ほか『読者を探せ――最新「本読み」事情』学陽書房、一九八一年、三二ページ）と語っている。

(23) 小沢雅子『新・階層消費の時代――所得格差の拡大とその影響』(朝日文庫)、朝日新聞社、一九八九年。八四年の流行語となった㊎・㋪という差別化ゲームも、一見センスの違いのようだが、実は出自や経済的なバックグラウンドの差を示していた(渡辺和博/タラコプロダクション『金魂巻――現代人気職業三十一の金持ビンボー人の表層と力と構造』主婦の友社、一九八四年)。
(24) 「シナリオ」一九八一年六月号、シナリオ作家協会
(25) 田中康夫『なんとなく、クリスタル』(新潮文庫)、新潮社、一九八五年、一六八ページ
(26) 「週刊読売」一九七六年七月三日号の記事「特別企画JAR」では、上智(J)・青山学院(A)・立教(R)など、都心に本拠をもつおしゃれで明るいミッション系大学や、そこでの同好会の人気が取り上げられていた(その後、この三大学は、「JALパック」と括られたりもする)。『なんとなく、クリスタル』にも、共立女子大「フェイス、学力、出身階層ともに、ごく平均的な女子大生が多く」(前掲『なんとなく、クリスタル』二九ページ)、テニス同好会「共学の大学に入れなかった「一流」女子大の生徒さんは、「銘柄」大学の学生さんと一緒に、仲よしテニス同好会で、形ばかりのテニス練習をします」(同書一五ページ)といった大学のブランド化を示す注釈が数多く見られた。
(27) 田中康夫/泉麻人『大学・解体新書――新々大学案内〝アソビの偏差値〟で東京八十一大学を再編成』祥伝社、一九八四年
(28) 「アクロス」一九八一年八月号。「流行語になったわりに、もう一つよくわからない〝クリスタル族〟の実態。某デザイン研究所が赤坂、青山、六本木でブランド商品を身につけた三百二十一人(男百四十四人、女百七十七人)に直撃インタビュー。「ブランド商品大好き」と答えたのは女性の一一・九%、男性はなんと二倍以上の二四・三%。「なんとなくクリスタル」な生き方に共鳴できる女性は三・四%しかいないのに男は一六・七%が大賛成」(「クリスタル族は女より男のほうが軽薄」「週刊文春」一九八一年九月三日号)
(29) 泉麻人/みうらじゅん『無共闘世代――ウルトラマンと骨肉腫』朝日出版社、一九八五年
(30) 水玉螢之丞/杉元怜一『ナウなヤング』(岩波ジュニア新書)、岩波書店、一九八九年
(31) NHK世論調査部編『日本の若者――その意識と行動』日本放送出版協会、一九八六年、NHK放送文化調査研究所世論調査部編『情報・社会・人間――いま、情報化社会を問い直す』日本放送出版協会、一九八七年。総理府青少年対策本部の調査によれば、青少年の「社会への不満」は、一九七〇年「大いにある」二三・〇%から八〇年一三・二%へと減少

し、社会への不満の内容も複数回答可で、七〇年から八〇年の十年間に「貧富の差」三七・九％→二一・四％、「若者の意見の反映」三二・四％→二〇・六％、「風俗の乱れ」二六・七％→一六・七％、「国民の意見分裂」三三・〇％→二四・九％と減少している（総理府青少年対策本部編『十年前との比較からみた現代の青少年――青少年の連帯感などに関する調査報告書』大蔵省印刷局、一九八一年）。
(32) 日本経済新聞社編『ニューヤング――三兆円市場の生態』日本経済新聞社、一九七七年
(33) 前掲『わが世代 昭和三十五年生まれ』一六七―一六八ページ
(34) 根本孝『新人類vs管理者』中央経済社、一九八七年
(35) 栗原彬「若者の「経験」」、内山秀夫／栗原彬編『昭和同時代を生きる――それぞれの戦後』（有斐閣選書）所収、有斐閣、一九八六年、二八八ページ
(36) 高橋敏夫「ファッションと文学」、有精堂編集部編『解体と変容――日本文学の現状』所収、有精堂、一九八九年、二一七ページ
(37) 前掲『若者と都市』一二六ページ
(38) 川本恵子『ファッション主義』筑摩書房、一九八六年、四六ページ
(39) 同書八〇ページ
(40) パルコ調査企画著、アクロス編集室編『現代女性ニュートレンドリポート――PARCO trend research』ＰＡＲＣＯ出版、一九八三年、二六―二七ページ
(41) 例えば一九七九年に「渋谷駅前にオープンした東急のショッピングビル「１０９」そのものは、ニュートラやサーファー族を対象にしたテナントが多いせいか、こういった客層でにぎわっている。だけどまずニューウェーブ派といわれる東京のデザイナーズ・ブランドやヨーロッパのカジュアルを好んで着る子たちは「１０９」には行かない」（前掲『ファッション主義』八一ページ）。後述のように「１０９」が、ギャルのメッカとなるのは九〇年代のことである。またこうした「ファッション・セクト」に関しては、桜井哲夫『ことばを失った若者たち』（〔講談社現代新書〕、講談社、一九八五年）。
(42) 「若者の間に浮上してきたタコツボの一つが「ＪＪ」であり、「ウエストコースト」であり「ハマトラ」なのだ。大学生の彼女、彼たちを総称してクリスタル族と呼ぶが、その中でもＪＪ派は六本木のやや高級目のディスコ「サンバクラブ」

や「The Beep club」に、サーファー、ハマトラは六本木の「キサナドゥ」へと、住み分けがハッキリしていた場合もある。また中でもクリスタル族を自認しているような、いわゆるアーバンリーグ（慶応、立教、成城、青山などの大学）の学生達はスクエアビルにある「フーフー」や、「ギゼ」、「ネペンタ」などへ行った」（「ディスコノリ感染二十年史」「アクロス」一九八九年十月号）

(43) この系統は、のちにDCブランド・ブームのもと、カラス族と呼ばれるようになる。「コム・デ・ギャルソンやワイズなどの服を着た黒ずくめの人々を、蔑視的に呼んだ名称。無表情、無機質な雰囲気がよしとされ、これらのブランドの販売員は無愛想と恐れられていた」。そして「アンビエント・ミュージック、ワタリウム&オン・サンディーズ、アール・ビバン、『美術手帖』、ボイス、パイク、ボロフスキー、西麻布（シリン）、浅田彰、中沢新一」などを愛好したという（「Checkmate」一九九七年十一月号）。「平凡パンチ」一九八一年十二月十四日号では大阪のカラス族が特集されており、「心斎橋といえば、もうひとつのファッションのメッカ。サーファーやニューウェイヴを東京へ逆輸入させた実績もある。カラス族ファッションも東京中にあふれる日が近いのかな？」と、まず大阪で注目を集めたようだ。

(44) 竹の子族がこのエリアに集まったのは、表参道の歩行者天国と、のちに裏原宿と呼ばれるエリアにあった「ブティック竹の子」の存在が大きい（大竹竹則『挑戦の軌跡——逆境から生まれた竹の子ファッション』スポーツニッポン新聞社出版局、一九八一年、香咲弥須子『原宿・竹の子族』第三書館、一九八一年、加藤明著、石井一弘写真『原宿物語』草思社、一九八六年）。また、フィフティーズに関しては、山崎眞行の店舗展開によるところが大きい（森永博志『やるだけやっちまえ！——Gold rush 一九六九—一九九九』リトル・モア、一九九九年、同『原宿ゴールドラッシュ——宝が埋まっている街 青雲篇』CDC、二〇〇四年、グループ〈フルスロットル〉編『ハートはteddy——写真集・日本ロックンローラーズ——Japanese 50's rollers in 80's』第三書館、二〇〇三年）。

(45)「アイデンティティ装置としての渋谷を歩くとき、人々に求められるのは、ひたすら従順に〈舞台装置〉や〈台本〉に従うこと、つまり、記号を上首尾に組み合わせ、他の遊歩者たちの認証を得るという作業である。「記号には還元されない私があるのではないか」などといった問いは、場を〈シラケ〉させるものとして排除されなくてはならない。（略）都市を徹底的に〈舞台装置〉として捉えるこの物語（『なんとなく、クリスタル』）の主人公は、「主体性がないわけではない。別にどちらでもよいのでもない。選ぶ方は最初から決まっていた。ただ、肩ひじ張って選ぶことをしたくないだけだった」となんの衒いもなく言う」（北田暁大『広告都市・東京——その誕生と死』廣済堂出版、二〇〇二年、一〇〇—一

〇一ページ）

（46）Polhemus, *op.cit.*

（47）「ＪＪファッションの象徴だったレイヤード率は八二年八月は渋谷が一五・六％でトップだったが、八三年八月には渋谷は一〇・八％と減少し、新宿が一二・三％でトップとなった。ＪＪの牙城だった渋谷では、八三年秋頃を境にＮＷへの転換を図る女性が出てきていたようだ。／ＪＪファッションを支えていた女子大生は八三年四月放映開始の『オールナイトフジ』（フジＴＶ）によって、そのパープリンパワーを大々的にアピールしたため、知性と個性を求め自らのアイデンティティ探しを始めた脱ＪＪ女子大生がＮＷ寄りに傾いた訳だ」（アクロス編集室『東京の若者――渋谷・新宿・原宿「定点観測」の全記録』ＰＡＲＣＯ出版、一九八九年、二六二ページ）。またＪＪガールのステイタス・シンボルであったムートンのコートは、「ＪＪ全盛時代、冬になるとレイヤードヘアでレブロンオパール入りの青いアイシャドー、ピンクの口紅の女性が、こぞってムートンを身につけた。しかし、ＪＪ衰退と共に、ムートン人気も消滅。八〇年代中頃にはタンスのこやしナンバー一となった」（同書三二五ページ）。ラフォーレ原宿などＤＣブームを前に、先の『なんとなく、クリスタル』の引用にあった「バークレー」原宿店は閉店を余儀なくされる（「ファッション戦国時代から近代の夜明け」「GORO」一九九一年一月二十四日号）。

（48）「「ツッパリ」や「ヤンキー」のスタイルの登場は、その当時顕著になった若者文化内での分化を反映している。（略）彼らにとっての他者は、大人だけではなく、彼らとは異なる文化を持つ若者、つまり大学に進学する若者でもあった。「ヘビー・デューティー」や「ニュートラ」といった当時の大学生スタイルは、健全な若さの中に洗練を求め、雑誌によってもたらされた情報によって最新の海外の流行や高価なブランドを消費するものであった」（前掲「不良、ツッパリ、ヤンキーはどう違う?」一三二ページ）。なおヘヴィー・デューティは、「popeye」や「MEN'S CLUB」読者に支持されたアウトドア・スタイル（小林泰彦『ヘビーデューティーの本――これからのライフスタイル図鑑』婦人画報社、一九七七年）。

（49）前掲『暴走族のエスノグラフィー』二七七ページ

（50）ＮＨＫ放送文化研究所編『現代日本人の意識構造』（ＮＨＫブックス、第六版）、日本放送出版協会、二〇〇四年。だがその一方で、女性である以上、最後は落ち着いて家庭に入るべきだというクリスタル族のジェンダー観は、文化資本・学歴的には対極にあるはずの暴走族と同型的であり、共犯的であったりもした。

(51)ＪＪモデルと読者たちは、「CLASSY」「VERY」「STORY」と独自のテイストをもつ雑誌群——いずれも光文社の雑誌——を育みつづけ、娘世代の「JJbis」も生み出し、近年では「CanCam」(小学館)主導による「モテ系」などに変奏されながら、脈々と生き続けている(雷鳥社編『雑誌タイトルコピー大全——女性誌編』雷鳥社、二〇〇四年、「「モテ」から「愛され」に変わるか!? 二〇〇七年女の欲望——プリカワ女性誌の研究」「ダカーポ」二〇〇七年二月二十一日号、マガジンハウス)。一方「an・an」のマガジンハウスは、この世代に向けて「Hanako」を創刊——一九五九年から六四年生まれを「ハナコ世代」と括る場合もある(前掲『おしゃれ消費ターゲット』)——している。

(52)野宮真貴『おしゃれ手帖』ＰＡＲＣＯ、一九九九年、一一八—一四八ページ

(53)「JJ」対「an・an」をメークアップに関する主張の相違から辿った山本桂子によれば、海外のモードを上位の審判とし「「外国では〇〇が流行ってますよ」というのが「ａｎａｎ」の説得方法なら、「みんな〇〇がいいといってますよ」というのが「ＪＪ」方式」であり、「「ＪＪ」派のコたちがおつきあいしたかったのは慶応ボーイや医大生でしたから、いわゆる「外人コンプレックス」を持っていなかった」(山本桂子『お化粧しないは不良のはじまり』講談社、二〇〇六年、一八六—一八九ページ)という。

(54)川本恵子は、ニュートラを「別名カタログ・ファッション」としながら、「ファッション植民地日本で、初めて生まれたオリジナルなスタイルといっていいだろう」と評価する一方、一九八二年一月に書かれた「3Ａ族とクリスタル族」では、「麻布に住んで、青山でショッピングして、赤坂でプレーというのが在日外国人にとってステイタスであるとか。これ場所の頭文字をとって〝3Ａ〟というのだそうです。日本のクリスタル族と変わらない」(前掲『ファッション主義』五四ページ)と指摘している。だが、出発点ではアメリカ文化の影響を受けていたヤンキー・スタイル同様、やはりニュートラやハマトラからは、太陽族の段階では強烈に存在した「アメリカの影」を感じ取ることはできない。

(55)宮台真司『まぼろしの郊外——成熟社会を生きる若者たちの行方』朝日新聞社、一九九七年

(56)酒井冬雪『コマダムのススメ——極楽結婚術』イーハトーブ出版、一九九六年

(57)黒田知永子『チコ・バイブル』ベストセラーズ、二〇〇二年

(58)小谷敏「若者文化のゆくえ」、西原和久/宇都宮京子編『クリティークとしての社会学——現代を批判的に見る眼』所収、東信堂、二〇〇四年

(59)前掲『日本全国たのしい制服教室』二六—二八ページ

第9章
おたく族からオタクへ

1 おたく族とメディア、おたく族のメディア

よく知られているように、「おたく」の語は、中森明夫が「漫画ブリッコ」一九八三年六月号（白夜書房）に「おたくの研究」と題したコラムを載せたことに端を発している。(1) このコラムのなかで中森は、同人誌即売会であるコミック・マーケットに集まる一万人以上の「十代の中高生を中心とする少年少女たち」を次のように描写している。

髪型は七三の長髪でボサボサか、キョーフの刈り上げ坊っちゃん刈り。イトーヨーカドーや西友でママに買ってきて貰った九百八十円千九百八十円均一のシャツやスラックスを小粋に着こなし、数年前はやったRのマークのリーガルのニセ物スニーカーはいて、ショルダーバッグをパンパンにふくらませてヨタヨタやってくるんだよ、これが。それで栄養のいき届いてないようなガリガリか、銀ブチメガネのつるを額に喰い込ませて笑う白ブタかてな感じで、女なんかはオカッパでたいがいは太ってて、丸太ん棒みたいな太い足を白いハイソックスで包んでたりするんだよね。普段はクラスの片隅でさぁ、目立たなく暗い目をして、友達の一人もいない、そんな奴らが、どこからわいてきたんだろうって首をひねるぐらいにゾロゾロゾロゾロ一万人！それも普段メチャ暗いぶんだけ、

ここぞとばかりに大ハシャギ。アニメキャラの衣装をマネてみる奴、ご存知吾妻まんがのブキミスタイルの奴、ただニタニタと少女にロリコンファンジンを売りつけようとシツコク喰い下がる奴、わけもなく走り廻る奴、もー頭が破裂しそうだ。

こうした人々は、「アニメ映画の公開前日に並んで待つ奴、ブルートレインを御自慢のカメラに収めようと線路で轢き殺されそうになる奴、本棚にビシーッとSFマガジンのバックナンバーと早川の金背銀背のSFシリーズが並んでる奴とか、マイコンショップでたむろってる牛乳ビン底メガネの理系少年、アイドルタレントのサイン会に朝早くから行って場所を確保してる奴、有名進学塾に通ってて勉強取っちゃったら単にイワシ目の愚者になっちゃうオドオドした態度のボクちゃん、オーディオにかけちゃちょっとうるさいお兄さんとか」にも見られ、中森は「こういった人達を、まあ普通、マニアだとか熱狂的ファンだとか、せーぜーネクラ族だとかなんとか呼んでるわけだけど、どうもしっくりこない。なにかこういった人々を、あるいはこういった現象総体を統合する適確な呼び名がいまだ確立してないのではないかなんて思うのだけれど、それでまぁチョイわけあって我々は彼らを「おたく」と命名し、以後そう呼び伝える」と宣言した。

そして、翌七月号では「中学生ぐらいのガキがコミケとかアニメ大会とかで友達に「おたくらさぁ」なんて呼びかけてるのってキモイ」と言い放ち、雑誌「GORO」の篠山紀信・激写コーナーに登場する女の子たちに異常に思い入れるような「「おたく」は「おたくおんな」と結婚」するという「おそろしい事実」を指摘し、また八月号では「新宿三丁目にフリースペースっていうマンガ同人誌なんか置いてある本屋さん」の一画に設けられた「おたく地帯に迷いこんだ」経験を記し、そこに集う人々は「フリスペができる以前はどこに棲息してたんだろうね」という中森の疑問に対し、「フリスペ関係者のおたくに詳しい奴」は、「奴らはそれまでは一人一人分断されていたんだよ」と答えたことを紹介している。

当初は「おたく」とだけ記していた中森は、やがて「鳩よ！」一九八五年四月号の特集「二十代感性事典」などで

は、「おたく族」という呼び方も使用している。(2)

おたく族——アニメ映画に並ぶ行列や、パソコンショップにたむろってるガキんちょどもの会話に耳をかたむけるとみると、「おたくさー……」てな調子で、友達を「おたく」呼ばわりしているのに驚かされる。小学生時代から、このように相手との関係性に適度の距離を保とうとする二人称を使用することは、なんとなく修学旅行のお風呂で海パンはいての〝ハダカのおつきあい〟にも通じる。で、アニメファン、SF読者、マイコン少年、カメラ小僧……等、わりにマニア性の強い趣味に溺れている青少年たちを総称して、俗に〝おたく族〟と呼ぶならわしがある。ほら、色白・小太り・銀ブチめがね・不潔な長髪・趣味の悪いファッション・ショルダーバッグ……思いあたるでしょ。ところで、おたく、〝おたく〟？

では、こうした「おたく（族）」が思い入れる事物は、どのようなメディア史的な過程を経て、登場してきたのだろうか。

まず一九六〇年代にSF小説（誌）のブームがあり、(3) 七二年にアメリカのアタリ社が最初のビデオ・ゲーム「ポン」を開発、(4) 七三年にはテレビ番組『スター誕生』から中三トリオがデビュー、七四年にテレビアニメ『宇宙戦艦ヤマト』の放映や「GORO」（小学館）の創刊、七五年にコミックマーケットの開催（七八年にコスプレ登場）(5)、家庭用ビデオデッキ・ベータマックスの発売（VHS機は翌年から）、七六年に最初のアニメ雑誌「OUT」（みのり書房）の創刊、(6) 最初のパソコン雑誌「I/O」（工学社）の創刊、(7) 組み立て式マイコン「TK-80」によるマイコンブーム、七七年に日本で映画『宇宙戦艦ヤマト』の劇場公開、マンガ評論誌「だっくす」への改題（清彗社→雑草社、のちに「ぱふ」）、アメリカでは『スターウォーズ』のヒット（七八年に日本封切り）

図18　おたく族の表象
（出典：一本木蛮『一本木蛮のキャンパス日記』ラポート、1985年、48ページ）

やアップルⅡの誕生、七八年にインベーダーゲーム（タイトー）のブーム、美少年マンガ誌「COMIC JUN」（サン出版、のちに「JUNE」）[8]、七九年に「オリコン・ウィークリー」と「よい子の歌謡曲」の創刊[9]、アニメ声優番組『アニメトピア』（ラジオ大阪）のスタート[10]、国産初の本格的パソコンPC8001（NEC）の誕生、テレビアニメ『機動戦士ガンダム』の放映（八〇年からバンダイがガンダム・プラモデルの発売を開始）[11]と続いていく。

一九八〇年代に入ると、「SL―J9（ジェーナイン）というSONYのビデオデッキ（もちろんベータマックス、略してβ方式）が発売された。コマ送りをしてもブレない、という画期的なビデオデッキ」が、「少数だった「原オタク人」を急増させ、「近代オタク」に進化させた」[12]。そして「アニメの中でメカと美少女が咲き乱れるという現象は、じつは最初は商業アニメではなく、一九八一年にアマチュアの世界で起きました。DAICON FILMというサークルが、SF大会というコンベンションのオープニング用に作った自主制作アニメ（DAICONⅢオープニング・アニメ）がそうです」[13]。八一年には初のロリコンマンガの商業誌である「レモンピープル」（あまとりあ社）の発売があり[14]、マンガ専門古書店「まんだらけ」が生まれ、『ミンキーモモ』や『超時空要塞マクロス』といったアニメが人気を集め、そして「八三年は、テレビアニメのピークであったと同時に、年末に初のオリジナルビデオアニメ（以下、OVA）『ダロス』（バンダイ）が発売された年だった。（略）その翌年、八四年は『ダロス』の続編のほか、『バース』『くりいむれもん』などOVAが六本出て、〝OVA元年〟ともいえる年だった。OVAは八五年、八六年と急速に発売本数は増えて八七年には大差でテレビを抜き、年に八四本も出されるようになった」[15]。またビデオデッキの普及率も、八三年三月の一・三％から八四年三月の一八・七％へと急上昇を始めていた[16]。

こうしたなか、SF関係者の間で[17]、もしくはアニメ関係者の間で[18]、「おたく」という二人称は潜在していた。例えば七九年当時、美術大学をめざして浪人中だったマンガ家桜玉吉は、予備校で竹熊健太郎――のちに編集者・評論家。おたく（第一世代）を自任し、おたくに関する発言も多い――に次のように話しかけられている。

最初に出会ったときに、俺が「あのー、オタクさー」って、玉吉に声かけたらしいんだよね。またそのときのオレの格好ってのが、まるで絵に描いたようなオタクファッションでさ。肩までの七三分けの長髪で、銀縁眼鏡かけてて。当時オレ、髭は生やしてなかったけど、もっとやせてて、五十キロなかったですから。（略）ガリガリで、サファリジャケット着てて。だから、モロ宅八郎なんですよ。[19]

このように七〇年代にその像を結び始め、八〇年代に命名されることになった「おたく族」に関しては、[20]そのバックグラウンドの経済的な豊かさやそれに支えられた収集癖、[21]過剰なまでの細部へのこだわり、[22]独特なセクシュアリティ、[23]現実感の変容、[24]元ネタにもとづく二次創作などをメルクマールとする論者も多く、[25]総じて個々人の性格・性癖・人格のあり様の問題として語られてきた。[26]だが、本書ではあくまでも中森の原義に従い、その特有のコミュニケーションのあり方――二人称代名詞に「おたく」を使う（ないしは使うだろうと予断される）ことに象徴される――こそが、「おたく族」の非通念性の核心であり、そうしたコミュニケーションの成立する状況が「おたく的」と認識されたからこそ、その状況への参加者たちは、少なくとも八〇年代には「おたく族」と呼ばれ、奇異な若者たちを表す集合名詞によって括られていたのである。

プロトおたく族のコミュニケーションの様式に関しても、竹熊健太郎の証言を引いておこう。七七年当時高校生だった竹熊は、友人の紹介であるマンガマニアの高校生の部屋を訪ねた際、まず彼の膨大な蔵書量に度肝を抜かれ、かつその該博な知識や技量に圧倒される。天井まで積み上げられた「ガロ」の一冊を抜き出し、そのマニアは次々と質問を浴びせかけるが、マンガに関してそれなりに覚えのあるはずの竹熊も全く太刀打ちできなかったのである。「それからというもの俺は多くのマニアと出会ったが、全部とはいわないものの、初対面でこうした「勝負」を挑んでくる奴が多かった。相手の知識やセンスは自分より上か下か、同等だとして、こいつとは組めるか組めないか、好むと好まざるとに関わらず、マニアやオタクを標榜する以上、こうした「儀式」はついて回るのだ」[27]

以下、「新人類」と呼ばれたこの世代の特徴とされる「対事物的な関係と対社会的な関係」[28]――くだらないもの、子どもっぽいものとされる事象への耽溺をベースに、[29]その没頭を共有できる相手（が所有する、ないしは所属する知識の体系）との間にだけ成立するコミュニケーション[30]——において「おたく族」を考察していきたい。[31]一九八三年に登場したおたく（族）の語は、その後急速に広まらなかったにせよ、そう呼びうる対象が存在し続ける以上、消滅することはなかった。[32]「パソコン雑誌『ログイン』八五年八月号に「ニッポン放送・三宅裕司のヤングパラダイス潜入ルポ・おたく族を探る!!」と題する記事が掲載されている。／当時ベストセラーになった『恐怖のヤッチャン！』に続く、このラジオ番組の人気コーナー〝おたく族の実態！〟に関するものだ。それは「おたく」という語がある程度一般層に普及するきっかけとしては無視できないものだったろう（もちろん、マンガマニアの間でこの言葉が根強く語りつがれていたことに大きく因するのではあるが[33]）」

2　ユースフォビアとしてのおたく族

一九八〇年代後半、「おたく族」の語は、いくつかの事件を経て広く知られるようになる。[34]特に八九年の連続幼女殺人事件によって、ホラービデオやロリコンマンガへのバッシングが起こるなど、おたく族が社会問題化していった過程については、すでに多くの論者が詳説している。[35]六二年生まれの宮﨑勤が置かれたメディア環境に関しては、吉岡忍のルポルタージュが詳しい。八六年三月末に印刷会社を辞め、「彼が自分の部屋に閉じこもったころ、のちに証拠物件として押収されることになる二台のVHS方式のビデオデッキが発売になっている。日立マスタックスVT1700（VHS方式、発売は一九八六年三月）と、東芝デジタルハイファイ（VHS方式、同一九八六年四月）である。ビデオダビングには二台必要だから、ほぼ同じ時期に購入したにちがいない」。そして、短大生の時に両親に買ってもらった東芝ビュースターVD5に加え、「ベータ方式のもう一台は、ソニーEDベータ9000（同一九八七年十月）である。これは、家業の手伝いをはじめてからつきあいが復活した小中学校時代の友人から七万円で譲り受けたものだ[36]」。

彼は単なるメディアの受け手であっただけではなく、「宮崎は一冊のパンフレットを作成した。表紙の上方に手書きのタイトル『アイドルスターＣＭ集６０２』とあって、下半分にテレビコマーシャルの画面を写した四枚のモノクロ写真がならんでいる。（略）発行は「夢・特集プロ」、代表は「宮崎勤（ビデオ収集）」、製作については「一九八七・五・三原稿仕上げる」「八七・八・一五製作すべて終了」。ページ総数は八十、前半は女性編、後半が男性編である。一冊三百円。ひきこもって一年半後の完成だった。（略）彼はこのパンフレットを持って、この夏、東京・品川区の東京流通センターで開催された「コミックマーケット」に参加した」[37]。

もちろん、この事件の発覚以前からも、「週刊プレイボーイ」一九八九年二月二十八日号「これがギャルが嫌う

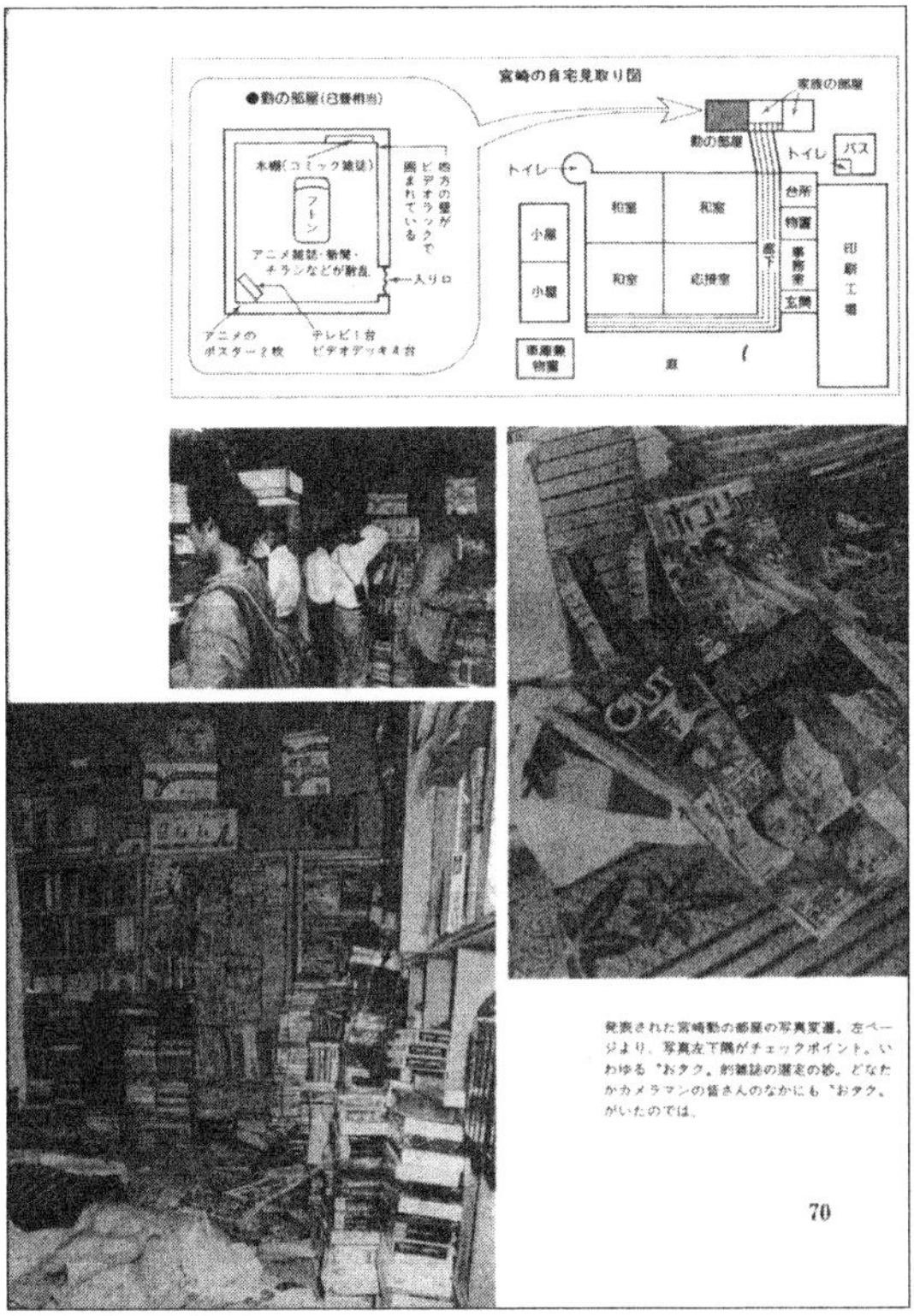

図19　宮崎勤の部屋
（出典：都市のフォークロアの会編『幼女連続殺人事件を読む』JICC出版局、1989年、70ページ）

『オタッキー』の実態だっ!!」といった揶揄――「ドーテーでホーケーで、ひたすらひとり閉じこもってオナニーする男たち、人はそれを『OTACKY（オタッキー）』と呼ぶ!・オメーのことだよ!・」――は存在した。[38] だが事件後には、各メディアは想像を絶したフォーク・デヴィルとして犯人像を描き出し、「SPA!」一九八九年八月三十日号「内気、ロリコン、ビデオマニア「宮崎勤」はどこにでもいる」といった恐怖感を煽る膨大な量の報道が繰り返され、「週刊ポスト」一九八九年九月一日号「小・中学生「オタク族」を「一・五の世界」が蝕んでいる」のように「虚構と現実の混同」というクリシェが頻出していく。[39]

だがその一方で、中森明夫とかつて「漫画ブリッコ」編集者であった大塚英志との緊急誌上対談、「SPA!」一九八九年九月二十日号「宮崎勤君の部屋は僕らの世代共通の部屋だ!」がおこなわれ、「広告批評」一九八九年十一月号が「がんばれ、おたく!」特集を組むなど、宮崎事件をこの時代や世代に特有の（メディア環境ゆえの）病理とする発言も、宮崎の同世代からなされたりもした。[40] そして、徐々に事態が沈静化するにつれ、「週刊プレイボーイ」一九九〇年一月二十三日号などは、「暗い、汚い、気持ち悪い――例のM君事件以来、いまや社会のゴキブリと化してしまった「おたく族」としながらも、「キミも「オタッキー症候群」に感染している!?」と誰もがそうした一面を有していることを指摘し、「渋カジ野郎みたいな「消費おたく」はただのゴミ、というわけだ。諸君はそうならないよう「おたく」の道を究め、二十一世紀日本の宝になってほしい」という結論に至っている。[41]

こうした喧々囂々の間も、「おたく」「おタク」「オタク」「お宅」と表記は一定せず、「オタッキー」といった異称が現れたりもしたが、[42] テレビカメラに映し出された宮崎勤の部屋――山積みされた膨大なビデオテープと散乱するマンガ誌・投稿写真誌など――のインパクトもあって、徐々におたく族とは、自室に閉じこもり、ひたすらメディアと戯れる孤独な若者（独身男性）であるという理解が社会的に定着していった。[43]

3 おたくとジェンダー

もともと中森自体も「おたくおんな」としていたように、男性をまず指示する言葉であった「おたく（族）」であるが、事件以後いっそう「おたく≒男性」という通念が強化されていき、「「女オタク」はマスメディアでは語られることもなく、存在さえも忘れられていくのである」(44)。そして女子高などにおいて、マンガやジャニーズ系アイドルにはまる「オタッキーグループ」は、「ギャル」たちの嘲笑の対象となっていく(45)。だが、単にコンテンツを消費するだけにとどまらず、なかには「やおい・アニパロ」と呼ばれるような、男性同性愛をテーマとした二次創作へと進んでいく者もあり(46)、またロリコンに対して「ショタコン」といった言葉も生まれている(47)。それらは、ギャルたちが、常識的なヘテロセクシュアルなジェンダー観を基本的には受け容れているのに比して、意図的ではないにせよ社会に対しジェンダー・トラブルを仕掛けるという側面も有していた(48)。しかし、そうした二次創作の多くは、「再び現実世界のポルノグラフィのコード――暴力や恐怖によって女性を物質化し、男性が優位に立つ構造――に囚われている。いったん「抵抗」したはずの「読み」が、性差別的な支配的コードに絡み取られていく」(49)。

一方、「男おたく」に関しては、もともと中森明夫が「『おたく』の研究（2）」で次のように描写したように、通念的な男性像からは乖離した存在であった(50)。「奴ら男性的能力が欠除《ママ》しているせいか妙におカマっぽいんだよね。二十歳越えた大の男がだよ、お気に入りのアニメキャラのポスターが手に入ったとかで、うれしさのあまり「わーい」なんちゃって両ひざそろえてL字型にうしろに曲げ、ピョンって跳びはねてみせたりさ（この〝両ひざそろえてL字曲げぴょんハネ〟が奴らのフシギな特徴ね）。ドジ踏んだ時なんか「ぐっすん」なんてゆって泣いたふりしたりさ、キモチ悪いんだよホント。だいたいこんな奴らに女なんか出来るわけないよな」

ただし、彼らとしても、男性中心主義、男性至上主義といった価値観から自由ではなかった。いみじくも桝山寛が

「彼女にキーボードがついていたら」と述べたように、ロリコンマンガやフィギュア、アイドル、のちには美少女ゲームなどに没頭する彼らに、女性に対する関心や支配欲がなかったわけではない。[51]桝山はコンピュータおたくへのインタヴューから、次のように定義する。「切手などのコレクションとテレビゲームが違うのは、まず自分で「コントロールできる世界」であるかないかだ。たとえばテレビが異常に好きな人がいても、それは「テレビ・マニア」と呼んだほうがピンとくる。それをビデオに採って、リモコンで好きなように楽しんではじめて「おたく」と呼べるのだ」。[52]男女ともどもおたくたちのジェンダー・トラブルは、あくまでも局地戦、限定戦の様相を呈していたのである。[53]

4　世代のなかのおたく、おたくのなかの世代

ここまで主として議論の対象としてきたのは、「おたく第一世代」とされる昭和三十年代生まれに関してであった。[54]メディアを介した共通体験をコミュニケーションの基盤とする「おたく族」だけに、一年のメディア経験の違いが、大きなコミュニケーション・ギャップを生むことも十分ありうる。たとえば、「おたく→オタク」という表記の変化をめぐる次のような葛藤は、大塚英志が所属するおたく第一世代と、東浩紀が問題とする「オタク第三世代」との間には、共約不可能な部分が存在することをうかがわせる。

東浩紀にいわせれば僕は「オタク」をかたくなに「おたく」と書くことでそれを個人的な体験に限定し、普遍化を拒んでいる、ということになるらしい。なるほど彼のいう「オタク」は、コンピュータゲームやジャパニメーションといった日本経済の中枢を占めつつあるソフト産業の総体とそれを肯定する知的な、あるいは経済的な言説の集積ということになるのだろう。けれどもそれらを含めて、ぼくはこれらの文化に対し何か特権的な価値があるなどと気軽に謳う気分になれないのだ。ぼくは根源の所でそれらが不毛であるという感情を捨てることが

できないのだ。だから私的な体験に拘泥し続けるために「おたく」と記す。[55]

そして大塚は宮﨑事件を回顧し、「あの時、彼に冠せられた〈おたく〉なる語はカタカナの〈オタク〉となって日本経済の最後の依り所としてのソフト産業の担い手として市民権を得ている」とも述べている。[56]

一方、おたく第一世代に属する唐沢俊一は、「われわれが最初に外に向けてオタクを語ろうとしたのは、自分たちの世代確認のためだったでしょう。われわれの前の世代には全共闘があり、その前の世代には戦争があった。じゃあ自分たちには何があるんだと考えたとき、それがアニメだった」が、「DVDやビデオソフトがこんなに充実してしまうと、若い人たちが昔のアニメに詳しくなることだって可能[57]」だと指摘する。また同じく大塚英志も、「あらゆる情報が時間軸を離れデジタルにストックされつつある今、しかもその傾向がより顕著になりつつあるのが自明である以上、〈世代〉という概念も霧散していく[58]」と述べている。メディアに関する同期的な共通体験ではなく、メディアを介した（メディアについての）共有知識にもとづく、世代や年齢を超えたおたく族もじゅうぶん存立可能となってきたのである。

そして一九九〇年代以降、それまで「おたく族」が思い入れてきたさまざまな事物が、「オタク系」コンテンツとして括られ、産業として成立し、さらに国際的な評価を得ていくなかで、連続幼女殺人事件によって負わされたスティグマは、徐々に消滅していった。[59]こうしてオタク向けコンテンツが充実してくると、逆にかつて一部おたく族が有していた二次創作への意欲は減退する。「今でもアニメが好きだし、同人誌を買っているという友人たちが「おれはオタクじゃない」と口を揃えて言うとき、私はそこにかつてのテレビアニメ全盛の時代を知る者の郷愁だけでなく、多様で対抗的な読みで性的表現に挑んできた人びとの時代への違和感を感じ取る。時代は、もはや多様な対抗的読みなど必要としない。レディメイドの性愛の物語として、美少女ゲームの多くが提供されているからである[60]」。そして、「名づけるべきトライブなどはどこにも存在しない。存在するのは個々のオタクを自認するオタクと、他者からそう呼ばれるオタクと、オタクであることを否認するオタクと、無意識のオタクが形作る曖昧模糊としたクラスターであり、そこに境界線を引くことはできない」[61]というおたくの拡散が加速し、「アキバ系」[62]「A-boy」[63]「萌え系」[64]といった呼称も登場している。

目の前にいる相手ではなく、相手の所有する（ないしは所属する）知識（の体系）に対してだけ関心を払い、それに向けて自身の知識を一方的に伝達しあう「おたく族」独特のコミュニケーション作法は、九二年以降の商用ネットの開始や日本におけるインターネットの急速な普及の原因かつ結果となっていった。[65]そして、おたく第一世代が、おたくであることをやめず（もしくは、かつて思い入れた事物のCDやDVDによる復刻によって、おたくであることを再認しながら）、中年と呼ばれる年代に達している現在、ユース・サブカルチャーとしてのおたく族は消滅し、広い世代にわたる多くの人々それぞれに、ある部分は当てはまる性向としての、もしくはコンテンツの一ジャンルとしてのオタク（系）へと転化したのである。

*

一九八三年に中森明夫の命名によって顕在化した「おたく族」は、六〇年前後に生まれたという点では、新人類と呼ばれた世代にあたり、クリスタル族と同世代になる。そして、のちにパラサイト・シングル、ひきこもり、ニートなどとして問題視される事態の徴候であるかのように、事件当時二十六歳だった独身男性によって広くその存在を知られるようになる。共通のメディア体験を基盤とする点で、当初は世代のファクターが占める比重が非常に高かったが、九〇年代以降、デジタル化の進展などによって、同期的なメディア体験の共有は、さほど重要視されなくなっていく。

また通信メディアの発展は、コミックマーケットや「フリスペ」などの物理的な空間に共在することの意味合いも低減させていった。[66]井筒三郎は、おたく族特有のコミュニケーション様式が成り立つ場所こそが「おたく」なのだとして、八〇年代末「代々木駅らくがきコーナー」に見られた交流——近くに予備校やアニメ専門学校のある代々木駅に貼り出された、広告ポスターの裏側を用いた一種の匿名伝言板。あるネタをもとに、多くの人々によってイラストや文章が次々と書き込まれていき、駅員が毎日交換せざるをえないほどの盛況ぶりだった——やオカルト雑誌の投稿欄を例に挙げている。[67]「それはおたく族である」と言える状況は、基本的にはメディア空間へと移行し、そしておたく的であるか否かは、コミュニケーションのあり方よりも、愛好するコンテンツ（のジャンル）の問題へと転化していった。

そしてメディアの発展・普及は、おたくであることのコストの低廉化をもたらす。[68]おたく族の先駆者たちの多くが、都市中産階級を出自としたのに対し、「九〇年代に入って表記が「おたく」からカタカナの「オタク」に変わった頃には、貧乏人でもオタクになれるようになっていた。で、今は下流社会の必須アイテムがオタクじゃないですか」[69]と語られるに至る。場所・世代・階級などの要因が縮減されていくなかで、「族」と呼ばれるにふさわしい、対面的な身体同士の共振もおたくたちは失っていった。そして相対的に浮上してきたジェンダーやセクシュアリティにしても、その「萌え要素」は極度に細分化され続けている。

一九七〇年代以降のユース・サブカルチャーズに顕著となっていく、「消費を通じてのコミュニケーションによる自分（たち）らしさの確認」という側面が、おたく族の場合、コミュニケーションよりも消費そのものへと重点を移していき、二次創作への指向も減退していくなかで、個々人でのメディアの使用やコンテンツの享受の領域へと限定されていった。それゆえ、オタク系コンテンツや「アキバ」の隆盛と相即して、オタク的な人、ある一面ではオタクな人は大量に輩出され続けてはいるが、族としての、ユース・サブカルチャーズとしての「おたく」は、九〇年代以降、それ以前にみられた強度を失ったと言えよう。

本章では、「おたく」というコトバが表記を変えながらも存続しているため、どうしても現在までの流れにふれざるをえなかったが、次章からはまた時間を元に戻し、ちょうど連続幼女殺人事件の頃から世間を騒がせることになるユース・サブカルチャーを検討する。その「渋カジ族」は、八〇年代から九〇年代にかけての、おたく（族）からオタク（系）・アキバ系へという流れと対抗するかのように、またあからさまな抵抗が時代遅れの戦略となっていくなかで、物理的空間での対面的な共在や、社会的通念からの（より狡猾で打算的な）逸脱・非行などを特徴としていた。(70)

注

（1）このコラムの筆者であり、かつて新人類の旗手ともされた中森――ペンネームからも明らかなように、自身もアイドルおたく――の真意は、読者のほとんどがおたくである媒体上で、子供時代に熱中したものをいつまでも引きずるな、そこにとどまるなとあえてメッセージすることであった（「おたくの研究」http://www.burikko.net/people/otaku.html）。

（2）竹熊健太郎によると、この「おたくの研究」が発表されて以降、「「おたく」という言葉はおたくの間で燎原の炎のごとく流行」ったが、それは「「おたく」の間だけで流通していた「自分たちを差別する言葉」」であり、「自分たちが自嘲の道具として特権的に使っていた」という（http://takekuma.cocolog-nifty.com/blog/2005/03/post_11.html）。当時の若者コトバの用語集には、「ロリ・コン族」「ジミーズ」「アニメ族」などが採録されているだけである（川崎洋編『ギャル語分け知り情報館』講談社、一九八五年）。

（3）竹内博編『〈OH〉の肖像――大伴昌司とその時代　証言構成』飛鳥新社、一九八八年

（4）桝山寛『テレビゲーム文化論――インタラクティブ・メディアのゆくえ』（講談社現代新書）、講談社、二〇〇一年

（5）阿島俊『漫画同人誌エトセトラ八二―九八――状況論とレビューで読むおたく史』久保書店、二〇〇四年。一九七五年十二月の第一回は、虎ノ門消防会館で参加サークル三十二、一般参加七百人の規模でおこなわれ、主としてマンガ誌「COM」の流れを汲む大学などのマンガ研究会が集まっていたが、『宇宙戦艦ヤマト』の劇場公開以降は、アニメファンクラブの参加が増え、八〇年代前半にはロリコン・ショタコンやコスプレの盛り上がりを、後半にはやおい・アニパロの急成長――当初は八一年から「少年ジャンプ」に連載された「キャプテン翼」がパロディの元ネタとなることが多かった――をむかえる（西村マリ『アニパロとヤオイ』太田出版、二〇〇二年、Mattew Thorn, "Girls and women getting out of hand: The pleasure and politics of Japan's amateur comics community," in William Kelly ed., *Fanning the Flames: Fans and Consumer Culture in Contemporary Japan*, State University of New York Press, 2004）。

（6）石井久雄「「おたく」のコスモロジー」、古賀正義編『〈子ども問題〉からみた学校世界――生徒・教師関係のいまを読

み解く』所収、教育出版、一九九九年。本来「OUT」は「サブカル雑誌」のはずが、創刊二号の『宇宙戦艦ヤマト』特集人気によってアニメ誌に転じたという。「OUT」に触発されて、以後多くの「オタク系雑誌」の百花繚乱が今日まで続いている（むらやまじゅん「オタクのココロ――拡大するオタク雑誌ワールド」『雑誌狂時代』〔別冊宝島三四五〕一九九七年十一月、宝島社）。

（7）野上元「「マイコン」と「パソコン」のあいだ――パソコン雑誌『I/O』にみる、早期採用者たちにおける情報技術の私有化について」、日本社会情報学会編「社会情報学研究」第九巻二号、二〇〇五年

（8）「「やおい」という言葉は、一九七〇年代末坂田靖子により同人誌『ラブリ』の中で自嘲的に使用されたのが始まりとなり広まった」（岩崎彩香「現代女性の社会適応戦略――〈やおい〉文化の社会学的考察」、関西大学大学院社会学研究科院生協議会編「関西大学大学院人間科学――社会学・心理学研究」第六十三号、二〇〇五年、五五ページ）。周知のように「やおい」は、「ヤマなし、オチなし、意味なし」のアクロニムであり、アニパロ、ボーイズ・ラヴなどの源流でもある。

（9）古橋健二『アイドリアン超人伝説――アイドルに人生を捧げたエイリアンたちの記録！』ＪＩＣＣ出版局、一九九〇年

（10）おたっきぃ佐々木『フッ完全おたくマニュアル』ワニブックス、一九九七年

（11）その後八〇年代には、もともとインディペンデントないしはアンダーグラウンドな存在だった「ガレージキット」は、「ワンダーフェスティバル」の開催や海洋堂の台頭によって脚光を浴びるようになり、フィギュアや食玩ブームへとつながっていく（広田恵介／目黒譲二『オタクライフ』データハウス、一九九九年、今柊二『プラモデル進化論――ゼロ戦からＰＧガンダムまで』イースト・プレス、二〇〇〇年、あさのまさひこ編著『海洋堂クロニクル――「世界最狂造形集団」の過剰で過激な戦闘哲学』太田出版、二〇〇二年）。

（12）岡田斗司夫『オタク学入門』太田出版、一九九六年、一九ページ

（13）ササキバラ・ゴウ『〈美少女〉の現代史――「萌え」とキャラクター』（講談社現代新書）、講談社、二〇〇四年、一〇三ページ

（14）永山薫『エロマンガ・スタディーズ――「快楽装置」としての漫画入門』イースト・プレス、二〇〇六年。ヨコタ村上孝之は、ロリコンの起源について諸説を紹介したうえで、「ロリコン・ブームが一九七〇年末尾から一九八〇年代はじめに、何らかのきっかけで始まったことだけが現在の段階ではいえ」、「一九八〇年代初頭のロリコン・ブームの担い手は、大学のサークルであった」と述べている（ヨコタ村上孝之『マンガは欲望する』筑摩書房、二〇〇六年、一二二―一二六

ページ)。コミックマーケットは、当初「参加者は九割が少女漫画ファンの女子高生」だったが、ロリコン同人誌の登場によって八一年頃には「参加者の過半数は男性が占める」ようになる(相田美穂「コミックマーケットの現在――サブカルチャーに関する一考察」、広島修道大学人文学会「広島修大論集・人文編」第四十五巻二号、二〇〇五年、一五七ページ)。

(15) 船津佳子「八〇年代オタク族の本質と文化――アニメ現象」「アクロス」一九八九年十一月号、七三―七四ページ

(16)「メカハンドリングレポート」「アクロス」一九八四年七月号

(17) 東浩紀編著『網状言論F改――ポストモダン・オタク・セクシュアリティ』青土社、二〇〇三年

(18)「「オタク」というコトバを使いはじめたのは、慶応大学幼稚舎出身のおぼっちゃまたち、というのが、オタク業界での一応の定説だ。彼らは熱烈なSFファンで、その中の何人かは「スタジオぬえ」というオタク系アニメ企画会社に就職し、オタク受けナンバーワン・アニメ『超時空要塞マクロス』を作って大ヒットをとばした。/ときに西暦一九八二年。彼らはまさに全オタク、憧れの存在だった。/その彼らが、SF大会などファンの前でオタクと呼び合っているのだから、他のオタクたちが真似ないはずはない」(前掲『オタク学入門』八―九ページ)。オタクの語源に関しては、中森明夫起源説と岡田斗司夫のスタジオぬえ・マクロス起源説とが両論併記されることが多いが(Lawrence Eng, "Otaku," in Shirley R. Steinberg, Priya Parmar and Birgit Richard eds., *Contemporary Youth Culture:An International Encyclopedia Vol.1*, Greenwood Press, 2006)、岡田は連続幼女殺人事件以降、おたくのジェントリフィケーションのために戦略的に発言しており、ここでもおたくをロリコン雑誌にではなく、「慶応のお坊ちゃん文化」に接合しようとする意図が感じられる。

(19) コミックビーム編集部編『桜玉吉のかたち』アスペクト、二〇〇〇年、一三七―一三八ページ

(20) 中森明夫「ボクが「おたく」の名付け親になった事情」『おたくの本』(別冊宝島一〇四)、JICC出版局、一九八九年

(21)「プレ・オタク世代に共通する特徴として挙げられるのは、全員が良家のおぼっちゃんだということです。澁澤(龍彦)もそうだし、手塚治虫氏だって父親が銀行員で、親類に陸軍中将や東京市長がいるような大変な家系。大伴(昌司)も戦前の大ジャーナリストの息子です」(竹熊健太郎「オタク第一世代の自己分析」、前掲『網状言論F改』所収、一〇四―一〇五ページ)。また九〇年代初頭、「広告代理店の依頼で〈おたく〉についての調査をした」大塚英志も同様の結果を得ている(大塚英志『仮想現実批評――消費社会は終わらない』新曜社、一九九二年)。

（22）長山靖生『おたくの本懐——「集める」ことの叡智と冒険』（ちくま文庫）、筑摩書房、二〇〇五年

（23）「日常の些末なことがら、今まで見たり読んだりしてきた、一般の人ならアホらしくて記憶にもとどめておかないであろうようなモノに対し、一種異様ともいえる熱意でそれを記憶し、また他人に語りたがる部分がある、（略）こういう人種を、世間では〝オタク〟と称する」（唐沢俊一／鶴岡法斎『ブンカザツロン』エンターブレイン、二〇〇一年、二ページ）

（24）「「マニア」が切手収集・鉄道模型にハマることと性の自意識はまったく関係ありませんが、これが「オタク」の場合はかなりの割合で性的な自意識と関係しているわけです」（宮台真司『援交から天皇へ』〔朝日文庫〕、朝日新聞社、二〇〇二年、三四七—三四八ページ）

（25）自身も「JUNE」などで執筆活動を展開した中島梓は、「おタク族は要するに「自分の場所」を現実の物質世界に見出せなかった疎外されそうな個体が、形而上世界のなかに自分のテリトリーを作り上げる事で現実の適応のなかにとどまったのである」（中島梓『コミュニケーション不全症候群』筑摩書房、一九九一年、四九—五〇ページ）と述べている。また斎藤環は、おたくのメルクマールとして「虚構コンテクストに親和性が高い」「虚構それ自体に性的対象を見い出すことができる」を挙げ、「「実体＝オリジナル」のアウラに魅了されるのがマニア、「虚構＝複製物」のアウラをみずから仮構してみせるのがおたく」（斎藤環『戦闘美少女の精神分析』太田出版、二〇〇〇年、三〇—三五ページ）としている。

（26）木本玲一「文化製品の流用をめぐる考察——DJ文化におけるサンプリング・ミュージック、オタク文化における二次創作を事例に」、ソシオロゴス編集委員会「ソシオロゴス」第二十九号、二〇〇五年

（27）竹熊健太郎『ゴルゴ13はいつ終わるのか？——竹熊漫談』イースト・プレス、二〇〇五年、一一七ページ

（28）大澤真幸『電子メディア論——身体のメディア的変容』新曜社、一九九五年

（29）こうした事物へのこだわりは、自己主張やアイデンティティの確認である場合もあった。「おたく」とは、「遊び手としての〈わたし〉にこそ、自分のアイデンティティーの核を見る身ぶりとして、企てと遊びのメタ・コミュニケーションの意図的な反転である」（西村清和『電脳遊戯の少年少女たち』〔講談社現代新書〕、講談社、一九九九年、一七一ページ）。

（30）「中野収が八六年に早くも『新人類語』（ごま書房）で「オタク」という項目を設けて論じている。（略）「オタクのご主人」「オタクの娘さん」「オタクの新製品」「オタクの部長」など、旧人類の用例を見ればわかるように、「オタクの〇〇は〈オタク〉に属する」。目の前にいる個人よりも、その個人を支えているような個人を超えた何かを、個人を介して会話の

相手に選んでいるのが〈オタク〉なのだ。〈オタク族〉も同様である。彼らにとっても、目の前にいるパソコン少年よりは、彼のパソコン知識そのもののほうに興味があるのだから」（浅羽通明「高度消費社会に浮遊する天使たち」、前掲『おたくの本』二六六ページ）。また圓田浩二は、アイドル・オタクを取り上げ、アイドルとの縦のコミュニケーションとアイドルに関してオタク同士がおこなう横のコミュニケーションとからなる「オタク的コミュニケーション」について論じている（圓田浩二「オタク的コミュニケーション――「普通っぽい」アイドルと三つの距離」、ソシオロジ編集委員会編「ソシオロジ」第四十三巻二号、一九九八年）。

（31）当然こうした現象の背後には、七〇年代から八〇年代にかけての「ポスト青年期」の出現があり、「成人期への移行パターンは、高学歴化と晩婚化の影響を強く受けて一九五〇年代コーホートから変化が始まり、六〇年代コーホートにおいて大きな変化を遂げた」（宮本みち子『ポスト青年期と親子戦略――大人になる意味と形の変容』勁草書房、二〇〇四年、五六ページ）。ここではあくまでも、この五〇年代後半から六〇年代にかけて生まれた「おたく第一世代」を「おたく族」として考察する。おたくの語はその後、オタクと表記されるようになり、海外でのotakuの通用を経て、再度、おたくとは本質主義的に日本的なものである、との観点から「おたく」表記が浮上してきている。またモーニング娘。の男性ファンを指す「モーヲタ」といった表記も存在するが、管見の限りでは、「ヲタク」の初出は、青木光恵『ぱそこんのみつえちゃん』（一九九五年、アスキー）での「〈ヲタクの女王〉水玉螢之丞」である。

（32）例えば、東京モーターショウに集う「〈おたく族〉のクルママニア」は次のように描かれている。「年齢は二十歳ぐらい、男の子です。お母さんが買ってきた服をそのまま着て、背中にはパンフレットを入れるためでしょう、こ汚いリュックを背負い、服は洗濯せずに二ヵ月着たまま。髪の毛もボサボサでお風呂に二週間は入ってないんじゃないかという疑惑を持ちたくなるような、薄汚い風体。一人でモーターショーに来ていた彼は、一六バルブエンジンにぴったりと体を寄せ、エンジンのデモンストレーションの動きと共に頭と上半身を回転させながら、見入っていました」（村岡清子「〈東京モーターショー〉はおたく族のもの」「NAVI」一九八八年一月号、二玄社、一四七ページ）

（33）前掲「ボクが「おたく」の名付け親になった事情」九八ページ

（34）朝倉喬司「おたくの事件簿」、前掲『おたくの本』

（35）竹中労「「宮崎勤・連続幼女殺人」事件の〝真相〟を撃つ！」「噂の真相」一九八九年十一月号、小川博司「「おたく」現象とは何だったのか」、林進編著『メディア社会の現在』所収、学文社、一九九四年。連続幼女殺人事件に先立って、

「ファミコン殺人」と呼ばれた事件が起こっている（「東京・麴町小学校四年生殺人事件——増加するゲーム世代〝オタク族〟のやっぱり起こった「倒錯殺人」」「SPA!」一九八九年三月二十三日号）。しかし、八九年年頭に出された『現代用語の基礎知識』（自由国民社）と『イミダス——情報／知識』（集英社）の八九年度版の時点では、「おたく（族）」の姿はない。

（36）吉岡忍『M／世界の、憂鬱な先端』文藝春秋、二〇〇〇年、一八三—一八四ページ

（37）同書一九五—一九六ページ

（38）同特集では、酒井法子の「〝のりピー〟言葉の洗礼を受けたギャルたちが、いつからともなく彼らを、「OTACKY（オタッキー）」と呼ぶようになっていたのだ！」とある。

（39）都市のフォークロアの会編『幼女連続殺人事件を読む——全資料・宮崎勤はどう語られたか？』JICC出版局、一九八九年

（40）太田出版編『Mの世代——ぼくらとミヤザキ君』太田出版、一九八九年、切通理作「わが友・宮崎勤」、毎日新聞社編『一九八九年——社会主義の終焉　オタクの時代』所収、毎日新聞社、二〇〇〇年

（41）「ネクラ、オタッキーを超えた九〇年代の不気味な新勢力とは？「まりも族」のハンラン」（「週刊プレイボーイ」一九九〇年二月十三日号）は、「自閉的で無感動な青年＝まりも族」という新たなレイベリングを試みたが、空振りに終わっている。

（42）「「おタク族」「おたく族」と〝族化〟したもの、これは古くは「太陽族」「暴走族」等々にも通じる大人メディアが新種の若者達の集団を一種の〝社会問題〟として捉える場合に採用されるもの」であったのに対し、「逆に「オタッキー」は同世代系メディアによって採用され（『ポパイ』『宝島』『週刊プレイボーイ』等々）、その語感からもわかるよう、わりあい明るく肯定的に捉えられる場合が多いのが特徴」（中森明夫「おたくの真実のルーツ」「広告批評」一九八九年十一月号、マドラ出版、三三ページ）という。その後社会問題化した「ひきこもり」に対しても、「ヒッキー」という異称が発生した（「被害者六十人!?連続犯ボンボン近大生の転落ヒッキー人生」「FLASH」二〇〇三年七月十五日号）。

（43）連続幼女殺人事件とほぼ同時期に描かれた岡崎京子『くちびるから散弾銃』（講談社）——一九八九年八月二十一日付「カオルと結婚したいの」の章——には、女三人の会話として、「なに？　おたくって」「それは　ゲンジツよか　マンガとか　アニメのほーに　ゲンジツ　感じてしまう　人のこと」「やめてよ!!　おたく　つーのは　コミケとか　高岡書店

に　いくときしか　外に出ないで　仲間うちの　同人誌つくって　おしゃれつったら　コスプレする人よ〜」とある。

（44）村瀬ひろみ「オタクというオーディエンス」、小林直毅／毛利嘉孝編『テレビはどう見られてきたのか――テレビ・オーディエンスのいる風景』所収、せりか書房、二〇〇三年、一三七ページ。やおいをめぐるポリティクスに関しては、金田淳子「マンガ同人誌」、佐藤健二／吉見俊哉編『文化の社会学』所収、有斐閣、二〇〇七年。

（45）宮崎あゆみ「ジェンダー・サブカルチャーのダイナミクス――女子高におけるエスノグラフィーをもとに」、日本教育社会学会編「教育社会学研究」第五十二号、東洋館出版社、一九九三年、上間陽子「現代女子高校生のアイデンティティ形成」、日本教育学会編「教育学研究」第六十九巻三号、二〇〇二年

（46）梨本敬法「やおい族――美少年ホモマンガに群がる少女たち！」、前掲『おたくの本』、荷宮和子『おたく少女の経済学――コミックマーケットに群がる少女達』廣済堂出版、一九九五年。海外にも同様に「スタートレック」の登場人物をホモセクシャルな関係に読み換える「スラッシャー」が存在する（Henry Jenkins, *Textual Poachers: Television Fans and Participatory Culture*, Routledge, 1992、小谷真理『女性状無意識――テクノガイネーシス―女性ＳＦ論序説』勁草書房、一九九四年、コンスタンス・ペンリー『NASA／トレック――女が宇宙を書きかえる』上野直子訳、工作舎、一九九八年）。

（47）アニメやマンガに登場する少年を好む女性を指す「「ショタコン」の命名者は「ファンロード」の編集長だった〈イニシャルビスケットのK〉氏。八〇年代初頭、ロリコンブームに対応する言葉が必要になり、小牧編集長の発言「半ズボンの少年なんて、金田正太郎しか知らんぞ」からヒントを得て、「ショウタロー・コンプレックス」に決まったという」（渡辺由美子「ショタの研究」、岡田斗司夫編『国際おたく大学――一九九八年最前線からの研究報告』所収、光文社、一九九八年、三二ページ）。

（48）中島梓は、アニパロ組・JUNE組・ヤオイ組が、それぞれが相容れないことに関連して、「彼らは現実の世界の中で見出せなかった、彼らを容れてくれる秩序と体制とをようやく見出し――あるいはむしろ作り上げたのである」（前掲『コミュニケーション不全症候群』二四七―二四八ページ）と述べ、社会の通念に反して作り上げた世界だからこそ、より原理主義的にそれぞれが純化の道をたどり、結果的に細分化されていったとしている。「CREA」一九九〇年四月号で橋本治は「女のオタクというのは、（略）「自分の中の女」が嫌い」と述べたが、より正確には「社会の要求する女性性を内面化することが嫌い」なのである。

(49) 前掲「オタクというオーディエンス」一四三ページ。現在、女おたくに対する異称「腐女子《ふじょし》」が、ときに自嘲的に使われている(杉浦由美子『オタク女子研究——腐女子思想体系』原書房、二〇〇六年)。

(50) 小谷真理は、おたくの背後に中流家庭と専業主婦の影を見る。「おたくということばを使い始めた人たちには、だから、家に属して家と同一化していた母親の影が子供に憑依していたのではないかな」(小谷真理「おたクィーンはおたクィアの夢を見たワ。」、前掲『網状言論F改』所収、一二〇ページ)

(51) 東浩紀編『美少女ゲームの臨界点』波状言論、二〇〇四年、八尋茂樹『テレビゲーム解釈論序説——アッサンブラージュ』現代書館、二〇〇五年

(52) 桝山寛「彼女にキーボードがついていたら」、前掲『おたくの本』一六九ページ

(53) 森川嘉一郎「おたく男女の都市的分離」「Mobile Society Review——未来心理」第六号、エヌ・ティ・ティ・ドコモ モバイル社会研究所、二〇〇六年

(54) 昭和三十年代生まれの特撮世代を第一世代とすれば、昭和四十年代生まれのアニメ世代が第二世代にあたり、アニメキャラ・ガレージキット・ゲーム・声優などと対象が多様化した昭和五十年代生まれが第三世代にあたる(前掲『オタク学入門』)。

(55) 大塚英志『「おたく」の精神史——一九八〇年代論』(講談社現代新書)、講談社、二〇〇四年、三二〇ページ

(56) 大塚英志「「宮﨑勤」は誰にもわからない」、宮﨑勤『夢のなか——連続幼女殺害事件被告の告白』所収、創出版、一九九八年、一七一ページ。例えば、渡辺和博は「おたく係数の高い人」が、いかに経済に寄与するかを繰り返し語り(渡辺和博『ホーケー文明のあけぼの』朝日出版社、一九八五年、渡辺和博/タラコプロダクション『おたく玉』太田出版、一九九〇年)、「エンスー」という異称を提案したりもしている(渡辺和博『エンスー養成講座』二玄社、一九九四年)。おたくのアメリカ版ともいうべきNerdやHackerも、ビル・ゲイツの成功や映画『ナーズの逆襲』によって、ポジティヴなイメージとともに輸入された(同『㊓式マーケティング』マガジンハウス、一九九一年)。一方おたくの語は、ドキュメンタリー映画『OTAKU』がフランスで放送され、オタク系コンテンツを援用したポップ・アートが国際的な評価を受けるなど、急速に世界に輸出されていった(切通理作『お前がセカイを殺したいなら』フィルムアート社、一九九五年、清谷信一『ル・オタク——フランスおたく事情』ベストセラーズ、一九九八年、Murakami Takashi, ed., *Little Boy: The Arts of Japan's Exploding Subculture*, Yale University Press, 2005など)。九〇年代、「ニッポン発OTAKU文化が世界へ流

出中」（「SPA!」一九九二年三月二十五日号）や「ハイテクおたく文化で立国せよ！」（「アクロス」一九九五年六月号）といった主張は一般的なものとなる。

（57）岡田斗司夫『おたくの迷い道』（文春文庫）、文藝春秋、二〇〇三年、二一五ページ

（58）大塚英志「世代論の根拠」、三省堂編集部編『世代の考現学』所収、三省堂、一九九三年、九七―九八ページ

（59）マンガで言えば、永野のりこの『オタクのご主人』（一九九一年七月号「ミステリールージュ」初出、単行本は竹書房から一九九三年刊）を皮切りに、無害な愛すべきオタクが描かれることが多くなってくる。宅八郎は、「密かな巨大ネットワーク&パワー――「おたく」が世紀末日本を動かす」（「SPA!」一九九〇年三月七日号）で「新時代のヒーロー！　わが社のおたく「社たく」君登場!!」や、まんだらけの急成長を取り上げた「ビジネストレンダーはおたくマーケットをねらえ！」といった取材記事を構成している（宅八郎『イカす！おたく天国』太田出版、一九九一年）。

（60）前掲「オタクというオーディエンス」一五〇ページ

（61）永山薫「越境する蜜蜂」、前掲『網状言論F改』二四八ページ

（62）森川嘉一郎『趣都の誕生――萌える都市アキハバラ』幻冬舎、二〇〇三年。家電量販店街だった秋葉原は、「パソコン専門街化する秋葉原の自信」（「アクロス」一九九五年十二月号）を経て、「パソコンやゲームソフトを扱う〝表の秋葉原〟から進化した」「〝裏〟秋葉原は〝知る人ぞ知る美女キャラ・同人誌街〟」（「デジタル界のブームは、ここから作られる!?裏原宿ならぬ……、「裏」秋葉原の歩き方！」「Bart」一九九七年十一月十日号、集英社）が成立し、さらにはそれが表へと反転して、「日本経済新聞」二〇〇三年十一月八日付「オタク文化、秋葉原変えた。電脳街からアニメ・ゲームなど趣味の街へ」では「オタク文化はベンチャーを生み国際競争力の一角を担う」とまで論じられるようになる。

（63）ブレイク・ダンスなどヒップホップ・カルチャー、ブラック・カルチャー好きの「B-boy」からの転用（「「聖地・秋葉原」驚愕大全――Aボーイも知らないコト満載」「sabra」二〇〇五年三月二十四日号、小学館）。「電車男のモテ男研究」（「AERA」二〇〇五年六月二十七日号）には、「モテないとひとくくりにされがちのアキバ系だが、最近はモテ系も出現」「ちょっとオシャレなアキバ系を「A-boy」」とある。

（64）「萌え」の語源に関しては諸説あり未だ決着をみていないが（大泉実成『萌えの研究――moe-ken』講談社、二〇〇五年）、「九五年末にパソコン通信をはじめたときであった。『新世紀エヴァンゲリオン』について熱い議論がかわされていたころ、BBS（掲示板）では、「萌える」と「燃える」が入り乱れて使用されていた。それがいつのころからか「萌え」

に統一され、キーワード化した」（宮島鏡『少女愛』作品社、二〇〇五年、一八九―一九〇ページ）との証言もある。なお「新世紀オタク清談」（「創」二〇〇五年三月号）によれば、「テレビのワイドショーで、「奈良の女児殺害事件は、『フィギュア萌え族（仮）』による犯行か？」と逮捕前に発言した」ジャーナリストに対し、ネット上で抗議が拡がっている。

(65) ばるぼら『教科書には載らないニッポンのインターネットの歴史教科書』翔泳社、二〇〇五年

(66) 一九七〇年代後半のプロトおたく族たちにとって、江古田の喫茶店「漫画画廊」や御茶ノ水の名曲喫茶「丘」なども貴重な集いの場であった（蛭子神建（元）『出家日記――ある「おたく」の生涯』角川書店、二〇〇五年）。

(67) 井筒三郎「「おたく」は「族」ではなく「場」である」、前掲『おたくの本』

(68) 速水由紀子『「つながり」という危ない快楽――格差のドアが閉じていく』筑摩書房、二〇〇六年

(69) 中原昌也／高橋ヨシキ／海猫沢めろん／更科修一郎『嫌オタク流』太田出版、二〇〇六年、一一九ページ

(70) 山田真茂留「サブカルチャーの対抗的自律性・再考――差異化との戯れの彼方に」、早稲田大学大学院文学研究科編「早稲田大学大学院文学研究科紀要」第五十号、二〇〇五年

第10章

族の末裔としての渋カジ

1 「渋谷の後背地＝山の手」の拡張

渋カジ族とは、その名のとおり「渋（谷）カジ（ュアル）」ファッションに身を包んだ若者たちのことを言う。一九八〇年代から九〇年代にかけて、次々とユース・サブカルチャーズを胚胎していった渋谷という場所の来歴を振り返ると、戦前にすでに「ターミナルとしての渋谷」は完成していたが、五〇年代中頃におこなわれた磯村英一らの調査によれば、新宿・銀座に比べて渋谷の人出は少なく、駅周辺、とりわけ駅に接する東急百貨店東横店界隈に人の流れは集中しており、通勤・通学客にとってはまさに通過するだけの中継点であり、世田谷・目黒・渋谷区の女性を中心とした買い物客のための街であった。(1)

だが六〇年代中盤以降、田園都市線や小田急線沿線を中心にいわゆる「第四山の手」が形成され、渋谷の後背地に比較的裕福なホワイトカラーのための宅地が広がるようになった。(2)また西武・東急による都市開発や七七年の新玉川線の渋谷・二子玉川園間開通、翌年の地下鉄半蔵門線の渋谷・青山一丁目間開通などを経て、七〇年代、渋谷は若者の街として急速に脚光を浴びるようになっていく。(3)そして渋谷・原宿を結ぶ一帯では、クリスタル族やその後のDCブランドの狂騒を経て、八〇年代後半には高校生を中心に「アメリカン・カジュアル」ブームが始まっていた。(4)

アメカジが流行り始めた八七年二月に渋谷センター街でインタビューしたところ、ファッション雑誌が〝アメカジ〟の名の元にあるスタイルを提案したのではなく、ティーンズの間に、経済的、時間的に恵まれた有名私立大学付属高校生を頂点とした情報ヒエラルキーが存在し、アメカジの震源地はこの頂点に立つティーンズで、彼らが渋谷などの情報タウンで一般ティーンズに広めた、というのが普及の背景らしい。（略）八八年夏にはこの山の手ファッションの流れを汲んで、軽装でも上品なティーンズファッションが出てきた。八七年のアメカジに代わった「シブカジ（渋谷カジュアル）」と呼ばれる、ヨーロピアンテイストのファッションである。第三・第四山の手に住んでいるような高校生、大学生が、ポロシャツ、インポートジーンズ、モカシンに身を包み、大型のヴィトンバッグを担いで渋谷の街を闊歩した。アメカジのプリントTシャツ、スウェットパンツ、スニーカー、フラッグバッグとは、同じカジュアルでもアメリカvsヨーロッパ、ジャンクvsシックという見事な対比である。（略）良質の定番アイテムをカジュアルに着こなすという風潮は、流行とは無関係の社会的、時代的な風潮であり、八〇年代末の東京に登場した階層化社会を生きているという〝クラス（階層）〟に対する意識を持つ「クラスコンシャス」な消費者によって作られたものである。(5)

図20　紺ブレの渋カジ
（出典：前掲『ストリートファッション』220ページ）

この記事からは、八八年頃にまずファッションのある特定のスタイルとして「渋カジ」が浮上してきた様子が見てとれる(6)（表22）。そして、このスタイルが「クラス・コンシャス」であったことも、多くの雑誌が言及している。例えば「popeye」一九八九年六月二十一日号の記事「渋カジ'89ライフスタイ

表22　新聞雑誌記事にみる渋カジ（族）

発行年月日	新聞・雑誌名	記事タイトル
1988年6月18日	日経流通新聞	渋カジ、上品っぽく。山の手ヤングin渋谷、ストライプのシャツ、輸入ジーンズ
1988年9月16日	FRIDAY	ヤング街・渋谷で「デカい顔」したい！「改造4WD」転がす「車高族」のプライド
1988年10月	checkmate	シブヤ感覚のカジュアルが新しい
1988年10月25日	週刊プレイボーイ	さよーなら“ボディコン”今日は“渋カジ”！
1989年1月	checkmate	渋カジを完璧マスターする
1989年1月16日	朝日新聞	自分流楽しむ渋カジ　幼年期の終わり（ファッション迷図89)
1989年2月	CanCam	こだわり派の男のコがお手本　真冬の渋カジはアウトドア感覚で
1989年2月7日	週刊プレイボーイ	渋カジの40人
1989年3月	checkmate	渋カジギャル図鑑
1989年4月10日	HotDogPress	“渋カジ”、そのファッションから生態まで、徹底研究マニュアル
1989年4月19日	popeye	渋カジ’89／着こなし、買い方図解
1989年5月	checkmate	初夏のシブカジスタイルブック　「育ちの良さ」がわかる服
1989年5月27日	日経流通新聞	初夏の渋カジ、ひと味違うエスニック調――人気女優まねし心はサンタフェ
1989年6月	商店界	銀座・渋谷定店観測－渋谷＝気取らない“渋カジ”が大流行
1989年6月21日	popeye	渋カジ’89ライフスタイル・レポート
1989年6月27日	読売新聞	[写会学89]「渋カジ」ご存じ？　若者のファッション
1989年7月15日	朝日新聞	東急百貨店の浦岡良夫さん　渋カジ研究（ウチの辞令・ヨソの事例）
1989年8月	checkmate	渋カジの夏が来た
1989年8月1日	週刊プレイボーイ	渋カジ、海へ行く。渋カジの夏のオキテをチェック！
1989年8月19日	日経流通新聞	渋カジ派に、DC派に――時計各社デザイン競う
1989年8月24日	スコラ	渋谷・シブカジ大特集だ――ファッション、ディスコ、バー、風俗からナンパまで
1989年8月25日	週刊朝日	ヒット商品の仕掛け人――渋カジ　渋やよいとこギャルも服も現地調達
1989年9月	商店界	銀座・渋谷定店観測－渋谷＝脱渋カジは上品でリッチ

発行年月日	新聞・雑誌名	記事タイトル
1989年9月	checkmate	'89秋渋カジ完璧マスターBOOK
1989年9月1日	an・an	噂の東京カジュアル！　イラスト比較研究！　渋カジよりワンランク大人の理由。
1989年9月7日	女性セブン	映画『どっちにするの。』 渋カジvs山の手お嬢
1989年9月20日	popeye	キャノンQ-PIC、POPEYE　渋カジ'89グランプリ
1989年10月	checkmate	秋の必須アイテム　渋カジジーンズ着こなし事典
1989年10月6日	週刊朝日	シブカジ――渋谷のストリート・キッズ
1989年10月17日	週刊プレイボーイ	渋バカ宣言　限りなくダセー「渋カジ兄ちゃん」の研究
1989年11月9日	週刊文春	蜂起するシブカジ
1989年11月23日	GORO	女子高生マニュアル　渋カジvsビーパン　ファッションは自分にもBFにもウルサイ!!
1989年12月	婦人公論	“渋カジ” ヤンキー知ってますか
1989年12月5日	週刊女性	荻野目流の渋カジでキメッ！
1989年12月6日	週刊テーミス	渋カジ族　麻薬・レイプ・傷害・家庭‥
1989年12月19日	週刊女性	あっトシちゃんが田中美奈子と“渋カジ”デート!!
1990年1月16日	週刊AERA	渋カジの髪はさりげなく茶色に（時代通り）
1990年2月1日	BRUTUS	マーケティング商品学――ライフスタイルのカジュアル化に見る、アメリカンの逆襲　渋カジ
1990年2月7日	読売新聞	［新生活人］渋カジは“茶色の髪”　毛髪脱色剤の誘惑　私もパリジェンヌ
1990年2月9日	FRIDAY	大小40チームが「何もせず朝までブラブラ」: 渋谷を占拠した日本版『ウォリアーズ』の生態
1990年2月21日	popeye	この際イッキに渋カジ流ひとり暮らし
1990年3月5日	non・no	ツヨーイ男が、やっぱり素敵　渋カジ＋米カジで、自分流の着こなしを
1990年3月7日	popeye	渋カジ卒業生はこんなニットを着ている
1990年3月15日	週刊新潮	警視庁の追放宣言で右往左往の「シブカジ族」
1990年3月27日	女性自身	話題の最終局面！　宍戸開、両親も公認！　小林聡美との渋カジデート目撃
1990年4月3日	日経流通新聞	Hello! I'm a 新・新人類、来たぞ究極の消費者――ネオ渋カジ
1990年4月4日	popeye	ブランドカジュアルをシックに。渋カジ当たり前、ひと味ださないとお洒落失格

発行年月日	新聞・雑誌名	記事タイトル
1990年4月13日	週刊ポスト	娘、息子を渋谷に行かせるな！　いちご族が「薬物、レイプ」にはしゃいでいる
1990年4月26日	読売新聞	“渋カジ族”の遊び場だけじゃない　タウン誌発行“大人の渋谷”アピール
1990年4月30日	週刊大衆	本音で生きられない大人が羨む?“シブカジ族”の現実
1990年5月9日	宝島	渋カジ、暴走族のご用達！ポケベル新活用案
1990年5月24日	女性セブン	われらの時代に――153回　渋カジ族
1990年5月25日	HotDogPRESS	新カジュアルで、お洒落上手になる！
1990年6月21日	DIME	渋カジ、イタリアの次はブラック!?
1990年8月9日	GORO	恐怖チーム族＝“渋カジ”の仮面をかぶった狼たち
1990年9月19日	popeye	渋カジを超えた新スタイルの誕生。ニュースタンダードファッション
1990年9月25日	週刊AERA	浸食作用　アメ横に渋カジブーム（時代通り）
1990年9月27日	週刊AERA	WORD　ポスト「渋カジ」は「キレカジ」で決める(時代通り)
1990年10月3日	毎日新聞	渋谷の連続路上強盗事件で「渋カジ」スタイルの少年6人を逮捕――警視庁
1990年10月7日	サンデー毎日	東京・渋谷を占拠する「渋カジ」って何だ！
1990年10月9日	日経流通新聞	渋カジは足元から、バスケットシューズ売れる
1990年10月20日	週刊現代	アジア大会の新ヒロインたち　渋カジパワー　北京で爆発（小菅麻里、千葉すずら）
1990年10月26日	FRIDAY	なんと900万円のベンツがラーメン屋台に、渋カジに大人気「間坂亭」の味とお値段
1990年11月1日	日経流通新聞	渋カジからリバカジ――復活ファッションいかが
1990年11月21日	SPA!	ブーヤキッズの青春――高校生が占拠する町・渋谷で生まれたニューウェイブ
1991年1月31日	毎日新聞	「渋カジ族」15人を監禁致傷で逮捕　対立グループに乱暴――警視庁世田谷署
1991年1月31日	読売新聞	「渋カジ族」が少年らを監禁・暴行　15人を逮捕／東京世田谷署
1991年10月16日	SPA!	夜になるとたむろする渋カジチームの生態に現代少女の孤独な一面が現れている

ル・レポート」では、「キミの学校は渋カジスクール'89か?」と題して「渋カジ度」の点数化がはかられ、青山学院・玉川・成城・明治学院・成蹊など大学の付属校や暁星高校の生徒たち――「カトリック系のいわゆるおぼっちゃま校が高得点を出してしまいやすい」――が登場している。

また、当然こうした渋カジのクラス志向は、女子高生たちにも共通していた。一九九〇年六月六日号「popeye」の渡辺和博の連載「㊥式新マーケティング理論」では、「美少女時計回り論。七時〜九時の間の私鉄に美少女は出現する」と題して、次のように論じられている。

まず第一に、東京においてカワイイコというのは女子高生のことである。(略)渋カジ娘が旬である今、美少女度というものが=渋カジ度である、(略)時計というのはつまり、まーるい緑の山手線の円を考えてほしい。(略)渋谷を七時とすると新宿が九時であり、池袋は十一時、という具合にだいたいなる。/そして、女子高生のかわいいの、美少女がいる地域というのは七時から九時の間だけ、ときっぱり言ってしまおう。/ちなみに、この地域には井の頭線、東横線、小田急線が走っている。(略)最も渋カジ度が高いとされている小田急線には、成城学園(成城学園前)、日本女子大付属(読売ランド前)、カリタス女子(登戸)、玉川学園(玉川学園前)、和光大付属(町田)と、渋カジ少年少女の学校がたくさんあって、ショートパンツ少女出現率が高いのである。/というわけで、東京の美少女というのは、渋カジの中心地である渋谷、自由が丘、下北沢を結んだ黄金の三角地帯(ゴールデン・トライアングル)を核として、周辺の私鉄沿線に広がっている。

他にも井の頭線沿線の立教女学院などが挙げられているが、これらはすべて私立大学の系列校である。そして、こうしたエリアに暮らし、通学する彼・彼女たちが、放課後ないし休日を過ごすのはやはり渋谷であった。「週刊プレイボーイ」一九八八年十月二十五日号の記事「さよーなら〝ボディコン〟今日は〝渋カジ〟!」には、正しい渋カジ少女の見分け方とし、「フランス製のシピーとかピカデリーといったジーンズをはき、洋服以外のアイテムとしてなにかひとつ、例えばヴィトンのバッグやロレックスの時計など、高級ブランド品を身につけていること」を挙げ、「主に渋谷は井の頭通り、パルコ・SEED・LOFTへんやスペイン坂通り、ディスコじゃラスカラ、J-TRIPバーあたりが、その主要生棲地《(ママ)》」とある。当時、若者たちの注目する溜まり場は、かつてクリスタル族が集まった「六本木のディスコ」から、「渋谷界隈のクラブ」へと移行しつつあった。[7]

川本三郎[9]が言うように「東京は西に移動する」[8]わけだが、八〇年代若者文化の主役が、大学生から高校生へと交代するにつれ、その震源となるエリアも、山手線の内側からその西側へと遷移していった。そして、それは単に都市空間における重心の西進というにとどまらず、自身も高学歴であり、管理職や専門職などに従事する親のもと、高額な教育費を負担しうる家庭に育った子どもたちへの文化的なヘゲモニーの移行という、きわめてクラス・コンシャスな事態でもあった。

2 「東京二世＝団塊Jr.」への期待

渋カジ現象は、東京圏での階級間の棲み分けの問題とともに、東京西郊にマイホームを構えた団塊およびそのジュニアたちの世代論の問題としてしばしば議論された[10]（表12＝一五五ページ）。例えば、ある用語集《グロッサリィ》の「ストリートの団塊ジュニア」という項目の解説には、「八〇年代末頃から、次代の消費の主役として、当時一〇代後半の団塊ジュニア（七一年〜七四年生まれ）が注目を集めはじめる。（略）東京在住のこの世代の間で、自然発生的に生まれたファッションが「渋カジ（渋谷カジュアル）」である。紺ブレ（紺色ブレザー）など、トラッドで普通感覚だが高品質な定番アイテムを、自分なりに組み合わせる。重厚なヨーロッパ・ブランドに代わり、ラルフ・ローレンが人気となった」とあり、渋谷は「新人類世代にとって、最新のDCブランドやカフェバーのある先端的なシティーだった。だが、渋カジを生んだ高校生たちにとって、センター街はなじみの遊び場。放課後に制服でぶらつき、友達に友達を紹介して交流を広げる、いわば自分たちのストリート」[11]とされている。

この第二次ベビーブーマーである団塊ジュニアに関しては、一九八〇年代中葉から、第五世代人・イチゴ世代・パラボラエイジ・スライム世代・まさつ回避世代・イルカ世代・ヘタウマ世代などとも呼ばれ[12]ながら、アメリカの'Generation X'を参照しつつ、マーケティング関係者らを中心に、今日に至るまでさまざまに論評されてきた。[13]こうした議論や調査結果では、好況や高度情報化、都市圏への人口集中などを背景とする、団塊ジュニアたちを語るキーワードとして、過度の上昇志向をもたず、カジュアル志向などあくまでも無理をしない「自然体」、何かへの熱中やコミットメントを避ける「モラトリアム」、親や社会に反抗をしない「まさつ回避」、気持ちのいい仲間や空間への「自閉」、「ジェンダー・フリー」などが挙げられることが多い。[14]

そして、団塊ジュニアたちからなる「渋カジ族」は、当然その世代の特性を共有していた。なかでも「仲間意識の強さ」に関して言えば、渋カジ・ファッション自体が「チーム」に端を発していたことは、多くの雑誌記事などによって繰り返し言及されている。[15]

〝大人の街〟と言われていた渋谷に、「ワン　オー　ナイン」「ザ　プライム」ができ、センター街にファストフード各店が学園祭の模擬店のように建ち並んでから、放課後の活動場所を〝シブヤ〟に移した高校生のグループ。そのグループは、それぞれ核になる高校と、友だちの友だちは皆友だち式に、気が合った他校生とで構成されています。／三〜四年前までは、広尾の「東京都立中央図書館」で勉強を目的に集まり、それから〝シブヤ〟へ流れていたグループと、そのグループに〝シブヤ〟で合流してから、放課後のひと時を、情報交換と、たわいもないおしゃべりで過ごしていたらしい。やがて、卒業パーティーなどを企画するようになり、幹事役として、正式にグループが構成され〝チーム〟と呼ぶように。[16]

だが渋カジ・ファッションは、それ以前の八〇年代の諸族――竹の子族・クリスタル族・暴走族・カラス族など

――のそれに比して、さほど強い斉一性や四六時中の拘束力を有していたわけではない。「高級インポートもの＋スポーツアイテム。（略）昨今のインポートブームと、九〇年代に大流行の兆しを見せるスポーツルックが合わさった」[17]街着ファッションという基本線はふまえながらも、個々人のアレンジの余地も大きく、また融通無碍にさまざまなアイテムを取り入れ、シーズンごとの流行をもち、刻々と変化していった点に特徴がある。[18]個人主義的でありながらも、街にいる間はそこでの仲間関係を最優先し、かつ家庭・学校などのいくつかの帰属集団にも無理なく適応するといった団塊ジュニアたちの特性が、渋カジ・ファッションにはより端的に現れていた。[19]

3　煽るメディア、鎮めるメディア

自然発生的に生まれた渋カジは、当初マーケッターやファッション誌の編集者などの注目を集め、新たなトレンドないしユース・マーケットとしてメディアに取り上げられ、主として若者向け男性誌が、広く渋カジ（族）を紹介していった。例えば「checkmate」一九八九年一月号「渋カジを完璧マスターする」は、「人気ショップベスト5――①ビームス②スラップショット③レッドウッド④ミュージアム・フォーシップス⑤キャンプス」のアイテム紹介以外にも、「よく行く喫茶店&ディスコ――TOPDOG、Jトリップバー」「渋カジヘアの代表、サラサラヘアは、グラレイヤー主体でサラリとした前髪が命。ワイルドなウエアを着ても、どこかに品を感じさせてくれるのが人気のヒミツだ」「渋カジヘアのもう一派、ウエットヘア。これは刈り上げとリフトアップが大原則で、男らしくハードなイメージがウリだ」と事細かに渋谷と渋カジ・スタイルについて解説している。

その後、「HotDogPRESS」一九八九年四月十日号「〝渋カジ〟、そのファッションから生態まで、徹底研究マニュアル」は、ショップの地図や「渋カジ族の出没スポット一覧表」とともに、「最新渋カジ少年御用達ワード」を紹介している。[20]また「popeye」一九八九年六月二十一日号「渋カジ'89ライフスタイル・レポート」は、「これを知らなきゃ、渋谷は歩けない。と、いうわけで。渋カジの常識、シェイクハンドをイラストで紹介。知らない人はマスターしていただきたい」「竹文字《バンブーレター》が書ければ人気者」といったように、単に語彙だけの問題ではなく、渋カジ族独特の身体技法を詳説している。(21)

渋カジ少年たちの会話《コミュニケーション》を支える、J-WAVEの言語感覚。（略）J-WAVEの新言語感覚の特徴を端的に言うと、日本語と英語（もっとはっきり言えば、米語）の見事な調和であろう。ひとつの言葉の中に、漢字とひらがな、そしてアルファベットがそれぞれ仲良く並んでいる。言ってみれば、和英（米）ちゃんぽん言葉だ。（略）リターニーが帰国直後よく陥る、音引き日本語が乱発されたり、クォーターが興奮した時や、しっかりと主義主張を述べるときに出る、妙な文語体が教室やファストフードの店でくりかえし練習される。（略）例③音引き日本語「どォーして（ですかァー）」／例④変な文語体「僕もそう思う。なぜならば……」／さらには、やたらと両手を使ってのボディランゲージも習得するだろう。例⑤「私《ミー》？」という疑問を投げかける時に、両手を胸にあてる。／こうして、家に戻って、渋カジ少年たちは、81・3FMで新言語感覚を復習しているのである。もはや、東京では偏差値54以上の高校で、「シーユー」「バイ・ナォ」「ハウ・ジ？」程度のあいさつは、日常茶飯事だというし、ボーイフレンドのことを「シュア」「スクエア」「アバウト」と形容している。（略）渋カジのボーイズ&ガールズは眠らない。毎週土曜日に、チームという仲間うちで渋谷のセンター街に集まっては、『笑っていいとも増刊号』の始まる少し前くらいまで、ただ路上でブラブラしている、というのが真性渋カジの実態だ。（略）

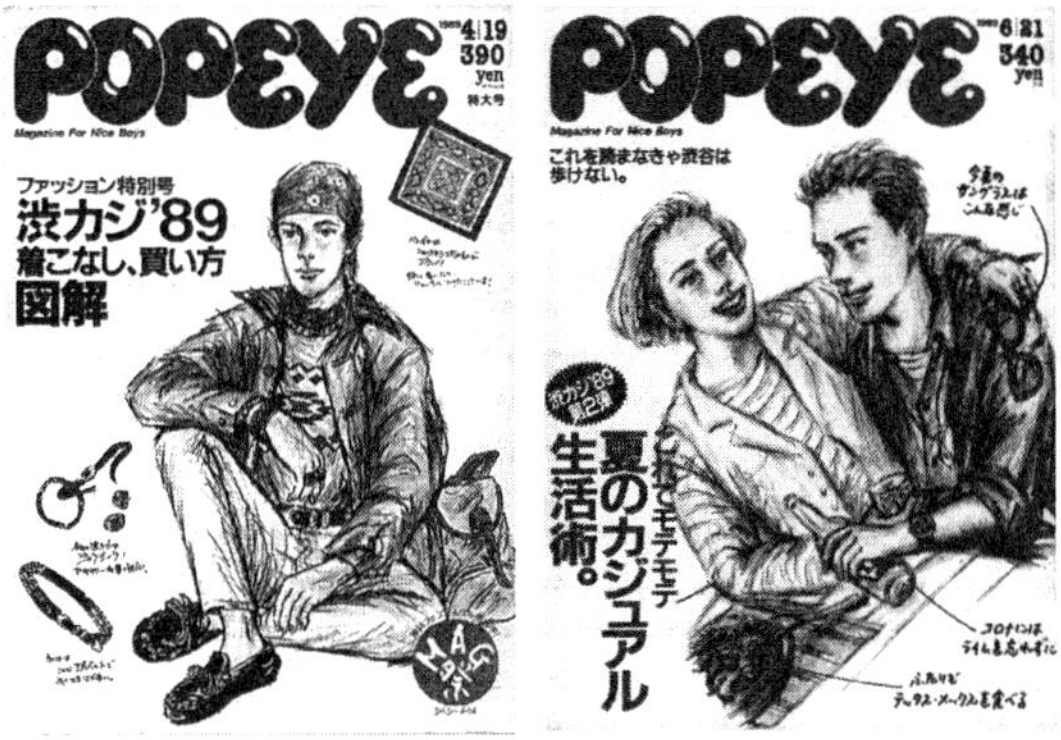

図21　「popeye」の渋カジ特集

恋人より友達重視。恋愛よりみんなで遊ぶのが好き。（略）昼さがりのディスコパーティ。大勢で訪れるビーチサイド、そして朝までの路上討論《トーク》。G・W《ゴールデンウィーク》の上京組によって、確実に渋谷から全国へと直輸送されたに違いない。

もちろん、このようにマスメディアに紹介されるスタイルを、そのまま受容することが推奨されていたわけではない。前出の「最新渋カジ少年御用達ワード」のなかには、「まったり渋カジ」という言葉が採録されており、「本家〝渋カジ〟少年に言わせれば、雑誌に紹介される渋カジをうのみにしてどっぷりつかってるよーな人々」とされている。しかし、「popeye」一九八九年六月二十一日号には「ブラウン管からの追い風」と題して、「あの『ねるとん紅鯨団』ののりさんが、しっかりとしてるじゃないの！　渋カジ。そう、あれをお手本にすりゃいいのよ。（略）かつてはこぞってDCのスーツなんか着ていたテレビスターたちも、今じゃ、ちょっとハヤイ人はみんな渋カジしてる。（略）さらには、渋谷センター街が生んだ渋カジスター、真木蔵人。一方、女のコの代表は、『とんねるずのみなさんのおかげです』の宮沢りえ。そして、渋カジ少女の目標の、浅野ゆう子にとどめ!!」とあり、マスメディアの影響力の大きさをうかがわせている。[22]　また、当初「checkmate」一九八八年十月号「シブヤ感覚のカジュアルが新しい」――「ぼくたちの大好きな街は渋谷。世界でいちばんおしゃれな街も渋谷（だと思っている）。DCショップにアメカジショップ、ディフュージョンブランドのイタカジショップ。それから、話題のサンタフェショップと世界中のトレンドとカジュアルウエア大集合。で、渋谷のカジュアルを、最先端の〈シブカジ〉を、じっくり研究してみようね！」――に見られたようなさまざまなスタイルの可能性が、雑誌によって季節ごとにある型にはめられていった側面も否定できない。

そして「popeye」一九八九年六月二十一日号は、「渋カジ高校生のカリスマ、「チーム」の存在を知る」と題して、チームが外見だけではなく、その行動もよりワイルドになりつつある様子を描写している。[23]

新品のベースボールキャップをライターで焼き、足で踏んづけ汚したり。スウェットを洗って伸ばして乾燥機に入れて、とどめにカットオフしたりして「三日で十年」の「味」を競い合ったりする。フィッシングベストにサープラスパンツ。鍵とキーホルダーをループにジャラジャラ付ける。高校生はこんな攻撃型ファッションを思う存分楽しんでいる。そのカリスマが、渋谷に集まる「チーム」と呼ばれる集団である。その中でもファンキーズ、エンジェルズ、ノーティーズが三強で明大中野の高校生を中心にいろんな高校生が交じり合って構成されている。週末にプライム前に集結。その日のノリにあわせて渋谷をかき回すように遊ぶ。ファッション、遊び、どれをとっても彼らはまさにカリスマだ。

また「popeye」一九九〇年六月六日号には「今、渋谷ってコワイですよ。渋カジくんたちは、カッコつけ用のアーミーナイフとか、ホントにケンカで使ったりするし、マスクして夜ふらついている渋カジくんは、代々木公園のアベック殴るし。（略）センター街のスラム化。なんだかニューヨークみたいになってきたような…」といった投書も見られる。こうした動きは、当然新聞や週刊誌による渋カジ族のフォーク・デヴィル視を生み出し、やがてファッション誌から渋カジの語は消え、渋カジ族（からの派生・後継）は、別称を冠されることになる。

4　チーマーと"-er"の浮上

「週刊朝日」一九八九年十月六日号「シブカジ——渋谷のストリート・キッズ」によれば、「灯ともし頃になると、センター街にティーンおよそ三百人が集まってくる。こうなると、一種の解放区だ。二、三年前からストリートチームと呼ばれるグループが生まれ、小は十数人から百人を越える大組織まで三十チームほど」あり、その「リーダーの条件は、面倒見がよくてモテること。幹部クラスになるとほとんどが液晶表示の出るポケットベルを携帯している。

例えば四二八—四九××は、渋谷、至急といった具合にリーダーが招集をかけるわけだ。それに誰よりも渋谷に詳しい。システム手帳には数十人の女の子の名前がズラリと記載してあった。渋谷に集まる目的の一つは、やはりナンパ[24]」であり、チームの「メンバーの約七割は男」だという。[25]

そして、「SPA!」一九九〇年十一月二十一日号「ブーヤキッズの青春——高校生が占拠する町・渋谷で生まれたニューウェイブ」は、ポスト渋カジ(族)を次のように描き出している。[26]

彼ら〈ブーヤキッズ〉たちは、ほとんどが有名私立高校の生徒たちで明大中野、成城、明治学院といった大学の付属高校に通う少年たちだ。/家庭は中流より上、商店や中小企業主の息子が圧倒的に多く、小遣いは週一万円が〝相場〟だという。/チームのリーダーになるには資格がある。渋谷育ちが、不文律だ。場合によっては、恵比寿や三軒茶屋、駒沢周辺まで資格の幅が広がることがあるが、いくらケンカが強く金を持っていても、埼玉や千葉出身ではハナもひっかけられない。/彼らは彼らなりの〝ブランド志向〟があるのだ。〝ブランド〟といえば、彼ら独自のファッションの〝掟〟がある。それは、①ジーンズ(特にリーバイス501の耳赤、と呼ばれるオールドタイプをベストとする)、またはチノパン ②スカジャン、革ジャン(特にダブルのライダータイプを好む) ③バンダナ(頭に巻き付けたり、パンツの尻ポケットにねじ込んでいたりする) ④白のTシャツ(パンツの中に入れない) ⑤ベースボール、またはサマーキャップをかぶる ⑥エンジニアブーツ(アメリカのハーレー乗りが好んで履く爪先に鉄板の入った、ケンカ必勝ブーツ。これが、あたかも(走)の特攻服のごとき〈ブーヤキッズ〉の戦闘服なのだ。/さらに、彼らのなかには〝バタフライ〟と呼ぶマニラナイフを持ち歩く超アブナイ少年もいるという。彼らはマリファナや睡眠薬などのドラッグにも手を出し、ワルの〝トレンド最前線〟にいる。

彼らは「ザコッキー(雑魚)」に喧嘩を売り、「一般人(彼ら以外のすべて)」をバカにし、「ゾッキー(暴走族)」に罵声をあびせたという。こうした「ブーヤキッズ」や「チーム族」のような異称は、やがて「チーマー」に統合されて

いく。(27)

そして一九九二年七月放送開始の『進め！電波少年』は、その一回目の放送で「渋谷のチーマーを更生させたい」という企画を立ち上げている。(28) このようにマスメディアによって揶揄される存在と化したチームは、本来の「知る人ぞ知る」という稀少性を失っていく。(29) 「週刊ポスト」一九九三年二月十二日号「松村邦洋（二十五）「チーマー」の去った渋谷に座り　オレの天下だァ！バウバウ!!」で「それぞれ地元に戻った」とされ、「SPA!」一九九六年一月二十四日「'90年代ニッポン――あの［大騒動］は何だったのか!?」では、「東京近郊からの出張チーマーなどチームの数が増えるのにつれ、ケンカ沙汰が増加。暴力行為で警察から解散するように言われたチームもあり、チームは急速に衰退した」と回顧されている。(30)

こうして渋カジ（族）がよりワイルドなものへと変化していくにつれ、当初言われていたユニセックス性は薄れていき、基本的にはホモソーシャルなチームならではの男性性《マスキュリニティ》が浮上してくる。(31) 「popeye」一九八九年六月二十一日号中の「現役の渋カジ対談」には以下のような発言が見られる。

宇野さん（学生）「お姉さん達の頃と違って渋カジの女の子は、男の子にリードされて動いてるのよ」（略）
池田クン（学生）「そうだね。渋カジのカップルは男の子がリードしていることが多いね」
鈴木さん（学生）「渋カジの男の子って、みんなでいるときは悪ぶってたりするんだけど、ひとりになると変に保守的になっちゃったりするんですよね。女のコはこうでなくちゃいけない、なんてお説教しちゃうコがいるんです。同じコトをしても、男の子はいいけど女の子がするのはイケナイなんてね。もし、そういうこと言われても、恋人だったらまだ許せると思うんだけど、ファーストデートで言う人がいる。（略）保守的でお坊ちゃまなのは好きなところだから残してくれて、それでいてシッカリしてる人がいいですね」

「お坊ちゃま」たちのストリート・ファッションとしての始まった渋カジは、ヒップホップなどよりマスキュリンなストリート・カルチャーの影響もあって、「大仰な男らしさ（machismo）」へと変化していく。[32]

こうした「チーマー」のように、ある若者たちを集合的に、英語の接尾辞“-er”や“-ee”を借りて呼ぶ造語法は、七〇年代以降散見される。[33] 例えば七〇年代には、「ビックリハウス」の愛読者・投稿者集団である「(ビックリ)ハウサー」[34]や、東京のタウン情報誌「アングル」のファンたち「アングラー」[35]が存在した。このように若者言葉として登場したもの以外にも、メディアやマーケッターの側からの命名としては、八七年初出の「フリーター」などが語彙として定着している。[36] そしてチーマーを経て、九〇年代中盤以降はシャネルを愛好する「シャネラー」や安室奈美恵のwannabesである「アムラー」など、さまざまな「カリスマ」的な人気を誇る「人名およびブランド名＋er」が流行現象を起こしていく。

渋カジ族を最後に、路上などでの群れ集いをニュアンスとしてもつ「族という接尾辞を付されるユース・サブカルチャーズ」は、周縁的な存在へと追いやられていった。テリー伊藤は言う。「みゆき族が話題になった一九六五年《ママ》ごろは、ちょうど高校一年生で、僕自身もみゆき族をしてました。みゆき族が銀座に集まったのは、盛り場らしい盛り場が銀座しかなかったから。／何していたかといっても今の渋カジ族と一緒じゃないかなあ。女を探してたんじゃないの。女探してナンパして、パーティー」[37]。多様なファッションをそれなりに受容し始めた社会にとって、渋カジは「新奇なファッションを身にまとう若い男性たちの共在」が「族《やから》」としてモラル・パニック扱いされる最後の事例となったのである。

＊

ファッションとしての渋カジに関していえば、それはカジュアル優位の流れを決定づけ、[38] そのなかでの細分化が極度に進行する事態の始発点であった。一人のデザイナーにすべてを委ねるDCブランドから、オーソドックスな高級インポート・ブランドをアイテムとして用いながらも、着る側のアレンジを重視するストリート発、セレクト・ショップ発のスタイルへの移行であった[39]。また「団塊ジュニア世代の男の子の一部で、ワイルドなスタイルが流行したのは、自分たちよりちょっと上の世代の、ポスト団塊世代の「ユニセックスでクリーンなマニュアルBOY」的なスタイルへの反動から出て」きており、アメカジ以降続くストリート・カジュアルのブームは、団塊ジュニアの「十代しかできない格好をする」という価値観に支えられていた[40]。それゆえ若者ファッションの中心は、一九八〇年代から九〇年代にかけて「DCブランドのメッカとしての原宿→インポート・ショップが散在する渋谷・原宿間→再度裏原宿エリアへの回帰」といった軌跡を描くことになる[41]。

数ある渋カジ・ショップの一つとして出発し、急成長を遂げたビームスの創設者も、以下のように述べている[42]。

『ポパイ』などで、マニュアルがあふれて、若者はインプットばかりされてきた。それが八〇年代の終わりになって、やっと自分たちで自分たちのスタイルを加工・編集しはじめた。その象徴が渋カジです。「そもそも渋カジってどんなスタイルですか」なんて取材をよく受けましたが、具体的な格好のことではない。あれは、初めて街が生んだスタイルだったんです。それまでのアイビーにしろ、イタリアン、ロンドンパンクにしろ、海外にルーツがあって、形だけ取り入れるところがあった。ところが、渋カジはそのままの格好がどこにもなかった。サンタフェがはやると、バンダナをジーンズに挿しちゃったりするわけです。

数年後同じ渋谷を舞台に、今度は女性が前面へと躍り出てくる「コギャル」騒動《クレーズ》が、よりメディア先行であるのに対し、渋カジは相対的には「街が生んだスタイル」であり、個々人によるアレンジの余地が比較的大きかったと言えよう。だがこうした多様化の動きにも、出版業界やアパレル業界は、ファッション雑誌やブランドのセグメンテーションによって対応しようとする。そして、若者たちのファッション支出は増大し[43]、情報の流れは東京から地方へと一元化の度合いを強めていく[44]。

原宏之は、おたく族は「九〇年代的なインターネット的なコミュニケーション形式を感覚的に先取りしていた者たち」であり、渋カジ族は「インターネット前夜のアナログ・人的ネットワークの頂点で、終焉を見ずに「現在」の信を保持しながら祝祭に参加できた者たち、「定番」を（商業・消費者的に）好んだ者たちである」[45]と指摘した。対面的な共在にもとづく人脈（とそれを利用した起業）、そこから生じる流行の先端――バブルの祝祭の真っただなか――にいるという選民意識、そうした意識の裏づけともなっていた良家の子弟・子女というバックグラウンド、それにともなう高学歴、にもかかわらず誇示されるある程度の不良性。まさに「渋カジは、「祭り」の日常を遊ぶための小遣いを親に貰い、企業から引き出し、社会から捻出させ、永遠の消費者として生きていく」[46]ウェイズ・オブ・ライフであった。そしてその不良性は、オールドタイプのヤンキーたちとは対極にあるという自負のもとにあり、社会の側「それまでの通念的な逸脱からの逸脱」に嘆息したのである。[47]だが、誇らしげに自称された「それは渋カジ族である」も、より旧来型の不良性を帯びた「それはチーマーである」に取って代わられ、バブルの終焉をむかえることになる。もちろんこの時期の若者たちすべてが、渋カジ・アメカジを志向していたわけではない。インターネット前夜の同時期に、同じ渋谷を舞台に、同じ団塊ジュニアと呼ばれる世代に属しながら、のちに「渋谷系」と呼ばれることとなる、まったくテイストを異にしたユース・サブカルチャーも台頭し始めていた。

注

（1）磯村英一『磯村英一都市論集Ⅱ』有斐閣、一九八九年。山手線渋谷駅は一八八五年に開業し、玉川電鉄は一九〇七年に、東横線は三二年に、井の頭線はその翌年に、地下鉄銀座線は三八年にそれぞれ開通している。

（2）アクロス編集室『WASP九〇年代のキーワード――日本人はいま、どこにいるのか?』PARCO出版、一九八九年。一九八八年五月の時点で、すでに「第四山の手」に住む「ドーナツくん」たちこそが渋カジの主役だと指摘されている（押切伸一／川勝正幸『流行の素』JICC出版局、一九九〇年）。

（3）服部銈二郎ほか「東京の盛り場と高校生の活動領域――立正地理学会「都市のイメージ空間構造研究委員会」報告一」「地域研究」第三十六巻一号、立正地理学会、一九九五年。TBS総合嗜好調査（東京地区、対象は十三歳から五十九歳男女）によれば、「好きな盛り場」は七九年十月では新宿三八・二％、銀座（新橋）三〇・八％、渋谷一七・五％だったのに対し、八七年十月には新宿三六・四％、渋谷三五・一％、銀座（新橋）三四・九％となっている。この「新宿から渋谷へ」というトレンドは、「首都圏出身者がヤングの主流となり、女性の社会進出がふえ」ための、「地方出身者でもすぐにとけこめる親しみやすい街から、都会的でファッション性のある街への人気の移行」（上村忠「渋谷の実力」、前掲『ザ・渋谷研究』所収、一九九一―二〇〇ページ）であった。また八四年に首都圏の高校生を対象とした「最も好きな繁華街」のアンケート調査（回答総数二千四十人）によれば、渋谷（三百六十八人）・新宿（二百二十一人）・銀座（百五十人）という結果となった。それぞれのイメージは、銀座は映画／大人／高級、新宿は人が多い／夜の街、渋谷はヤング／人が多いなど（『The sakariba――タウンイメージ・東京 繁華街など商業地域に関する高校生の意識と行動調査』東京商工会議所、一九八四年）。

（4）村岡清子「アメリカ人になりたい――コカコーラ・キッズの自由への憧れ」「NAVI」一九八八年十一月号。「インターナショナルファッションシティTOKYOに遊ぶ〝アメリカン＝ジャパニーズ〟ティーンズ」（「アクロス」一九八七年七月号）によれば、渋谷と原宿を結ぶ公園通りやファイアー通り沿いの、インポート物の古着などを扱う「路面店に広がるアメカジブームの波」が火付け役であった。

（5）アクロス編集室『東京の若者――渋谷・新宿・原宿「定点観測」の全記録』ＰＡＲＣＯ出版、一九八九年、七一―七九ページ

（6）一九八五年一月の石川弘義の講演録に「シブカジ族」の語があるなど（社会教育協会編『現代の若者を考える』図書出版社、一九九一年）、八八年以前の事象を渋カジとする例も散見されるが、これらはのちに加筆された可能性が高い。

（7）「クラブカルチャー伝説80's」「STUDIO VOICE」二〇〇四年八月号

（8）川本三郎『東京おもひで草』（ちくま文庫）、筑摩書房、二〇〇二年

（9）一九九三年の街頭調査をみても、新宿が「高校生五・八％、大学生一八・三％」であったのに対し、渋谷は「高校生一〇・九％、大学生二二・五％」、立ち寄り先もファストフードが「新宿二一・四％、渋谷三一・七％」であった（朝日新聞東京本社広告局『タウン調査報告書――街を歩く人びと』朝日新聞東京本社広告局、一九九三年）。

（10）三浦展は、人口構成上の山となっている七一年から七四年ではなく、「一九七三～八〇年生まれ、特に七五年から七九年生まれを、団塊世代の本当の子供の世代という意味で「真性団塊ジュニア世代」、七一から七四年生まれを「ニセ団塊

ジュニア世代」と名付け」（三浦展『仕事をしなければ、自分はみつからない。――フリーター世代の生きる道』晶文社、二〇〇五年、二二ページ）、その真性団塊世代こそが「フリーター世代」であり、「コギャル」であり、失われた十年の最大の被害者である「難民世代」であると論じている（三浦展『難民世代――団塊ジュニア下流化白書』〔生活人新書〕、日本放送出版協会、二〇〇六年）。

（11）イミダス編集部編・大塚明子注解『新語死語流行語――こんな言葉を生きてきた』（集英社新書）、集英社、二〇〇三年、八六―八七ページ。また東京生まれの人口は、十五歳から二十九歳の年齢で見ると、七六年には五七・一％だったものが、八五年には七二・五％にまで達していた（高橋勇悦「東京の青年――新東京人の素描」、高橋勇悦／内藤辰美編『青年の地域リアリティ感覚――東京・地方・国際化』所収、恒星社厚生閣、一九九〇年）。

（12）それぞれ出典は、博報堂トレンド研究会『「第五世代人」二千万人の脅威――「第二の団塊世代」は社会をどう変えるかデジロイド人間の時代が来る！』（PHP研究所、一九八四年）、花井愛子『ときめきイチゴ時代――ティーンズハートの一九八七～一九九七』（〔講談社文庫〕、講談社、二〇〇五年）、「第二次BBマーケットとは何なのか」（「アクロス」一九八九年四月号）、ODSティーンズ研究会『ティーンズ解体新書――「超適応世代」は消費社会をどう変えるのか』（TBSブリタニカ、一九九〇年）、博報堂生活総合研究所『若者――まさつ回避世代 調査年報一九九四』（博報堂生活総合研究所、一九九四年）、稲垣吉彦『平成・新語×流行語小辞典』（〔講談社現代新書〕、講談社、一九九九年）、アクロス編集室編『ヘタウマ世代――長体ヘタウマ文字と九〇年代若者論』（PARCO出版、一九九四年）。

（13）辻中俊樹編・文化放送／ネットワーク著『団塊ジュニア15《イチゴ》世代白書――消費心ドキドキ、リアルな生活シーンから、とらえたマーケティングドキュメント』（誠文堂新光社、一九八八年）、橘川幸夫『「生意気」の構造――団塊ジュニアの発想が変える二十一世紀の日本』（日本経済新聞社、一九九三年）、千石保『マサツ回避の世代――若者のホンネと主張』（PHP研究所、一九九四年）、エイムクリエイツ編著『世紀末ヤングエイジ生態図鑑――タイプ別完全解説団塊ジュニアのストリートカルチャー』（ダイヤモンド社、一九九六年）など。「渋カジギャル早わかり〇と×」（「checkmate」一九八九年三月号）に「ディスコ〇　ニューウェーブ×　音楽、これまたあくまで健康的に、マニアックはダメ」とあるように、渋カジ（族）はDCを好んだ新人類世代への反発を基本としていた。

（14）「FINE BOYS」編集長の榊原達弥によれば、「昔のアイビーは絶対に女がマネできないファッションだったと思うんですよ。それが渋カジ以後すごくユニセックスになってしまった」（日本経済新聞社編『永遠のIVY展――戦後のライフスタイル革命史』日本経済新聞社、一九九五年、一一七ページ）。アイヴィー全盛期には「MEN'S CLUB」から「mcSister」が、「平凡パンチ」から「an・an」が、「popeye」に対して「Olive」が生まれるなど、八〇年代前半までは男性（ファッション）誌がリードする時代が続いたが、一九八六年には「non・no」から「Men's non・no」が、「FINE」から「FINE BOYS」が、また「別冊男性版JJ」として「JJ-Boys」が発行され、以後女性誌から男性誌が派生する例も多くなってくる。

（15）チームの起源について「AERA」一九九一年十一月十二日号「ファンキーズ伝説」によれば、「八四年夏、明大中野の中等部時代から目立っていた波長の合う高校二年のしゃれ者五人が、渋谷界隈を遊びだした。／それがチームの元祖、伝説のファンキーズの始まりだった」とある。だが、高価なアイテムを身につけながら、「パー券」などを売り捌いていた彼らのファッションは、渋カジ以前は「スーパーカジュアル――ネクタイは締めますが、上着はジャンパーかセーター。ヤッピーと違い、BMWは不要。バイクでいい。だけどボクは高学歴」（佐山一郎『東京ファッション・ビート』〔新潮文庫〕、新潮社、一九八七年、二一九ページ）というものであった。チームないしチーマーの存在が社会問題化されるのは、「八九年九月十五日夜、女の子とのつきあいをめぐって、成城学園と桐朋学園の男子生徒同士がケンカし、桐朋学園二年生がナイフで刺されて死亡した。／名門高校生同士の事件であること、加害者の父親が有名な音楽家であったこと、加害者被害者ともにふだんは「イイ子」と思われていたこと、桐朋学園の生徒たちが「チーム」に所属していたことなどから、各種マスコミに大きく取り上げられた」事件以降であり、「「チーム」とは、中・高校生が組織する交遊のための組織。メンバーは男だけ、リーダーもいて、渋谷・六本木のディスコなどでパーティーを開いたり、いってみれば大都市の自然発生的若衆宿。集まる場所が渋谷センター街などの路上と飲食店。服装はいわゆる渋カジである。チームは必ずしも同じ学校の生徒で作られてはいない。一般に大学生になるとチームを卒業するらしい」（前掲『Mの世代』二一三ページ）。

（16）「Olive」一九八九年十二月十八日号

（17）生駒芳子「八〇年代東京におけるファッション進化論」『エイティーズ――八〇年代全検証　いま何がおきているのか』所収、河出書房新社、一九九〇年、一七六ページ

（18）新人類世代を「くびれ世代」と呼ぶ荷宮和子は、渋カジとは「くびれの世代とは異なるメンタリティを持ち、はるかに数が多い「団塊ジュニア」＝「皆と同じはイヤだけど、皆と違うのはもっとイヤ」の台頭」（荷宮和子『なぜフェミニズムは没落したのか』〔中公新書ラクレ〕、中央公論新社、二〇〇四年、三八ページ）だったという。「週刊プレイボーイ」

一九八九年二月七日号「渋カジの四十人」には、「「DCブランドなんてもういいよ」「安い服をセンスで組合わせる。それがキマっているヤツがカッコイイと思うね」「流行は少しは気になるけど、それをそのまま着てるなんて頭ワリーんじゃないの」等々、次々に言葉がでてきた。今、東京でも一番ファッション・センスの光る街・渋谷」「渋カジ・ファッションを語る時に気になるのが、特に高校生たちの小物使いのセンスだ。（略）みんな、服の選び方、着こなしはそこそこウマくなってきたからこそ、靴、ベルト、メガネ、帽子、チーフ、タイなど、部分の凝りようが〝ちょっと渋カジ〟の差になってくるぜ！」とある。また渋カジのなかでも「最近では渋カジも五分類化されていて（ここまでくると、かなりマニアックだが）①バックドロッパー（これは渋谷にある彼らの御用達ショップ〈バックドロップ〉で洋服を買う男の子達）②ナムビニスト（コレは女の子で、〈ナムスビ〉の服が気に入ってる③レッドウッダー（これも御用達ショップ〈レッドウッド〉のファンたち）④レイジェンヌ（こちらも同じく〈レイ・ビームス〉のファンの女の子だけです）⑤ルイセッティ（同じく、ショップ〈ルイ・レット〉ファンの女の子たち）に分かれる」（松木直也「渋カジのできるまで」「東京人」一九八九年十一月号、一一ページ）といった細分化が進み、「渋カジ以降、九〇年代のファッションは、キレカジ（九一年）・デルカジ（モデル・カジュアル）といったバリエーションを生み出しつつ、全体的にカジュアル化へと向かっていく。この流れは次第に世代を越え、大人も巻き込んでいった」（前掲『新語死語流行語』八八ページ）。

（19）博報堂生活総研の調査によれば、九四年の若者（十九歳から二十二歳）は、八四年のそれに比して「一人で行動することが多い」「仲間の目は気にならない」傾向を有するにもかかわらず、「友人や仲間といる時、生きがいや充実感を感じる」「友達は気の合った者がいればいい」傾向をも有している。また「家族といるとき、生きがいや充実感を感じる」のポイントも上がっている（前掲『若者』）。また青少年の連帯感などに関する調査でも、「どんなときに生きがいを感じますか」（複数回答）という設問に対する選択肢「友人や仲間といるとき」は、一九七〇年には三九％だったものが、九〇年には六四％まで上昇している（総務庁青少年対策本部編『青少年の友人関係――「青少年の友人関係に関する国際比較調査」』大蔵省印刷局、一九九一年）。

（20）この記事で紹介されている渋カジ族用語には、「シャバ僧：由来は「ビー・バップハイスクール」。今どきビー・バップみたいな格好しているヘンなヤツらが転じて、ダサいファッション、エグい格好している「何コイツ？」というよーな奴らを示す」やフリーターへの蔑称「にいちゃん」、「オヤジ：カラオケバーなんかでネクタイしたまま、若ぶった歌を熱唱しているサラリーマン族」など、一種の選民意識を反映したものが多い。

（21）「popeye」一九八九年六月二十一日号「渋カジ人類学　ボディコンギャルズ大量渋カジ変身の理由」には、「渋カジの社会的背景　（略）まず経済社会的に見ると、アメリカものがめちゃ安く、日本にドンドコ入ってくるということ。円高や、新税制のおかげだね。（略）これも円高や経済大国の恩恵だろうけど、アメリカ・スティの経験者がうなぎ上りに増えたこと」とある。

（22）のりさんとは木梨憲武。実在するショップを舞台とした映画『オクトパス・アーミー　シブヤで会いたい』（一九九〇年）——渋カジ族出身とされた東幹久主演、音楽はフリッパーズ・ギター——や、「「渋カジ族」のチーム「モッパーズ」のリーダーひろしは、街中で有子に一目で心ひかれてしまう…」という『真夜中の少年たち——MIDNIGHT CHILDREN』（一九九一年）なども制作された。

（23）「アクロス」一九九七年九月号「若者とファッションの十七年の記録」では、八八年から八九年を「シブカジ（初期）」、九〇年から九一年を「シブカジ（後期）」と区分し、「アクロス」一九九一年十月号で「渋カジワイルダー」が取り上げられたことを回顧している。また、「Olive」一九八九年十二月十八日号には、「チームに所属している渋谷キッズのファッションは、アメカジ、渋カジと区別して、チーカジ（チーム・カジュアル）と呼ばれています。その差は、ワードローブのアイテムの凝り方に特徴があるよう」とあり、Gジャン、香水（ポロのローレン）、ニューバランスのスニーカー、細身のレザーパンツなどをそのアイテムとして挙げている。

（24）「non・no」一九九三年八月二十日号「NON・NO妹トレンドチェック——あなたのヤング度持ち物検査」には、ポケベルに関して「チーマーのメンバーに使い方を聞いてみた」「ピーッと鳴る回数が、彼らの人気者度バロメーターなのでした」とある。

（25）一九九〇年代に入ると「SHIBUYA LADIES TEAMER」も登場し、「徹底的にアメリカン・カジュアルにこだわった女の子たち。ショーン・ペン主演の映画『カラーズ——天使の消えた街』（一九八八年）などを見て、ファッションをチェックしている。イーグルのネックレス、鋲を打ったバッグを持ち、なかにはタトゥーを彫る子までいる」。なかには「あたしたち、ヤンキーからバイクとってボーソー族なくしたヤツ」と公言する者もいた（田島麻名生「渋谷の夜は誘惑と冒険のディズニーランド!」、『あぶない少女たち——渋谷チーマー、レディース暴走族、クラブキッズ、グルーピー、大阪ヤンキー』〔別冊宝島一五八〕所収、JICC出版局、一九九二年、九七ページ）。また、ここでも当然マスメディアによるモラル・パニック化が繰り返された。「この前、TVの人が通ったの。（略）どんな雰囲気撮りたいの？って聞いたら、

「もっと夜になって、ふざけあってるとことか――」って言ってた。その時、充分ふざけ合ってたから、これじゃダメなの？って聞いたら、「もっとチームみたいな雰囲気ってあるじゃない」とか、わけわかんないこと言われて、すげぇウザイの」（同書一一四ページ）

（26）この記事では、チーマーと他の逸脱的ユース・サブカルチャーズとの差異を次のように描いている。「彼らは、いち早く渋谷におけるメインストリートである「センター街」をテリトリーにし、早朝の公園通りをスケボーで駆け下りてスリルを楽しむ〈スラッシャー〉たちや、帰りそびれたギャル目当ての〈車高族〉とは一線を画して、同じ高校同士か、それに近い仲間同士でチームを結成し、実質的に「センター街」をシキっているのである」。またカタカナのチーム名がほとんどなのは、「カタカナの名前のほうがやっぱりカッコイイでしょ。それに漢字とかだったら、暴走族みたいじゃん。あいつらとは一緒にされたくないからさ（『マリナーズ』のケンジ・十六歳）／名前？　別に特に意味はないよ。メンバーのオヤジでベンツ乗ってるのがいてさ。車のうしろに書いてあったから、この名前に決めたわけ（『ＡＭＧ』のヨウスケ・十六歳）」（栃内良「〝渋カジ〟ヤンキー知ってますか」「婦人公論」一九八九年十二月号、三七五ページ）。

（27）「東京・渋谷　深夜の〝ガキ帝国〟詳解勢力ＭＡＰ――「チーム族」を知っているかい」「週刊現代」一九九一年八月十七日号。同記事では、この年の七月十一日に渋谷センター街でチームに襲われた大学生が死亡する事件を伝え、チーマーのファッションを以下のように描いている。男性の場合、前出の「SPA!」の記事で挙がっていないアイテムとしては「〈アクセサリー〉インディアンジュエリー原宿「goro's」で買った〈ベルト〉コインベルトやポンチョベルト太めを好む〈体型〉細みの筋肉質で背が高い。百七十四cm～百八十二cm脚も長い」、女性の場合は「〈化粧〉フツーっぽいメイク〈髪型〉ロング、栗色のサラサラヘア〈メディスンバッグ〉もともとインディアンが薬入れにしていたもの。（略）「goro's」や上野アメ横センタービル「フェローズ」あたりで買う〈体型〉わりと小さめ百五十三cm～百五十八cm」。他にもチーム族という言い方は、テレビ番組『トゥナイト』（テレビ朝日）のレポーターとして若者風俗取材にあたった雪野智世も使用している（雪野智世『愛のない少女たち』マガジンハウス、一九九四年）。

（28）土屋敏男『電波少年最終回』日本テレビ放送網、二〇〇一年

（29）「SPA!」一九九一年十月九日号「群れたがる少年・少女の〝規律と快感〟」には、「宇田川警備隊　渋谷、世田谷、目黒、港区あたりの中流以上の家庭に育った少年たちが約五年前に結成。中・高・大とエスカレーター式の学校に通うエリートも多い」などが紹介されており、チームの掟として「女はカワイくないとダメ」があったという。「いまではチーマーと

いうと、東京の高校生よりも千葉や埼玉といった関東近県からやってくる高校生のほうが多い（略）。渋谷のセンター街から名門校生は姿を消し、渋カジ族はいつしか不良系の少年少女のタマリ場となり、名前もチーマーと代わっていった」（栃内良『女子高生文化の研究――時代を先取りする彼女たちの感性をどうキャッチするか』ごま書房、一九九三年、一二〇―一二一ページ）

（30）「週刊新潮」一九九六年十月二十四日号「「チーマー」来たりて渋谷化する「池袋」」には、「渋谷系なる言葉が流行ったが、次のトレンドはブクロ系？」とある。

（31）「CanCam」一九八九年二月号「真冬の渋カジはアウトドア感覚」などは、男子から学ぶことを前提にしており、男性誌の側も、「checkmate」一九八九年三月号「渋カジギャル図鑑」で「単にラフなカッコしてスキップすりゃ渋カジかってえと、そうではない。それじゃアメカジにすらなっておりませんぞ。渋カジっつうのは、アメカジ風のラフなスタイルに、インポートアイテムやエスニックテイストをセンスよくアレンジせにゃいかんのです」と、教えを垂れている。そして何より「渋カジボーイはＪＪガールが好き」（「checkmate」一九八九年一月号）。

（32）一九九〇年代以降のストリート・ファッションを先導した「BOON」誌は、「「由緒正しい紋章&名だたるバックペイント空軍フライトに緊急発進せよ」（九二年二月号）／「ラルフローレン・GAP・チャンピオン　工場放出品を底値でGET!」（同誌九二年三月号）／なにげに使ってる『ゲット』というワードは、実はBOONから飛び出したワードだった」など、ファッション・アイテムの確保を戦闘のアナロジーで語った（「BOONの十年を徹底検証」「BOON」一九九六年十二月号）。こうしてトレンドは、渋カジまでのコーディネート至上主義から、アイテム「ゲット」至上主義へと移行したわけだが、それは次の「BOON」誌編集者の回顧――「「BOON」の読者はキャンパスにはいなかったことを思い知った」（小池りうも『大ヒット雑誌GET指令』新風舎、二〇〇四年、一六二ページ）――に見られるように、ホワイトカラー予備軍である私立大学付属校生から、異なる階層へのファッション・テイストの移動でもあった。映画『カラーズ』などに影響され、チーマーはさらに「カラーギャング」へと変化していく。

（33）他には“-an”を付した「ジベタリアン（地べたに座り込む若者たち）」など（黒田浩司「ストリートの光と影――おしゃれっこ」、茨城大学人文学部紀要「人文科学論集」第三十三号、二〇〇〇年）。

（34）萩原朔美監修『ビックリハウス驚愕大全』ＮＴＴ出版、一九九三年、近藤正高「みーんな投稿欄から大きくなった♪――サブカルチャー雑誌・投稿欄盛衰記」「ユリイカ」二〇〇五年八月号

(35) 斎藤精一『雑誌大研究――出版戦国時代を探る』日本工業新聞社、一九七九年

(36) 道下裕史『エグゼクティブフリーター――現実をおそれない自分らしい生き方』ワニブックス、二〇〇一年。もちろん「～族」というマーケッターによる名づけの試みも存続している。例えば「一応族」（橘川幸夫『一応族の反乱――若者消費はどこへゆく?』日本経済新聞社、一九九〇年）や、渋谷には「回遊イワシ族」と「高感度イルカ族」がいる、LoFtのバッグを提げた「ロフト族」が目につく、といった類い（前掲『ザ・渋谷研究』）。

(37) 前掲『永遠のIVY展』七一ページ。「三十年近い在社歴の中で、VAN、JUNなどのアイビー三文字隆盛時と今のDCブランドのブームでは、やはりかなり規模が違いますか」の問いに、丸井の社員は「そうですね。買う層の広さというのが全然違うと思いますね。当時のは若い人たちのごく一部だったと思うんですけれどもね。（略）若い人たちが全部、新しいファッション感覚に目覚めている時代といってよいんじゃないでしょうかね」と、みゆき族と八〇年代以降の若者を対比している（前掲『東京ファッション・ビート』八四―八五ページ）。

(38) 例えば「JJ」一九八八年十二月号では「神戸高架下、アメリカ村から発生した　下級生のニューカジュアル」といった記事が組まれていた。また「SENSE」二〇〇四年四月号は、かつて渋カジのシンボルといわれた俳優松田ケイジをフィーチャーして「大人の不良は今こそ「ネオ渋カジ宣言!」」といった特集を組んでおり、カジュアルなファッションから卒業することなく年齢を重ねることが可能となった契機として、渋カジを捉えることもできる。

(39) 当時ユナイテッドアローズ・マーケティング・ディレクターだった栗野宏文は、「「渋カジ」はいわば誰が仕掛けたわけでもなく自然発生的に生まれた本当のストリート・ファッションなわけで、誰かが今年は何ですよ、と作っていくのではなく、自然とファッションが生まれるようになった」（「HotDogPRESS」一九九〇年五月二十五日号）と語っている。一方、金子義則は「カラス族から渋谷系へ、東京アイデンティティの苦悩と幻想」と題した文章のなかで、DCブランドの盛衰を振り返り、「ファッションはストリート主導と化してしまったのだ。八〇年代はもう二度とよみがえることのない、デザイナー、クリエーター主導でいられたファッション・シーンの、最後の断末魔のようなディシプリン・ルームだった」（金子義則「カラス族から渋谷系へ、東京アイデンティティの苦悩と幻想」「STUDIO VOICE」一九九六年四月号、一九ページ）と述べている。

(40) 村岡清子『少女のゆくえ』青樹社、一九九六年、六一―六六ページ

(41) 「DCブーム当時、ファッションのメッカと呼べる場所は、青山・原宿だった」（前掲『なぜフェミニズムは没落したの

か』三八ページ）が、渋カジによってそれは南下していった。「popeye」一九八九年四月十九日号「渋カジ'89／着こなし、買い方図解」によれば、「都内の大学に通う男のコ百人へのアンケート結果によると、いつも買物に行く街は当然のごとく一位・渋谷、二位・アメ横。ま、渋谷は永遠不動の一位だろうけど、二年前なら二位はきっと原宿だったよね。アメ横の大躍進に、渋カジ時代の到来をしみじみ感じる」。しかし、「popeye」一九八九年九月二十日号「キャノンQ-PIC、POPEYE　渋カジ'89グランプリ」では、後に裏原宿と呼ばれるエリアの中心にあったショップ「プロペラ」が、「渋カジグッズがとにかくたくさん」と紹介され、「checkmate」一九八九年九月号「'89秋渋カジ完璧マスターBOOK」では、「純銀製フェザー・ペンダントなら、やっぱり原宿のゴローズが最高」と、同じく「裏原」で七〇年代から革製品を作り続けた高橋吾郎のショップが紹介されている。また「宝島」一九九二年三月九日号「青山・原宿　流行のスタイルがざっくざく！明治通りカジュアル・パラダイス」では、やはりのちに裏原の名店となる神宮前五丁目「ネペンテス」が、「シブカジが脚光を浴びだす直前の八八年秋にオープンし、いち早くラルフ・ローレンなどのベーシック・アイテムを送り出してきた正統派アメカジ・ショップ」と紹介され、「アクロス」一九九〇年五月号「一九九〇渋谷徹底研究」も、渋カジの多様化とセンター街の閉塞状況を指摘し、「神宮前六（丁目）ゾーン」の急成長に着目している。

（42）前掲『永遠のＩＶＹ展』一〇七ページ、設楽洋の発言から。セレクト・ショップ人気の「大きな原動力の一つとなったのが、一九七七年（昭和五二）に渋谷神南に出店した「ビームス」のショップである。その前年の一九七六年、原宿の明治通りにわずか六・五坪の店でスタートした「ビームス」は、続いて神南一丁目にも出店した。開店当時、近くにはラブホテルが数件《（ママ）》あるだけで、ファッション店といえば「ビームス」とおニャン子クラブの衣装として一世を風靡した「セーラーズ」くらいしかなかったエリアであった。（略）こうして、センター街から神南エリアを結ぶ公園通りの回遊性が高まっていったのである」（渡辺明日香『ストリートファッションの時代』明現社、二〇〇五年、二二五ページ）。

（43）高校通信教育部・調査室『モノグラフ・高校生Vol.21——若者文化』福武書店、一九八七年、ベネッセ教育研究所編『モノグラフ・高校生Vol.62——消費者としての高校生』ベネッセコーポレーション、二〇〇一年

（44）「popeye」一九八九年六月二十一日号には「京都・大阪・神戸にも渋カジ浸透中。で、——関西はエスカジ《ETHNIC》だっ！」とある。だが、「popeye」一九九〇年四月四日号の「関西カジュアル先進論」「心斎橋の生んだニュートラ、サーファーをタウンウエアとして定着させたアメリカ村」は、「東京より一年は確実に早い」ともある。

（45）原宏之『バブル文化論——〈ポスト戦後〉としての一九八〇年代』慶應義塾大学出版会、二〇〇六年、一六一ページ

(46) 武田徹『流行人類学クロニクル』日経BP社、一九九九年、一〇七ページ。九〇年十月の「渋谷センター街ストーリー」というコラムのなかで武田は、「渋カジのチームを卒業した仲間で作ったイベント企画の任意団体」顧問の肩書をもち、「後輩渋カジをネットワークする力」でスキーツアーに一万人を動員できる「現在二十二歳、元祖渋カジ世代を名乗る松島謙一郎」の言として、「年間で一千万円程度の収益が出ますね。それをみんなで分ける。株式会社にしようと思えば幾らでも出来るんですが、僕が社長って名乗っちゃうと仲間でやってきた関係が崩れちゃうし、僕自身もいつ実家の不動産業を継ぐか分からないから。会社にすると動きが取れなくなる」（同書一〇六ページ）を紹介している。

(47) 例えば大沢在昌は、小説の登場人物に「暴走族にはリーダーがいて、そのリーダーには親衛隊やガードがつく。しかしチームはちがう。盛り場で集合するときのみ、漠然とした形での指揮者が決定するだけだ。盛り場を一歩でれば、チームのメンバーは、ばらばらな居住地に帰っていく。（略）自宅に帰れば、ありきたりの若者にすぎない。家族ですら、我が子が盛り場でチームを率いているとは知らないのだ」（大沢在昌『心では重すぎる』文藝春秋、二〇〇〇年、九二―九三ページ）と語らせている。「ドンドン」一九九〇年八月号「渋カジ族」にも、チームの規則は「暴走族のそれとは違う。（略）一番大事なルールとして「先輩を立てること」というのが各チームに共通しているくらいで、あとはチームによってさまざまである。（略）上を立てれば、あとは比較的自由なのだ」。だが、「伝説のチーマー　レディースりさ（十八才）」は一九九三年秋の取材時に、「なんか規則とか、やめるときボコるとか、ヤンキーみたいだよね。／規則とかは似てますよね。ウチの後輩にも元ヤン（キー）いっぱいいるし、ヤンキーの気持ちは、わからないでもない（笑）。……でもやっぱ違いますよ。ヤンキーはケンカに命かけちゃったりするし、遊ばないじゃないですか。チームはサーフィンとかクラブ、車……（略）楽しむことが第一だから」と答えている（「GON!」一九九四年六月二十日号、大洋図書）。

第11章
渋谷系というテイスト・ジャンル

1 渋谷系の誕生

一九八〇年代末のおたく族バッシングや渋カジ族の登場を最後に、広く社会問題化する「族」は姿を消す。そして、それと交代するかのように、「〇〇系」と括られる若者たちの（嗜好の）カテゴリーが取り沙汰されるようになってくる。[1]その嚆矢というべき存在が、当初音楽のジャンルとして生じ、やがてそのミュージシャンとファンたちの間でのあるテイストの共有が、広く認知されるようになった「渋谷系」である。では、なぜそうしたムーヴメントが、九〇年代の渋谷に起こったのだろうか。

一九七〇年代の渋谷にも、当時西武渋谷店に入っていたシスコなどレコード店は存在したが、「八〇年代まで、東京で凝り性の音楽ファンがレコードを買いに行く街といえば、独立系の輸入・中古レコード店が密集する西新宿エリアだった。ロック系でいえば「ロフト」、ジャズ系なら「ピットイン」といった先鋭的なライブハウスが集まっていたのも新宿だった。が、こうした「音楽最先端の街」というブランドイメージは、九〇年代以降は渋谷に移っていった」。[2]そのきっかけとなったのが、八一年のタワーレコード渋谷店の進出であり、九〇年にＨＭＶ日本一号店（渋谷One-Oh-Nine）が、九三年にはWAVEクアトロ店がオープンしている。[3]そして、このＨＭＶ渋谷店の売り上げチャートが、一般的なランキングとまったく異なることから（表23）、「渋谷系」という音楽ジャンルが生まれてくる。

当時、渋谷店のマーチャンダイザーだった太田浩・HMV商品部ネゴシエイションズコーディネーターは次のように振り返って言う。／「同じ邦楽なのに、オリジナル・ラヴと井上陽水では、お客さんの服装やセンスがまったくちがうことに気が付いたんです。そこでわかりやすいように商品棚を別にして分けた。そこに「SHIBUYA RECOMMENDATION」（渋谷のお薦め）というコーナー名をつけた。ふたを開けて見たら、ドリームズ・カム・トゥルーが二千枚売れている横でオリジナル・ラヴが千枚売れる。まずレコード会社が「これは一体どういうことだ」と目を向け、次にマスコミが来た。「どういう音楽ですか？」って聞くんで「渋谷系って呼んでます」って答えた」／具体的には「渋谷系」と呼ばれたミュージシャンは、ピチカート・ファイヴ、オリジナル・ラヴ、小沢健二、コーネリアスなどである。彼らのつくる音楽は、限りなく欧米の音楽に近く、歌謡曲的な要素がゼロに近い。多少の矛盾を承知で言えば「メイド・イン・ジャパンの洋楽」と呼べるだろう。(4)

この渋谷系ミュージック——当初、小ジャレ系・HMV系などとも呼ばれていた(5)——は、当時のバンド・ブームと連動した「Jロック」一辺倒の音楽シーンにあって、「比較的多様な音楽を包摂するある種オルタナティブな音楽空間がその頃の渋谷に生まれつつあった」ことを背景に、渋谷に「八〇年代後半から九〇年代初頭のクラブ文化やレコード店の興隆に伴って流入してきた若者層が外から持ち寄った折衷的な音」(6)であった。そして、九〇年代初頭の「プレ渋谷系」の音楽空間とは、次のようなものであった。(7)

現在は東急ハンズの向かいに小綺麗な店を構える、渋谷系アーティストと切っても切れない老舗輸入レコード店・ZESTは、当時はまだノア渋谷五階の暗くてこわいマンション・ショップだった。（略）狭く細長い店内には、しかし果たして「何かが起きてる」熱気があった。パーティ「LOVE PARADE」を主催しクルーエル・レコー

表23　HMVチャートとオリコン・チャート

	HMV邦楽チャート (93年9月26日～10月2日)	オリコン・チャート (93年9月27日～10月3日)
1	小沢健二／犬は吠えるがキャラバンは進む	久保田利伸／the BADDEST II
2	久保田利伸／the BADDEST II	マライヤ・キャリー／MUSIC BOX
3	高浪敬太郎／SO SO	観月ありさ／FIORE
4	V.A.／Hollo Young Lovers（クルーエル・レコード）	access／ACCESS II
5	Z団／江ノ島	井上陽水／UNDER THE SUN
6	CHARA／Violet Blue	MR.BIG／バンプ・アヘッド
7	コーネリアス／Holiday in the sun e.p.	浜田省吾／その永遠の一秒に
8	井上陽水／UNDER THE SUN	中森明菜／UNBALANCE＋BALANCE
9	THE99½／Same	小沢健二／犬は吠えるがキャラバンは進む
10	スピッツ／Crispy	井上昌己／愛の神様　恋の天使
11	ラブタンバリンズ／Cherish Our Love	東野純直／Actor&Actress
12	コーデュロイ／HIGH HAVOG	鈴木雅之／Perfume
13	高浪敬太郎／SO SO（12インチ）	ビートルズ／ザ・ビートルズ／1962～1966
14	LIBRODISIA／Got To Be Real	ビートルズ／ザ・ビートルズ／1967～1970
15	中森明菜／UNBALANCE＋BALANCE	ボビー・コールドウェル／ホエア・イズ・ラブ
16	鈴木雅之／Perfume	ZARD／揺れる想い
17	SPARKS GO GO／EASY	ペット・ショップ・ボーイズ／ヴェリー
18	大貫妙子／shooting star in the blue sky	TUNNELS／悪い噂
19	GOTA／GOTA&THE HEART OF THE GOLD	アン・ルイス／ROCKADELIC
20	浜田省吾／その永遠の一秒に	SPARKS GO GO／EASY

（出典：「レーベルとCDショップより」「MORE BETTER」第1号〔ソニー・マガジンズ、1994年1月10日発行〕から）

> ズを立ち上げた瀧見憲司、トランペット・トランペット・レコーズ（現・エスカレーター）の仲真史、フェイヴァリット・マリンの神田朋樹、ブリッジの加地秀基……みんなZESTの店員だった。／仲真史のファンジン『MARY PALM』Vol.3（九二年八月）は、カヒミ・カリィが夜食レシピを、カジ君が盤紹介を、INAZZMA★Kがギャグ・ページを、とある意味豪華だが、ワープロ文字とハーフトーンの潰れた図版はまさしく素人のミニコミ。とりわけそれぞれレーベルを立ち上げたばかりの仲と瀧見憲司、そして小山田圭吾（圭悟）の鼎談「ラブパレードでぶっ飛ばせ！」のミニコミ・グルーヴたるやものすごく、ポスト・フリッパーズ状況の気にくわない諸々を多量の罵倒と大量の自嘲と「（笑）」で喋り倒す。そこにあるのは「渋谷系」と呼ばれる全国的な動きではなく、あくまでローカルで選民的なスピリットのぐつぐつ煮える音だ。（略）ZESTと通路を挟んで向かいの「NOA渋501Studio」（通称Ham Studio）では、多くの伝説的録音が行われ、クルーエル、トランペット・トランペット、『バァフアウト！』編集部が同居。ワンオフ・クラブやフリーペーパーの助走を経た『バァフアウト！』の創刊0号（九二年七月）は周辺ミュージシャンとのコネを拠り所に「世界のクール・レジスタンツ」に呼びかける熱いマニフェストだ。手書き・ソノシート付きのファンジン『英国音楽』がDTP導入・CD付きの『米国音楽』として復活するのは九三年二月。SHIPSに行けば八八年から現在までつづく老舗フリーペーパー『DICTIONARY』や橋本徹の『suburbia suite』（九〇～）がただでもらえた。

大規模な外資系レコード店だけではなく、マンションの一室のレコード店、クラブ、ライヴハウス、インディーズのレーベル、ミニコミ誌の編集部といった、さまざま音楽関連メディアの、この時期の渋谷への集積――特に渋カジ族がたむろしたセンター街から通り一本へだてた宇田川町周辺――こそが、渋谷系の母体であった。[8] 渋谷系とは、「渋谷で売れている」という以前に、渋谷界隈のレコード店やクラブを舞台とする人脈から生まれた音楽であり、[9] それゆえ渋谷に集まった当時の音楽ファンたちから「渋谷的である」と支持されたテイストないしジャンルと言えるだろう。[10]

2　音楽ジャンルであり、ユース・サブカルチャーであること

このように幅広い「猟盤」から生み出される渋谷系は、当然既存の音楽ジャンルの枠内に収まるものではなかった。渋谷系の「あえて共通項をあげれば、①古今東西のポップスを聴き込んできた音楽的な素養、アイデアの豊富さ、②過去の作品から自由に「引用」する、DJ的発想、③ポップなメロディー、分かりやすさ、大衆性、といったところ[11]」。「このジャンルに括られるアーチストとしては、コーネリアス（小山田圭吾）、カヒミ・カリィ、オリジナル・ラヴ、スチャダラパー、トーキョーナンバーワン・ソウルセット、ピチカート・ファイヴ、電気グルーヴ、小沢健二らがいる。だが、彼ら全員に共通する音楽性というと皆無に等しい。／R&B、ギターロック、ヒップホップ、テクノ……[12]」。ネオアコやギターポップと呼ばれていたアコースティック・サウンドを始め、アシッド・ジャズ（U.F.O.）や、ときにはスウェディッシュ・ポップなどの海外のミュージシャンも渋谷系に含められていた[13]。

なかでも、まず一部の若者たちの間で熱狂的な人気を得たのは、小山田圭吾と小沢健二のユニット、フリッパーズ・ギターであった。その活動期間は八九年から九一年までの、渋谷系誕生以前のわずか三年間で、当時彼らはまだ二十代前半の時期であったが、「その時期までに、サンプリングをおこなうための膨大な音源をかき集めることができたのは、もちろん裕福な家庭環境に育ったという出自の要因もあるが、やはり彼らが東京にいたからという要因が大きい。さらに、まったく売れそうにもない英詞のファーストアルバムが、ある程度のセールス的な成功をおさめることができたことも、大都市圏以外では考えにくい出来事である。彼らは、中古盤や輸入盤を買いあさることを「レコーディングの一環」とみなしていたが、これは世界のどの都市よりも東京にいれば多種多様な音源が入手できることを自覚していたということでもある。マンチェもオールドロックも映画音楽もフレンチポップもスウェーデンジャズも——その背景や有名性に価値や優劣をおく必要もなく——集めることができる[14]」。

図22　フレンチカジュアル３人娘
（出典：前掲『ストリートファッション』232ページ）

こうした「レア・グルーヴ」の発掘・再評価にもとづく創作というスタイルは、音楽だけに限らなかった。「しばしば指摘されるよう、いわゆる渋谷系的な意匠なるものは（サウンドにせよヴィジュアルにせよ）膨大量な〝過去の文化情報〟を編集的に組み合わせた産物であった。したがってそこには、予め二つの時代性……つまり元ネタの時代性と、それを蘇生させた十年前の時代性が、重層的に織り込まれているともいえる[15]」。例えばヴィジュアルに関しては、『ナック』『欲望』『黒い七人の女』『月曜日のユカ』といった一九六〇年代の洋画・邦画が、ピチカート・ファイヴを率いる小西康陽らによってリヴァイヴァイルされていた。また渋谷系ミュージシャンのCDジャケットや宣伝材料のデザインを一手に引き受けた感がある信藤三雄[16]は、過去のヴィジュアルのなかから独特なテイストを掘り起こす「レトログレッシヴ」な方法論で「渋谷系のCI」と言っても過言ではない大きなヴィジュアルの流れを作った[17]」という。

これらアーティストの趣味嗜好は、当然そのファンたちの間に、あるファッションの傾向——そのミュージシャンが好むスタイルや「渋谷系映画」に登場するレトロスペクティヴなシネマ・モードの影響——を生み出していく。たとえば、フリッパーズ・ギターのファンたちは、以下のような服装をしていたという。

> さてフリッパリには大まかに二段階あります。まず第一段階は〝ラブトレイン〟まで。典型的なアイテムを並べて見ましょう。アニエス・bの黒ベレー。これは後にベレーなら何でも可になり、都内では〝犬も歩けばベレーに当たる〟まで蔓延します。同じくアニエスのボーダーTシャツ、タートルネック。Loake のタッセルシュー

ズ、パリス・スキャンダルのペンダント型定期入れ。これは小山田氏本人が着用した訳ではありませんが、大流行しましたね。（略）ほか、リセ風リュック、Leeのベージュのジャン、首に巻いたオーガンジーのスカーフなどなど。／これらのアイテムでガッチリキメて、街を闊歩するフリッパリさんが増殖したわけですが、〝グルチュ〟のヒットと共にスタイル・チェンジが始まります。そう、あの街中にあふれた俗称・小山田帽、要するにゴルフ帽ですね。小山田氏がオーバーオールのトップを止めない着方を始めてからはそれも流行しました。そしてカラフルなサッカーシャツをペインターパンツかオーバーオールの上からダッラ〜リとさせ、きわめつけはPumaのスエード紺のスニーカー、ですか。／いまやフレンチカジュアルは、各ファッション誌がバリエーションを提示し特集を組むほど普及しました。つまり、圭吾・小山田は日本のファッションのトレンド・セッターだったわけです。[18]

アルバム〝Groove Tube（略称グルチュ）〟以前は、「フレンチ・カジュアル」が「渋谷系ファッション」の代名詞だったわけだ。[19] 彼らの影響力の大きさは、その解散を伝えた一九九二年三月五日発行『パチ・パチ読本』「グッバイフリッパーズ・ギター」のコーナーに、音楽誌や「宝島」「i-D Japan」以外にも、女性ファッション誌「mcSister」「Pee Wee」などの編集部からもコメントが寄せられ、「Pee Wee」では「フレンチ・カジュアル・チャンプとして君臨していた」とある点からも明らかだろう。そして、この渋谷系テイストは、ブランド「アニエスb.《ベー》」をもつサザビーが、インテリアや雑貨、カフェ・レストランなどを手がけている[20]ことからもわかるように、ファッションのみならずライフスタイル全般にわたって共有されており、そのテイストを具現した店舗や自室を満たすべき音楽として渋谷系は存在していた。

3 渋谷系とアキバ系

何かへのこだわり、その領域における該博な知識、そこで共有されているテイストによってのみ繋がる人間関係といった諸点で、渋谷系（ミュージシャン）たちは、「（音楽）オタク」と形容されることも多い。(21) 例えばある音楽評論家は、ピチカート・ファイヴについてふれながら、一九八五年頃から当初西新宿周辺に洋楽アナログ盤を扱う「コレクター・ショップ」が出店し始めたことを回顧し、「このような状況な中で僕たちは音楽の周辺にいる。多かれ少なかれ、みんな〝おたく〟＝カルト＝コレクターなのだ。ピチカートもまた、全く同じ状況にいる」(22)。そして、一九九〇年代半ばに広まったファッションに次のようなものがある。「古着のパーカーやトレーナー、ウインドブレーカー、レーベルやミュージシャンのロゴをプリントしただけのフツーのTシャツ＋ジーンズスタイルに帽子を深く被ってレコードバッグを持つ、という〝外に出たオタク〟のようなスタイルだ。わかりやすい例がコーネリアスの小山田圭吾くんのスタイル。ということから、勝手に「小山田スタイル」と呼ぶことにしたが、女の子のスクールガールの流れを引き継ぎ、アイテム的には男女差がないことから、「クロスセックス」スタイルを形成した」(23)

また、「アクロス」一九九六年九月号は、「シブヤ系vsアキバ系オタク大調査」と題した特集を組んでいる。(24)

重要なことはオタクに見られる情報収集へのあくなき欲望、そしてそれを再編集する能力だ。彼らの高度な情報ハンドリング能力は、この時期の若者たち（新人類）が多かれ少なかれ持ち合わせていたものだった。／オタクはたまたまアニメやマンガというジャンルでその能力を駆使したが、また一方で別の分野で同じ能力を駆使する若者たちも出現した。彼らの一部はプロのDJや渋谷系ミュージシャンとしてデビューすることになる。（略）「音楽オタク」を自称する若いミュージシャン（小沢健二や小山田圭吾、スチャダラパー）が登場。かれらは音楽について文字どおりオタク的な知識を駆使して創作。またこのころからはやり始めたDJもやはり音楽を選ぶセンスを問われることから、音楽へのオタク的コミットメントが求められるものだった。彼らの出現が「オタク」についての若者たちの意識を大きく変化させたのだ。最近では、幼女殺人事件の記憶も薄れ、オタクはよりニュートラルな言葉になってきた。ゲームやアニメ好きのアキバ系と音楽好きのシブヤ系が共存するのが現在だ。

要するに、若者の多くは自身を「おたく」だとは認めないが、何かに凝るという「オタクっぽい」部分は多少ともあり、凝るコンテンツが「アキバ系」か「渋谷系」かの違いだけだというのである。(25)

4 渋谷の変容と渋谷からの離脱

「FMステーション」一九九六年十月五日号「『渋谷系』って何だったんだ!?」によれば、アンケートの結果、渋谷系の代表的アーチストとして挙がってきた上位五組は、コーネリアス、ピチカート・ファイヴ、小沢健二、カヒミ・カリィ、スチャダラパーだったが、「六位以下は、今田耕司、安室奈美恵といった名前もあり、各アーチストのサウンドやファッションなどの共通点は見い出せない。んー、難しい…」。また「「渋谷系」と聞いて何を連想しますか?」という問いに対しては、「おしゃれ・服装、かわいい、不良・怖い、都会的、アナログ盤」といった答えが多く、「アーチストよりも渋谷の〝街〟そのものの印象が大きく影響しているようだ。三位の「不良・怖い」などは〝センター街系〟を指しているのか?/なんとなく存在しているだけで実態はよくつかめていない。「渋谷系」という言葉は音楽ファンの間で、浸透しているというよりは、「ひとり歩き」しているといったほうがよいかもしれない」。

前出太田浩も、「popeye」一九九五年六月二十五日号のインタヴューで「ここまでメジャーになると、渋谷系って言葉自体はもう終わりでしょうね」と語っている。(26) HMVやタワーレコードの全国展開、CDによる復刻やコンピレーション・アルバムのブーム、インターネットの普及と通信の高速化などの結果、レアな音源を求めて渋谷の街を渉猟する必要は減っていった。[27] 太田はまた「渋谷系とは何だったのか?」の問いに対し、「好きなアーティストの情報を得るために、ファンが〝渋谷〟という街の形態をしたサイトに足で訪れた現象」と答え、「渋谷系とは、〝インターネット前夜〟だからこそ起こったムーブメントだ」とも回顧している。[28]

渋カジ(族)が急速にチーマーへと変化するなかで、同じく東京山の手育ちの団塊ジュニア世代を担い手の核としながらも、もう一つの渋谷――渋カジ(族)のアメリカン・カジュアル志向に対して、渋谷系のフレンチ・カジュアル志向、渋カジ(族)のマスキュリニズムやホモソーシャルな傾向に対して、渋谷系のユニセックス性――として独特のテイストを育んできた渋谷系だが、渋谷という街自体が一つに括りえない存在である以上、速やかに雲散霧消し、その後「渋谷系」の指示する対象はさまざまに、しかもきわめて短いサイクルで変化していく。[29] そして、かつて渋谷系とされた人脈やそこに連なる人々の居場所は、急速に渋谷から離れていった。

例えば小山田圭吾が表紙の「BOON」一九九六年九月号「シブヤ・スタイルRULE BOOK」では、かつて渋谷系ミュージシャン満載の雑誌であった「Bar-f-out!」の代表山崎二郎がインタヴューに答え、「雑誌を創刊した九三年頃の渋谷って同世代のミュージシャンやDJが新しい事を始めようとする波動がありました。(略)僕から見てて今面白いのは、原宿とかで小さな店を開いて洋服作っているような人達です。「大人」が介在しなくても作り手と受け手だけでビジネスとして成立しているじゃないですか? 渋谷エリアとかは基本は、大資本によってマーケティングされて成立した街ですから根本的に違うと思うんですよ。伝統的に原宿エリアは若い人がインディペンデントで始められる可能性がありますよね。バァフも彼らのような姿勢で制作出来るようになれればいいですね」と述べ、その後「裏原(宿)系」と呼ばれることとなる胎動への期待を語っている。[30]

渋谷系が単なるコンテンツのジャンルではなく、あくまでもユース・サブカルチャーとして捉えうるのは、半ばアーティストであるとの自意識をもつ、次のような若者たちの共在があったからである。

＊

お目当てのレア盤を探して、マンションの一室にあるような小さなお店を渡り歩く。最後に外資系の大型店で新入荷の再発作品をチェック。お金を使い果たし、牛丼屋でレコ仲間と戦果を見せ合う。今とは違って、レコード店に足を運ばなければ買うことができなかった時代。レコードもCDも、ライヴもクラブも、ファッションもすべて渋谷で事が足りた。だから自然と足が渋谷に向かったのだった。同じ目的を持って渋谷に集まる人たちが渋谷系を支え、発展させてきたのだ。そして第二次ベビーブーマーの僕たちは九五～九六年頃に大学を卒業して就職。渋谷から足が遠のいていった。渋谷系が衰退していった時期と符合するのは、偶然ではないはずだ。[31]

一九九〇年代前半にはレコードを渉猟し、最先端の音を耳にし、テイストを共有する人と繋がるために街を訪れる必然性があり、そうした人々によって、渋谷での音源の売り上げは、マスメディアに媒介された全国平均値的なそれとは偏差が生じていた。そして音楽のみならず、さまざまなヴィジュアル表現でも、マスメディアやマスプロダクツに対してオルターナティヴであろうとした点が、渋谷系の非通念性の源泉であった。だが、渋谷系も一つの音楽ジャンルとして、全国のレコード店の棚に整理分類されるようになり、ファンダムが広く薄く拡がっていくなか、その独自性や求心力を失っていく。そして、北田暁大の言うように「文化空間としての象徴性」を喪失した渋谷は、ファッションや音楽などのデータのランダムな集積地と化していき、[32]ユース・サブカルチャーズ成員にとっての都市空間の意味合いは、何らかのこだわりをもって接すべき個別具体的な場所というよりも、いよいよ情報収集のためにアクセスすべき「サイト」に類似していく。そうした街の情報アーカイヴ化が進んだがゆえに、九〇年代中盤以降、その手引としての「ストリート系」ファッション雑誌やそこに登場する「カリスマ」たちの託宣の影響力が増していき、それらが主導するテイストごとに細分化・並列化されたアドホックなユース・サブカルチャーズが、急速なテンポで生成・消滅を繰り返す傾向が加速していく。[33]

当時の若者言葉を集めた用語集の「〜系」の項目には、「一九九五年の言葉。〜っぽい、〜タイプという意味の若者用語。自分の意思でそうしたスタイルをつくっているというよりは、他人やメディアをコピーしている追従型という意味が強い。他人に対しては〈サーファー系〉とか〈渋谷系〉といった分類を行うが、自分が〈〜系〉といわれるのは嫌がる。／もはや若者言葉として完全に定着してしまっている。その集団そのものに完全に属しているのではなく、その周辺に存在しているという意味合いが強い[34]」とある。おたく族・渋カジ族から渋谷系・アキバ系へという流れは、ユース・サブカルチャーズの問題のされ方、あり方の焦点が、何らかの逸脱からテイストによる棲み分けへと完全に移行しつつあること、またユース・サブカルチャーズにおけるメディア（およびコンテンツ）の介在が、ほぼ必須の要件となりつつあることの証左であった。その置かれてきたメディア環境を反映して、団塊ジュニア世代のコンテンツへののめりこみ方、ジャンルへのこだわり方も、先行する世代とは一線を画している。「音楽に関しては主観化の時代を反映して「その人が好きだったら別にいいんじゃない」「それぞれの音楽にはそれぞれの良さがあるし」「自分も結構重いものから軽いものまでその時の気分でいろいろ聴きたいし……」という具合に進化、成熟化してきている。（略）音楽そのものが関心の対象の one of them になり、そこへのインボルブの絶対量と深さは減った[35]」

そして、海外での otaku 系や渋谷系（コンテンツ）への好評[36]（という情報の日本国内への還流）は、ここまで取り上げてきたユース・サブカルチャーズのあり方——間接的な影響や一方的な憧憬はありつつも、おおむね日本ローカルな動きに終始していた——とは異なり、九〇年代以降、国際的な評価という審級が付け加わったことを示している。

だが、物理的な空間に対するメディアの卓越の一方で、九〇年代後半には、媒介された関係性をその構成要素として深く組み込みながらも、依然都市空間の一隅に自身の身体の置き所を求め、ストリートを拠り所としようとするユース・サブカルチャーズも発生し続けていた。

注

（1）渋谷系年表（http://www.geocities.jp/radiodaze76/KKK00.htm）。三浦展は、九〇年代に入り「多様化したたくさんのジャンルの音楽をある一定のセンスでゆるやかにつなぎあわせる」という「系」の時代の到来と「カフェミュージック世代」の台頭を指摘している（前掲『仕事をしなければ、自分はみつからない』一五四ページ）。

（2）烏賀陽弘道『Jポップとは何か――巨大化する音楽産業』（岩波新書）、岩波書店、二〇〇五年、一四六ページ。一九九三年の街頭調査でも、立ち寄り先・利用先に「CD・楽器」を挙げた者は、新宿一一％に対して、渋谷一八％であった（前掲『タウン調査報告書』）。

（3）「駅周辺の半径五百メートル以内でも約五十店、宇田川町、道玄坂だけに絞っても三十店以上の音楽ソフト店が密集している。おそらく世界一の音楽地帯といっても間違いないだろう。／古くから輸入版などレコード店の多い渋谷だが、ここ数年で加速的にその数と面積を増やしている」（「週刊朝日」一九九五年十一月二十四日号）。こうした大規模化だけではなく、アナログ盤専門など小規模店の集積による多様化も進んだ（「AERA」一九九四年七月十一日号）。

（4）前掲『Jポップとは何か』一五一―一五二ページ

（5）「MORE BETTER」第一号、ソニー・マガジンズ、一九九四年

（6）安田昌弘「地図にない渋谷」『音楽誌が書かないJポップ批評25――フリッパーズ・ギターと「渋谷系の時代」』宝島社、二〇〇三年、九ページ

（7）瀧坂亮「プレ渋谷系　ミニコミ・ストリート・グラフィティ」、同書四二ページ。他の渋谷系と関連するメディアを挙げていくと、八八年のJ-WAVEをはじめとする全国的なFM開局ラッシュ、九一年の「Remix」などクラブ・カルチャー誌の創刊、またタワーレコードの「bounce」（「WESTCOAST MUSIC SCENE」として八二年創刊）をはじめ、HMVの「The Music Master」（九二年創刊）、ヴァージンメガストアの「Mega News」（九三年創刊）、シスコの「dis」（九三年創刊）といったフリーペーパーの影響力も見逃せない（「渋谷大型CDショップ徹底研究」「アクロス」一九九六年六月

号）。音楽雑誌以外にも、フリッパーズ・ギターが頻繁に登場した「宝島」「popeye」「Olive」「i-D Japan」やラジオ番組「Girl Girl Girl」「マーシャンズ・ゴー・ホーム」（横浜エフエム放送）なども、渋谷系ブームに参画していた。

（8）「のちに渋谷系といわれるアーティストとそれまでオールミックス系のクラブでレコードを回してたDJが、徐々につながり始め渋谷系的なシーンが萌芽し始める。（略）渋谷がとにかく面白いとほぼ毎日実際に足を運び、そこで現実に遊んでパーティーをした若者が形成したんだと今でも思う」（doggy doggi 弾平「渋谷者のクラブ・シーン回顧」、同書三二―三三ページ）

（9）前掲「サブカルチャーによる脱テリトリー空間の生成とその意味づけ」。「宝島」一九九一年十二月二十四日号「新宿か!?渋谷か!?」では、「クラブ・カルチャー先進地の渋谷は何でもあり!?」と題して渋谷のクラブ（DJBAR INKSTICK、JTRIP BAR、DANCE FACTORY、THE CAVE）などに集う“SHIBUYA KIDS”が紹介されている。

（10）渋谷系の語の起源には、前出の太田浩以外にも、編集者の田中宗一郎や山崎二郎なども命名者として挙げられ定かではない。当のミュージシャンたちにとっては、「渋谷系」は迷惑なカテゴライズであり、田島貴男は「オレは渋谷系じゃなーい」と連呼し（「「渋谷系」と一線画す叫び」「日本経済新聞」一九九四年七月三十一日付）、小山田圭吾は「それがどういうものかっていうことが全然定義されていないうちに、言葉だけがどんどん広がっていって、なんだかわからないまま終わったっていう感じですね」と語っている（「「渋谷系」の死を超えて」「SPA!」一九九七年八月二十日号）。

（11）「AERA」一九九四年七月十一日号

（12）「週刊朝日」一九九五年十一月二十四日号

（13）渋谷系フリーペーパーと目された「Suburbia Suite」には、ボサノヴァやサンバといったラテン・ミュージックなど、多様なサウンドが取り上げられていた（橋本徹編著『Suburbia Suite――Future Antiques』デザインエクスチェンジ、二〇〇三年、同『Suburbia Suite――Evergreen Review』デザインエクスチェンジ、二〇〇三年）。

（14）南田勝也「渋谷系とは何だったのか」、前掲『フリッパーズ・ギターと「渋谷系の時代」』四〇ページ

（15）木村重樹「CDジャケット観光　アーティストがチョイスした“趣味嗜好”こそが渋谷系?」、同書一二ページ

（16）信藤三雄（コンテムポラリー・プロダクション）は、「IN ACTION」（一九八四年）からピチカート・ファイヴの、「海へ行くつもりじゃなかった」（一九八九年）からフリッパーズ・ギターのジャケットを担当している。また九五年にはカヒミ・カリィ主演・小西康陽脚本の映画『「彼ら」の存在』、九八年には野宮真貴が出演した『THE DETECTIVE IS

BORN　代官山物語　「探偵誕生」』を監督している。

(17) 川勝正幸『ポップ中毒者の手記――約十年分』大栄出版、一九九六年、一〇六ページ

(18) 平林和史／FAKE／村田知樹／PWM - ML／佐藤公哉／進藤洋子／串田佳子『前略 小沢健二様』太田出版、一九九六年、一三七ページ

(19) 「九〇年　フリッパーズ・ギターの影響!?　ベレー帽やハンチング（KANGOL率高し）をかぶっている人が不思議とおしゃれに見えた」時期を経て、「九二年　モノトーンやフレンチ・カジュアルが大流行。アニエスb.のボーダーのTシャツやGジャンが必須アイテムだった」（「原宿スタイルヒストリー」「CUTiE」一九九八年十月二十六日号）とあるように、九二年にフレンチ・カジュアルは大流行する（「ここに完成されたカジュアルの生態系」「アクロス」一九九二年十二月号）。こうしたスタイルは、パリのリセエンヌをお手本とした「オリーブ少女からの発展形」（切通理作『ポップカルチャー若者の世紀』廣済堂出版、二〇〇三年）であり、雑誌・ミュージシャン・読者（聴衆）が三位一体となっての流行であった。フリッパーズ・ギター解散後、あくまで山の手風の小沢に対し、小山田はストリートに寄った展開を示す。

(20) 松井剛「サザビー――雑貨で売るライフスタイル」、米倉誠一郎編『ケースブック日本のスタートアップ企業』所収、有斐閣、二〇〇五年。オリジナル・ラヴのマネジメントを手がけ、渋谷系の母体の一つとなったイベント「7DAYS」を渋谷クラブ・クアトロで五年間（八九年から九三年）プロデュースした井出靖が「九三年に開店し、自ら買い付けしたレコードも置く不思議な雑貨屋ファンタスティカには、TOKYO No.1 SOUL SETの川辺ヒロシやU.F.O.の松浦俊夫もよく顔を出している」（前掲『ポップ中毒者の手記』八七ページ）。また、日本コロンビアのポータブル・プレイヤーを「小西康陽が、それを気に入りまして。去年の十二月にピチカートモデル（フタの色がブルー）として限定販売したら三千本が予約だけで完売したんです」（「日舞教室から渋谷系のアイテムへ……――赤いフタのポータブルプレーヤーが復活中！」「週刊プレイボーイ」一九九六年三月十二日号）。

(21) 「宝島」一九九一年十一月九日号「平成オタク十五傑」のなかにフリッパーズ・ギターも登場する。かつてフリッパーズ・ギターのファンジン「FAKE」を作成していた大塚幸代は、そのファン像を「オリーブ少女と音楽マニアの大学生」と語っている（大塚幸代「誰よりもフリッパーズ・ギターが好きだ！」「STUDIO VOICE」二〇〇六年十二月号、三〇ページ）。

(22) 山名昇「pizzicato five」、前掲「MORE BETTER」第一号、二〇ページ

(23) アクロス編集室『流行観測一九九六―一九九七』ＰＡＲＣＯ出版、一九九五年、一八六ページ

(24) アキバ系は「流行に敏感な、おしゃれな「渋谷系」の対義語として、ファッションに無頓着で同人誌やプライズ景品を買いあさる姿を指す言葉として、オタクたちが自嘲気味に用いている」（西谷有人「家電街からオタクの聖地へ」、前掲『国際おたく大学』所収、二〇七ページ）。だが、「uno!」一九九七年三月号（朝日新聞社）の「スタイリッシュ・デジタル秋葉系」では、渋谷系の要素をもち、かつ秋葉原に出没するオシャレな女性像が描かれている。

(25) 同特集によると「アニメ・マンガ・ゲームの「アキバ領域」と、ＤＪ・ネオアコなどのサブカルの「シブヤ領域」は基本的に守られているなかで、シブヤ系のアキバ領域への越境がやや見られる結果となった」。九〇年代後半の裏原系カリスマたちの、フィギュアへの嗜好などは、その一例だろう。

(26) 渋谷系という「言葉だけが新聞や週刊誌でこぞって取り上げられ〝通好み〟〝おしゃれ〟〝メジャーマイナー〟な音楽の総称、といったちょっと恥ずかしいイメージに。大手のレコード業界では「音的にはいわゆる渋谷系でして……」という風に使われたりしたらしく、便利だけど良く分からない流行語になってしまった。（略）「渋谷系」の意味に対する答えは様々で、一番多いのは「渋谷で流行っている音楽」「渋谷っぽい」「おしゃれっぽい」「今だったらラップ」という答えも多い。具体的には小沢健二、ピチカート・ファイヴ、オリジナル・ラブ、スチャダラパー、EASTEND＋YURI、ミスチルなどがあがった」（「J-POP'95大研究」「アクロス」一九九五年八月号）。

(27) 「山田（五郎）：〝渋谷系〟以前と以後では、何が変わったんでしょう／小西（康陽）：ひとつには、完全にＣＤの世の中になったことかな。レコードの時代って、新譜が出るとそれ以前のものは廃盤になって「次の流行はこれだよ」みたいな感じだったんじゃないですか。（略）ほんの七～八年前のレコードだって、大瀧詠一さんのゴー！ゴー！ナイアガラとかでしか聴けなかった」（山田五郎『二十世紀少年白書――同世代対談集』世界文化社、二〇〇四年、五五ページ）。また九三年を境にＤＪをめざす動機が、「音楽が好き」から「モテたい」へと変わり、中古LPを漁るよりも新品十二インチを揃える者が多くなったという（「渋谷に集まるモテたいＤＪ」「アクロス」一九九五年十二月号）。

(28) 「街が発信した音楽現象「渋谷系」が残したもの」「日経エンタテインメント！」二〇〇六年六月号、日経ＢＰ出版センター

(29) 阿部和重など文学にも渋谷系が誕生し（「ダカーポ」一九九八年三月四日号）、渋谷のミニシアターで単館上映される映画が渋谷系シネマとして括られ（「ダカーポ」二〇〇〇年二月二日号）、吉本興業の渋谷公園通り劇場を舞台にお笑い番組

『渋谷系うらりんご』（フジテレビ、一九九五年）が作られ、渋谷＝女子高生を前提に二〇〇一年に『渋谷系女子プロレス』（テレビ朝日）が放送された。またガングロやいわゆる「ギャル男《お》」たちが渋谷系とされ（馬場広信『シブヤ系対カマタ系――東京“street wise”』ぶんか社、一九九七年）、ケータイのギャル文字が渋谷系と形容された（渋谷へた文字普及委員会編『ギャル文字へた文字公式BOOK』実業之日本社、二〇〇四年）。さらにはフットワークの軽い「自分探し系」が渋谷系とされ（斎藤環『若者のすべて――ひきこもり系vsじぶん探し系』ＰＨＰエディターズ・グループ、二〇〇一年）、ビジネスの世界ではＩＴベンチャーが渋谷（ビター・ヴァレー）系とされたりもする（西村晃／八田真美子『「シブヤ系」経済学――この街からベンチャービジネスが生まれる理由』ＰＨＰ研究所、一九九九年）。

(30) 同特集には「遊歩道原宿サイドプロペラ通り」「原宿Back Streetはコアなショップが集結するシブヤ震源地」など、裏原系勃興を予感させる表現が見られる。「青山MIXのパーティで作られたフライヤーから音楽雑誌に発展した「Barfout!」のオフィスが二〇〇一年に渋谷から移転したり、WAVEの渋谷クアトロ店が閉店し、タワーレコードやＨＭＶが大型店としてリニューアルした前後に新宿や池袋など都内へ店舗を増やしたことなどもあって、「多種類少量生産」型若者文化はひとつの街空間を象徴するものではなくなっていった」（前掲『ポップカルチャー若者の世紀』三五一ページ）。なお「HotDogPRESS」一九九六年十一月二十五日号のストリートの注目カリスマランキングは、「藤原ヒロシ・武田真治・小山田圭吾・藤井フミヤ・いしだ壱成」の順となっている。

(31) 油納将志「〝渋谷系〟検証」「ミュージック・マガジン」二〇〇六年九月号、五三ページ

(32) 前掲『広告都市・東京』。「アクロス」編集長の松井和哉は、こうした変化を「八〇年代までは、渋谷は巨大資本がつくる街だった。東急対西武という構図があり、両者が消費者を自分の店に流れるようにしようと、通りを整備して来た。今は、渋谷に来る若者がつくる街に変質している。八九年の『渋カジ』（渋谷カジュアルの略）ブームが転換点になった」（「オトナは渋谷が大嫌い」「AERA」一九九四年七月十一日号）と評している。

(33) 難波功士「ファッション雑誌にみる〝カリスマ〟」「関西学院大学社会学部紀要」第八十七号、二〇〇〇年、同「ストリート・ファッションとファッション・ストリートの構築――大阪アメリカ村と神戸トアウエストを題材として」「関西学院大学社会学部紀要」第八十八号、二〇〇〇年

(34) 亀井肇『外辞苑――平成新語・流行語辞典』平凡社、二〇〇〇年、一二六ページ

(35) 前掲『ティーンズ解体新書』一五四―一五八ページ

(36) ピチカート・ファイヴが「一九九五年二月よりアメリカ十都市、ヨーロッパ四都市で行ったワールド・ツアーは、クラブのオルタナティヴとして胎動し始めていたラウンジシーンに驚きを以って迎え入れられた」。そして現代美術界では「九六年当時、その第一線が集まる欧米アートシーンの各オープニングパーティでの話題は「ピチカート・ファイヴって知ってる?」だったという。実際、小西らは、九八年にベネチア・ヴィエンナーレのオープニングアクトに招待されている」(前掲『クラブカルチャー!』五四―五五ページ)。

第12章

コギャル、ジェンダー・（アン）トラブルド

1 「コギャル」の生成過程

ギャルという語（とその指示対象）は、一九七〇年代の日本社会に登場し、八〇年代に一般化した。[1]八三年に「GALS LIFE」などのティーン向け女性誌のセックス記事が、国会でも取り上げられるなどの騒ぎもあって、それまでの「少女」概念が排していた性愛のニュアンスが、「ギャル」にはつきまとうことになる。[2]だが当初ギャルは、ティーンだけを指していたわけではない。「HotDogPRESS」一九八二年七月二十五日号特集「ギャル、君のことがもっと知りたい！」などでは、明らかに「ギャル＝女子大生」とされており、ギャルの語は、八三年に始まった深夜番組『オールナイトフジ』（フジテレビ）に象徴される女子大生ブームとリンクしていた。[3]八〇年代初頭、女子高生はまだまだ「少女」の領域に存在したのである（表24）。しかし、八五年放送開始の『夕焼けニャンニャン』（フジテレビ）をきっかけに女子高生ブームが起こり、また八〇年代に私立女子高校を中心に、ＳＩ（スクール・アイデンティティ）の一環として制服のモデルチェンジがブームとなったこともあって、女子高生自身が女子高生であることの価値に徐々に目覚めていくことになる。[4]

表24　高校生がよく読んでいる雑誌ベスト10

高校生男子		100人	高校生女子		100人
1	週刊少年チャンピオン	44	1	別冊マーガレット	39
2	週刊少年ジャンプ	42	2	週刊セブンティーン	32
3	週刊少年マガジン	35	3	りぼん	23
4	週刊少年サンデー	21	4	ノンノ	16
5	週刊プレイボーイ	12	5	週刊マーガレット	15
6	プレイヤー	11	6	週刊プチセブン	14
7	FMレコパル	10	7	週刊少年チャンピオン	13
	ロードショー	10	8	ミュージックライフ	11
	ぴあ	10	9	別冊少女フレンド	9
10	ポパイ	9		月刊mimi	9

（出典：1979年 9 月、首都圏10校で調査。子ども調査研究所『中・高校生の本と生活』日本エディタースクール出版部、1980年、14ページ）

成城学園の子とか見ると、学校に行く格好って、ミニスカートにハイソックス、ストレートのロングヘアーっていうね、いわゆるアメリカのハイスクールの女の子っていうイメージのね、ノリが一つあるわけよ、そういうの見てると、若いということをね、最近の子はね、本当に素直に表現するのね。（略）いかにも高校生しかできない格好というのを、堂々とするわけ（笑）。（略）今の子はすごい自信持ってる、若さに。若さに価値があるってことを知ってるし、だからあえて背伸びしようとしない。(5)

こう証言した村岡清子（当時二十二歳）は、新人類と呼ばれる世代に属しており、ここでは後続の団塊ジュニア世代への違和が表明されている。「週刊プレイボーイ」一九八八年三月八日号は、「いまどきの女子高生『ズル族』の時代だ!!」と題して、「ズル族は立派なニッポン・ギャルのこと。それも女子高生の姿カタチをしている。そんでもって、外見のカワイさを利用して、すべての男を自分に便利な〝ヅル〟（金ヅルのヅル）にしてしまうギャルたちなのだ。さらに、たいしたこともないけど〝ズル〟いとこもあるので、名づけて〝ズル族〟」という特集を組んでいる。このように八〇年代後半、社会は「女子高生という記号」に熱い視線を送り始め、「ギャル」の指示対象は低年齢化を始めていた。(6) 八九年に大学生・高校生に対しておこなわれた調査は、「ギャル」という語には「いわゆる育ちが問題にされないこと、容姿・服装・行動面では流行に敏感であること、性格・雰囲気では明るさ、賑やかさ」といったイメージやニュアンスが付随している点を明らかにしている。[7]

女子高生たちの制服の着こなしの変化で言えば、まずそのスカート丈が注目される。「青学付属《ママ》はミニ化の最先端であった。ミニがまだ珍しかったころ、スカート丈を短く詰めるということは、都心のオシャレな、そして偏差値も決して低くはない学校に通っているという、一種のステータスでもあった。コールハーンのローファー、ポロ・ラルフ・ローレンのソックス、ハンティング・ワールドのバッグとともに、ミニは中産階級子弟のシンボルでもあったのだ[8]」。やがてその足元は、ポロのソックスから、九〇年前後にはミニスカートとのバランスのよい「ルーズ・ソックス」へと変遷し始めるわけだが、その淵源に関しては、青山学院高等部から渋谷女子高の女生徒へと波及したという説と、さらにその青学高生たちは「スポーツ用のソックスを日常的に着用」していた「アメリカンスクールの女生徒」ファッションを手本にしたという説がある。[9]また一方、九二年頃のフレンチ・カジュアルのブーム――その定番の足元は「ショートブーツ＋ぐしゅぐしゅソックス」――の影響を指摘する説もあるが、いずれにせよ「制服をかわいく見せるというよりも、より私服に近づけるようなはき方に変わってきている」という、私服と制服とのボーダーレス化の流れから、ルーズ・ソックスが発生してきたことは確かだろう。[10]

一方その女子高生たちの私服は、九〇年当時は圧倒的にアメリカン・カジュアルであり、そのなかからやがて「チーマーの追っかけ」であり、コギャルの前身ともいえる「パラギャル」――「一年中パラダイス」というノリでいつも肌を焼き、いつも夏のような格好をして遊ぶ、独特のセンスでかわいさを追求するスタイルの女の子達[11]」――が出現してくる。彼女たちは、渋カジ（族）からチーマーへと、よりワイルドなアメリカン・カジュアルを志向する男性ファッションの影響下にありながら、「大きな花柄や水玉のワンピースや

図23　初期のコギャル像
（出典：「SPA！」1993年6月9日号）

ミニフレアスカート、ルーズなコットンセーター、ぴったりしたスパッツに、足はウェスタンやシープスキンブーツ。脱色した髪に小麦色の肌、まぶたはブルー、唇はピンク、爪は白といった際立つメイク」といった、「最近のティーンズ誌では〝LA〟〝ネオ・サーファー〟など色々な呼ばれ方をしている」独特のスタイルを発展させていく。(12)

彼女たちのポジションだが、一般的な呼び名としてはパラギャル（=パラダイスギャル）と言われているが、何人かが自分たちのスタイルを表現するのに使っていたのが、「コギャル」。男性誌などでは最近よく使われていて、要するにイケイケ・ボディコンにデビューする手前の、遊び人の女子高生を意味している場合が多い（高校生は小（子？）ギャル、中学生は孫ギャルともいうらしい）。そんなやや侮蔑的表現を自分たちのファッションスタイルを表すのに使っているのだから、面白い。別に人にどうみられたっていい、というより、積極的に自分たちのコギャルさ=軽さをアピールしているようだ。／ではなぜコギャルはパラギャルアイテムを着るのか。（略）彼女たちは自分たちの女っぽさ・かわいさを武器にしたいから、手っ取り早く表現できるパラギャルアイテムを選んだ。最近の若い女の子の主流の、かわいいじゃなくてカッコいいもの、中性的でシンプルなものを志向してアニエスb.を着る子達とは一八〇度逆の考え方の持ち主なのだ。(13)

しかし、この「古いタイプ」が、九〇年代中盤にはフレンチ・カジュアルの少女たちを凌駕し、時代の中心へと躍り出ることになる。

2 コギャルに発情するメディア

先の引用にもあるように、コギャルは多くの男性誌によって好んで取り沙汰された。(14)

「最近、コギャルのパワーに押され気味なのよねぇ」とボヤくボディコンギャルの多いこと、多いこと。コギャルの年齢層は、十四歳から十八歳。なんだ子供じゃん、なんて思うなかれ。見た目は立派なオトナなんだから。学校が終われば、週に一度は必ず日焼けサロンに通って小麦色の肌作り。「お友達と食事してくるから」と、親からもらったお金でクラブで踊りまくり、家に帰れば髪の毛の脱色にいそしむ。（略）小麦色の肌に、さらさらの茶髪。蛍光色のトロピカル柄のミニフレアー。肩から布製のデカ袋を下げ、足元はクシュクシュソックスにサンダル。（略）気になるお値段といえば、一着七千九百円程度から。ボディコンギャルたちのワンピースに比べると、0の数がひとつ少ないんだから、安上がりでお手軽だ。[15]

こうしたコギャルたちは、当初チーマーの追っかけと評されたように、渋谷センター街界隈にたむろする高校生たちの系譜の上にあった。[16]ティーンの街と化したこの一帯で、「パラギャルの聖地〝ミージェーン〟」は、「九〇年二月に渋谷109地下に一号店がオープンして以来現在六店舗、渋谷店は毎年二ケタ成長、売り上げ年間七億円、八千万円売る月も」という急成長を遂げている。[17]

図24　女子高生と「大ギャル」
（出典：青木光恵『小梅ちゃんが行く!!②』竹書房、1994年、119ページ）

このようなストリートを居場所とする若者たちの出現について、宮台真司は「家庭や地域の学校化」を理由に挙げ、「家や地域までもが「学校の出店《でみせ》」になって、学校の優等生・劣等生は、家や地域でも優等生・劣等生としてしか見てもらえない。そういう学校的な自己イメージから解放されようとすれば、家でも学校でも地域でもない「第四空間」＝街に出ていくしかなくなってしまう」[18]と述べている。地元にテリトリィを確保するヤンキーたちとは異なり、街に居場所を求め浮遊し、街をステージとして闊歩するギャルたちに[19]、男性誌は嘆息しながらも欲情の視線を投げかけた[20]。またマーケッターたちは、新たな市場を求め、消費者としての女子高生とその口コミ・ネットワークの結節点である渋谷に注目していった。一方テレビでは、深夜帯の情報番組『トゥナイト』（テレビ朝日）などでさかんに十代の性がレポートされていたが、コギャルの初出は、九三年八月十日の深夜番組『M10（マグニチュード・テン）』（テレビ朝日）の特集「ザ・コギャルNIGHT」――「ポケベル、ナマアシといったキーワードで新しい種族「コギャル」の姿を伝える」――だったという。

「コギャル?耳慣れない言葉だ。知ってる?」／MC（司会）のルー大柴のこんな言葉で番組は始まる。（略）まず、「ディスコ語で高校生ギャルの略語」と木村（和久）が言葉の定義をする。外見はアルバローザ系フレアミニ、ビスチェ、ブルー系マスカラとピンク系ルージュ、茶髪にサロン焼け。必須アイテムはポケベル、（スペルミスの多い）名刺、雑誌「FINE」。出没エリアは渋谷センター街にEROS、GOLD、O'BARと説明が続く。／また、菊池麻衣子をレポーターとしたセンター街の街頭インタビューVTR。通行人の女の子たちでコギャルという言葉を知っていたのは数人で、コギャル・スラング「ロンゲ」の意味を答えられたのはたったひとり!まだまだコギャル文化（?）は創成期だったのだ[21]。

その後多くのテレビ番組や雑誌が追随し、「FRIDAY」一九九三年十二月十日号は「ブルセラ超えたマゴギャル女子中学生「夜の性態」と題し、「ポケベルと名刺も、すでに中学生の間に普及し始めている。取材中けたたましくポケベルがなり、あわてて電話ＢＯＸに駆け込む子や、友達の名刺がギッシリ詰まった名刺入れを誇らし気に見せてくれるコもいた」と、街での夜遊びが中学生にまで広がっていることを報じている。また、「SPA!」一九九三年十月六日号「ニッポンの裏事情を探る！」は、「女子高生デートクラブ」の紹介とともに、「彼女たちはメディアには踊らされず、自分たちの口コミという裏ネットワークで流行を作っている。それを雑誌などが、意味を後付しているだけ。「今はミサンガよりもミッキーとかトロル（髪の毛が逆立った人形）とかのついたゴムを手に巻くのが流行ってる。誰かがかわいいキャラクターものを持っているとすぐに広まっちゃう。雑誌で参考にするのは、フッーの女の子のスナップだけ」（都立高一年・Ｈちゃん）」と伝えている。

成人だけではなく若者向け男性誌でも、「checkmate」一九九四年一月号「東京コギャル生態図鑑」など、コギャルが前面にフィーチャーされていく。同誌の「女子高生二百人を徹底心体検査」からは、九三年当時のコギャルたちのプロフィールをうかがい知ることができる。「好きな男のタイプは？　①サーファー系六十七人②アウトドア系三十三人③フレンチ系二十五人④ダンサー系十八人⑤トラッド系十二人／一ヵ月に使うお金は？①三万〜四万円四十八人②五万〜六万円三十六人③一万〜二万円二十六人④六万〜七万円十八人⑤一万円以下十五人／好きなショップは？①バハマパーティー五十六人②ミ・ジェーン三十八人③ピンク・フラミンゴ二十六人④ロッキー・アメリカン十九人④アルバローザ十九人／よく遊びに行くのは？①パーティ五十九人②カラオケ四十一人③居酒屋三十五人④ディスコ十七人⑤バー十人／必需品は？①ポケベル六十七人②化粧品四十三人③名刺三十五人④友達と撮った写真二十六人⑤コンドーム十二人／よく読む雑誌は？①Fine六十八人②プチセブン四十二人③東京ウォーカー三十五人④セブンティーン二十人⑤ノンノ十五人／今一番欲しいものは？①お金四十八人②車の免許四十人③彼氏三十二人④カッコイイ男友達二十五人⑤服十七人／行ってみたい場所は？①ＬＡ四十三人②ハワイ三十七人③オーストラリア二十六人④レインボーブリッジ十八人⑤ゲイバー十五人／ブルセラショップに行ってみたい？ヤダ一八％・すでに行った一四％・行ったが買ってくれなかった一六％・行ってみたい五二％」

こうしたメディアの狂騒は、「アムラー」「チョベリバ・チョベリグ」「ルーズソックス」「援助交際」などが流行語大賞のトップテンに顔を並べた九六年をピークに、九〇年代を通じて続いていき、「女子高生∪コギャル」であったはずのものが、あたかも「コギャル⫴女子高生」であるかのような様相を呈していき[22]、さらには「コギャル⫴ブルセラ⫴援助交際」といったパブリック・イメージが形成されていく[23]。

3 メディアと共振する女子高生

このようにマスメディアからレイベリングされ、バッシングされる一方で、ある種のメディアは、コギャルたちを結びつける機能を果たし、彼女たちのコミュニケーション特性を象徴するものとして注目されていく。例えば一九九三年時点での「女子高生・三種の神器」が、「バレッタ、ミサンガ（プロミスリング）、ルーズソックス」などアクセサリー・小物類であったのに対し[24]、九〇年代中盤には前述の番組『M10』で挙げられていた「ポケベル、名刺、雑誌「FINE」」や「ポケベル、口紅、名刺[25]」、「ポケベル、システム手帳、使い捨てカメラ[26]」などが三種の神器と目され、九〇年代後半にはPHS（ピッチ）・ケータイ・プリクラ・ティーンズ誌といった各種メディアや、コギャル言葉や書き文字[28]、パラパラ[29]・独特のポージングなどの身体技法[30]、ソニープラザ（ソニプラ）・クラブ・109（マルキュー）・マツモトキヨシ（マツキヨ）・日焼けサロン（日《ひ》サロ）といった商業空間、ニットベスト・スーパールーズ（ソックス）・厚底ブーツ・シャネル・キティ（のキャラクター・グッズ）などのアイテムが、コギャルを象徴するものとして挙げられるようになる[27]。

ポケットベルは、九三年六月実施の調査では高校生の所持率「女子一・一%、男子一〇・四%[32]」であったのに対し、九七年九月に東京都が実施した「青少年の生活と意識についての調査」によれば、高校女子の四八・八%がポケベルを所持しており[33]、また同時期の「渋谷女子高校生・携帯モノ調査」では、「ポケベル六五・一%、PHS六一・三%、ケータイ七・五%[34]」となっている。当初、数字しか送ることができなかったポケベルではあったが、若者たちは数字の語呂あわせによってメッセージを交し合い、その「ポケコトバ」を集め、解説した冊子も出版されている[35]。

このようにパーソナル・メディアを駆使し、独自の口コミ・ネットワークをつくりあげる高校生たちの、中継点ないし増幅器として機能したのが、ティーン向けのファッション誌であった。「最初に「雑誌」で何らかの情報を認知し、それを「友だち」という二次的評価が補強する。それだけ「友だち」の信頼度が高いとも言えるが、「自分」の価値観が「友だち」のなかで決められるという彼らの世代の縮図をも垣間見ることができる」[36]。前述の番組でも挙げられた「FINE」は、アメリカ西海岸のサーファー・テイストを軸に展開してきており、九〇年代初期のパラギャルたちの支持を集めていたが、九五年の時点では、「プチセブン」「SEVENTEEN」「Olive」「mcSister」が「ティーンズ雑誌四天王[37]」とされていた。なかでも発行部数七十二万部を誇った「プチセブン」と同じく四十二万部の「SEVENTEEN」は、「正統派ティーン誌」の双璧として君臨[38]し、コギャル・テイストを前面に押し出した雑誌は、まだまだ影を潜めていた[39](表25、26参照)。

図25　ボクたちの想像上の女子高生
(出典:「SPA!」1996年10月23日号)

いわゆる「コギャル雑誌」の浮上は、九四年十二月の「東京ストリートニュース!」——「Lemon」別冊としてスタート。東京の「有名高校生」男女のスナップや彼・彼女らのライフスタイル情報が中心[40]——や九五年八月の「Cawaii!」(「Ray」臨時増刊)の発刊、とりわけ九五年八月の「egg」創刊を契機としてであった[41]。しかし、その「egg」にしても、当初は男性向けにアイドルやタレントなどを紹介する雑誌だったが、街で目立っている女性たちのスナップ写真を集めたコーナー[42]に女性読者が反応したことから「九六年十月またまた路線変更、今度は女性誌に。今号が売れなければ廃刊を決意し「口コミ特集」で勝負にでる」。そして「九六年十二月前号の出足が好調で最終的に初の黒字に。エッグ存続、来春月刊創刊が決定!」「九七年二月女子高生ブームで女子高生が誌面で大活躍。エッグが高校生雑誌と

表25　主な若者関連雑誌の創刊年

		男性誌	女性誌	出版社
1945	平凡（〜1987）			平凡出版（→マガジンハウス）
1950		男子専科→Dansen（〜1993）		スタイル社
1952	明星→Myojo			集英社
1954		男の服飾→MEN'S CLUB		婦人画報社（→アシェット婦人画報社）
1955			りぼん	集英社
			なかよし	講談社
			若い女性（〜1982）	講談社
1957			週刊女性	主婦と生活社
1958	週刊明星（〜1991）			集英社
			女性自身	光文社
1959	週刊平凡（〜1987）			平凡出版（→マガジンハウス）
	美しい十代（〜1967）			学習研究社
		少年マガジン		講談社
		少年サンデー		小学館
1960			マドモアゼル（〜1968）	小学館
1962			少女フレンド（〜1996）	講談社
1963			マーガレット	講談社
			ヤングレディ（〜1987）	講談社
			週刊女性セブン	小学館
1964	ガロ			青林堂
		平凡パンチ（〜1988）		平凡出版（→マガジンハウス）
1966	流行通信			流行通信社→Infasパブリケーションズ
		週刊プレイボーイ		集英社
			フェアレディ（〜1981）	学習研究社
			mcSister（〜2002）	婦人画報社（→アシェット婦人画報社）
1967		漫画アクション		双葉社
		COM→COMコミックス(〜1973)		虫プロ商事
1968		少年ジャンプ		集英社
		ビッグコミック		小学館
			少女コミック	小学館
			ティーンルック（〜1970）	主婦と生活社
			セブンティーン→SEVENTEEN	集英社
			ヤングセンス（〜1983）	集英社
1969		少年チャンピオン		秋田書店
1970			an・an	平凡出版（→マガジンハウス）
			ai（〜1979）	主婦の友社

		男性誌	女性誌	出版社
1971			non・no	集英社
			Woman（〜1980）	講談社
			微笑	祥伝社
1972	ぴあ			ぴあ
1973	Wonderland→宝島			晶文社→JICC出版局（→宝島社）
1974		GORO（〜1992）		小学館
		checkmate（〜1999）		講談社
			JUNON	主婦と生活社
1975	ビックリハウス（〜1985）			PARCO出版
			JJ	光文社
			FINE	日之出出版
1976		popeye		平凡出版（→マガジンハウス）
1977	Angle			主婦と生活社
			クロワッサン	平凡出版（→マガジンハウス）
			MORE	集英社
1978			プチセブン（〜2002）→Pretty Style	小学館
			GALS LIFE→GALS CITY（〜1985）	主婦の友社
1979		HotDogPRESS→HDP（〜2004）		講談社
			My Birthday	実業之日本社
			miss HERO（〜1986）	講談社
1980		ヤングマガジン		講談社
		BRUTUS		平凡出版（→マガジンハウス）
			ジュニアスタイル→JUNIE（〜1994）	鎌倉書房
			popteen	飛鳥新社→角川春樹事務所
			Be in love→Be love	講談社
			Lady's comic You→You	集英社
			25ans	婦人画報社（→アシェット婦人画報社）
			cosmopolitan	集英社
1981		BE-PAL		小学館
		ヤングジャンプ		集英社
			With	講談社
1982		モノ・マガジン		ワールドフォトプレス
			Lemon（〜1998）	学習研究社
			エルティーン（〜2005）	近代映画社
			Olive（〜2003）	平凡出版（→マガジンハウス）
			CanCam	小学館

		男性誌	女性誌	出版社
			elle Japon	マガジンハウス→アシェット婦人画報社
			marie claire Japon	中央公論社→角川書店→アシェット婦人画報社
1983		Penthouse日本版（～1988）		講談社
			ViVi	講談社
			Say	青春出版社
1984			CLASSY	光文社
			éf（～2006）	主婦の友社
1985	street			ストリート編集室
			Mil（～1998）	双葉社
1986		FINE BOYS		日之出出版
		Men's non・no		集英社
		BOON		祥伝社
		Tarzan		マガジンハウス
		DIME		小学館
			ピチレモン	学習研究社
1988		Begin		世界文化社
			Hanako	マガジンハウス
			Ray	主婦の友社
1989			CUTiE	宝島社
			Pee Wee（～2000）	ソニーマガジンズ
			Fytte	学習研究社
			Miss家庭画報→Miss	世界文化社
			Spur	集英社
			CAZ	扶桑社
			CREA	文藝春秋
			ヴァンテーヌ	婦人画報社（→アシェット婦人画報社）
			ル・クール（～1995）	学習研究社
1990	東京ウォーカー			角川書店
		Gainer		光文社
			Oggi	小学館
			Figaro Japon	TBSブリタニカ→阪急コミュニケーションズ
1991	i-D Japan（～1993）			ユー・ピーユー
			パステルティーン→パステルシスター	笠倉出版社→ニューメディアプレス
			SEDA	日之出出版
			FRaU	講談社
1993	Quick Japan			飛鳥新社→太田出版
	relax			マガジンハウス

		男性誌	女性誌	出版社
		asayan（〜2003）		ぶんか社
			chouchou	角川書店
1994	東京ストリートニュース！→Stonew（〜2000）			学習研究社
1995	BURST（〜2005）			白夜書房（→コアマガジン）
		smart		宝島社
		Style on the street（〜1997）		ぶんか社
		Warp magazine		光琳社出版→トランスワールドジャパン
		Ollie		三栄書房
		COOL TRANS		ワニブックス
		SNB : street and boarding		三栄書房
			egg	ミリオン出版→大洋図書
			ジュニー（〜2005）	扶桑社
			ar（アール）	主婦と生活社
			VERY	光文社
1996			Cawaii!	主婦と生活社
			spring	宝島社
			Zora（〜1998）	祥伝社
			Grazia	講談社
		GET ON!		学習研究社
1997	Fruits			ストリート編集室
		Street Jack		KKベストセラーズ
		FINE MAX（〜1998）		日之出出版
		N!ck name（〜1997）		ソニーマガジンズ
		Woofin'		シンコー・ミュージック
			nicola	新潮社
			Happie	英知出版
			KEROUAC（ケラ！）	バウハウス→インデックス・コミュニケーションズ
			Ginza	マガジンハウス
			Domani	小学館
1998		Boys Rush（〜2004）		主婦と生活社
		Rage		ワニブックス
			ランキング大好き→ranzuki	ぶんか社
			Sweet	宝島社
			Voce	講談社
			Luci	扶桑社
1999	Famous（〜2001）			宝島社
		Thrill		バウハウス

		男性誌	女性誌	出版社
		men's egg		大洋図書
			mini	宝島社
			Luire	リットーミュージック
2000		samurai magazine		インフォレスト
		SENSE		主婦の友社→飛鳥新社
			S-Cawaii!	主婦と生活社
			Ollie girls（～2005）	三栄書房
			Candy（～2006）	白泉社
			egosysytem	リイド社
2001		LEON		主婦と生活社
			ラブベリー	徳間書店
			Jille	双葉社
			Soup.	インデックス・コミュニケーションズ
			mina	主婦の友社
			JJ bis→bis（～2006）	光文社
			BAILA	集英社
			Style	講談社
2002		HUgE		講談社
			STORY	光文社
			Fudge	ニューズ出版
2003			BLENDA	角川春樹事務所
			GLAMOROUS	講談社
			In Red	宝島社
			hana★chu	主婦の友社
			ku:nel	マガジンハウス
2004		smart max		宝島社
			NIKITA	主婦と生活社
			Teen girl	宝島社
			BOAO	マガジンハウス
			PINKY	集英社
			MAQUIA	集英社
			Precious	小学館
			GLITTER	トランスメディア
2005			GISELe	主婦の友社
			美人百花	角川春樹事務所

（他誌の臨時増刊・別冊として始まっているものも多いため、すべての創刊の時期を確定するのは困難だが、遡りうる限り、その誌名の登場の最も古い時点を創刊とみなした）

して定着」「九七年四月エッグ月刊創刊。発行部数は一気に三十万部に躍進。いろんなメディアの注目を集め編集部に取材が殺到」という活況を呈するようになる。(43)

「アクロス」一九九六年四月号「年齢、性別、スタイルだけじゃ〝キレない〟。ティーンズ雑誌の曼荼羅《クロスオーバー》状況を読みとく」では、九五年に「〝ストリート雑誌〟というジャンルが確立」したと指摘され、その特徴としては、ファッションへの関与の低年齢化という「超トランスエイジ」、読者スナップの多用という「超ストリート・オリジン」、すべての女子高生がコギャル化したという「コギャルというイリュージョン」、男性誌／女性誌という区別を超越した「トランスセックス」などが挙げられている。また「Street Jam」（一九九八年一月二十五日発行）の特集「女のコ雑誌（三十九誌）パーフェクト大図鑑」では、若者向け女性誌が「正統派女子高生雑誌：popteen、Lemon、SEVENTEEN、プチセブン、ピチレモン」「ストリート系雑誌（読者参加度高）：FINE、egg、Happie、SNAP×2、Heart Candy、Ca-waii!、東京ストリートニュース」「ファッション系雑誌おねえさん編：non・no、an・an、JJ、Ray、MORE、With、ViVi、CanCam、CAZ」「ファッション系雑誌ストリート編：Olive、P!style、mcSister、JUNIE、CUTiE」「芸能系雑誌：Myojo、Kindai、Duet、JUNON、POTATO、Wink UP、ポポロ」「ローティーン系雑誌：My Birthday、MiteMite!、Nicola、プチバースデイ」「H系雑誌：パステルティーン」「ヤンキー系雑誌：ティーンズロード」に分類されており、「コギャル（系）雑誌＝ストリート系雑誌（読者参加度高）」が、ひとつのジャンルとして確立した様子がうかがえる。(44)そして、これらコギャル誌に登場する読者モデルは、そのファッションや外見のみならず、さまざまなライフスタイルの雛型として君臨していった。(45)

写真というメディアに関しては、使い捨てカメラなどのブーム(46)を経て、プリクラ（プリント倶楽部）ブームをむかえる。(47)その販売担当者は、「九五年の七月に発売したんですが、当初はシールであるということで若い女性と小学生、それに名刺に貼るということでナイトビジネスの女性や生保の外交員をターゲットにしました。でも、最初の三か月ほどはあまりパッとしませんでした。女子高生を中心に火がつきはじめたのはSMAPの番組の中で取り上げられるようになった同年十月頃からです」、そして九六年「五月頃から、友達と撮って交換したり、コレクションする女子

表26　高校生が読んでいる雑誌上位10

高校生女子が読んでいる雑誌上位10の推移																
雑誌名	1988	1989	1990	1991	1992	1993	1994	1995	1996	1997	1998	1999	2000	2001	2002	2003
non・no	1	1	1	1	1	1	1	1	1	1	1	1	1	1	1	1
Zipper								13	7	5	4	3	3	2	2	2
SEVENTEEN	4	2	2	2	2	2	2	2	2	2	3	6	8	8		3
CUTiE							10	10	8	4	2	2	2	3	3	4
pop teen												10	5	4	4	5
少年ジャンプ	5	8	5	5	5	5	5	4	6		8	8	7	9	6	6
mini														6	5	7
ViVi													17	13	11	8
egg											7	7	10	10	10	9
Cawaii!												11	9	11	7	10
JUNIE	20			10	6	6	6	11	10	6	6	4				
プチセブン	19	11	6	4	3	3	3	3	3	3	5	5				
spring											9	9				
mcSister	7	5	7	3	4	4	4									
an・an	9	9	4	6	8	8	7									
Olive	3	4	11	9	10	11	7									
JUNON	18	18	20	12	9	9	9									
別冊マーガレット	2	3	3	7	7											

高校生男子が読んでいる雑誌上位10の推移																
雑誌名	1988	1989	1990	1991	1992	1993	1994	1995	1996	1997	1998	1999	2000	2001	2002	2003
週刊少年ジャンプ	1	1	1	1	1	1	1	1	1	1	2	1	1	1	1	1
週刊少年マガジン	2	2	2	2	2	2	2	2	2	2	1	2	2	2	2	2
週刊少年サンデー	3	3	4	4	4	3	3	3	3	4	4	3	3	3	3	3
Street Jack														7	5	4
smart											3	4	4	4	4	5
ヤングジャンプ	5	5	7	7	8								14		7	6
少年チャンピオン												12	6	13	6	7
COOL TRANS												11	10	9	10	8
GET ON!												14	16	6	17	9
週刊ファミ通											11	9	5	8	7	10
HotDogPRESS	9	7	8	8	7	9	8				11	5				
BOON					15	8	7	5	4	3	5	6				
Men's non • no			16	13	14	10	9	10	6	7	6	7				
FINE BOYS				18	12	14	10		10	10	9	8				
Ollie												10				
月刊少年マガジン	6	6	5	5	3	5	4									
ヤングマガジン	4	4	3	3	6	4	5									
月刊少年ジャンプ	8	8	6	6	4	6	6									
ビッグコミックスピリッツ	14	12	9	9	8											
モトチャンプ	11	18			10											

（出典：各年の日本子ども家庭総合研究所『日本子ども資料年鑑』〔KTC中央出版〕から作成）

高生が増えはじめたんです。マスコミも「千枚集めると幸せになれる」というような女子高生の間での噂話を取り上げ、一気に行列ができるようになったんです。その頃から主婦層や若いOL、サラリーマン層にも広がっていったんです」と語っている。[48] 前出の「青少年の生活と意識についての調査」でも、プリクラの交換・収集は、中学女子で八一・二％、高校女子で八九・五％――一方、中学男子は一四・五％、高校男子は三二・七％――に及んでいる。村岡清子の言うように、「多くの女の子にとって写真はあくまでもコミュニケーションツールとしてある。写真というメディアを利用して「友達がいる自分」を、日々確認している」[49]のである。また、九六年九月には「ぺんてる・ハイブリッドミルキー」が発売され、写真に文字や絵を書き込む女子高生たちの間でヒット商品となっているが、こうした作法もその加工された写真がコギャル系雑誌に掲載されることによって、一気に広まったものと思われる。[50]

　サラ・ソーントンとアンジェラ・マクロビーが、近年のモラル・パニックをめぐって語ったように、コギャルというフォーク・デヴィルは、「かつてに比べ、より少なく周縁化されて」おり、「それらは、それらを酷評する、まさにそのマスメディアによって声高にかつ明確に支持されるのみならず、それらの利害をそれら自身のニッチでミクロなメディアによって守られてもいる」[51]のである。こうした各種メディアは、女子高生向けに開発された商品――ときには彼女たちによって、彼女たちに適した商品であることを発見され、その新たな用法が創出されることもあった――でもあり[52]、彼女たちの口コミは、数多くのヒット商品を生み出す一方で[53]、彼女たちをターゲットとしたマーケティングには、より複雑な仕掛けや巧妙な仕組みが導入されていった。[54]

4　(コ)ギャルとギャル男《お》

　パラギャルから始まり、一九九六年の「アムラー」ブームを典型とする露出度の高いギャルたちのファッション・センスは、本来は「男ウケ」を意識したものであった。[55] 九〇年代後半、細分化していくコギャル・ファッションのなかには[56]、「カハラー（華原朋美）」のスーツ・スタイルに象徴されるような[57]、より従来型の大人っぽい女性性《フェミニティ》にすり寄っていく流れも存在した[58]。その男ウケのターゲットとして、九七年頃には「V男（ヴィオ）」と呼ばれる男性たち――シャツのボタンを開け、Vネックのセーターを素肌に直接着たりするなど男らしさを強調――が浮上し[59]、そうしたファッションに身を包んだ一部の「有名高校生」「スーパー高校生」は、一般誌にも取り上げられる存在となる。

　かつての渋カジやチーマーたちが、もともと有名私大系列校の生徒を中心としていたのに対し、九〇年代後半には有名伝統校への人気集中は影を潜め、女子高生たちは「エリートブランドではなく、オスのフェロモンが感じられる、一種不良性を帯びた男子高校生を求めるようになった」ために、「今では決して高い偏差値とは言い難い、昭和第一高や関東第一高に人気が集まるように、学校に対するステイタスも変わってきた」[60]。例えば「東京ストリートニュース！」一九九五年四月二十日号で取り上げられた「ウワサの男の子」たちの高校は、公立校二十二人、私大系列校十六人（立教三人、東海大高輪台・専修大学付属・国士舘各二人、東海大望星、青山学院高等部、城西、日大豊山、立正、桜美林、法政第二）、その他私立校十八人（関東第一八人、聖望学園・錦城各二人、目黒、京華、小松原、横芝敬愛、岩倉、駿台学園）であり、また「顔面偏差値高　有名男子高」として、保善・錦城・明大中野・駒大高校・目黒・早稲田学院が挙がっている[61]。こうした高校の文化祭に、雑誌や口コミで情報を仕入れた女子高校生たちが、「有名高校生」目当てに殺到し、またそれら高校の学校指定のバッグが、女子高生の間で人気を呼ぶなどの現象が話題となった[62]。「popteen」二〇〇二年十一月号「'94～'02スーパーGALヒストリー」によれば、九七年はコギャル系「雑誌に出ることがエラくって、花子チャンやもえチャンなどスーパー女子高生が幅利かせまくり！　いまで言う「ギャル男」、そう、キムタク意識したロンゲ男も街にあふれた。男はグッチローファーにVネック、女はスーツの「キレイめ」スタイルも流行～」の年であった。こうした有名高校生たちのV男ファッションは、一過性のもので終わったが、つねに「（コ）ギャル」ウケを意識し、「ギャルのボーイフレンドにふさわしい風貌」に徹する「ギャル男」たちは、それ以降も存在し続けている[63]。

　こうした男性たちを派生させる一方で、コギャルのなかには男ウケを一切顧慮しないファッションの流れも登場し

表27　初交経験累積率の年次推移（単位%）

区分		1984	1987	1990	1993	1996	1999	2002
高 3	男	22.0	27.7	20.7	27.3	28.6	37.8	37.3
	女	12.2	18.5	17.1	22.3	34.0	39.0	45.6
高 2	男	18.4	24.2	17.4	24.0	25.6	33.5	33.2
	女	8.7	12.7	12.5	18.0	29.5	34.8	40.9
高 1	男	12.7	18.5	13.7	15.1	17.3	25.0	24.8
	女	4.9	6.6	6.4	9.2	17.6	22.1	25.5
中 3	男	8.9	12.0	10.4	8.8	6.5	15.3	12.3
	女	1.9	1.8	3.4	2.9	7.2	8.0	9.1
中 2	男	4.5	7.7	5.6	4.4	4.0	9.5	6.9
	女	0.9	1.5	2.6	1.5	3.1	3.6	4.2
中 1	男	2.9	4.9	3.7	1.8	2.4	5.2	5.2
	女	0.6	0.8	2.2	0.8	1.4	2.0	1.3

（出典：日本子ども家庭総合研究所『日本子ども資料年鑑』KTC中央出版、2003年、から作成）

てきた。「ガングロ」「ゴングロ」などと呼ばれる不自然なまでの日焼けを誇る、「ヤマンバ」と称された極端かつ過剰な身体加工・装飾がそれである。[64]九九年頃から、「金髪や脱色の髪、褐色の肌に、ラメ化粧。超ミニスカートにすごい厚底のブーツ」の一群が話題を集め、当時の「egg」編集長は、「服やアクセサリーはサーファー系が源流、そこに十年前ならヤンキーになっていた層が合流した。（略）ギャルファッションは、ある種の武装であり、社会への反発でもある。「女の子はこうでなくちゃいかん」という大人の価値観をひっくり返している」と述べている。[65]シャロン・キンセラは、この時期の'Kogal Culture'を指して、一部の知識人・文化人が「コギャル」は、世紀末の社会において主要な主体的力の宣言であり、ストリートから現れたポストフェミニスト・ムーヴメントとして描いた」点を指摘している。[66]だが、このスタイルも二〇〇〇年にはピークをむかえ、「egg」カメラマンは当時を回顧し、「コギャルという存在がメインストリームになり、ギャルになった。そしておとなしくなった」と語るに至る。[67]

以上述べてきたように、一般的な男ウケをめぐる振幅を含みながらも、現在「ギャル系」は女子高生たちのあり方の、メインストリームの一つとして定着している。[68]佐藤（佐久間）りかは、「「ギャル」というのは結局、こんにちの思春期の少女たちが自分に与えられていると感じる〝自由と力〟の象徴」であるとし、「ギャル系雑誌の購読者たちは、そうした〈女子高生〉イメージを支える価値観（自由であること、自己主張できること、個性的であること、注目を集めること）に、より強くアイデンティファイする少女たち」であり、「彼女たちに性的関心を抱く成人男性はそうした彼女たちの姿に反応して、声をかけるとかお金で誘うといった行動を取る。そのことによって、皆から求められ羨望されるような〝強く自由な主体〟としてのセルフ・イメージは一層強化されていく。そんな循環機構が、ギャル系雑誌の購読者分析から見えてくる」と論じている。[69] 九〇年代を通じて女子高生の性交渉が一般化するにつれ[70]（表27）、「コギャル」に特定化された成人男性（向けメディア）の発情も沈静化していった。

*

一九九〇年代のコギャル・クレーズは、センター街や109などでの彼女たちの共在を震源としたにせよ、まず何よりも男性誌を中心とした「マスコミネタ」であった。[71] また当事者たちにとってみれば、「東京で、大阪で、コギャルたちは「コギャル」と言わず、自分たちを「ギャル系」と呼ぶ。ところが、水戸の女子高生たちは普通にコギャルという言葉を会話の中に使う。自分たちをコギャルとは思わず、その外に置いているからだ」[72] というように、コギャル視されがちな者ほど、自身がコギャルであることを否定し、コギャルに対してネガティヴな定義を与えていた。[73] また、地方でのギャル系雑誌の購読は、必ずしもギャル系ではない女子高生の「東京の女子高生を知りたい」という欲求に支えられていた。[74] 極論すれば、コギャルはメディアのなかにしか存在しなかったようにも思われる。

だがコギャルは、ごく一部の若者の突拍子もない変異のように見えながらも、若者全般にわたる価値観の変容を象徴する存在でもある。[75] 多くの論者の見解を整理すると、それは「（同性・異性を問わない）仲間志向」と同時に「自分志向」[76] であり、家庭・地域・学校など（の既存の価値観）からの「離脱志向」であり、いま・ここの流行と享楽への専心という「現在志向」[77] であった。曰く、「階層論的に言えば、ガングロは、自分が現実に属する階層よりも上の階層に属する人間であると見られたいと全然思っていない、その意味でまさに画期的なファッションだ」[78]、「社会の中で先端でいる事に興味を持たず、仲間うちの関係性でいかに楽しめるか「なごめる」かを重視する若い世代が増えている」[79]。こうした価値観を前提に、仲間ウケしかしないメイクやファッション（の千変万化）、放課後の街でのたむろ、他者の視線を顧慮しない地べたへの座り込み、ケータイに登録された、もしくは写真帳に貼られた数百人の友人など、コギャルたちの一見不可解な身体技法は成立していた。それらは、まさに「コギャルが何がしかのライフスタイルもしくはアイデンティティと考えられており、単なる「ファッション」ではないことを示している」[80]。

雑誌メディアと連動しながらも、ファッションだけの問題にとどまらず、新たなジェンダーのあり方を呈示したという点では、二十年前のアンノン族とコギャルを比較対照することも可能だろう。だが、コギャルが明らかにアンノン族と異なるのは、ギャル男と呼ばれるカウンター・パートを随伴した点である。当初コギャルの好む雑誌は、男性誌や「東京ストリートニュース！」のような両性向けの雑誌であった。八〇年代後半のDCブランド・ブームが終焉した後、「ひとり気を吐いたのが、スケーターやグランジ、アウトドアなどの渋カジにルーツを持つファッションだ。その動きの中で積極的な役割を果たしたのが、チーマーであり、そしてなによりミニスカ女子高生たちだった。／『ファイン』や『ブーン』は現在、コギャルのバイブルと言われる。そして『ブーン』にレディス版の『ジッパー』が生まれたのも九三年だった」[81]。「Zipper」が当初「BOONのガールフレンド誌！」を名乗ったように、ある系統の服を好む者は、同じ系統のファッションを好む異性とつきあうという、カップル単位でのユース・サブカルチャーズの分化が加速したのである。

そうしたなか、コギャルの場合はイニシアティヴを女性の側が握ることも多く、一部のチーマーのようなあからさまなマチズモは影を潜めていく。しかし、「ヤマンバ」などエクストリームなコギャルが退場し、再度「ギャル（系）」と括られるようになった末裔たちは、男ウケをつねに計算に入れている。だがそれも、過度に通念的な「コンサヴァ（なギャル）系」を除けば、男ウケが至上命題というわけではない。

「お願いだからギャルの服着てくれって彼氏に言われて裏原系からギャルになった女の子がいるけど、その子はギャル服にハマってそのままギャルになった」（高校生）という例もあるが、男の子が本音ではスカートがいいと思ったとしても、女らしい服装を男が押しつけられる時代ではない。また、オイシイ結婚を狙うギャル系コンサバ系以外の女の子には「男の子にウケるために服装で女らしさをアピールしなきゃ」という焦りもなくなっている。(82)

また、国内での沈静化の一方で、九〇年代のコギャル・スタイルは海外へも伝播している。(83) コギャル騒動《クレーズ》はおさまったにせよ、もしくはあのクレーズを経たからこそ、若者たちのセクシャルな行動に対する社会の寛容の度合いは高まり、「かつて「制服か私服か」という廃止論者の深刻にして単純な命題は、「制服も私服も」と明るく答える女子高生によって、いまや完全に肩すかしをくらっている」(84) といったように、学校（さらには親）側によるコントロールの無効化ないし無意味化が、社会全域へと拡がっていったのである。

注

（1）一九七二年にラングラージャパンが「Gals」ブランドのジーンズを出し、七九年には沢田研二「Oh!ギャル」（作詞・阿久悠）が発売された。『現代用語の基礎知識』では「八〇年代後半から九〇年代にかけて、元気のいい女性をあらわす「ギャル」が出てきた（ただし、評価はプラスというよりマイナス評価が多い）。「～ギャル」は「～ガール」にとってかわり、八五年版以降、元気のいい、しかし軽い女性を表す語として男性、特に中年に好んで使われるようになった語である」（米川明彦『若者語を科学する』明治書院、一九九八年、一〇七ページ）。八五年に出版された川崎洋編『ギャル語分け知り情報館――最新版』（講談社）という用語集には、うれしギャル、キャピキャピギャル、ギャリング（店舗などをギャル好みの雰囲気にすること）、テニファーギャル、五百円ギャル、鈴虫ギャルといった用語が採録されている。

（2）昭和「五八年十一月二日、雑協（日本雑誌協会）の倫理委員会幹部は文部政務次官らによばれて懇談し、「最近の少女誌の性表現は行き過ぎ、教育に悪い、自粛の協力を」と要請されたことが新聞やテレビで報道された。雑協内で騒ぎが大きくなったのは、問題視された『ギャルズライフ』（主婦の友社）、『キッス』（学習研究社）、『エルティーン』（近代映画社)、『ポップティーン』(飛鳥新社)、『キャロットギャルズ』(平和出版)、『まるまるギャルズ』(桃園書房)の、半分の三誌が会員誌だったからである」(橋本健午『有害図書と青少年問題――大人のオモチャだった"青少年"』明石書店、二〇〇二年、三一八ページ)。そして「槍玉に挙げられたのは『ギャルズライフ』(五十五万部)『ポップティーン』(三十五万部)『キッス』(二十六万部)『キャロット・ギャルズ』(十二万部)『エルティーン』(九・八万部)の五誌であり、このうちの『キッス』と『キャロット・ギャルズ』は翌日に休廃刊を決めた。『ギャルズライフ』と『ポップティーン』は軌道修正することによって、規制の声をかわそうとした」(芹沢俊介「少女たちの迷走する性」、大塚英志編『少女雑誌論』所収、東京書籍、一九九一年、一七八ページ)。なかでも『ギャルズライフ』はエッチ系記事を誌面から削り、雑誌名を『ギャルズシティ』に変えた。そのため、部数は激減し、その後約一年で休刊する」(栃内良「コギャル雑誌」はこうして誕生した!」、前掲『超コギャル読本』一〇〇ページ)。少女とギャルの差異については、難波功士「少女という読者」、宮原浩二郎/荻野昌弘編『マンガの社会学』所収、世界思想社、二〇〇一年。

(3)「[オールナイトフジ」の終わりと[ギャル」の終焉」「SPA!」一九九一年四月三日号。「オヤジギャル」が流行語大賞の新語部門銅賞を受けた九〇年当時は、「ギャル」はＯＬまでを含む概念であった。

(4)鶴見済「「女子高生を知らなきゃ時代がわからない」風潮の形成史」、西川その子『女子高生と遊ぼう!』所収、太田出版、一九九四年。「制服改定」ブームは「一九八三年の、頌栄女子学院の制服改定に、端を発します。同校は、白金台というおしゃれな立地のミッションスクールだったのですが、イマイチ存在感が地味、だった。しかし制服を地味目なセーラー服から、チェックのスカートにハイソックスにジャケット、という英国トラッド調のものに変えてから、ガラッとおしゃれなイメージに変わったのです」(酒井順子『制服概論』〔新潮文庫〕、新潮社、二〇〇二年、四五ページ)。八五年に初版が発行され、以後シリーズ化された森伸之『東京女子高制服図鑑』(弓立社)などがブームに拍車をかけた(Brian McVeigh, *Wearing Ideology*, Berg, 2000、松田いりあ「消費社会における学校制服」、大野道邦ほか編『身体の社会学』所収、世界思想社、二〇〇五年、同「学校制服の「生産」と「消費」」、ソシオロジ編集委員会編「ソシオロジ」第五十巻一号、二〇〇〇年)。

(5)村岡清子「昔は若さが屈辱だった――表現としてのファッション?」「思想の科学」第五十八号、一九八五年、一〇二ページ

(6)家田荘子「「女子高生」というブランド」「創」一九九五年一月号。この頃から「Olive」などに女子高生が実名で登場

するようになる（前掲『制服概論』四四―四五ページ）。ブームを背景に、起業する女子高生も現れた（那須ゆかり『少女たちの放課後――女子高生の「ふわふわ世界」探険』JICC出版局、一九九〇年）。

（7）小林美恵子「愛される理由が「お嬢さん」なんて――お嬢さん、お嬢さま、娘さん、ギャル」、遠藤織枝編『女性の呼び方大研究――ギャルからオバさんまで』所収、三省堂、一九九二年、九二ページ。この調査からは、当時の若者たちが、お嬢さんとギャルとにまったく逆の定義づけ――「しとやか、清楚、上品」と「軽い、遊んでる、エッチ、色っぽい、ナンパな感じ」――をしていたことがわかる。

（8）前掲『ぢょしえっち』六八ページ

（9）同書一〇九ページ

（10）前掲『ヘタウマ世代』一三四―一三六ページ。森伸之は、制服のミニ化に関して「一部のミッションスクールや山の手ブランド女子校のトレードマークとしての特権的に存在してきたヒザ上スカートが、私立女子高での普及を経て、一九八七年にはついに都立高にまで及んできた」（森伸之『制服通りの午後』東京書籍、一九九六年、九六ページ）と述べ、この年を「ヒザ上スカート民主化元年」としている。

（11）前掲『少女のゆくえ』六五ページ

（12）「宝島」一九九三年三月二十四日号「男のためのボディ・コン講座」によれば、「この春はなんと『ボディカジ（ボディコン・カジュアル）』というものが登場。（略）去年の夏くらいから女性誌で『パラ・ギャル（パラダイス・ギャルの略）』つーもんが流行っていた。（略）そこに、さらにボディコンシャス&セクシーという方向に発展したのが『ボディカジ』と呼ばれるものらしい」。

（13）「ヤンキー魂再浮上　コギャル・パラギャル台頭の真相」「アクロス」一九九四年一月号

（14）コギャルの語源に関しては、九三年「当時、全国のディスコに露出度を競うジュリアナ・ギャルが出没してお立ち台を占拠したが、その妹分的存在として登場してきた。十八歳以下は入店禁止のため、黒服が高校生ギャル（コーギャル）を呼ぶ隠語が、名の由来となった」（速水由紀子『あなたはもう幻想の女しか抱けない』筑摩書房、一九九八年、一三九ページ）との説がある。

（15）「コギャルの誘惑」「SPA!」一九九三年六月九日号

（16）八七年に有識者（四十代以上が主）と来街者（若者）に対する、渋谷の通りや施設・店舗の利用調査によれば、センター街は有識者二・五%・若者一九・三%、109は九・九%・六四・三%と圧倒的に若者に偏っており、一方、有識者の利用度が高いものとして各百貨店、NHK、東急文化会館、道玄坂、ジャンジャン、宮益坂などが挙がっている（前掲「渋谷の課題」）。

（17）「アクロス」一九九四年一月号。そして九六年のリニューアルを機に、109はコギャルの聖地としての地位を不動のものとしていく（前掲『ストリートファッションの時代』）。

（18）前掲『まぼろしの郊外』一二五ページ

（19）一九九一年の都内女子高での参与観察では、のちにコギャルと呼ばれるような自称「ケバいっ子グループ」「遊びっ子グループ」「授業中うるさいグループ」は、「ヤンキーグループ」として括られていた（前掲「ジェンダー・サブカルチャーのダイナミクス」）。だが、「宝島」一九九三年三月二十四日号「女子高ビデオギャル座談会」に「C　学区とかあるからね。結局、中学とかの友達とつるむから成長しないの、都立のコは。／B　私立だといろんな所から来て、中にはすごいコとかもいるから、そういうコから勉強してー、自分もすごくなっちゃうの。（略）B　都立のコって、ジモッチって感じだよねー。（略）D　絶対、駅とかにいるんだよねー。固まっちゃてんだよねー。／C　いまだにサー、ボンタンとかはいちゃてさー」とあるように、「ジベタリアン」と呼ばれるような所作は共有しながらも、街にくり出すギャルに対し、地元にたまるヤンキーという構図ができあがっていく。

（20）角田聡美「スケープゴートとしてのブルマー」、高橋一郎／萩原美代子／谷口雅子／掛水通子／角田聡美『ブルマーの社会史——女子体育へのまなざし』（青弓社ライブラリー）所収、青弓社、二〇〇五年。「宝島」一九九三年三月二十四日号は、コギャルという用語はまだ使われていないものの、「女子高生ほど素敵な商売はない」というタイトルで、いわゆる「ブルセラ」を特集している。「ブルセラは流行《ブーム》ではない。ブルセラは世代《ジェネレーション》だ。（略）女性（もしくは女の子）が商品としての価値を持っているということを前提として育ってしまった世代だ。（略）そしてブルセラ女子高生とは、その状況に積極かつ能動的に参加していく意志を持った少女たち」（藤井良樹『女子高生はなぜ下着を売ったのか？』宝島社、一九九四年、二ページ）であり、その「「生き方」というか「青春」というものをあえて定義づけるとするなら、それは「イベント型の青春」だと思う。（略）そのイベントに参加する費用や着て行く洋服を買うために、お金はいくらあっても足りない」（同書一九〇ページ）。

（21）岡進平「コギャルはテレビでどう扱われたか?」、前掲『超コギャル読本』九一—九二ページ

(22) 例えば一九九三年末に発行された谷脇幸子／トレンドデータバンク『女子高生ワンダーランド――アンケートでわかった彼女たちのすべて』（ベストセラーズ）では、「女子高生＝小ギャル」としている。
(23) 圓田浩二『誰が誰に何を売るのか？――援助交際にみる性・愛・コミュニケーション』関西学院大学出版会、二〇〇一年
(24) 前掲『外辞苑』。「SPA!」一九九三年六月九日号「コギャルの誘惑」では、ポケベルや「バッグの中には、必ず「ヘンリーベンデル」のしましまポーチ」、そのなかの「「COCONY」フィニッシングパウダー・ブロンズ、「マリー・クアント」白マニュキュア、「ディオール」475番、「メイベリン」ミニ・ブルーマスカラは、小麦色の肌を際立たせる、コギャル・メーク四種の神器」が挙げられている。
(25) 衿野未矢「女子高生マーケットは誰がつくる？」「創」一九九五年一月号
(26) 「援助交際世代がボクらの会社にやってきた」「SPA!」一九九七年五月二十一月号
(27) 一九九三年当時は、まだ「ちょべりば（超ヴェリー・バッド）」に代表されるようないわゆるコギャル語は見当たらないが（前掲『愛のない少女たち』）、「アクロス」一九九四年十一月号には「ヘタウマ世代の話しことば」として、超〇〇（七四・〇％が使う）、〇〇みたいな（四〇・七％）、〇〇だしい～（二六・七％）、〇〇ってゆーか～（二三・三％）、マッハ〇〇（一八・七％）などが採録されている。
(28) 「アクロス」一九九三年九月号「長体ヘタウマ文字②分析編」によれば、八〇年代のいわゆる「マル文字」「変体少女文字」時代に比して、少女マンガ誌からお役立ち雑誌（「SEVENTEEN」「mcSister」「non・no」）へ、サンリオ（パステルカラー・メルヘンチック）からソニープラザ（原色・シンプル・元気）へ、アツキオーニシなどの少女ファッションからアニエスb.やナイスクラップなどカジュアルへ、ブリッコ言葉から男言葉（うざい・むかつく、低めの声、語尾をまっすぐ伸ばす）へといった変化が、「ポスト団塊ジュニア（七〇年代後半生まれ）」の台頭によってもたらされたという。
(29) パラパラの「震源地は、「ポスト・ジュリアナ」と呼ばれる上野のディスコARX《アルクス》。上野のARXがオープンしたのは、九三年暮れのことだが、フタを開けてみると、客層は圧倒的にコギャル系女子高生。「六本木やベイエリアは年増のイケイケ女がいく場所。なら私たちは上野へ！」と、（略）オバンと自分たちを明確に区別するために、ARXに大挙して押しかけた」（ヤング・ライフ調査班編『花の女子高生ウフフ…の秘密――いまどきのコギャルは超すごい！』河出書房新社、一九九五年、一七三ページ）。

（30）「プチセブン」一九九八年四月一日号「マーケティング'98レポート」の首都圏女子高生へのアンケートでは、「最近写真を撮るときにこだわってること」の一位は、「顔のドアップド迫力」が五千人中八百九十二人、以下、「超変な顔で」六百十一人、「顔に近く手を寄せてピース」六百一人、「手をパーにして前に出す」五百二十三人となっている。

（31）「アクロス」一九九七年十二月号「ルーズソックスの次はルーズＶ。放課後モードも、基本は「〝Ｖ〟っ娘《コ》」には、「襟元のＶゾーンを強調する「Ｖ男の女性版」ファッションには、欠かせないアイテム」とある。

（32）「アクロス」一九九三年八月号「高校生の口コミ大調査」。同調査では、自分専用電話は女子一三・八％、男子二七・三％。当時のことゆえ、もちろん自室の固定電話。

（33）一方、高校男子は二一・八％。携帯電話・ＰＨＳの所有率は、高校男子二六・三％、女子二八・三％（http://www.seikatubunka.metro.tokyo.jp/index9files/inv6/inv6.htm）。また「プチセブン」一九九八年四月一日号「マーケティング'98レポート」によれば、首都圏二千人の調査で、ベル五四％、ピッチ二六％、ケータイ九％、もってない一一％となっている。いずれにせよ九七年頃ポケットベル、次いでＰＨＳが女子高生を中心に急速に普及したことは確かだろう（千葉勝吾「特別企画「ケイタイ」「ポケベル」と高校生の生活（上）コミュニケーション・メディアは自立の象徴？」「児童心理」第七百十七号、一九九九年）。

（34）「アクロス」一九九七年十二月号

（35）高広伯彦「三十八年目のメディア——ポケベルのメディア・コミュニケーション論的考察」、電気通信普及財団編「テレコム社会科学学生賞入賞論文集」第六号、電気通信普及財団、一九九七年。こうした冊子類として、ぽにーてーる編著『ポケベル暗号ＢＯＯＫ』（双葉社、一九九四年）、フォーチュンシステム編『ポケベル生徒手帳・暗号集』（竹書房、一九九四年）など。その後、ポケベル画面にも文字表示が可能となるが、九六年以降の「ケータイメール」の急速な普及によってポケベルは過去のメディアとなっていく。類書に、たまやＪＡＰＡＮ編著『ちょ〜日本語ドリル』（シネマサプライ、一九九七年）、同『POSE KING!』（V-MAX、一九九七年）、原田和子『ケータイ顔文字メールＢＯＯＫ』（小学館、一九九九年）、渋谷へた文字普及委員会編『渋谷発!!ケータイメールへた文字ＢＯＯＫ』（実業之日本社、二〇〇三年）などもある。

（36）「アクロス」一九九三年八月号

（37）前掲『花の女子高生ウフフ…の秘密』四二ページ

(38) 久保隆志「〝ティーンズ誌〟に見る女子高生パワー」「創」一九九五年一月号

(39) 一九九二年の少女雑誌調査からは、「パステルティーン」「popteen」「おちゃっぴー」など、読者からの情報で構成された告白誌（読者は〝子〟のつかない女の子が多い）と、「mcSister」「JUNIE」「PeeWee」など、店舗からの情報で構成されたファッション誌（読者に〝子〟のつく女の子が多い）の二極分化の様相が見てとれる。なお、「SEVENTEEN」「Lemon」「プチセブン」「MyBirthday」などは両者の中間に位置し、当時の発行部数は「SEVENTEEN」五十六万部、「Lemon」五十万部、「MyBirthday」四十二万部、「プチセブン」四十万部、「mcSister」三十万部、「JUNIE」三十万部、「PeeWee」三十万部、「おちゃっぴー」二十万部となっている（金原克範『〝子〟のつく名前の女の子は頭がいい』洋泉社、一九九五年）。

(40)「アクロス」一九九五年三月号「くちコミパワー大研究」によれば、「東京ジモティ高校生のネットワーク」をベースとした「東京ストリートニュース!」やテレビ番組『an-pom』などが登場し、「アクロス」一九九七年十一月号「[本のある生活]大調査」によれば、「雑誌で一番名前の挙がった『東京ストリートニュース』はアンケートを行った渋谷を歩いている高校生は皆見ているのではないかという人気雑誌。もちろん大人の読者は一人もいないが。二位の『egg』、四位の『Cawaii!』も似たようなポジショニングの雑誌だ」。また「SPA!」一九九六年七月三十一日号「ジャンル別雑誌ベストテン」には、「渋谷コギャル・私の好きな雑誌」は「Cawaii!」二五％、「CanCam」一四％、「non・no」一四％、「ViVi」一四％、「FINE」八％、その他二五％であり、「品評会雑誌ともいえる『Cawaii!』が健闘」とある。

(41) 高清水美音子「ティーン誌[エッチ度]変遷史——「セブンティーン」から「egg」まで」、前掲『雑誌狂時代!』

(42)「アクロス」一九九五年十月号「〝読者＝情報発信者〟の新ジャンル「ストリート雑誌」三誌創刊」によれば、古くは「MEN'S CLUB」の「街のアイビーリーガーズ」に始まり、「「街角でのファッション」は、読者スナップ企画として『mc-Sister』や『anan』の「おしゃれグランプリ」（八六年五月第一回）などで以前から取り上げられているが、これは『雑誌が提案した着こなし』の上手な人」が対象だった。九〇年代に入り、個性的なストリートファッションが注目されると、逆に街角での新しい着こなしを雑誌が取り上げることが増えてきた。海外の街角スナップ満載の雑誌も八五年創刊の『STREET』（ストリート編集室）のほかに『Street Memo』（九四年七月創刊、ワールドフォトプレス刊）が登場し、ファッション誌も街角スナップ企画が充実度を増して、読者がそこから情報を得る傾向は強くなってきている」。ちなみにここで言う「ストリート雑誌」三誌は、「クール・トランス」（ワニブックス）、「スタイル・オン・ザ・ストリート」

（ぶんか社）、「エス・エヌ・ビー」（三栄書房）。

（43）「egg」一九九八年二月号「History of egg」。「九七年になって続々とコギャル雑誌が創刊された。『ハートキャンディ』（桃園書房）、『プリティ・クラブ』（コアマガジン）、『ハピー』（英知出版）、『ストリート・ジャム』（バウハウス）、『スナップ・スナップ』（辰巳出版）などがそれで、ほとんどがやはり「エロ本」系の出版社の発行だった」（前掲「コギャル雑誌」はこうして誕生した！」一〇〇ページ）。九八年には大阪で「キンキ・ジャストリー」も創刊されている（「FRIDAY」一九九八年四月二十四日号「仰天！コギャル雑誌の編集部は全員コギャル――大阪発噂の「ストリート系マガジン」の編集長は十八歳」）。なお大阪のコギャル事情は、「彼女たちの話では、コギャルの生息地はどうやら梅田周辺らしい。それでも女子高生全体のわずか二割。比率でいえば、ヤンキーが二割、アメ村系（オシャリング）が三割（コギャルより多い！）、松たか子的お嬢系が一割。残りはどっちつかずの中途半端な女子高生とのこと」（倉田真澄「大阪～水戸……「地方」にコギャルを探しにいく」、前掲『超コギャル読本』四〇ページ）。

（44）もちろんすべての十代女性が「コギャル化」したわけではなく、「ダカーポ」一九九九年八月十八日号には「ストリート系雑誌（五誌比較）ガングロ率 egg（ミリオン出版）九九・五％ ケラ！（バウハウス）〇・四％ 東京ストリートニュース！（学研）八二・六％ MACHI☆COLLE（宝島社）〇％ フルーツ（ストリート編集室）〇％」とある。

（45）「ダカーポ」一九九九年八月十八日号「若者向け雑誌生まれの超言語」によれば、「『東京ストリートニュース！』という高校生向けの雑誌の中にあふれていた、〝出演者〟たちの生のコトバにも表われている。「ど↓ゆ↓こと!!」と音引きを記号化したり、「満足ゲだ」とわざとカタカナを使ってみせたりする。（略）また、こうした十代向け雑誌には略語・造語のたぐいも多い。例えば、「ちょーはじい」は、すごく恥ずかしいの短縮形。「妹の身長ハンパない」も、半端じゃないぐらいの高いの「じゃ」を省略した形だ」。「SPA!」一九九八年十一月十八日号「エリア限定　伝説の「プチカリスマ」を追え！」で「コギャル界のカリスマ　頭に花をつける流行の火付け役でコギャルの教祖に」と取り上げられた福永花子は、前掲「History of egg」で「花子デビューはVol.3！　中学三年だった！　花子、中学の頃って孫ギャルだったから、髪の毛もちょ→長くって、肌ちょ→ガン黒だったの」と「私のエッグデビュー」を語っている。また「BOON」一九九六年九月号から「ともさかりえの超オッケ→すよ」の連載が開始している。

（46）「アクロス」一九九三年八月号「高校生の口コミ大調査」によれば、写真を持ち歩く女子高生は五四％。「所持枚数の平均は七・六枚、最高が四十枚。（略）彼女らの交際範囲はすでに学校を越え、もっと広くなっているから学校の友達のことを説明しなければならない機会も多いのだろう」

(47) 栗田宣義「プリクラ・コミュニケーション――写真シール交換の計量社会学的分析」、日本マス・コミュニケーション学会編「マス・コミュニケーション研究」第五十五号、一九九九年。「Views」一九九七年四月号「女子高生千人アンケート」(調査は九六年十二月、東京・大阪の多様なタイプの高校が対象)によれば、この頃三種の神器は「ポケベル・プリクラ・ルーズソックス」であり、ポケベルを持っている六七・八%、プリクラをやってる八六・七%、ルーズソックス率八〇・九%(スーパールーズでも四四・一%)となっている。

(48)「女子高生カルチャーに制圧された日本」「SPA!」一九九七年六月二十五日号

(49) 前掲『少女のゆくえ』一〇二ページ

(50)「親には読めない「新変体少女文字」練習帳――女子中高生に大流行」「週刊文春」一九九九年九月十六日号。なお、今世紀に入ってからの「カメラ付き携帯電話は、従来の「過去」を記録するメディアから「現在」を共有するメディアへと写真の性格を変えた」(富田英典「写真感覚の変容――プリクラからデジカメ付き携帯電話へ」「木野評論」第三十五号、京都精華大学情報館、二〇〇四年、一四六ページ)。

(51) McRobbie and Thornton, *op.cit.*, p559.

(52)「DENiM」一九九三年十月号「コギャル迎合アイテムBEST10「君たちは予言者か? ほんとに三か月後社会現象化してるから仰天です」」。また「SPA!」一九九四年二月九日号の記事「女子高生百人の「かわいい」感覚大調査」には、「ショップも雑誌も追いつけない女子高生の感覚スピード」「今やマーケットのネオリーダー」とある。

(53)「SPA!」一九九四年十一月三十日号「女子高生の〝文化大革命〟」には、「ポケベル暗号、パソコン通信、イベントプロデュース……大人文化をおもちゃにして企業の商品戦略にも参入する現代女子高生の驚異の遊びセンス」とある。

(54)「朝日新聞」一九九三年二月二十七日付「売れる商品」女子高生に聞け 市場調査の主役 企業が熱い視線」では、女子高生の間での噂によって急激に売り上げを伸ばしたとされる「コアラのマーチ」伝説――「まゆ毛のあるコアラが入っていたら幸せになる」――や、「プチセブン」の「女子高生マーケティングレポート」特集に企業が注目していることが紹介されている。九四年三月には日本コカ・コーラが、都内の高校生を開発スタッフに迎えた炭酸飲料水を発売(前掲「女子高生マーケットは誰がつくる?」)。またときには、女子高生の口コミ・ネットワークを利用して、「紺のハイソックスがキテル」といった噂を意図的に流し、それを後追い取材する各種メディアの力によって、予言が自己成就することすらもあった（吉永達世「クチコミはメディアになり得るか――女子高生におけるクチコミ効果測定二つの実験から」「日本語学」第十七巻一号、明治書院、一九九八年）。まさにセンター街は「女子高生取材銀座」（「アクロス」一九九八年二月号）と化しており、マーケッターたちにとって、女子高生、とりわけコギャルは、流行を発信・増幅・消費する主体として、バブル崩壊後の一筋の希望の光であった。だが「アクロス」一九九七年九月号「THE END OF LOOSE-SOCKS」では、「四月ごろ、センター街の女子高生たちが、頭の真ん前に突然つけ始めた大きな花。（略）三ヵ月もたたずに一気にもう下火だ」と「ブーム瞬間風速化するセンター街」の現状を指摘している。また「SPA!」二〇〇一年四月四日号「[ガングロ・厚底ギャル]はいつ、どこに消えたか？」には、「読者モデルへの調査を誌面に徹底的に反映させ、この四年で二倍近い大幅な部数増を遂げた雑誌『popteen』の和田知佐子編集長は言う。／「今の二十歳前後の女のコたちは、渋谷を地元にした最初の世代なんです。今までは学校と家しか生活拠点がなかったのに、九五年くらいから、用もないのに普通の女の子たちが渋谷に集まりだした……（略）〇〇年の夏は愕然としました。九九年に流行したパレオのような、とんでもない流行を期待していたのに、不発だった。今の若いコはそう考えると元気がないですね」」とある。

（55）「コギャルとコンサバOLの融合で〝NYスタイル〟が復活!?」「アクロス」一九九五年九月号

（56）「前はコギャルって言うと流れは一本だったんですけど、最近はだんだん細分化されてきました。クラブ系のコギャル、サーファー系のコギャル、一般のコギャル、その三つくらいに大きく分類できます。もちろんそれぞれ興味の対象が違ってきてて、クラブ系だったらDJやダンサー、サーファー系だったらボディボードやスノーボード、一般系だったらエレガントっぽいブランドなんかに熱中してるようです」（前掲『世紀末ヤングエイジ生態図鑑』五五ページ）。「アクロス」一九九六年十一月号「マダムギャルvsギャル三十」によれば、コギャルは小室ファミリー的スタイルの「ダンサー」、正統派ヤンキー後継の「ギャル岩石」、「VERY」系コマダムギャルやウォーター系チーママギャルなどの「マダムギャル」に分化し、コギャル・テイストが「JJ」など「赤文字四誌」を読む二十代にまで波及しているという。

（57）「アクロス」一九九七年八月号「帰ってきたカバンアクセサリー」には、「九四年、カバンアクセサリーが下火になった頃からすでに「トロール人形の次はキティ」といわれており、女子高生の間では既に定番キャラであったはず。これほどまでにブレイクしたのは華原朋美の「キティ大好き」発言もさることながら、大人向けサンリオショップ「Vivitix」のオープン（九六年九月）や、ピンク系のキティ商品の登場が大きく影響しているようだ」とあり、当時の華原朋美（と小室ファミリー）の影響力がうかがえる。

(58) 一九九七年から九九年の都内女子高での参与観察によれば、生徒たちのカテゴリーとして、学外にネットワークをもち、裕福な家庭の子女である「トップ」、高校デヴューであり、学内の人間関係のなかからそのアイデンティティを身につけていく「コギャル」、V6のコンサートなどに行く「オタク」の三分類が定着していたという(前掲「現代女子高生のアイデンティティ形成」)。コギャルがファッション・リーダーの地位から滑り落ちていくなかで、二〇〇〇年春以降、男ウケを意識したスタイルは、「お姉《ねえ》(ギャル)系」として再措定され、「JJ bis」――神戸系・名古屋嬢・JAM系などと呼ばれるスタイルをフィーチャーした――などを中心に脚光を浴びていく(前掲『ストリートファッションの時代』)。一方、コギャルの系譜も、〇一年には「AYUの影響で、「ナチュラルメイク」がやっとギャルにも浸透。でもマスカラは五度塗りだった(笑)。お姉系と元気系に分かれ、やっとギャルが落ち着いてきたワケさ」(「popteen」二〇〇二年十一月号「'94～'02スーパーGALヒストリー」)。今日ではギャル系とおねえ姉系は、「外見は肌が黒くエクステを着けた派手なコがギャル、肌が白く髪を巻き巻きしているコがお姉」という区別はあるものの、「最近は肌を焼いたお姉系もいるので境線は曖昧」だという(「SPA!」二〇〇五年十一月十五日号「意外と知らない[ビミョーな違い]大辞典」)。

(59) 「男版コギャル　V《ブイ》男《オ》のすべて――男らしさを強調した胸あけスタイル」「アクロス」一九九七年六月号、「「キレイめ」時代到来を告げる男のコたち」「アクロス」一九九八年二月号

(60) 「携帯電話で、投稿雑誌で、自己表現にこだわる若者たち――「自己表」世代が社会を変える」「SAPIO」一九九八年十月二十八日号。「akagumi」二〇〇一年一月十五日号(「egg」増刊、ミリオン出版)の「一九七〇～一九九九年都内不良女子中高完全大図鑑!」によれば、かつてのツッパリ、武闘派の高校から、「九〇年代は一流私大の付属とか、進学校の方が、遊び上手が多く、よりカッコよい、スマート系が、いわゆる不良とくくられる」ようになり、その代表として明大中野、正則学園、昭和第一、私立目黒、京北が挙がっている。目黒はサーファー系・DJ系、京北はチーマー系の「ボーイフレンド候補校」であった(前掲『花の女子高生ウフフ…の秘密』)。

(61) 「Cawaii!」一九九五年十二月一日号の「BOYS★RUSH!」のコーナーに登場する男子高校生は、公立校三十人、私大付属校二十一人(明大中野五人、早稲田高等学院三人、農大一・芝浦工大・国学院各二人、大東文化第一、日本大学、日大桜ヶ丘、日体大荏原、明治学院、専修大学付属、立教)、それ以外の私立校七人(関東第一・世田谷学園・正則学園各二人、昭和第一)、不明十五人となっている。

(62) 「アクロス」一九九八年一月号「百人に聞く　97高校文化祭白書」によれば、「文化祭に行きたいランキング」で第一位

をマークしていた男子高校の文化祭中止のニュースが、首都圏の家庭や学校でちょっとした話題となった」。渋谷・代官山で女子高生ら百人にアンケートした結果、今年文化祭に行った学校名として、京華（一一・五％）、慶応（一〇・三％）、海城・関東第一・学習院・私立目黒（六・九％）、青山・立教・武相（五・七％）、岩倉・攻玉社・成蹊・正則学園・日大豊山・法政第二・早稲田実業（四・六％）、芝・多摩大学目黒・東京実業・日本工大付属・法政第一・明大中野（三・四％）などが挙がっており、文化祭情報の入手経路は、「友達や彼氏から直接聞いて」が五九％、「雑誌」が三九％（うち「東京ストリートニュース！」三二％）、「学校の友達・口コミ」が三二％となっている。

（63）前掲『ストリートファッションの時代』四一ページ。「SPA!」一九九三年十二月八日号「平成［流行族］の興亡」には、コギャルに対する「コボーイ」という言葉が残されている。その後、「「ギャル男くん」とは、美形でカッコよく、サーファーファッションなどできめている「女の子にモテることがすべて」の男の子。当然、遊び人が多い」（「ポスト「ヤマンバ」、アマゾネス登場」「AERA」二〇〇〇年六月二十六日号）を経て、ギャル内の下位分類である「お姉《ねえ》系」から派生した「お兄《にい》系」と称されることも多い（「egg」二〇〇四年四月一日号）。さらに「お兄ギャル系」の場合は、お兄の彼のファッションに影響を受けた、女性のファッション・スタイル――バーバリーやエンポリオ・アルマーニなどの男性向けブランドを着こなすギャル――たちを意味する。

（64）「［十代ヤマンバギャル」の恐るべき美意識」「SPA!」一九九九年九月一日号

（65）「AERA」一九九九年十一月十五日号「威圧ギャルのホンネ――男を無視した武装ファッション」。同特集では、「egg」中川滉一編集長がインタヴューに答え、「「お手本」になる芸能人が不在で、すべて当のギャルたちが自己流で流行を開発している点で、これまでの日本のファッションとは違う。加えて欧米の物真似でもない。これはヤンキーに次ぐ日本オリジナルの若者文化ではないか」と述べている。

（66）Sharon Kinsella, "What's behind the fetishism of Japanese school uniforms?," *Fashion Theory*, 6(2), Berg, 2002, p.233.
現に牟田和恵は、厚底靴を取り上げ、「若い女の子にとっては高すぎない身長は「女らしい可愛さ」のカギだった。ところが、厚底靴はまわりを見下す高さを与え、女の子たちはそれが痛快であることに気づいてしまった。この流行もやはり男性たちには受けが悪かったのも当然だろう」と述べている（牟田和恵『実践するフェミニズム』岩波書店、二〇〇一年、二〇一ページ）。また、バーミンガム大学現代文化研究所のサブカルチャー研究の「マスキュリニスト・バイアスは、サブカルチャーズそのものにも存在していた。しかし、東京のサブカルチャーズの場合は、女性、とくにティーンエイジ・

ガールズによって支配されている」（Yuniya Kawamura "Placing Tokyo on the fashion map," in Christopher Breward and David Gilbert eds., *Fashion's World Cities*, Berg, 2006, p.62）。だがコギャルは、先行する世代が生み出し、すでに社会的権威となっているフェミニズムに対しては、基本的に反発しながらもその果実は享受するという、アンジェラ・マクロビー言うところの'girlie culture'に比定されよう（Angela McRobbie, *In the Culture Society*, Routledge, 1999）。

（67）「オンナ発［奇天烈★カルチャー］クロニクル」「SPA!」二〇〇三年七月一日号。二〇〇〇年初頭「ガールズの中でガングロ系のみが「コギャル」という言葉で表されるようになっていたのだが、そのコギャルという言葉自体が存在理由を失ったようで、彼女たちの間でほぼ使われなくなってしまい、メディアもそれに追随した」（渋谷トレンド研究会『時代を創るガールズ・カルチャー――世代ごとに見る女子中高生のライフスタイル』ゴマブックス、二〇〇六年、一三八ページ）。その後〇四年に入り、ヤマンバ・ルネッサンスとも言うべき「マンバ」と、その男性版「センターGUY」が世間を騒がせた（「トラッシュカルチャー発信地――［渋谷センター街］とは何か？」「SPA!」二〇〇四年三月二十三日号）。

（68）中学生向けのギャル系雑誌の創刊が相次ぎ（前掲『ストリートファッションの時代』）、また「セクシーでカジュアルに特化した二十五歳前後向けの女性ファッション誌の創刊」ラッシュを報じた「朝日新聞」二〇〇五年四月六日付記事に「大人コギャル」増殖中とあるように、（コ）ギャル・テイストは社会全般へと広まっていった。

（69）佐藤（佐久間）りか「「ギャル系」が意味するもの――〈女子高生〉をめぐるメディア環境と思春期女子のセルフイメージについて」、国立女性教育会館編「国立女性教育会館研究紀要」第六号、二〇〇二年、五四ページ

（70）一九八八年と二〇〇二年の高校生調査を比較すると、現在つきあっている人がいる割合は、男子は一五％、女子は二〇％前後とあまり大きな変化はないが、「異性とのつきあい方（現在相手のいる生徒への質問）」に関しては、「キスをする」は女子四二・九％→八二・三％、男子五三・三％→七六・八％、「ペッティングをする」は三三・三％→五六・九％、三九・一％→五四・九％、「セックスをする」三〇・二％→四八・〇％、四四・四％→五六・五％と増加している（深谷和子／三枝恵子「家族の変容とジェンダー」、ベネッセ未来教育センター編『モノグラフにみる高校生のすがた』所収、ベネッセコーポレーション、二〇〇五年）。

（71）「AERA」一九九六年十二月二十三日号「「コギャル文化」の終焉」には、「もはやマスコミネタとして一ジャンルを成した観のある、コギャル・女子高生報道。／そのボリュームたるや、並の時事ネタなどはるかにしのぐ。／「週刊現代」は二年間で五百四十五件、続く「週刊宝石」が五百四十二件、「週刊ポスト」が五百四十件と、各誌ほぼ同比率に」とあ

る。

(72) 前掲「大阪—水戸……「地方」にコギャルを探しにいく」四五ページ

(73) 前出「Views」の「女子高生千人アンケート」における「お嬢さま高校」(系列の大学をもち、名門の誉れ高い)と「お遊び高校」(繁華街近くに位置し、制服がかわいいと評判で、合コン相手として男子に人気。いずれも東京)との比較によれば、「ここで興味深いのは、㉑「私はコギャル」というコギャル自認率の逆転現象である。コギャル化の激しい「お遊び高」四%に対して「お嬢さま高」はなんと十倍。コギャルを「ダサイ」「頭が悪そう」と嫌う「お遊び高」と、「元気」で「カワイイ」コギャルに憧れる「お嬢さま高」の、イメージの違いがそのまま現れた。女子高生にとっても「コギャル」像は、肯定面と否定面を合わせ持っている」。

(74) 前掲「「ギャル系」が意味するもの」

(75) Kate Klippensteen, *Ganguro Girls*, Konemann UK Ltd, 2001という写真集での、「フレンズは何人いる」という問いに対する被写体たちの回答は、「ほんとうの友達は少ない」が一人、以下一人一、五人一、十人三、十三人一、十五人二、五十人以上四、五十三人一、六十人一、八十人一、百人以上十六、二百人一、二百五十人一、五百人一、千人一、百万人(かなりはったり)一、たくさん・いっぱい・星の数・many×2など十九、わからない・数えるのめんどい三、無回答六となっている。

(76) 「SPA!」一九九六年五月八日号「団塊オヤジとボクらとコギャルの見えない[大断層]の正体」では、「十代若者の行動規範の正体　それは〝器用な〟ニヒリズム」であり、「今回の取材では、彼らからなぜか〝学校〟という単語が発せられることがなかった。偏差値という基準だけで異質な人々が脈絡なく存在する学校の友達は、「同質」を基本とした浅い人間関係を築くには、〝距離〟が近すぎるのだろう」。

(77) 「アクロス」一九九七年八月号「女子高生の時間感覚調査」によれば、「平均年齢十六・二歳にして、年を取ったと思ってしまうのだ。自分たちが属しているだろう、「コギャル」は十四〜十七歳、「若者」十四〜十九歳と、四年から六年程度しかない」。

(78) 三浦展『マイホームレス・チャイルド——今どきの若者を理解するための二十三の視点』クラブハウス、二〇〇一年、二二四ページ

(79) 前掲『少女のゆくえ』二〇一ページ

(80) Laura Miller, "Youth fashion and changing beautification practices," in Gordon Mathews and Bruce White eds., *Japan's Changing Generations: Are Young People Creating a New Society?*, Routledge Curzon, 2004, p.87.

(81) 前掲『ぢょしえっち』一九ページ

(82) 村岡清子「『mini』は女性誌のどこを変え、どこを変えられなかったのか?」「DATA WATCH」第1号、カルチュア・コンビニエンス・クラブ、二〇〇三年、四九ページ

(83) Sharon Kinsella, "Black faces, witches and racism against girls," in Laura Miller and Jan Bardsley eds., *Bad Girls of Japan*, Palgrave Macmillan, 2005. シャロン・キンセラ「ギャル文化と人種の越境」、土佐昌樹/青柳寛編『越境するポピュラー文化と〈想像のアジア〉』めこん、二〇〇五年

(84) 前掲『日本全国たのしい制服教室』一九九ページ。現在女子高生たちは、私服よりも制服、制服よりも標準服を好んでおり、期間限定のファッションを楽しむことと、「着崩し」の裁量を確保することの両立を望んでいる(木村涼子「制服—身体をつつむ意味」、天野正子/石谷二郎/木村涼子編『モノと子どもの戦後史』所収、吉川弘文館、二〇〇七年)。

第13章 裏原系という居場所

1 「裏原(宿)」の生成過程

一九七〇年のBIGIやMILKのオープンなど、いわゆるマンション・メーカーやブティックの原宿界隈への集積以降、[1]七八年のファッション・ビル「ラフォーレ原宿」オープンの頃[2]には、原宿イコール若者ファッションの街というイメージは確立されていた。[3]そして八〇年代のDCブランド・ブーム期には、バーゲン時にラフォーレ原宿に長蛇の列ができ、その一方で日本における「クラブの誕生」とされる「ピテカントロプス・エレクトス」(八二年から八四年まで)は、ニューウェーヴのメッカとして、一部の若者たちの熱い支持を受けていた。[4]

ピテカントロプス・エレクトスは、原宿・竹下通りをつきあたり明治通りを千駄ヶ谷方向に四百メートルほど行ったあたり、ラストロード通りの三叉路にかかった歩道橋をわたってスグのところにあったお店だ。(略)日曜の午後、思い思いに着飾った私たちは、竹下通りの人ゴミを抜けて、ピクニックに行ったんだ。メロンやショコラータのライブを観た帰り、ROBOTに寄って靴を見たり、MOVEでおしゃべりしたり。今日のチカちゃんはほんとキレイかったね…トシがはいていたワールズエンドのパンツもステキだった… ROBOTの店長ってこけし

表28　裏原系関連年表

1987	「宝島」でTINY PUNX（藤原ヒロシ・高木完）の連載開始
1989	文化服装学院に在学中の高橋盾と一之瀬弘法が「アンダーカヴァー」を開始
1990	「グッドイナフ」発表。デザイナーは明かされず。「ELT」がヘッドショップとなった
	高橋盾・岩永ヒカルらが「東京セックスピストルズ」としてライブ活動
1992	「宝島」でNIGO（長尾智明）と高橋盾の連載開始
1993	NIGOと高橋盾による「ノーウェア」オープン
	NIGOのブランド「ア・ベイシング・エイプ」スタート
1994	滝沢伸介が「ネイバーフッド」を立ち上げる（裏原へのバイカー・テイストの導入）
	藤原ヒロシと高橋盾によるブランド「AFFA」スタート
1995	江川芳文が「リアルマッド・ヘックテック」をオープン（スケーター・テイストの導入）
	グラフィック・デザイン・チーム「セブン・スターズ・デザイン」の創立
	「メンズ・ノンノ」で藤原ヒロシの連載開始
	岩永ヒカルのアメリカン・トイ・ショップ「バウンティ・ハンター」オープン
1996	ネペンテスから独立した宮下貴裕が「ナンバー・ナイン」を発表
1997	藤原ヒロシのブランド「エレクトリック・コテージ」とショップ「レディ・メイド」がスタート
	ア・ベイシング・エイプのスノボ・ジャケットをCMで木村拓哉が着用し、ブレイク
1998	藤原ヒロシと吉田カバンのコラボレート「ヘッドポーター」の発表
1999	「ノーウェア」の青山移転
2000	村上淳・松岡俊介が「シャンティ」を立ち上げる

（出典：「Ready Go!」2003年11月号、「WWD for JAPAN」春夏号〔2006年 2 月28日発行〕などを参照）

> 顔しててかわいいー…ミュートビートのベースって池袋駅地下道のボブ・マーリーみたいだよね…そんなたあいないおしゃべり。（略）ピテカンが閉店したのが去年の七月のことだから、あれからも、ちょうど一年がたつんだ。親がキビしくてサンデー・アフタヌーンしか行けなかった私も、最後の夜には、さすがに門限を破って、みんなとお店で夜明かししたっけ。あの夜はさすがに満杯だった。ハジメがいたし、MILKの大川ひとみがいた。（略）藤原さんがかけるラテンの曲に乗って、ミュートの小玉さんがステージに上ると、店内は最高潮に達した。[5]

大貫憲章のイヴェント「ロンドンナイト」（一九八〇年から）[6]や、藤原ヒロシがDJをつとめた「ピテカン」などのクラブ、[7]原宿明治通り沿いにあった「ア・ストア・ロボット」や「デプト・ハウス」といったショップで、当時まだ専門学校生などだった、のちに裏原系と呼ばれるムーヴメントの主要キャストたちは人脈を築き始めていた。[8]また九〇年代にかけての渋カジ・ブームのなか、原宿界隈のインポート・ストアやアクセサリー・ショップも注目を集めていった。[9]

そして、明治通り以東、表参道以北の地域にオリジナル・ブランドのショップなど、ファッションや雑貨を扱う店舗が集積していき、九〇年代後半にはその一帯を指して「裏原（宿）」という呼称が定着する[10]（表28）。その裏原系ブランドの送り手の特徴としては、「（一）洋服や内装、スタッフィングなどを大資本に頼らずすべて仲間内で解決する／（二）限定生産小ロット／（三）結果的に少数のセンスある人しか知らないというマイノリティ性」[11]などがあり、その多くが音楽に何らかの関わりをもっていた。それら元ないし兼ミュージシャンである、ブランドのデザイナーやディレクターたち自身、もしくは彼らをスタイリストやプロデューサーとして起用し、自らもそのブランドのファンであるタレントたちが、九〇年代に族生したストリート系ファッション雑誌に、いわゆる「カリスマ」として登場していく。[12]そして彼らが作り出し、セレクトし、推奨したブランドの服・小物や雑貨、音楽その他もろもろのコンテンツは、「裏原系」として注目を集め、彼らのライフスタイル全般が、その信奉者の間で熱い支持を集めていった。[13]そのファッションは、かつてのDCブランド・ブームのように、あるブランドないしデザイナーの服で全身を統一するものではなく、いくつかのブランドやスタイル――サーファー、バイカー、スケーター、ヒップホップ、パンクなどさまざまなユース・サブカルチャーズからの引用――の組み合わせや着こなしの妙を旨としており、確たる特徴や統一性・一貫性がない点こそが、裏原系の特徴と言えよう。

こうした裏原ブームも、「レアもの」を求める長蛇の列や価格の高騰、フェイクの氾濫などの問題を引き起こし、[14] またブームによりこの一帯の地価が上昇したこともあって、新たなブランドの出店が困難になり、[15] 裏原系の代表的なショップが裏原宿以外の地域に転出するなど、今世紀に入ってその狂騒は一段落している。[16]

2 上京者の居場所としての裏原

「popeye」二〇〇四年一月十日号の特集「原宿に〝本気で〟住んでみる」で、裏原系最大のキー・パーソン藤原ヒロシは、一九八〇年代の原宿を次のように回顧している。「いろんなスタイルの人が集まっていた街だから、個性があって面白くって。原宿は、竹の子族がいて、ロックンローラーもいた街じゃないですか。だから、どんな格好をしてもいいというか、許されるというか」「大川さんはじめ、たくさんの年上の方に可愛がられ、よくしていただきました。（略）食事や「ツバキハウス」といったクラブなんかに連れていってもらいました。で、だんだん時がたつにつれ、NIGOとかジョニオ、伸ちゃんといった年下の人たちとも遊ぶようになって」。また伸ちゃんこと滝沢伸介は、九〇年前後の様子を次のように回顧している。「渋谷のほうから原宿のほうへ、アメカジの人が流れてくるようになってきた頃。「ゴローズ」が、渋カジと原宿をつないでいたという感覚。（略）原宿にあるものって、海外からセレクトしてきたものや、店を出している人が自分で作っていたりと、原宿という街に行かないと買えないものが多かった。渋谷に比べて原宿は、ファッション性、アート性が強い特別な街でしたね」[17]

そして滝沢は、九四年のNEIGHBORHOOD出店――遊歩道沿いにあるジャンクヤードのなかの、四畳半くらいのスペースからスタート――の経緯と以後の動きについて次のように語っている。

正直、その時は原宿でなきゃダメだっていうこだわりはなかったんです。たまたま、友人であるジョニオくんやNIGOくんらみんなが、偶然、原宿に店を出し始めたのがきっかけで…。（略）友達がいることや街の雰囲気、そして学生の頃に原宿でよく見ていた小さな店が、手本というかイメージになって、自分でもなんとかやれるんじゃないかなってね。／そして一年後、同じ遊歩道沿いで、より千駄ヶ谷方面の場所（現『ヴァンダライズ』のところ）に移転しました。それから少したつと、自分たちで一度もいったことがない裏原宿なんて言葉が出てきたりして。当のボクら側からすれば、〝裏〟じゃないって意識があり、なんか嫌なムードになっていたんです。

一方、NIGOと高橋盾のNOWHERE（九三年四月オープン、同十一月リニューアル）を、「ストリートの流行発信三大ショップ研究」で取り上げた「checkmate」一九九四年十二月号は、当時の熱気を次のように描いている。[18]

リニューアルオープンのときにA.F.F.A.ブランドで出したカスタムのMA-1、六枚を狙ってお客さんが明治通りまで並ぶなど、熱狂的ファンが多い／松岡俊介クン、ムラジュンのインタビューで必ずといっていいほど名前が上がるノーウエア。「たまってんのはボクと俊介クンぐらいですよ。休みの時は毎日来てます」（ムラジュン）「なごめる」（俊介クン）。（略）ＤＪ仲間、高校時代の友人、先輩、後輩、ｅｔｃ、「友達」同士がノーウエアを支えているのだ！／ノーウエアに影響を与える藤原ヒロシサンに聞く　ショップオープンの橋渡しをしたのがヒロシクンだったそうだ。その後も商品のセレクトをアドバイス。ジョニオクンとのブランド、A.F.F.A.の後の動きは？「今度は「Something else」というブランドを年末ぐらいから始めます。自分たちが着たいものをトータルにジョニオクンといっしょに作っていく予定」。この夏、行われたイベントの一企画「Somewhere」もヒロシクンから出たアイディア。「その日だけオープンの店をやったら面白いだろうなと思って、みんなの古着売っ

図26　男子高校生のファッション：V-BOY（上段、胸元のVゾーンから、V男の別称）、B-BOY（下段左、ブラック・カルチャーないしブレイク・ダンス〔ヒップホップ〕のBから、後にB系）、D-BOY（下段右、裏原系のブランドを好む、デザイナーのDから、記事中には別称「ヒロシ系」とある）
（出典：「DIME」1998年３月19日号）

たり、その日用にTシャツを限定再生産したりしたんです」このテの企画は、またいつ飛び出すかわからない！「ヒロシクンの一言は大きい」と2GOクン。

相互のセンスを認証しあう、こうした友人のネットワークこそが裏原系の送り手側の母体――「コラボレート」や「ダブル・ネーム」など裏原系のキーワードもこうした関係性にもとづく――であり、[19]そのネットワークに自己を連結させたいという受け手側の欲求こそが、裏原系ファッション（およびコンテンツ）ブームの原動力であった。[20]

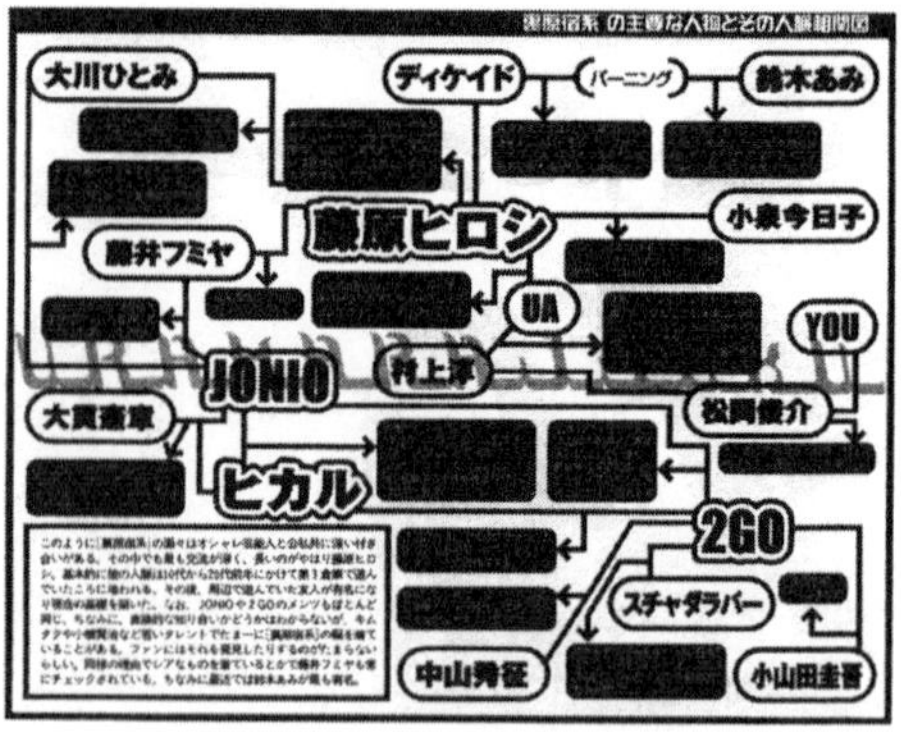

図27　[裏原宿系]の主要な人物とその人脈相関図
（出典：「SPA！」1999年4月14日号）

その裏原系の受け手たちのプロフィールに関して、九九年におこなわれたアンケート――裏原宿で裏原系ファッションの若者（十五歳以上、男性百五人・女性二十二人）に街頭調査――によれば、その内訳は会社員四十七人、専門学校生十九人、高校生十九人、大学生十一人、フリーター二十五人などとなっており、このエリアに来る頻度は、週一回（四十七人）が最も多く、月二回から三回（二十九人）、週二回から三回（二十五人）、なかには毎日と答えた者も十二人いた。一カ月の洋服代は、三万から五万円が七十二人おり、洋服代が小遣いに占める割合は、三〇％（五十九人）、五〇％（三十一人）、七〇％（十三人）、なかには「ほとんど全部」と回答した者が六人おり、ファッションへの関心の高さがうかがえる。[21]また『裏原STYLEパーフェクトBOOK』（「ボム」十月号別冊、学習研究社、二〇〇三年）の「裏原STYLE五百人リアルスナップ『完全データファイル』」（男性のみ。十五歳以下十五人、十六歳から十八歳百四十三人、十九歳から二十一歳二百五十一人、二十二歳から二十五歳八十四人、二十六歳以上七人）によれば、七月下旬からお盆過ぎまでという取材期間のために、そのスナップの対象者は、東京都在住二百三十二人、関東百二十九人、東北四十七人、近畿六十三人、中国四人、四国七人、九州十八人、その内訳は中学生十二人、高校生百十九人、大学生六十七人、専門学校生百十四人、フリーター百五人、会社員八十三人となっている。また「おしゃれの参考にしている人はだれですか？」の問いには、雑誌のスナップに出ている人と街の人百四十五人、芸能人百三人、ショップスタッフ八十九人、友人七十六人、先輩二十三人などと答えている。[22]

世代としては「裏原宿ファンのメインは団塊ジュニア世代（一九七一〜一九七四年生まれ：現在二十八から二十五才）から中高生[23]」であり、「自分らしさ」志向が強く、それを表現するためのファッション（消費）へのこだわりの強い「下流」とする説もある。[24] いずれにせよ、裏原ブームの中心にあったキー・パーソンたちの多くは、専門学校進学を機に上京し、ビジネス上の成功をおさめた人々[25]であり、彼ら（ないし彼らが生み出すブランド、推奨するコンテンツ）のファンダムは、雑誌やインターネットによって媒介され、地方に住む若者たちの間にも拡がっていった。

3 ストリート系男性誌の族生

裏原系の送り手たちの交遊関係は、雑誌によってある年齢層の、あるテイストを共有する人々に対し、繰り返し表象されており、裏原という言葉の定着にもそれらメディアの果たした役割は大きい。例えば「BRUTUS」一九九六年六月号の特集「原宿をつかまえろ」は、「ロックバンドを持つのが夢という大川さん。今回の撮影のため、尊敬と友情で結ばれている立花ハジメと藤原ヒロシ、そしてモデルの康江ちゃん、実日子ちゃん、それにTOKIKO、TAM、光君も駆けつけて、一夜限りのバンド〈LOVE LOVE スパトニクス〉が結成された」という見開き写真から始まっている。藤原や岩永ヒカルら裏原系の仕掛け人たちの後見人格として、大川ひとみ・立花ハジメらがおり、まだ当時無名だった佐藤康江・市川実日子らも「友人」として企画に参加しているのである。他にも同特集では、「原宿王」として「アンダーカヴァー」のJONIO+ICHINOSEやNIGO、YOPPY（江川芳文）らを取り上げ、高橋盾とNIGOの「ノーウェア」を「今、文句なく原宿の象徴的存在」と評している。また、新店ラッシュで「内装屋のムラとペンキ屋のナカノは、まさに大忙し」で「ムラとマサは、自分たちが内装をやった店にはその印として「M&M」のステッカーを貼っている。で、〈FUNNY FARM〉へ行くと、LAから来たふたり、マークとボブ（実はこのふたり、タトゥーアーティスト）が、壁にタトゥーのような絵を描いていた。その横でジョニオは、クリームワッフルを食っていた。（略）そんなこんなで、この界隈はなんだかみんな繋がっている。「村」というか、「学校」というか、なんかムーミン谷みたいなところなのである。（略）このムーミン谷には来る者は拒まず、の自由な雰囲気がある。そんなとこが今の若者を惹きつけるんだろうな」と、仲間内ですべてが進んでいく様子を描写している。

　このように裏原系人脈の雑誌への露出は、「宝島」誌上での「なんでもアリの超最先端事情通信Last Orgy」(26)や同じく「Last Orgy2」を発端に、九〇年代に族生したストリート系ファッション誌を舞台に繰り広げられていく（表25＝三二四―三二八ページ参照）。そのなかの一つ「Street Jack」誌の二〇〇〇年五月号特集「メンズファッション誌戦国史編」でも、九四年以降は「ストリート誌の時代」――九四年「asayan」、九五年「COOL TRANS」「smart」（「CUTiE」増刊からスタート）、九六年「GET ON!」、九七年「Street Jack」「FINE MAX」といった創刊ラッシュ(27)――とされており、なかでも先行する「BOON」に対抗して「当初のコンセプトは〝ハイテクスニーカー〟と〝ヴィンテージ古着〟は扱わないというものでした。（略）逆に、アンダーカバーやエイプなどはどこもやらなかったので、ぜひウチでやろうというノリでした。（略）八〇年代は啓蒙主義的な提案型の雑誌が主流でしたが、九〇年代はストリートから発信されるものが多くなりました」と編集長が語る「smart」など「ストリートモード誌」は、「いわゆる裏原宿系のブランドやファッション界のカリスマとして注目度が高い藤原ヒロシ氏」が、創刊当初から頻出することで人気を獲得したとされている。(28)

　そして、こうした雑誌によって、かつては「セントラルアパート裏通り」(29)と呼ばれ、「ハミング・ロード」(30)や「プロペラ通り」(31)とも呼ばれた一帯は、「popeye」一九九五年二月十日号「九五年ポパイ新語辞典　カッコイイ男はこのキーワードをマークしろ」の「裏原宿」の項目――「近ごろ元気のいいショップはなぜかこの付近に集中して続々とオープンしている」「大通りを一歩はいると、そこはニューショップワールドなのだ」――あたりから、「裏原（宿）」

として広く知られるようになる。「アクロス」一九九八年二月号「街は、いよいよ〝ウラ〟が面白い」には、「裏道に一歩入るとセンス抜群のショップに出会える（略）こんな雑誌の小見出しこそ、九七年の〝ウラ〟街ブームを表しているといえるだろう。皮切りは、原宿・明治通りの裏手にあたる神宮前三〜四丁目。通称「プロペラ通り」や遊歩道一帯に、ヴィンテージ好き男のコたち、サブカルの教祖的存在・藤原ヒロシやバイヤーを信奉する男のコたちが行列する「カリスマショップ」が集積、今では大人たちをも巻き込んで、すっかり〝裏原宿〟はメジャーとなってしまった」とある。[32]

ある女子大生（二十歳）は、「かっこいい仕事してるって言われているのはどんな人だと思う?」というインタヴューに対して、「NIGOとか藤原ヒロシは究極くらいな感じ」と答え、「でも、もしかしたら藤原ヒロシも昔は苦労したかもよ?」の問いには、「そうなんですけど、雑誌には載らないじゃないですか。おしゃれなことしておしゃれな人と一緒におしゃれに何かやってたら儲かってた……みたいに見えてる」と述べている。[33]セグメントされた雑誌などの媒体を通じて、[34]カリスマたちのライフスタイルや人脈といった「舞台裏」を垣間見せ、あえて口コミやインターネットでしか商品の新着情報を流さないことで人々を誘引するという戦略に、読者・消費者の側も反応していたわけだ。[35]そしてまた、裏原系のカリスマたちの人脈は海外へも繋がっており、アメリカやイギリスで認められた存在であるとの情報も、繰り返し雑誌メディアを通じて日本国内の若者に還流している。[36]

4　ホモソーシャルな男性性と裏原系女子

「アクロス」一九九七年九月号「若者とファッションの十七年の記録」によれば、「注目したいのは、かつての「サーファー」や最近の「ボーダー系」「DJ系」など、スポーツやライフスタイル先行のファッションスタイルだ。古着を着る女の子が増えた背景には、古着フリークの男の子が考えられるし、女の子が、コンバースのスニーカーやG

ショックなどに代表されるモノにこだわりを求めるという嗜好の「マニカジ」なんかも男の子主導のものだと言えよう。／つまり、この十七年間の男の子のファッションは、大きくは女性主導で、しかもそのボトムアップ化が進行しているが、それと並行するかのように、男性主導のスタイルも脈々と流れているのである」。もちろん、ここで「マニアたちのカジュアル」として念頭に置かれているのは、「DIME」一九九七年八月七日号「マスコミ取材お断り裏原宿ファッションMAP」に「インディーズブランドを求める若者で、竹下通り化している裏原宿。ただしここは、アムラーもコギャルも寄せ付けない、男のコたちの聖地だ」とあるような、メンズ・ファッションを媒介とした「男たちの裏原系」である。

図28　裏原系ガール成熟期
（出典：「WWD FOR JAPAN」2006年春夏号、71ページ）

だが、「裏原宿スタイルをいっそうメジャーなストリートファッションに転換したのは、裏原宿スタイルのスタンスに新鮮味を感じ、ボーイッシュなファッションを取り入れた女の子たちであった。女の子版の裏原宿スタイルの人気を集めたのは一九九五年にラフォーレ原宿に最初のショップをオープンした「X-girl」であり、やがて二〇〇一年には「A BATHING APE」のレディスラインとして、「BAPY」が青山にオープンし、裏原スタイルが女の子たちの間で大人気となっていった」(37)。またこうした「裏原系女子」のために、九九年にはストリート系（ないし裏原系）男性誌「smart」から派生した「mini」——十月二十七日に秋冬号として登場。そのショルダー・フレーズには‘Girls smart for new independent girls’とある——が創刊され、裏原系ブランドを紹介した「噂のボーイズ（ブランド）」や「GIRL'S APE」が特集されており、同誌は翌年から月刊化されている。こうした雑誌の影響もあって、「九四年に定点観測をスタートした時点では、ボーイッシュなファッションを好むボーイッシュ・エクストリーム系のスタイルをしている人はごくわずかしかいなかったが、一九九〇年代半ば以降、裏原宿のエリアに男の子のショップが集積して、おしゃれな男の子たちが急増するにつれて、ボーイッシュ・エクストリーム系の女の子が目立って増えた」[38]。

そして「SPA!」二〇〇二年四月十六日号「女の「ムフフ勝負服」徹底解剖」でも裏原系ファッションが取り上げられているが、取材に応じたスタイリストは、「そもそも裏原宿系は、デニムとスニーカーといったボーイズファッションにキュートさを取り入れたもの、個性的でオシャレな子がこのスタイルを好むし、男がいても私は私、と自分流を貫き通しタイプが多いですね。自分が満足するのが第一って感じかしら」と答えている。[39]男性の目を意識した「勝負服」であっても、通念的なフェミニンやセクシィではなく、「女としては見てほしくないけど女のコとしては見てほしい、これが裏原宿系勝負服」なのである。現に「DATA WATCH」（二〇〇三年七月一日発行）の「女性ファッション誌　徹底分析　誰がこの雑誌を買っているのか?」の読者プロフィール分析によれば、「服を選ぶ時の「男ウケ」意識率」は、「mini」読者が「意識する三・一%」「どちらかと言えば意識する二四・五%」であったのに対し、[40]「お姉《ねえ》（ギャル）系」とされる「JJ」読者は、前者が一七・七%、後者が五二・九%、またギャル系「popteen」読者は、同じく一七・四%と五六・五%であった。そして同様に「裏原系男子」にとっても、男性的であるか否かよりも、おしゃれな男性であるか否かが問題であり、「男として（女として）見られるより、おしゃれな人として見てほしい」という裏原系ファッション（さらにはライフスタイル）は、その「おしゃれ／非おしゃれ」を決定する審判としてカリスマたち（とその背後にある欧米のユース・サブカルチャーズという審級）を招来し、それらをフィーチャーしたストリート系雑誌を必要としたのである。

＊

こうした裏原系の送り手たちの人脈重視のビジネスの仕組みや、それに連なろうとするファンたちのあり方は、アンドリアス・ウィッテルの言う'network sociality'の一例だろう。ウィッテルは、「コミュニティ」が「安定性・凝集性・文脈への埋め込み・帰属などを意味し、強く永続的な結びつき・近接性・共通の歴史・集合性の物語を内包して」おり、「物語は持続性によって特徴づけられるが、情報は一過性（ephemerality）によって定義される」とし、そうしたコミュニティや物語に対して、「ネットワーク・ソシアリティは、浮動的で過渡的だが、繰り返しの社会的関係からなっており、それは短命であるが強い出会いである。（略）そこに働く社会的紐帯は、官僚的ではなく、情報的である。それはアイディアズのムーヴメントによって、一時的な標準やプロトコルによって、そして占有された情報の創造と保護によって、プロジェクト毎に形成される」[41]。またアンジェラ・マクロビーも、ダンス&クラブカルチャーの勃興によって、文化産業におけるネットワーク・ソシアリティの意義が増大したと指摘している[42]。こうした「クール・ブリタニカ」を支えた新たな中産階級とは異なるが、コギャルや裏原系のネットワークは、サラ・ソーントン言うところのサブカルチュラル・キャピタルとして機能し、そのなかから起業し、成功を収める者も輩出されてきた。

そのネットワークの結節点を、人目につきやすい表通りではなく「裏」なる場所に求めた点で、裏原系はそれまでのユース・サブカルチャーズと一線を画していた。そして、少なくとも初期のコギャルの場合は、街頭で自生したネットワークをメディアがピックアップする構図だったのに対し、裏原系のより新奇な点は、そのネットワークがほぼリアルタイムに雑誌メディアなどに表象されていたことである。ストリートにたむろする若者風俗をメディアが追随するという段階を超えて、裏原系のムーヴメントは、その当初からストリート系雑誌と分かちがたい関係にあった。またネットワーク志向が、実際にウェッブ上で実現可能となり始めていた時期に登場したという点で、渋谷（センター街）を拠点としたユース・サブカルチャーズとは決定的な差があった。裏原に集った人々の相互作用のなかからユース・サブカルチャーズが立ち上がるというよりは、すでに裏原がどういう場所か、そこにどういった人脈が存在するのかを知ったうえで、人々はそこに赴いたのである。その際、「それ（ないしその人）は裏原系である」か否かの判定基準は、好む音楽やファッションのジャンルの別というよりも、「きてる／きてない」「いけてる／いけてない」の感覚的な差異であり、それを司るカリスマたちの認証（ないしはカリスマたちが認証済のモノの保有）であった。だがそのカリスマたちにしても、藤原浩ではなく「藤原ヒロシ」であり、高木一裕ではなく映画の役名からきた「高木完」であり、長尾智明ではなく藤原ヒロシ二号の意の「NIGO」であり、高橋盾ではなくジョニー・ロットンのコピーの「JONIO」であるという具合に、実体（entity）としてそこにあるというよりも、どこかメディアのなかに明滅する存在のようにも思われる。

感覚的な差異をその存立の核心としている裏原系は、世代や年齢階梯、階級やジェンダーといった要因から、括弧つきではあるが自由である。一見男性同士の絆にもとづくユース・サブカルチャーのようでもあるが、ジェンダーでのセグメントよりは、やはり感性《センス》の違いが優先されており、また各種メディアを利用すれば、神宮前三・四丁目という物理的な空間に足を運ばなくとも、成員としてあることは不可能ではない。[43] その融通無碍さや秘匿性ゆえに、さほど表立ったバッシングの対象とはならなかった裏原系だが、カリスマという語が後退し、より階級・階層の匂いのする「セレブ」が浮上してくるなかで、[44] キー・パーソンのなかには大企業との「コラボ」に乗り出し、実際に「（六本木）ヒルズ族」への道を歩む者も現れ、カリスマたちの間に恒常的な交流が（メディアに表象され）なくなるにつれ、裏原系はユース・サブカルチャーというよりは、よくある起業家立志列伝へと回収されていった。カジュアルなスタイルながらも、そのアイテムは非常に高価であったり、ときには一点モノであったりと、それまでのアパレル業界のビジネス・モデルを覆したがゆえに、裏原系ブランドないしクリエイターは清新・鮮烈なものとされ、そのファンダムは熱を帯びていたわけだが、その高揚が世紀をまたぐことはなかったのである。

注

（1）鈴木一久「成熟社会における先端的盛り場「原宿」の特質と存立基盤」「地域社会」第二十七巻一号、立正地理学会、一九八六年。「an・an」一九七二年九月五日号「東京のブチック28」では、原宿十、青山八、銀座四、新宿三、六本木二、渋谷一の店舗が紹介されており、のちに裏原宿と呼ばれる地域付近には、「原宿MILK：（略）セントラルアパート1Fにあります。ちっちゃいお店だからひょっとして見落としちゃうかも。中は細長くて、すれ違いもコンナンなほど。でもこんなちっぽけなお店がバカに人気があって、いつも若い子タチがこんがらかって《（ママ）》る」「コム・デ・ギャルソン：伊藤病院の横を曲がると、はるか向こう右側に何やらハデなテント。（略）「フリーマーケット HELP!」／わりかし大きくて、中に十軒ばかりお店がはいってる。一番手前の区画が「コム・デ・ギャルソン」なのだ。もめんを主にした地味な色の洋服、並んでました。ここは川久保玲さん以下五名のスタッフ、初めてのブチックなのです」「BIGI：表参道、伊藤病院なんかの向かい側」「ゴローズ：「皮製品ならないものはなく、皮のものなら何でも作ります」とか。（略）高橋《（ママ）》五郎さんがほとんどのモノ、デザインしてます。そして全部ここで作ります。インディアン風の無愛想なオニイサンもいて楽しいのだ」。また「月刊POKETパンチOh!」一九七五年十一月号（平凡出版）「プロムナード・マップHARAJUKU」でも、『アンアン』片手の女の子であふれるアヴェニューに挑戦すべし」と、MILKやゴローズが紹介されている。

（2）「ラフォーレ原宿」は、六〇年代末から成熟期に入っていたマンションメーカーをテナントとして迎え入れ、「ミルク」「バツ」「コムサ・デ・モード」「アトリエ・サブ」といった原宿を代表するDCブランドを世に送り出す」（前掲『原宿——一九九五』八三ページ）

（3）吉田拓郎の曲で一躍有名となったバー「ペニーレーン」がオープン（七四年）し（田家秀樹「ペニーレーン」「東京人」一九九一年十二月号）、原宿を舞台としたテレビドラマ『あこがれ共同隊』（TBS）の放映（七五年）を経て（泉麻人『泉麻人の僕のTV日記』〔新潮文庫〕、新潮社、一九九四年）、（ロックン）ローラー族の聖地となった「クリームソーダ」（七六年）、竹の子族の発祥となった「ブティック竹の子」の進出（七八年）、クリスタル族に愛された「ボートハウス」（七九年）など個性的なショップの出店が相次いだ。

（4）「特集——クラブカルチャー伝説80's」「STUDIO VOICE」二〇〇四年八月号、高橋透『DJバカ一代』リットーミュージック、二〇〇七年

（5）中森明夫『東京トンガリキッズ』JICC出版局、一九八八年、二三—二五ページ

（6）『（宝島特別編集）DEEP TOKYO BOOK』（JICC出版局、一九八八年）での対談「大貫憲章vsTINY PANX——東京ナイトクラブシーンを語る」、大貫憲章監修『ロンドンナイト★コンプリートガイド』ポイズン・エディターズ、二〇〇六年

（7）「朝日ジャーナル」一九八五年十二月六日号「新人類の旗手たち——筑紫哲也の若者探検33　藤原ヒロシ」の略歴では、「一九六四年三重県伊勢市生まれ。松阪商業卒業後、八二年上京、セツ・モードセミナーに入校するが、これは上京の口

実。一、二カ月でやめ（略）以後毎年のように英、米などに旅行。その間リミックスを発見、習熟する。八五年初めから東京・六本木の「クラブD」でゲスト・リミキサー。十月からはTBSの「天然ラジオ」のパーソナリティーをつとめ、FM東京にも番組を持つ」。「宝島」一九九〇年七月二十四日号での、小泉今日子のアルバムに参加した際の藤原ヒロシのプロフィールは、「中二でS・ピストルズにやられ、ジョニーとおそろいの服を買う。八二年ツバキハウスのロンドンファッション大会で優勝、ロンドンへ。渡英中に行ったNYでDJを見て、帰国後日本初のDJに。八六年高木完とタイニー・パンクス結成。八九年『KOIZUMI IN MOTION』の選曲で小泉にイヤミがいえる仲になる」。

（8）「宝島」一九八七年一月号「ロック☆ファッション大図鑑」では、「ア・ストア・ロボット　藤原ヒロシや高木完らが出入りしているだけあって、ヒップホップものに早くから目をつけていた」と紹介されている。八八年に群馬から上京し、文化服装学院に進み、そこで高橋盾や岩永ヒカル、小山田圭吾らと知りあったNIGOは、「チェッカーズでロボットという店を知って、ロボットつながりでヒロシ君を知ったんです。〝NEWYORK CITY〟のキャップかぶって長髪で、お薦めの店がロボットだって言ってる人が雑誌に載ってた。〝藤原ヒロシって誰だ？〟と思って」「ジョニ夫君に、原宿のロボットに知り合いがいるから紹介してやるって、当時の店長だった高橋一郎さんという人を紹介してもらったんです。そこで〝NIGO〟っていう名前を付けられるんですけど」とインタヴューに答え、藤原らの跡を継ぎ「宝島」で「Last Orgy 2」を連載した経緯について、「MILKの大川ヒトミさんがすごかったんですよ。〝あんたたち若いし面白いから何かやりなさいよ〟って言われて、その場で当時の「宝島」の編集長に直接電話するんですよ」と語っている（「SOUNDS OF THE APE」「GbM」二〇〇四年三月号、ソニー・マガジンズ）。同時期同様に群馬から上京した高橋も、「東京にいて良かったと思うのはおもしろい感覚の人にめぐりあえたこと。藤原ヒロシさんやフミヤさんとか、カッコよく生きてる人に出会えることです」（「トーキョー・ヒップス」「流行通信」一九九四年九月号、流行通信社）と語っている。

（9）裏原系が起こる以前、この地区のランドマーク的な存在だったアメカジ・ショップ「プロペラ」は、九〇年前後の渋カジ・ブームの中心に位置しており、「アクロス」一九九三年十月号「ボーイズ消費の時代——虚から実に変わった「ブランド物語」」の調査では、「好きな店は、よく行く店」のナンバーワンに輝いている。しかし、「アクロス」一九九六年二月号「第二次ボーイズ消費ブームをキャッチせよ」には、「ショップのお気に入りは「アウトドア」「アメリカ」「カジュアル」から、明らかに「デザイナーズ&ショップブランド」「世界同時」「キレイめ」に移ったといえるだろう」とある。

（10）「アクロス」一九九五年七月号「渋谷一九九五」には、「〝渋カジ〟と一括りにされていた渋谷の若者の行動も細分化してゆく。支道や路地裏に中～小型の店舗が張り付き始めて発達することで、メインストリートと大型店との回遊に終始する旧式の「渋谷回遊型」から、各人の趣味や嗜好にあった「センター街充足型」「宇田川町奥まり型」「原宿越境型」などが幅を利かすようになったのである」とある。しかし「popeye」一九九五年六月二十五日号「新しい渋谷を二〇〇％遊びつくせ！」の段階では、「先端ショップがずらり並んだ遊歩道周辺から目が離せない」とあるものの、いわゆる裏原系ショップの紹介はまだない。

(11) 石山城編『Bible X——裏原宿完全ガイドブック』夏目書房、一九九九年、一二八ページ

(12)「日本経済新聞」一九九七年一月二十五日付「裏原宿トレンドの〝創造主〟藤原ヒロシ氏——自由な人生オーラ放つ」には、「COOL TRANCE」に載った藤原の一文によってあるスニーカーが爆発的に売れたことを紹介し、「スケボーやスノーボードをしたり、音楽が出来たりといった生き方に共感する」（二十三歳店員）、「友達には（藤原の）格好をそっくりまねるために雑誌を見て、服を買いに行くやつが多い」（十九歳専門学校生）といった声を紹介している。「popeye」一九九七年四月十日号「カリスマに聞け！」では、高橋らとともに藤原は「チョイスしたものがことごとく大ヒットするストリートのカリスマ」。また「popeye」一九九七年六月二十五日号「It's my boom」でも、藤原が誌上で紹介したファッションやインテリアのアイテムは、「「藤原系スタイル信仰者はみんな買っていきますよ」（ショップスタッフ談）」とある。同特集には、他に木村拓哉を始め、NIGO、岩永ヒカルらが登場している。一九九七年六月に発行された『ザ・カッコマン——全国四百十七人のストリートリアル』（祥伝社）によれば、街の「カッコマン」に支持されるファッションリーダーは、「一位前園真聖（五十二票）、二位藤原ヒロシ（五十票）、三位浜田雅功（二十五票）」。なおこの本では、浜田フォロワーは「ハマラー」と記されている。

(13) 裏原系ファッションの異称として、「アクロス」一九九八年二月十五日号にファッション・マニア派「モノカジ系」との表現があり、「九五年に誕生した小山田スタイル（DJスタイル）の流れを受け、ファッションだけでなく、音楽やゲームなどサブカル全般に興味があるそう。かつては古着を古着として好んで着ていたが、モノのストーリー（ウンチク）に〝個性の表現〟を求めたことで、ヴィンテージモノや別注モノといった〝レアもの〟にカッコ良さを求めるようになり、ファッションもマニアック指向になった。〝裏原宿系〟、〝フジワラ系〟ともいう」とある。

(14)「スコラ」一九九八年十月号「Gショックの次はこれだ!!　スーパープレミアムが今、ヤバイ!!　キミはGを知っているか？」では、「Good Enough：絶大なる支持を得て、裏原宿界の頂点に君臨するトップブランド。九〇年のスタート時

に数パターン発売されたTシャツは、現在では定価の約十倍もの値段で取り引きされている。(略) デザイナーについては不明とされているが、一説ではミルクの主宰である大川ひろみ女史と音楽プロデューサーの藤原ヒロシ氏が携わっているとされる」とある。同様に「AERA」一九九七年九月二十二日号「雑誌、タレントに踊らされる「没」個性派の古着ブーム」、「女性自身」一九九八年七月二十一日号「原宿の非合法フリーマーケット」では、裏原系ブランドの転売や古着の高騰が指摘され、限定品を求める若い男性の行列に対しては、「サンデー毎日」二〇〇〇年二月六日号「厚底靴だけではない!!街にあふれる不愉快なヤツら」など。

(15)「SPA!」二〇〇一年七月十八日号「エッジな人々 遠藤憲昭」には、「ストリート系ブランド設立、イベント企画、音楽レーベル運営。商業的成功と同時にユース・カルチャーシーンから絶大なリスペクトを浴びる〝裏原宿系のカリスマ〟」とあるが、そのショップ「DEVILOCK」があるのは恵比寿(idsam『Overdrive――Devilock』トランスメディア、二〇〇三年)。原宿は現在、表参道に大手セレクトショップや高級ブランドの直営店が立ち並ぶようになり、アートスクール系、ギャル系、大人系などが、相互に交わることなく共存するエリアとなっている(「原宿――おしゃれの棲み分け」「AERA」二〇〇〇年十月三十日号、Yuniya Kawamura, "Japanese teens as producers of street fashion", *Current Sociology*, 54(5), 2006)。

(16)「原宿には、そんなに思い入れがないといったら嘘になりますが、原宿の環境がオープン当初のコンセプトからずれてきたので青山に移転しました」(「原宿パーフェクトマップ」「東京ウォーカー」二〇〇一年一月三十日号、角川書店)とNIGOはインタヴューに答えている。

(17) また同特集では「藤原さんにとっての原宿エリアとは、京セラビル近くの「DEP'T」からロボットがあった(現「ディーゼル」近く)ところまで。そして原宿駅から遊歩道までと、その範囲はかなり広い」「滝沢さんの原宿とは、ラフォーレの交差点からビームスくらいまでで、明治通りから原宿駅側は入らず、元同潤会アパートくらいまで。しかも明治通り沿いはNGだとか。非常に狭い(笑)」とある。駅名としてだけあり、行政区分としては存在しない「原宿」は、その住民たちの間にも、竹下通り・表参道沿いに限定する者と、神宮前一丁目から四丁目までの広がりを想定する者との差異を生み出している(大澤真幸/安立清史「重層する都市空間」、関東社会学会編「年報社会学論集」第三号、一九九〇年)。「表参道から一歩入る、明治通りから一歩入る、キャットストリートやプロペラ通りから一歩入る。そこはもう、裏原宿なのだ。裏原宿に定義はない。どこからどこからという範囲は、自分で決めればいいのだ」(スタジオダンク編『裏原宿隠れブランド二〇〇〇～二〇〇一年度版』河出書房新社、二〇〇〇年、七四ページ）という裏原同様、原宿の範域も個々人によって非常に可塑的・流動的なのである。そして「裏原宿はどんどん拡大していっている。その証拠に、前に紹介した注目のお店はほとんど千駄ヶ谷といっていいくらいの場所にある」（同書一二七ページ）。一方、表参道以南を裏原宿と呼ぶ例――「ef」一九九九年一月号「中島京子の東京SUNPOPO――裏原宿の魅力はセンスのいいお友達の家に遊びに行く気持ちよさ」、「週刊朝日」二〇〇〇年十二月二十二日号「表になった裏原宿」など――も多い。

(18) 芝浦ゴールドでのイヴェントの際に限定発売されたTシャツは「時代の表舞台で活躍する小泉今日子と、アンダーグラウンドでトレンドを牽引するAFFAという、対照的な組み合わせが衝撃的だった。このコラボは彼らの親交を考えれば何の不思議もなく、ステューシー同様、仲間意識から自然な流れで実現したアイテムと言える。また、一部でしか認知されていないという非大衆性が、熱狂的なファン獲得の重要な要素であったことも事実である」（『裏原ＳＴＹＬＥパーフェクトＢＯＯＫ』学習研究社、二〇〇三年）。裏原系のネットワークには、松岡俊介やムラジュンこと村上淳（と当時そのパートナーであったＵＡ）といったタレントやミュージシャンも多く含まれている。

(19) 滝沢伸介の二軒目の店は、もともと「UNDERCOVER」のあった場所で、「NOWHERE」同様、内装をM&M、ペイントをNGAPが手がけた（『NEIGHBORHOOD MAG.――05,1st EX AND ARCHIVES』ネコ・パブリッシング、二〇〇五年）。このM&Mは主だった裏原系ショップのほとんどを手がけ、そのロゴ入りの限定ウェアもレアものとして高額で取り引きされた。「モンスーン」（第一号、四谷ラウンド、一九九八年）の「裏原宿最終人間関係マップ」、「AERA」二〇〇〇年十二月二十五日号「東コレ仲間内のスター」など参照。

(20) グラフィック・デザインで言えば、渋谷系における信藤三雄の役割を果たしたのが、「7STARS Design」というプロダクションであった（7STARS『7STARS DESIGN――デザインチーム7STARS×ストリート十年史』マリン企画、二〇〇五年）。また裏原系ブランドやショップには、それら自身のサイトだけでなく、ファン・サイトも多い（前掲『BibleX』）。

(21) 前掲『BibleX』五八―五九ページ

(22) 裏原系に関する、「現地におもむいてそこに集まってくる人間の実態を調べてみると、常にメンバーが固定していて、しかも相互の結びつきというのは、じつに小中学校の段階での交友が核をなしていることがわかるのである」（正高信男『ケータイを持ったサル――「人間らしさ」の崩壊』〔中公新書〕、中央公論新社、二〇〇三年、三〇―三二ページ）といった記述は明らかに間違い。

（23）前掲『BibleX』一二〇ページ

（24）三浦展『かまやつ女の時代——女性格差社会の到来』牧野出版、二〇〇五年、同『下流社会——新たな階層集団の出現』（光文社新書）、光文社、二〇〇五年

（25）長野出身の滝沢伸介も「〈クリームソーダ〉の山崎さんの著書『原宿ゴールドラッシュ』や〈コム・デ・ギャルソン〉の川久保さんが一坪からブランドを始めたなど、いわゆる原宿伝説みたいなものがある」と語っている（「popeye」二〇〇四年一月十日号）。泉麻人は、アパレル業界で一旗揚げようと野心を抱いて青山に漂着した、主として「北関東から東北南部にかけての地域」出身の若者を「青山ボートピープル（ブルーボート）」と名づけている（泉麻人『東京二十三区物語』〔新潮文庫〕、新潮社、一九八八年、四二ページ）。

（26）「Last Orgy」は「asayan」に引き継がれ、九七年まで続く。藤原ヒロシの「popeye」への露出は、「八五年のポップ・アイでは〈ヴィヴィアン　ウェストウッド〉を身にまとった藤原ヒロシさんをクローズアップ。その当時はヴィヴィアンを知ってる人なんて、希な時代だったのに」「八六年の二百十七号「エレキテル族」という連載で高木完さんらとヴィヴィアンを着て、自らをスタイリング」「八五年・百九十二号のポップ・アイ。ネクストウェイブは彼が創るとのタイトルが」といった時点まで遡りうる（「popeye」一九九七年六月二十五日号）。「popeye」一九八五年十一月十日号では「日曜日がオモシロくなった。六本木プレステージで日曜夜十時からのイベント」とあり、そこでは大貫憲章、藤原ヒロシ（「われらのヒロシ君は昔のディスコから最新ヒップホップまでをマスターミックスで送る」）、カンチャンこと高木一裕（「人気のカンチャンは映画音楽からラグリッターもの、60'sものまでと幅広い構成でいく」）らがＤＪをつとめた。また二〇〇〇年七月号「relax」特集「ヒップホップ誕生」には、「一九八六年　タイニーパンクスが『ポパイ』誌で担当してた連載「エレキテル」にて「アジダス、アディダス」と銘打った特集をするなど、アディダス旋風が国内に吹き荒れる」とある。

（27）ここでは、ストリート系雑誌を「来街者・読者・ショップスタッフなどのストリート・スナップを前面にフィーチャーした雑誌」と大まかに定義する。「アクロス」一九九六年二月号「第二次ボーイズ消費ブームをキャッチせよ」の調査によれば、「服・小物を買う時、参考になるもの」は、「雑誌の記事五一・九％、同性の友人情報一九・一％、ショップのディスプレイ九・二％、街で見るおしゃれな人八・四％、ショップで聞く話四・六％、雑誌の広告・通信販売情報三・八％、異性の友人情報一・五％」となっており、「ファッションアイテム購入時に参考にする雑誌」は、「チェックメイト三八・

七%、メンズノンノ三六・七%、ブーン三一・七%、ホットドッグプレス二五・〇%、アサヤン一六・七%、ファインボーイズ一五・〇%、クールトランス一〇・〇%、ポパイ八・三%、SNB一・七%、モノマガジン一・七%」となっている。口コミへの依存度の高かった九三年の調査結果と比較して、ショップや雑誌の比率が高まっている。「AERA」一九九四年七月十一日号「オトナは渋谷が大嫌い」によれば、「公称五十万部という雑誌「ブーン」の勢いの良さは、時代の潮流を映している。松原康智編集長は、こう話す。／『ブーン』以前のファッション誌は、DCブランドの広報を通じて服をお貸し下げしてもらい、コーディネートしたものだ。われわれは、企業に属さずマニアックな哲学で店を運営しているファッションショップのオーナーに商品を借り、それを編集部でコーディネートする」／男性誌「ブーン」の好調で、姉妹紙「ジッパー」も創刊された。渋谷で遊ぶ若者のバイブルといわれるまでになった」。ストリート系女性誌としては、（コ）ギャル系・モード系のものを除けば、「Zipper」以下、「spring」「mini」「SEDA」（当初OL向けだったが、二〇〇〇年頃から方針転換）など。

（28）「Title」二〇〇一年四月号「雑誌チュー毒――読まずにはいられない！」での「都築響一と林文浩の「裏原系雑誌はウラハラすぎるぞ！」」という対談には、「都築　最初に裏原ブームに火をつけたのはどこ？／林　レア物系では『BOON』でしょ。あと『smart』もかなり早い段階からAPEなど、裏原ブランドを取り上げ、それとつながるミュージシャン、例えば小山田圭吾とかを一緒に紹介してブームを煽っていましたよね。（略）そして最近、この世界に不気味なほど接近してきてるのがマガジンハウスの『relax』と『POPEYE』」とある。このようにメディアの追随を批判する声もあれば、逆にメディアへの追随を指摘する声もある。『GET ON!』編集長蒔田氏によると、「九六年以降、ショップから雑誌へと影響力の相対的な移行がみられ、若者のファッショントレンドに関してショップが受動的な役割をとり始め、時にはショップが雑誌に「何をフィーチャーするのか？　それを入荷するから」と尋ねることすらあるという」（Don Cameron, "Off-the-rack identities," *Japanese Studies*, 20(2), pp.186-7）

（29）「an・an」一九七八年八月五日号「ニュー原宿大ガイド」

（30）『ぴあ's street』一九八七年。「checkmate」一九九六年十月号「ハミング・ロード「裏原宿」系ショップ完全ガイド」にも、「NOWHERE通り、プロペラ通りとも呼ばれる裏原宿のハミング・ロード」とある。

（31）「BOON」一九九五年四月号「シブヤ～原宿九百m明治通りガリバーMAPファッション司令塔ここにあり！」の時点では、まだプロペラ通りと表記されている。だが二〇〇三年「六月、カフェ〈オー・バカナル〉、洋服店〈プロペラ〉という二軒が相次いで閉店しました。〈プロペラ〉はアメカジ～裏原へとつながる流れを牽引してきた人気ショップであり、また〈バカナル〉は界隈の人々が集う社交の場、原宿の「ヘソ」でした。原宿人に愛されてきたこの二軒の閉店は、九〇年代後半から続いた「裏原」時代の終焉を感じさせる、象徴的な出来事です。（略）そして、圧倒的にメンズ主導の裏原エリアの中心に七月、〈United Arrows〉はあえてレディース専門店の〈Another Edition〉をオープン」（「ミクロな都市開発　第六回渋谷区神宮前三、四丁目」「BRUTUS」二〇〇三年九月十五日号）。

（32）一九九八年七月二十日号「non・no」「今すぐ行かなきゃ!!　ウワサの「裏原宿&表原宿」」などからは、「裏原」の定着により、旧来の原宿イメージの中心であった表参道沿いが「表原宿」として再措定されている様子がうかがえる。また裏原ブームを経て、「宝島」二〇〇二年二月二十日号「裏代官山・恵比寿西　ポスト「裏原宿」!?　若者が行列を作る新ファッションストリート」や、青山方面（「街はやっぱりウラが面白い！〝ウラ青山〟編」「アクロス」一九九七年七月号）、表参道以南（「若者がつくる街〝原宿ビーンズ・エリア〟の再生」「アクロス」一九九七年一月号）などへと注目が分散していった。

（33）村岡清子『僕たちは絶望の中にいる』講談社、二〇〇三年、一三一ページ。就職が困難を極めた九〇年代、「人口上の瘤」である団塊ジュニアの憧れは、裏原のカリスマたちへと向けられた（本田由紀『若者と仕事――「学校経由の就職」を超えて』東京大学出版会、二〇〇五年）。

（34）雑誌以外の媒体としては、藤原ヒロシは九七年当時「J-wave『MELLOW MADNESS』（毎週金曜日、二十時～）のほかに名古屋ZIP-FM『HOME MADE RADIO SHOW』（毎週日曜日、二十二時四十五分～）のラジオレギュラー番組を担当している」（「パンク抜きに語れない僕の70's　藤原ヒロシが語る」『コレクション・モノ6――一冊すべて一九七〇年代モノ・コレクション』ワールドフォトプレス、一九九七年）。

（35）中村由佳「ポスト八〇年代におけるファッションと都市空間――上演論的アプローチの再検討」、関東社会学会編「年報社会学論集」第十九号、二〇〇六年。裏原系ショップは、「店員空間がある　引き込み・回遊型店」であり、ショップスタッフ間のインタラクションをも客にさらしながら、商品を「売る」ことよりも「見せる」ことを重視する（馬淵哲／南條恵『バカ売れするにはワケがある！――マーケティングでは絶対にわからない、「あの店」「あの人」の売れる秘密』オーエス出版、二〇〇三年）。送り手にとっては自身のコレクションを展示する感覚であり、受け手たちが、あたかも友人の作品展を見にきたギャラリーのような意識をもつよう演出が施されている。

（36）「HotDogPRESS」一九九一年二月十日号「最新ストリートカルチャー読本」の「ストリートを疾走する業界人の情報源はコレだ」のコーナーで、藤原は「世界中の友人たちは、僕の大切な情報源です」と答えている。裏原系とされるブランドのなかには、八〇年にLAで生まれたサーフ・ブランドSTUSSYをはじめ、Supreme、SILASなど海外のものも多い。またNIGOは、ヒップホップ人脈を誇示し（「世界のNIGOが凱旋!?ブランド再生㊙テクニック!!」「サイゾー」二〇〇五年十二月号）、「TIME」二〇〇四年十月十一日号 'Asia's heros' では「Japan's king of cool」として、「Newsweek」二〇〇五年十月二十六日号（阪急コミュニケーションズ）「カヴァー・ストーリー　世界が尊敬する日本人」では「NYキッズがあがめるカリスマ」として紹介されている。「アンダーカヴァーの高橋盾やケイタ・マルヤマなどのパリコレ参加は日本人にとって、フランスでの認証や認知は、成功への最短ルートだからである。ア・ベイジング・エイプのように、パリに行かないブランドの中には、他のファッション都市の認証を求めてニューヨークへと進出するものもある」（Yuniya Kawahara, "Placing Tokyo on the fashion map," in Breward and Gilberd eds, *op.cit.*, p.62）。

（37）前掲『ストリートファッションの時代』三七ページ。X-girlは、九四年ソニックユースのキム・ゴードンとデイジー・ヴォン・ファースによって誕生したブランドであり、'riot grrrls' のムーヴメントを継ぐものであった。

（38）前掲『ストリートファッションの時代』一一八ページ。だが、今世紀に入って「九〇年代半ばのマニアックなエリアの個性が薄れている傾向にある」（渡辺明日香／城一夫「ストリートファッションと街の相関性に関する研究」、共立女子短期大学生活科学科編「共立女子短期大学生活科学科紀要」第四十五号、二〇〇二年、三〇ページ）。

（39）「生活全般で大事にしていること」への回答を階層意識別で見ていくと、団塊ジュニア男性の「個性・自分らしさ」への支持は、上二五・〇%、中二五・〇%、下四一・七%、団塊ジュニア女性では、上三五・三%、中四四・二%、下五一・六%、一方、団塊世代男性では、上六四・三%、中三五・四%、下二九・七%になるという（前掲『かまやつ女の時代』）。

（40）村岡清子は、「mini」が同じ宝島社の女性誌「CUTiE」からの派生ではなく、「smart」出自である点にふれ、「『mini』読者は今も『smart』を読んでいる」（前掲「『mini』は女性誌のどこを変え、どこを変えられなかったのか?」五一ページ）と指摘している。雑誌読者のユニセックス化を受けて、誌面の内容もユニセックスなものとなり、裏原系に関していえば男女の性差は曖昧化している。また博報堂生活総合研究所の調査からは、裏原系女子たちの「オネエ系」「ギャル系」への敵視が浮き彫りとなっている（中村恭子／原田曜平『十代のぜんぶ』ポプラ社、二〇〇五年）。

(41) Andreas Wittel, "Toward a network sociality," *Theory, Culture & Society*, 18(6), 2001, p.51.

(42) Angela McRobbie, "Clubs to companies," *Cultural Studies*, 16(4), 2002.

(43) 関西圏で裏原（宿）に比定されるような街として、大阪ミナミの堀江（アメリカ村西側）や神戸トア・ウエストが挙げられる（前掲「ストリート・ファッションとファッション・ストリートの構築」）。

(44)「ダカーポ」一九九九年八月十八日号「カリスマ店員にＶＩＰ高校生、雑誌発〝スーパーな人々〟」に裏原系ではヒカル、NIGO、滝沢伸介、ギャル系では森本容子（ショップ店員）、宮下美恵（高校生）などが登場した頃をピークに、「カリスマ」の語のメディアへの登場回数は激減する（「週刊女性」二〇〇一年一月十六日号「「カリスマ」は死語になったの？」参照）。この頃の一連の「無免許カリスマ美容師」騒動や「カリスマ〇〇」の濫造によって、カリスマは死語と化し、九八年頃「JJ」や「25an」（アシェット婦人画報社）などで使われ始めた「セレブ」の語に取って代わられていく。「日本経済新聞」一九九九年十月九日付には「隣のカリスマ――ゲーム気分で粗製乱造」、同紙十月二十三日付には「「若者たちの神様」何と呼ぶ？――次は「セレブ」か」とある。また「ストリートファッション誌は、前年に比べ一六％の部数減。売れ線が見つからないため、新雑誌を除くと部数は約二割減と退潮が著しかった。／『BOON』『GET ON!』は三十万部を、『クールトランス』が二十万部を割り込んだ。月間の発行部数は九九年末で百二十万部強になり、ピークだった九七年前半に比べほぼ半分となった」（全国出版協会出版科学研究所編『二〇〇〇 出版指標年報』全国出版協会出版科学研究所、二〇〇〇年、二〇〇ページ）。ストリート系雑誌のカリスマからクラス誌のセレブへと、リーダーは移行していった。

第3部

結語

以上、十一のユース・サブカルチャーズの成立・転形・消滅を、「もはや戦後ではない」とされ、テレビによる「白痴化」が懸念され始めた時点[1]から、バブル崩壊後の閉塞の時期に至るまで、その何が当該社会において非通念的であったのか（逆に言えば、そのときどきの社会的通念が何であったのか）という観点から素描してきた。一九六〇年代には職業・年齢階梯・性別・地域などにもとづくさまざまなサブカルチャーが消失していき、消費や余暇行動の画一化が進み[2]、また世代間の意識の差も徐々に減少し、例えば戦争世代と戦後世代の落差の大きさに比して「「新人類世代と団塊ジュニア世代間」での意識差が特に小さくなっている」[3]。それゆえユース・サブカルチャーズは、その成員たちにとってみれば、単に他者から割り当てられたレッテルや、何らかの所与の属性からの帰結ではなく、自身で獲得していくカテゴリー――その共在が何がしかの点で際立っており、それゆえ「　族」「　系」「　sl」「　er」などとあえて名指し、名指されるような状況への参入――である度合いを強めていった。[4]もちろんあるユース・サブカルチャーが、ユース・サブカルチャーとして措定される要因は複合的なものであるが、その最も核にあった非通念性を、これまで見てきた十一通りのあり方について概括していくと次のようになるだろう。

まず「太陽族」の場合は、当初は旧来型の苦学生像に対する違背に端を発していたが、のちにはより一般的な世代間の不協和――新生日本を背負う将来有為な、刻苦勉励する青年像を期待する上の世代と、消費・余暇・性愛などの面で、より享楽的な「戦後派」の若者たちの対立――がその核心にあった。その点では「みゆき族」も同工異曲であったが、戦後の混乱期を経て、老舗・名店の立ち並ぶ格の高い街としての自負を取り戻していた銀座という場所で、オシャレとナンパに明け暮れる若者像（とりわけその男性たち）に批判が集中した。そして、みゆき族の街角での無為な佇みをより過激に遂行し、高度経済成長の真っただなかで、勤勉・禁欲・組織への忠誠といった価値観に背を向けたのが「フーテン族」であった。

こうしたフーテン族などによる性の解放や性役割の廃棄の主張が徒花視されていく七〇年代にあって、より穏健にではあるが、ジェンダーにまつわる通念を揺さぶったのが「アンノン族」である。彼女たちの手によって、リスペクタブルとされる家庭の子女といえども、ファッションによって自己を主張し、消費の愉楽に参入していくことが当たり前の風景となっていった。一方、より低い年齢層かつ幅広い階級へのモータリゼーションの普及・浸透を背景に、「しらけたヤング」という当時の若者類型に反して、あからさまな反抗で世間の耳目を集めたのが「暴走族」であった。これら七〇年代のユース・サブカルチャーズを経て、大多数の若者が、何らかの消費志向のユース・サブカルチャーズへと関与することが一般化し、八〇年代には若者たちの「総タコツボ化」が進展する。

まず最初に浮上したのが、「清楚・清純であり、向学心に燃えた女子大生」という残像を打ち砕き、その女子大生たちに追従する男子学生たちの姿を世に知らしめた「クリスタル族」であった。その一方で、大学のサークル・ボックスの片隅などでは、それまで子供向けとされていたコンテンツへの没入や、そのコンテンツをめぐる知識体系だけを媒介とする、もしくは相手のもつ知識量のみを顧慮する独特のコミュニケーション様式ゆえに、揶揄の対象となり始めていた原「おたく族」が増殖を続けていた。アンノン族が結婚、暴走族が引退、クリスタル族が卒業・就職を契機に、そのユース・サブカルチャーズからある程度の距離をとっていくのに対し、そこにとどまり続けようとした点でも、おたく族はライフコースをめぐる通念からも乖離していた。また、若年層ほど「趣味に合ったくらし方」を志向し、かつその傾向が顕著となっていることを、クリスタル族やおたく族は極端にすぎるかたちで示し、世の注目を集めたのである(表29)。

おたく族が一気にフォーク・デヴィル化し、やがてオタクへと浄化され始めた頃、それまで平均的な大学生――大衆化したクリスタル族の末裔たち――の街であった渋谷に、ポスト新人類(およびポストDC)とされる「渋カジ族」が登場し、高学歴・ミドルクラスの子弟・子女が、ある範囲内ではありながらも逸脱行動をとるという点で、それまでの不良ないし非行観を覆していった。これ以降、九〇年代には(ポスト)団塊ジュニアと呼ばれる世代が、ユース・サブカルチャーズの担い手として台頭してくることになる。一方、渋カジがチーマーへと転化していく時期、渋谷に音楽関連のショップなどが集積したことを背景に「渋谷系」という言葉が浮上してくる(ないしはフリッパーズ・ギターのように、後に渋谷系として括り直されるミュージシャンたちが、インディーズもしくはメジャー・レーベルから相次いでデヴューする)。音楽(ジャンル)の選好が、ライフスタイルの選択、さらにはあるユース・サブカルチャーへの

表29　青少年が志向するくらし方（成人との経年変化）

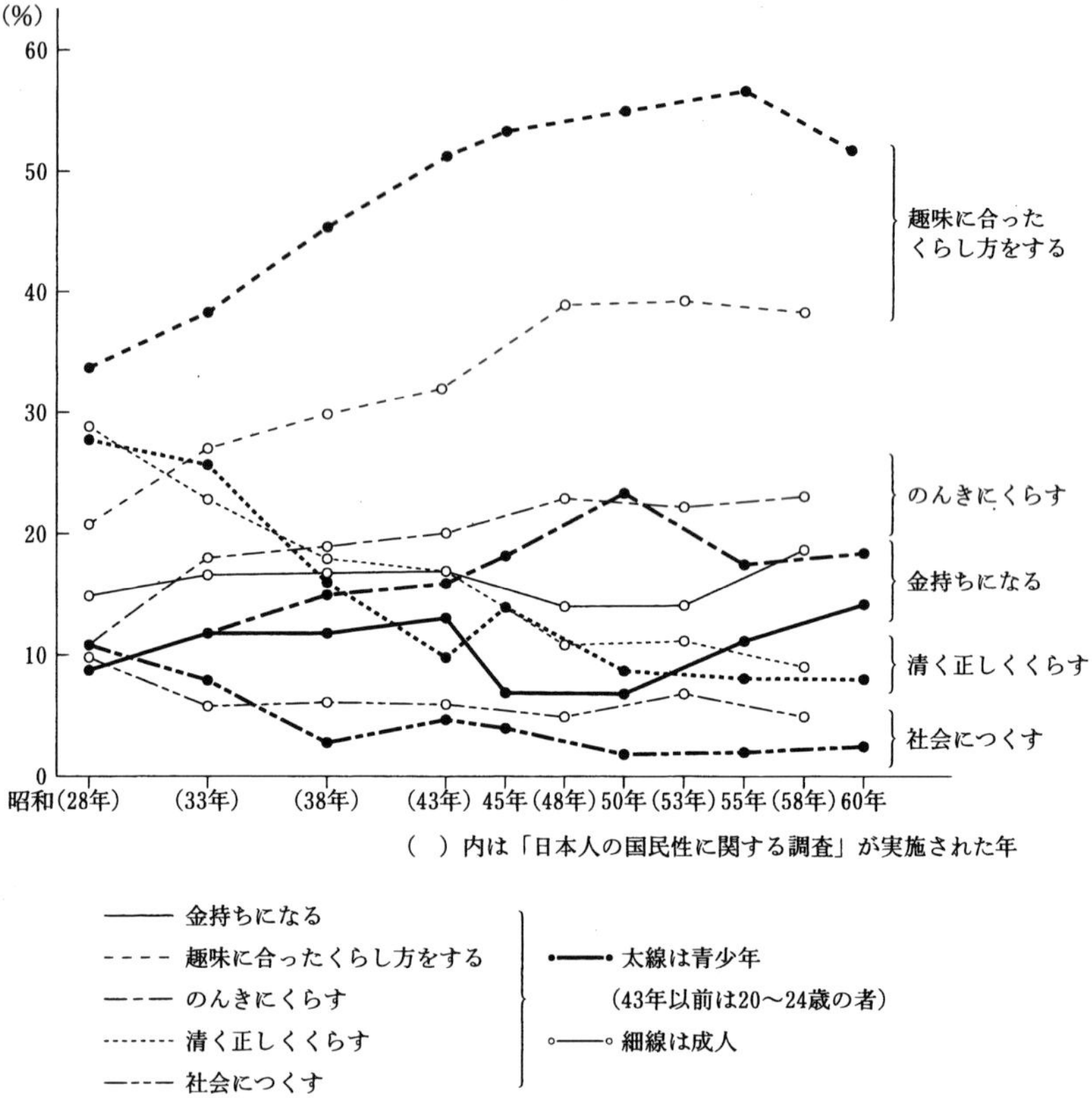

（出典：総務庁青少年対策本部『現代の青少年』大蔵省印刷局、1986年、144ページ）

投錨を意味することが一般的になるなかで、渋谷系は音楽ジャンルにとどまらず、ファッション、グラフィック・デザイン、クラブ・カルチャーなどを包含する一個のユース・サブカルチャーとして、やや曖昧ながらもその像を結んでいくことになる。音楽としては当時のバンドブームに、ファッションとしてはアメカジの流れに背を向け、マスメディアを介在させない流行現象という点で、渋谷系は一定の注目を集めていった。

渋谷系という言葉が、比較的静かに定着し、ひっそりと退潮を始めていた同時期、同じ渋谷をフィールドとしながらも、渋カジの流れを汲み、渋谷系女子とは対極にある「コギャル」たちが、鳴り物入りで登場してきた。大人ウケをまったく意識せず、ときには男ウケをも第一としない彼女たちは、一種のジェンダー・トラブルとして反響を呼び、渋谷および女子高生が新奇な、さらには珍奇な若者たちの流行現象の発信源であるとの認識を世に広めていった。そうした通念に対して九〇年代後半、雑誌メディアおよび商品の送り手と受け手とが三位一体となって、これまた秘かに異を唱え始めたのが「裏原系」であった。そのテイストは渋カジを、その人脈やネットワークのあり方は渋谷系を引き継ぐ点が多かったが、裏原系をめぐっては、それまでの経済の仕組みの埒外でビジネスが成功していくこと、もしくは世間的には無名のデザイナーのカジュアル・ウェアが高額で、しかも男性中心に熱心に取り引きされることが、驚嘆ないし失笑の対象となっていった。

こうした十一のユース・サブカルチャーズの変遷を、第1部で挙げた五つの視角から見渡してみると、階級のもつ意味合いは持続しているものの、決定的な要因ではなくなり、世代に関しても、コーホートにもとづく共通体験の希薄化が進んでいる。ジェンダーについては、女性が相対的に前面に登場するようになり、いくつかのバック・ラッシュはありながらも、ユニセックス化ないしクロスセックス化の流れは進行中である。メディアおよびコマーシャリズムは、すでに生起したユース・サブカルチャーズを後追いで広めるものから、当初からそのユース・サブカルチャー成立のための、織り込み済みの前提である度合いを強め、当事者たちが一から創出するというよりは、もっぱらユース・マーケティングの問題と化してきている。場所に関しても、依然そのユース・サブカルチャーズにとって重要な通りや地域は存在するものの、それは「カリスマ」やメディアによって、あらかじめ何らかの定義が付与された場所であり、その定義を理解し、共感し、それに関与する意思をもつ者だけが、そこへと集まる傾向が強まっている。太陽族当時の映画は、必ず映画館へと足を運ばざるをえないメディアであったし、雑誌が媒介したアンノン族にしても、最終的には街角や名所旧跡における対面的なふれあいは担保されていたが、菊池哲彦が言うようにクリスタル族の頃を境に、「路上の視点」は「散逸的な複数化する視点」に取って代わられ、「都市のメディア的経験」が優越し始め、[5]最終的にはストリート系雑誌における表象を介した共在へと至る。都市が非通念性を高めるとしたフィッシャーの命題は、少なくともユース・サブカルチャーズに関しては、メディアの細分化、ないしメディアの取り上げるストリート(への意味づけ)の多様化が、社会の非通念性を増幅すると言い換えられるのではないだろうか。

かつて何らかのサブカルチャーへの帰属は、本人の意志により容易に動かしがたい属性にもとづき、かなりの部分はあらかじめ決定づけられ、いったん成員となれば簡単に離脱しない(できない)のが通常であった。ユース・サブカルチャーズにしても、ある程度の期間は一つのものにコミットし続け、常時その規範に従うべき問題としてあった。しかし、共在の状況がより多く、より深くメディアに媒介されたものとなり、ネットワーク・ソシアリティ化が進んだ現在、ユース・サブカルチャーズは留保付きではあるが、よりクラスレス、ジェンダーレス、エイジレス(ないしはジェネレーションレス)であり、よりテンポラリーで、その凝集性・斉一性は低く、多くのヴァリアントを含んだ、輪郭の曖昧なものとなってきている。こうした現状を指して、イアン・チャンバースは文化の「コラージュ」化、[6]スティーヴ・レッドヘッドは「サブカルチャーからクラブ・カルチャーズへ」[7]、ポール・ウィリスは「下からの美学にもとづく消費のプロトコミュニティ」[8]、テッド・ポレマスは「スタイルのスーパーマーケット」[9]ないし「スタイル・サーフィング」[10]、ジグムント・バウマンは「クローク的共同体」[11]と呼んだ。

日本の場合、このような事態を最も象徴するのが、「族から系へ」という呼称の変化であった。[12]すでに述べたように「〜族」が、二輪・四輪などのクルマを媒介としたユース・サブカルチャーズへと限定されていくなかで、音楽やファッションなどへの嗜好を共有するユース・サブカルチャーズは、「〜系」と括られるようになっていく。もちろん「○○系」という言葉はそれまでも存在していたが、九〇年代に入った頃から、若者同士の会話で多用されるようになり、「〜系」は一種の流行語として、また「半疑問形」などと同様に、若者の用いる表現の曖昧さを示す例として取り沙汰されていく。(13)

最近では、あまりに便利なため、いい年をした大人も使いはじめている。とんねるずが、『ねるとん紅鯨団』で使って流行したとされる、「○○系」「××関係」という言い方である。／たとえば、わかりやすいのが「体育会系」や「ジャニーズ系」。前者は「大学の体育会に所属していそうな、角刈りの硬派なオニイサン」のことだし、後者は「ジャニーズ事務所に所属していそうな、ちょっと中性的で、ソフトな感じの男のコ」ということになる。／しかし、こんなのはいままでも使われていて不思議じゃない、わかりやすい例。たとえば、「福山系」というと、最近女子高生に人気の歌手兼俳優「福山雅治に似た感じの男」ということになり、「福山雅治」を知らないオヤジには意味が通じなくなる。／同様に、「チーマー関系《ママ》」といえば、「渋谷の〝チーム〟にいそうなストリートファッションの、ちょっと不良がかった男のコ」だし、「ヤバ系」といえば、「その筋と関係がありそうなヤバイ感じの男」ということになる。／ともかく、「○○系」といえば、すぐにどんな相手かがイメージできてしまうのが、最近の女子高生。ボキャブラリーを補うための、格好の形容詞ではある。(14)

そこには以前の族のように、多くのモノやメディアを介在させながらも、身体の群れ集いの場において、対面での相互の認証のなかから、何らかの集合的なアイデンティティを立ち上げていくプロセスは存在しない。また族が、ある共在の状況（下の人々）への呼び名であったのに対し、系の場合は、ある商品群やコンテンツ群などをカテゴライズする用法もあり、(15)それらを消費する人々の間には、きわめて希薄なつながりや、ごく不確かな前提の共有しか想定できない場合も多い。系はいわば「メディアによって表象される身体とモノとのウェブ」として拡がっており、その成員となるか否かの問題というよりは、そこにアクセスするかしないかの選択肢と言った方が適切だろう。そして、「〜系」の命名・定義は、ユース・サブカルチャーズ成員たちによる自律的・自生的なものという以上に、ファッシ

ョン誌やマーケッターからの託宣と化しつつある。(16)

例えば「popteen」一九九四年十二月号「トーキョー女子高生スタイル図鑑」には、「サーファー系、ボーダー系、ロリータ系、スケーター系、シスター系、オギャル系、ダンサー系（シスター系ダンサー、ダボダボ系ダンサー）、コギャル系」などが紹介されている。その後コギャル騒動を経て、ストリート・ファッションにおける女性のクラスターには「ギャル系、ガールズ・カジュアル系、ボーイズ・エクストリーム系、コンサバ・キャリア系、スタイリッシュ・フェミニン系」が、男性に関しては「ギャル男系、カジュアル・コンテンポラリー系、エクストリーム系、ヒップホップ系、モード・カジュアル系」が挙げられるようになる。(17) そして「ギャル」内だけでも「サーフ系、セレブ系、お姉《ねえ》系、お兄《にい》ギャル系、GAL系、アルバ系、マンバ系、チョイB系、B系、リゾート系、ミリタリー系、ウエスタン系、ロマカワ系」(18)に分類され、さらに「お姉」のなかでも「デビュー系、お嬢系、きれいメ系、いい女系、お兄系、美黒系、セレブ系」といった細分化が進行しているという。(19)

こうした「〜系」は、ある一個人内でも多層的に並存し、非常にアドホックな自己の繋留点としてある。例えば「アクロス」一九九四年一月号「ヤンキー魂再浮上――コギャル・パラギャル台頭の真相」で、ある女子高生（川崎市在住・私立三年）は「この夏はコギャル。たまにはJJやCanCamを参考にコンサバ系。つぎはスーパーモデル系をめざす」とインタヴューに答えている。特定のユース・サブカルチャーにある一定期間コミットし続けるというよりは、その日の気分や、その日に会う相手によって自らの系を選択したり、季節ごとに変化させていく、もしくは並立させていくというのが現状なのだろう。二〇〇三年版『現代用語の基礎知識』からは、「…系」の解説が、九五年来の「①…の類。秋葉系は東京の秋葉原に集まるパソコンやゲーム好きのマニアックな若者」に加えて、「②その状態、様子。「いま、寝てた系？」＝いま寝てたの？「読んでた系」＝読書してたんだ」が付け加わっている。何らかのユース・サブカルチャーズへの帰属やアイデンティティのあり方を示すというよりも、〜系はその場の様相や心境を表す語と化しつつあるわけだ。

キャロライン・エヴァンスは、初期カルチュラル・スタディーズのユース・サブカルチャーズ研究を批判し、今日のレイヴ・カルチャーは何らかのサブカルチャラル・アイデンティティに‘becoming’するのではなく、‘being’するものである点を指摘し、バトラーの行為遂行性《パフォーマティヴィティ》概念を用いて、流動性が高く、分裂を繰り返し、新たなフォーメーションへと常時 regrouping されるサブカルチャーとその成員のアイデンティティの現在を描き出している。[20] この言い方を借りれば、何がしかのサブカルチュラル・アイデンティティのもと‘being’している（ように見える）人へと‘becoming’する、そうあるために‘doing’するのが現在のユース・サブカルチャーズだということになる。かつては社会が求める青年像、男女像へと‘becoming’すべきとの強制力がはたらき、また出身文化への速やかな社会化が要請されており、それらへの反発から、さまざまなユース・サブカルチャーズへのコミットメントが生じてきた。そうした規範が薄れたにせよ（薄れたからこそ）、現在も若者たちはあるユース・サブカルチャーの成員としてその状況に‘being’し続けようとしている。

以上、「それは○○（なるユース・サブカルチャー）である」という状況やそのカテゴリーのあり方の変転を軸に、族から系までのユース・サブカルチャーズの系譜を辿ってきたわけだが、そこに通底する、もしくはその紆余曲折によって浮き彫りとなってきた社会変容を概括・整理しておくと次の諸点となる。もちろんこれらは、日本の戦後社会だけに当てはまるものではなく、国際比較の視点から捉え返されなければならない事柄である。また当然のことながら、これら諸点は複雑に絡みあっており、以下の項目立てはあくまでも便宜的なものでしかない。

対面的な「共在」からモノやメディアを介した「関係」へ

かつては裕次郎の仕草や秋川リサ（初期「an・an」の人気モデル）のファッションなど、メディア上の表象の転写はありながらも、暴走族あたりまではある物理的空間への若者たちの蝟集が、ユース・サブカルチャーズの立ち上がる重要な契機となっていた。しかし、モバイル・メディアをはじめさまざまなコミュニケーション・ツールが登場し、「若者たちは、インターネットを文化的参加の手段として創造的使用することで、「サブカルチュラル」アイデンティティのより再帰的で自己構築的な形式を生み出している」[21] 事態も、近年加速度的に進行している。とりわけファッション雑誌ごとに「〜系」が細分化され、さらには一誌のなかにも複数の「〜系」が林立している現状は、ユース・サブカルチャーズにおけるメディアの優越を物語っている(表30)。第1部では「諸集団としてのユース・サブカルチャーズから、諸状況(におけるカテゴリーズ)としてのユース・サブカルチャーズ研究へ」という展開を主張し、それにもとづき第2部の分析・記述は進められたわけだが、そのユース・サブカルチャーズの通観は、同時にそうした視座転換を提起するに至った背景の説明ともなっている。

ユース・サブカルチャーズに援用される資源のグローバリゼーション

日本の戦後ユース・サブカルチャーズの場合、欧米(特にアメリカ)への憧れを基調とするものは多いが、海外の事物が直輸入されたというよりは、さまざまな解釈やノイズが加えられ、いわば換骨奪胎されたかたちでユース・サブカルチャーズの資源として活用されるケースが多かった[22]。だが、こうした海外のユース・サブカルチャーズからの引用――脱文脈化と日本社会での再文脈化――は、今日ではより当たり前のことになり、世界的な動きとさらに連動・直結の度合いを高めつつある。例えば裏原系は、サーファー・モッズ・バイカー・スケーター・ヒップホップ・パンクなどのテイストのモザイクであり、「それは裏原系である」とは、その英米のネタの引用のあり方の巧拙(に関するキー・パーソンたちのお墨付き)の問題であった。また、欧米での評価を日本市場へと還流させる方略をとる「カリスマ」も存在する。ユース・サブカルチャーズの動態を捕捉するためには、「ますます、ローカルとグローバルの交錯が、理論化の中心となりつつある[23]」。

ユース・サブカルチャーズにおける「リフレーミング」の優越

メディアの発展は、ユース・サブカルチャーズへと援用される素材の国際化など、その資源の存在する空間的な布置を変えただけでなく、時間を超えた利用をも可能とした。膨大な過去のコンテンツの引用や再定義のなかから新たなユース・サブカルチャーズへと転生される場合も多く、各ユース・サブカルチャーズが何らかのコンテンツに対す

表30　婦人誌（1995年以降女性誌）の点数と一誌あたり平均の年間推計発行部数（単位：万冊）

年		57	58	59	60	61	62	63	64	65	66	67	68	69	70	71	72
点数	月刊誌	17	18	16	16	15	14	15	15	16	15	15	15	14	15	16	18
	ミス										3	3	1	1	2	3	3
	ミス・ミセス										8	8	9	9	8	9	10
	その他										4	4	5	4	5	4	5
	週刊誌					2	2	3	4	4	4	4	4	4	4	4	4
一誌あたり年間部数	月刊誌	220	213	256	272	273	287	300	301	316	358	367	377	422	411	430	401
	ミス										202	214	500	568	304	410	543
	ミス・ミセス										519	526	504	527	627	568	502
	その他										152	150	123	147	107	135	112
	週刊誌					2966	3076	2543	2491	2543	2889	2663	3190	3886	3256	3971	3596

年		73	74	75	76	77	78	79	80	81	82	83	84	85	86	87	88
点数	月刊誌	19	21	22	22	22	23	24	25	27	30	34	40	44	41	40	43
	ミス	4	5	6	7	6	6	6	7	10	12	16	20	23	21	21	24
	ミス・ミセス	10	11	11	10	10	10	11	11	10	10	10	11	11	11	11	11
	その他	5	5	5	5	6	7	7	7	7	8	8	9	10	9	8	8
	週刊誌	4	4	4	3	3	3	3	3	3	4	4	4	4	4	4	4
一誌あたり年間部数	月刊誌	387	326	339	354	354	355	346	355	335	317	307	291	287	298	300	306
	ミス	525	372	397	406	484	532	569	602	460	440	395	373	359	380	364	346
	ミス・ミセス	467	401	408	430	407	390	340	315	326	302	300	283	295	297	311	340
	その他	118	116	118	131	137	152	163	170	171	150	139	97	114	111	117	137
	週刊誌	3469	3167	2917	3215	3030	3148	3453	3549	3718	3053	3257	3432	3538	3617	3955	4203

年		89	90	91	92	93	94	95	96	97	98	99	00	01	02
点数	月刊誌	52	61	63	64	64	66	76	88	93	106	101	106	121	126
	ミス	30	37	40	42	42	44	50	59	64	72	64	70	80	82
	ミス・ミセス	13	14	14	14	14	13	14	17	17	19	20	19	21	21
	その他	9	10	9	8	8	9	12	12	12	15	17	17	20	23
	週刊誌	5	5	5	5	5	5	5	5	5	5	5	5	5	5
一誌あたり年間部数	月刊誌	262	220	221	218	223	221	204	186	185	166	172	162	147	137
	ミス	302	240	238	228	238	243	226	199	197	175	193	176	163	152
	ミス・ミセス	275	256	251	263	254	248	251	227	227	204	187	194	166	170
	その他	110	94	98	88	91	76	60	63	61	75	73	71	62	54
	週刊誌	3490	3324	3215	3103	3094	2914	2837	2762	2669	2568	2457	2283	2143	1971

（出典：各年の『出版指標年報』〔出版科学研究所〕から作成）

総発行部数は、婦人（女性）月刊誌で1955年の3,365万冊から2002年の1億7,239万冊まで順調に伸び、婦人（女性）週刊誌では60年の6,708万冊から89年の1億7,450万冊をピークに02年の9,857万冊へと至る。婦人（女性）月刊誌内では「ミス・ミセス」が66年の4,150万冊から02年の3,579万冊へと漸減したのに対し、「ミス」は66年の607万冊から02年の1億2,429万冊へと急増している。だが、総じて1誌あたりの部数は減少の傾向にあり、雑誌メディアの細分化が進行している。

るファン・カルチャーであるという側面も増大している。例えば日本でも『さらば青春の光』公開を契機としたネオ・モッズ、九〇年代にはブリットポップ・ブームの影響下ネオネオ・モッズが起こっており、それらは渋谷系のムーヴメントとも一部繋がっていた。本書は「作品ないしコンテンツとしてのサブカルチャーから、人々の実践としてのサブカルチャーへ」という転換を企図したものだったが、それと同時に、コンテンツとしてのサブカルチャー観が一定の説得力をもち、広まらざるをえない背景を描き出すものでもあった。

モラル・パニックから、人々の定義《フォーク・デフィニション》ないし自己定義《セルフ・デフィニション》としてのユース・サブカルチャーズへ

仲間内のウェイズ・オブ・ライフの共有とその相互認証に対し、何らかの名付けがなされ、強弱の差はありながらも社会——親、地域、警察や教育関係者、マスメディアなど——からの批判・揶揄が加えられるという構造は同型的でありながら、何がしかの非行ないし逸脱と見なされ、他者からのレイベリングの色合いの濃い「〜族」から、ファッション誌の選択とほぼ等置されるような「〜系」へという流れは、ユース・サブカルチャーズがより自己定義の問題となったことの証左だろう。八〇年代以降のユース・サブカルチャーズでは、その成員であると周囲から目されている者が、そのユース・サブカルチャーズへの百パーセントの所属を否定し、安易にそうした呼称で自分を括らないでくれとの frame dispute を頻繁におこなうようになり、自分は自分である、との語りも卓越してくる。[24]今日、フレーム内でのスタイルの微妙な操作による、他の成員との差異の自己呈示・演出という戦略が、日常的・一般的に採用されているのである。その一方で、そうした戦略の成否を評価する基準が、各種メディア（ないしそこに君臨するカリスマ）から備給される度合いも強まっている。

ユース・サブカルチャーズと関わる年齢層の拡大

「青年」から「若者」へ、さらに「ヤング」へ。そして、ヤングの死語化へ。こうした呼称の変遷からは、社会を担う有為な大人への社会化を期待され、その途上にある者としての青年像から、余暇や消費により比重を置き、ときに

は逸脱的・享楽的ですらある若者像へ、そして大人たちとはまったく別個の流行や市場を形成し、長くそこにとどまり続けるヤング像へ、さらにはその拡散を経て、統一的な若者像を描きえない現状——若者とは何か、自身が若者であるか否かもより自己申告の問題と化しつつある——への推移が垣間見られるだろう。それは、団塊の世代が送り手もしくは受け手となって形成された六〇年代的な若者文化が、やがて社会全域へと希釈されていき、普遍的な意味での若者文化が空洞化していく過程である。そして八〇年代以降、大部分の若者が何らかのより特定的なユース・サブカルチャーズにコミットし、さらにそこから完全には脱皮しないまま年齢を重ねることが常態となった社会の出現を意味している。こうして「若者（文化の一員）であること」が特別な意義をもたなくなるにつれ、若者という役割《ロール》よりもそのなかでの役柄《キャラクター》（としてのユース・サブカルチャーズ）へと、人々の関心は傾斜していく。

サブカルチュラル・アイデンティティの細分化、多層化、アドホック化、状況依存化の進展

二十世紀初頭にゲオルグ・ジンメルが、「歴史的な拘束から解放された諸個人は、（略）もはやたんにそれぞれの個人における「普遍的な人間」のみならず、さらにまさに質的な唯一性と代替不可能性とが、いまは個人の価値の担い手となる」[25]と指摘し、さまざまな流行現象を「社会的均等化への傾向と、個性的差異と変化への傾向とを一つの統一的な行為のなかで合流させる、多数の生の形式のなかの一つの特殊な形式」[26]と看破した時点から、さらには若者文化の全般的な成立を経て、若者としてありながら、かつ他の若者と同じではないではないために、個でありつつも孤でないために、「あるユース・サブカルチャーを採択・使用する」という方略が急速に普及していった。「それは〇〇（なるユース・サブカルチャー）である」という状況が日々創出・更新され、また当事者によって速やかに使い分けられ、新たなユース・サブカルチャーズが目まぐるしく登場・分化・派生し、交配・淘汰・再生を繰り返しているのである。[27]

社会全般の寛容性の水位の上昇

例えば、ティーンエイジャーたちの海辺や街角でのナンパ（とそれをきっかけとする性交渉）が、当時の社会的通念を揺るがした五〇年代から七〇年代に対し、それが当たり前の光景となった現在、スキャンダラスに語られるのは、やおいやボーイズ・ラヴ、萌えなど、肉体的な関係へとは至らないセクシュアリティのあり方である。またかつてユース・サブカルチャーズは、幾分なりとも「ドロップアウトという裏返しのエリーティズム」によって非通念的であろうとしたのに対し、クリスタル族―渋カジ族、渋谷系―裏原系などの流れからは、素直なエリート意識が感得できよう。「われわれの寛容のレヴェルは、明らかに徐々に上昇している。（略）以前は、ほぼすべての人が認識し、従っていた規範や価値である支配的文化が存在した」が、「支配的文化は、国家やローカルな公的機関によって支持され残存しているが、その意義は減少しており、もはや同じ尊重を享受しえない」[28]。ポスト団塊ジュニアのコーホートが「ロストプロセス・ジェネレーション」とも呼ばれるように[29]、今日、大人化（脱若者化）の支配的・通念的な手順や道筋は、より見えにくいものとなってきている。

現代（の消費および情報化）社会では、相対的に「よりプライマリィな自身への定義」しか存在しない以上、誰にとっても「この世は、劇場に似てきつつある」のであり、そのつど「いま、ここ」での自己を定義づけ、当座の間、自身をそうカテゴライズするサブカルチャーの成員として「断片的社会化」を果たさざるをえないわけだ[30]。現在、ユース・サブカルチャーズは、以下のような「キャラ」とほぼ同等なものとなっているのかもしれない。

「中の人」という言い回しが若者の間やネット上で広がりつつある。正義のために戦う変身ヒーローを見て、汗だくで奮闘する「中の人」に思いをはせるのが大人の鑑賞法。これを応用し、選挙運動で正論を叫ぶ候補者に「中の人も大変だね」などとクールにつぶやくのが典型的な使用例だ。／はしゃいで騒ぐ友人には「そのキャラ（＝騒々しい人格）は嫌いだけど、中の人（＝場を盛り上げようと気を使う人格）とは仲良くしたい」とねぎらう。

（略）「キャラ的にOK」「キャラがかぶっちゃった」。若者らの会話に頻出する「キャラ」とは、キャラクターの略で、性格や人格という意味。今、複数の「キャラ」を自然に使い分ける振る舞いが目立ってきている。（略）演技者と振付師（または観察者）など複数の役回りを当たり前のように心の中で使い分けている。[31]

ゴフマンは、「役割《ロール》についているとき、その個人は、パーソナルな、生活誌的なアイデンティティを帯びているのではなく、単にちょっとした社会的カテゴリー化、すなわち社会的アイデンティティを帯びており、それを通じてだけ、いくばくかはパーソナルなアイデンティティを保つことができる」[32]ものであり、「役割は純粋に社会的事柄であり、それを投企する機関（パーソンもしくは個人）は、社会的である以上のもの、よりリアルで、生物学的で、より深く本物な何ものかだと考えてしまいがちである。この嘆かわしいバイアスが我々の思考をスポイルすることは、許されてはならない」[33]と述べた。かつてゴフマンが先駆的に洞察したことが、今日では日常のことと化していると言えよう。またゴフマンは、各人のパーソナル・アイデンティティの核心にあるものを'identity peg'と呼んだ[34]が、その比喩を用いれば、当時はまだその人のユニークネスを固定する木釘の意であったものが、現在では刻々と変わる自己のあり方を、あたかもコートか何かのように、次々と掛け替えていくための金具としてしか、人（の固有性）は存在していないかのようにも思われる。

そうしたなかでユース・サブカルチャーズは、より微細な諸派《クリークス》――極端に言えば、一人一派――に分枝していき、成員たちによるminor frame breakやreflexive frame break――「私たち、コギャルとかじゃないしぃ～」「今日は裏原テイストを取り入れてみました（笑）」――の戦略も一般化している。もし「真の自己《トゥルー・セルフ》」[35]というものがありうるとしたら、それはキャラクターをハンドリングするという意味においてであり、「役柄距離」のとり方、保ち方にこそ、かろうじてその人の「唯一性、代替不可能性」が顕現するのである。リモコンでテレビの番組を切り替えるように、ケータイで繋がる相手を選ぶように、掲示板のスレッドやSNSのコミュニティに出入りするように、いま若者たちは「それは○○（というユース・サブカルチャー）である」を着脱している。ゴスロリであることも、電車男風であることも、モテ系ＯＬっぽくあることも、どこかコスプレ的であり、店先に吊るされた服のなかからのチョイスにも似てきている。(36)

現在すべてのユース・サブカルチャーズは既視感のなかにあり、今後、顕著な新奇性を誇るユース・サブカルチャーズの登場はありえないようにも思える。だが、ノルベルト・エリアスの言い方を借りれば、現代社会では「われ＝アイデンティティがわれわれ＝アイデンティティよりも優勢」であるにせよ、「われわれ＝アイデンティティを欠いたわれ＝アイデンティティは存在しない」(37)。「われわれ」のなかでのヴァリエーションのつけ方によって「われ」であろうとするにせよ、何らかの「われわれ」との距離のとり方によって「われ」であろうとするにせよ、他から何がしかの点で弁別されうる「われわれは〇〇（というユース・サブカルチャー）である」は、今後も希求され続けるだろう。

太陽族から裏原系までの概観を通して見えてきたのは、社会的通念から離脱するためにユース・サブカルチャーズが切に必要だった時代は終わったが、終わったからこその不透明さに対処するためにユース・サブカルチャーズがさらに必要とされている、という円環であった。これまで若年層が集中的に担ってきた類いの文化が、社会全域へと拡散し、それらの文化が非通念性を帯びがちであることが通念として受け容れられつつあるいま、さまざまに再生・変奏され続けるユース・サブカルチャーズは、通念文化を逆照射する「革命的カテゴリーズ」というよりは、この社会における部分文化的なものとして定位置を確保しつつある。ユース・サブカルチャーズは今後も存在し続けるだろうが、いわゆる先進諸国では、それらが真に社会を震撼させたという意味で、二十世紀後半こそが「ユース・サブカルチャーズの時代」だったのである。

注

（1）北村充史『テレビは日本人を「バカ」にしたか？——大宅壮一と「一億総白痴化」の時代』（平凡社新書）、平凡社、二〇〇七年

（2）石川晃弘『社会変動と労働者意識——戦後日本におけるその変容過程』日本労働協会、一九七五年

（3）ＮＨＫ放送文化研究所編『現代日本人の意識構造〔第六版〕』日本放送出版協会、二〇〇四年、二三四ページ

（4）スポーツ・サブカルチャーに関する論考のなかでピーター・ドネリーは、サブカルチャーを'ascribed subcultures'と'achieved subcultures'とに区別し、スポーツに関するアスリートないしファンたちのサブカルチャーが後者であることを論じている（Peter Donnelly, "Toward a definition of sport subcultures," in Mabel Marie Hart and Susan Birrell eds., *Sport in the Sociocultural Process*, W.C. Brown Co. Publishers, 1981）。

（5）菊池哲彦「都市のメディア的経験——イメージの集積としての都市」、ソシオロゴス編集委員会編「ソシオロゴス」第二十号、一九九六年

（6）Iain Chambers, *Popular Culture: The Metropolitan Experience*, Routledge, 1986.

（7）Steve Redhead, *Subculture to Clubcultures: An Introduction to Popular Cultural Studies*, Blackwell, 1997.

（8）Paul E. Willis, *Common Culture: Symbolic Work at Play in the Everyday Cultures of the Young*, Westview Press, 1990.

（9）Ted Polhemus, *Street Style: From Sidewalk to Catwalk*, Thames and Hudson, 1994.

（10）Ted Polhemus, *Style Surfing: What to Wear in the 3rd Millennium*, Thames & Hudson , 1996.

（11）ジークムント・バウマン『リキッド・モダニティ——液状化する社会』森田典正訳、大月書店、二〇〇一年

（12）クルマと関連しなくとも、ヤンキー・テイストな「族」としては、黒服であることが多いためカラス族と呼ばれる大阪道頓堀戎橋で呼び込みに励むホストたちや（山口晋「大阪・ミナミにおけるストリート・パフォーマーとストリート・アーティスト」、人文地理学会編「人文地理」第五十四巻二号、二〇〇二年）、青森ねぶた祭りで黒っぽい服を着て騒ぐ若者たちを同様にカラス族とする用法など（『ザ・サンデー』日本テレビ、二〇〇四年八月八日放送）。

（13）米川明彦『若者語を科学する』明治書院、一九九八年、小林千早『ことばの歴史学——源氏物語から現代若者ことばまで』（丸善ライブラリー）、丸善、一九九八年、小林信彦『現代〈死語〉ノートII——一九七七—一九九九』（岩波新書）、岩波書店、二〇〇〇年、岩松研吉郎『日本語の化学』ぶんか社、二〇〇一年

（14）前掲『花の女子高生ウフフ…の秘密』七六ページ

（15）「病院のガーゼや安全ピンやポリ袋など、本来衣料品でないものまで含め、あり合わせの素材を組み合わせて自分のスタイルをつくってしまうパンクと日本のギャルは、物を用いて「具体的に」思考するという方法は共有しているといってもいいかもしれない。／彼女たちのスタイルは、しばしば「ギャル系」「お姉系」、あるいは音楽と結びついて「ヒップホ

ップ系」「ビジュアル系」とか、購読雑誌によって「JJ系」「ViVi系」などと、「系」ということばでくくられる。一つづきに関係するものを指す「系」とはいい得て妙だが、そのなかで、ひとりひとりが外面のアイデンティティー（差異）を持とうとしている」（野村雅一「スタイルとしての身体——Driving my Body」、関根康正編『〈都市的なるもの〉の現在——文化人類学的考察』所収、東京大学出版会、二〇〇四年、三八五ページ）。なお、「ビジュアル系」は渋谷系に触発されるかたちで、それまであったビジュアルロックという言葉から派生した語。それ以前にも、「髪立て系」「化粧系」という表現もあったが、音楽業界の一部でだけ通用し、一般化はしなかった（井上貴子／森川卓夫／室田尚子／小泉恭子『ヴィジュアル系の時代——ロック・化粧・ジェンダー』〔青弓社ライブラリー〕、青弓社、二〇〇三年）。

（16）例えば男性ヘアスタイル＆ファッション誌「BiDaN」二〇〇七年四月号（インデックス・コミュニケーションズ）は、「この春、街は〝シブハラ系〟にシフトする!!」と新たなカテゴリーを仕掛けている。

（17）前掲「ストリートファッションと街の相関性に関する研究」四五ページ。もちろんこの分類も、時々刻々と変化していかざるをえない。例えば二〇〇〇年の時点では、女性は「コンサバ・フェミニン系、ギャル系、ボーイズ・カジュアル系、ガールズ・カジュアル系、インポート・セレクト系」と分類可能であったものが（渡辺明日香「携帯電話・PHSを使いこなす人はおしゃれ消費も大——女子大生ファッション＆コスメ＆ライフスタイルアンケートより」、ポーラ文化研究所編「化粧文化」第四十号、二〇〇〇年）、数年を待たずして微調整が必要となっている。

（18）「Shibu☆スナ！」二〇〇四年八月号、ぶんか社

（19）「popteen」二〇〇四年十月号。「系」ごとの壁はときとして厳然としてある。例えば、金原ひとみ『蛇にピアス』（集英社、二〇〇四年）の主人公は、舌にピアスしたとたん、友人マキから「まじまじと私の舌を見て、いーたっそー、と連呼して顔を歪めている。／「どういう心境の変化なの？　舌ピなんてさ。ルイ、パンクとか原宿系とか嫌いじゃん」／マキは二年前にクラブで知り合った、コテコテのギャル」（二一ページ）といった反応をされる。なおこの場合の「原宿系」は、ギャルやお姉という意味での「渋谷系」に対置されるべき、個性派ファッションを意味する（中村泰子『「ウチら」と「オソロ」の世代——東京・女子高生の素顔と行動』〔講談社文庫〕、講談社、二〇〇四年）。

（20）Caroline Evans, “Dreams that only money can buy... or, the shy tribe in flight from discourse,” *Fashion Theory*, 1(2), Berg Publishers,1997.

（21）Andy Bennett, “Virtual subculture? youth, identity and the Internet,” in Bennett and Kahn-Harris, *op.cit.*, p.168。近年の

メディア環境の激変は、「状況ごとに関係を柔軟に使い分けながらサバイバルせざるを得ない若者の姿」（岩田考「多元化する自己のコミュニケーション」、前掲『若者たちのコミュニケーション・サバイバル』所収、一八一ページ）と、その状況依存的な、断片化されたアイデンティティーズ（fractured identities）のあり方を浮き彫りにしている（Belinda Wheaton, "'Just do it': consumption, commitment and identity in the windsurfing subculture," *Sociology of Sport Journal*, 17, Human Kinetics Publishers,2000）。

（22）東欧などの旧共産主義国の場合、欧米出自のユース・サブカルチャーズの受容には、共産主義体制への抵抗という意味合いを帯びる場合が多く（Claire Wallace and Sijka Kovatcheva, *Youth in Society*, Palgrave Macmillan,1998）、オーストラリアではときに旧宗主国へのアイデンティファイであったりもする（Moore, *op.cit.*）。それらと比較したとき、本書で取り上げたユース・サブカルチャーズが、ナショナリティやエスニシティを主要な資源としたとは言い難い。

（23）Rattansi and Phoenix, *op.cit.*, p.143. 最近の日本での展開としては、岡田宏介「音楽」（前掲『文化の社会学』所収）、遠藤薫編『グローバリゼーションと文化変容——音楽、ファッション、労働からみる世界』世界思想社、二〇〇七年。アンディ・ベネットらの言う、若者のアイデンティティに果たすローカリティの役割に関しては、後日を期したい（Andy Bennett, *Popular Music and Youth Culture: Music, Identity and Place*, Palgrave Macmillan, 2000）。

（24）吉水由美子／伊藤忠ファッションシステム『「漂い系」の若者たち——インスピレーション消費をつかまえろ！』ダイヤモンド社、二〇〇二年

（25）ゲオルク・ジンメル『橋と扉』（「ジンメル著作集」第十二巻）酒田健一／熊沢義宣／杉野正／居安正訳、白水社、一九九四年、二八四—二八五ページ

（26）ゲオルク・ジンメル『文化の哲学』（「ジンメル著作集」第七巻）円子修平／大久保健治訳、白水社、一九七六年、三四ページ

（27）こうした傾向は、通常ポスト・モダニティ、ないしレイト・モダニティに特有な現象として語られることが多い。例えば「八〇～九〇年代を通じて、階級は文化的経験の決定的要因ではなくなる一方で、年齢集団・エスニシティ・ジェンダー・ライフスタイルを基礎とした、新たな多元的なアイデンティティが優越してきており、こうした近年の変化は、アイデンティティの細分化と消費の多様化といった、ポストモダニズムへの一般的な動きの一部と見ることができる」（Michael Smee, "Consumption and identity before going to college, 1970-93," in Mica Nava, Andrew Blake, Iain Macrury and Barry Richards eds., *Buy this book : Studies in Advertising and Consumption*, Routledge, 1997)。もちろんユース・サブカルチャーズにおけるモダンとポストモダンの相違――「集団アイデンティティ／断片的アイデンティティ」「スタイルの相同性／スタイルの混在性」「強い境界維持／境界維持の弱さ」「サブカルチャーによる主要アイデンティティの備給／多元的なスタイル上のアイデンティティ」「関与度の高／低」「メンバーシップの永続性の感覚／一時的な定位の表出」「サブカルチュラルな移動性の高／低」「信念と価値の強調／スタイルと意味への熱中」「抵抗の政治的身振り／非政治的感覚」「反メディア感覚／メディアへの肯定的態度」――は存在するとしても（Muggleton, *op.cit.*, p.52）、「バーミンガム大学現代文化研究所のモダニストパラダイムは、現在のサブカルチュラルムーブメントの経済的・文化的・政治的ダイナミクスを説明しえないが、それはまた無批判的で、再構成されていないポストモダニズムも同様である」（Weinzierl& Muggleton, *op.cit.*, p.19）。また「すべてのコメンテーターが、若者が単に商品化の不可抗力の餌食だとしているわけではない。消費者文化が、完全に持続的な集合的アイデンティティーズを破壊し、それらを、若者が単にファッション・アイテムを購入し、身につけることによってアイデンティティを任意に構築ないし再構築する、自由に浮遊する個人化へと置き換えたと主張する、典型的な「ポストモダニスト」もそう多くはいない」（Rattansi and Phoenix, *op.cit.*, pp.137-138）。

（28）Ulf Böethius "Youth, the media and moral panics," in Johan Fornas and Goran Bolin eds., *Youth Culture in Late Modernity*, Sage, 1994, pp.52-53.

（29）サントリー不易流行研究所編著『ロストプロセス・ジェネレーション――昭和五十年代生まれ、こころのかたち』神戸新聞総合出版センター、二〇〇二年

（30）加藤隆雄「社会化ポストモダンの曠野より」、門脇厚司／宮台真司編『「異界」を生きる少年・少女』所収、東洋館出版社、一九九五年。ゴフマンとガーフィンケルの共通点を「断片的社会秩序」の追究にみる加藤など、近年両者の近さを論じる研究が多く見られる（加藤隆雄「アーヴィング・ゴッフマンにおける社会秩序の逆構築――断片的社会秩序とその理論（Ⅰ）」「Sociology Today」第六号、お茶の水女子大学社会学研究会、一九九五年、同「ハロルド・ガーフィンケルにおける秩序＊, etc. の産出――断片的社会秩序とその理論（Ⅱ）」「Sociology Today」第七号、一九九六年、Kwang-Ki Kim, *Order and Agency in Modernity: Talcott Parsons, Erving Goffman, and Harold Garfinkel*, State University of New York Press, 2002）。

（31）石鍋仁美『トレンド記者が教える消費を読むツボ62』（日経ビジネス人文庫）、日本経済新聞社、二〇〇六年、二〇五―

二〇六ページ。「キャラ」に関しては、瀬沼文彰『キャラ論』STUDIO CELLO、二〇〇七年。
（32）Erving Goffman, *Frame Analysis*, p.286.
（33）*Ibid.*, pp.269-270.
（34）アーヴィング・ゴッフマン『スティグマの社会学――烙印を押されたアイデンティティ』石黒毅訳、せりか書房、一九八七年、九四ページ
（35）Goffman, *Frame Analysis*, p. 294.
（36）尾崎綾子「被服選択と自立度・成熟度の関係性」（関西学院大学社会学部二〇〇五年度卒業論文）によれば、ここ数年の「CanCam」急成長の要因は、専属モデル蛯原友里の「お嬢さんかわいいエビちゃん系」コーディネート以下、「いい女かわいい優系」「小悪魔かわいいマキ系」「カジュアルかわいい直子系」など、「モテ系」を細分化して呈示し、それぞれが人気を博した点にあった。こうした「系」の濫造に対し、「egg」二〇〇六年九月号「渋谷族スタイル完全攻略バイブル――二〇〇六年夏四大ギャル族渋谷制圧物語　ネオン族vsシャニット族vsリゾート族vsサマブラ族」など、族という語の新奇性も再浮上しているが、その意味するところは「〜系」と大差はない。辻大介は、個々人にはその自我のコアとなる部分がまずあって、そのコア同士が結びつくのが「全面的で親密な対人関係」であり、それ以外は「部分的で表層的な対人関係」であるという二分法が、すでにいまの若者を論じるときのモデルとしてはふさわしくなく、一個の人格の内に多くの自己が重層的に並存し、緩やかに連結している今日的な自我構造では、「部分的だが表層的でない対人関係」も成立していると主張した（辻大介「若者のコミュニケーションの変容と新しいメディア」、橋元良明／船津衛編『子ども・青少年とコミュニケーション』北樹出版、一九九九年）。ならば、「全面的で親密な対人関係」が優越する族であり続けることはないにせよ、そのときどきに選び取った「系」によって、同じ「系」のヒト・モノ・コトと結びついたり、他の「系」と棲み分けたりといった行為が、その当事者（たち）にとって皮相なものだとは言い切れまい。「〇〇系」としか呼びようのない、漠たる自己表現の方法や集合的な心性であっても、それが自己の存在確認として必要とされているがゆえに、今日もまたさまざまな「系」が出現し続けているのである。
（37）ノルベルト・エリアス著、ミヒャエル・シュレーター編『諸個人の社会――文明化と関係構造』宇京早苗訳、法政大学出版局、二〇〇〇年、一七六―二〇七ページ

あとがき

余計なこととは思いながら、最後に自分自身のことについて少しふれておきたい。

私は一九六一年、大阪市に生まれた。父は地方国立大学を出て上阪し、就職した典型的な「中間文化」享受者。母は高校在学中に共学化をむかえるという「戦後派」であり、高校卒業後「ＢＧ」を経て、専業主婦となった。六〇年代に郊外に一戸建てを購入し、自家用車も手に入れた。その後父の急逝があり、経済的には余裕があるとは言い難かったが、母が家計を支えてくれたおかげでなんとか大学まで進学できた。

大学を卒業した八四年、就職により上京。江戸川区小岩から総武線に乗って東京駅へと通う「丸の内のサラリーマン」となった。読書と若干の音楽・映画鑑賞以外、格別これといった趣味もなく、バブルに向かう狂乱のなかでただただ仕事に追われていた。息抜きといえば、資料探しと称して八重洲ブックセンターや有楽町西武、銀座イエナなどをぶらつくくらいだった。そして、どういう経緯だったかはもう忘れたが、ウィリス『ハマータウンの野郎ども』やヘブディジ『サブカルチャー』といった訳書を手にとり、妙に感銘を受けたりしていた。たぶん映画『ケス』や『シド＆ナンシー』が好きだったからだと思う。

そして九一年から九三年、会社を休職しての大学院生時代は、広告に関する修士論文を書くかたわら、図書館の書庫の奥からネルス・アンダーソン『ホボ――無宿者に関する社会学的研究』（東京市社会局、一九三〇年）を掘り出して、映画『ウディー・ガスリー　わが心のふるさと』や『アリスのレストラン』に想いをはせたり、ゴフマンの『アサイラム』を読み、『カッコーの巣の上で』に熱中した中学時代を懐かしんだりしていた。

その後またもとの会社に復職するなど紆余曲折があり、九六年春からいまの職場に転職し、広告ないしメディアの研究者ということになった。その関連で"Folk Devils and Moral Panics"を読み、大学時代に影響を受けた『さらば青春の光』のことを想った。そして『トレインスポッティング』を観たことが引き金になって、「「サブカルチャー」再考」という紀要論文を書いた。会社員時代はコピーライターとしてクライアントから発注を受け続け、修士論文の一部を投稿して以降は、広告に関する執筆依頼を頂戴し、それに応え続けていた私にとって、この紀要論文は、初めて百パーセント内発的な意志と欲求のもとに書いた文章だったように思う。

しかし、その後しばらくこの論文のことは忘れていた。二〇〇二年度には『トレインスポッティング』の導きか、一年間スコットランドでの在外研究の機会を得た。無収入で貯金を食いつぶしていた大学院生時代とは異なり、ずいぶんゆったりとした気持ちで、のどかな自然を堪能しながら暮らしていた。そして日々、ひたすら背表紙に 'Youth Culture' 'Popular Culture' 'Subculture' 'Working-class Culture' といった文字のある本ばかりを読み続けていた。ゴフマンの *Frame Analysis* も読み返した。実は、広告や消費に関した本はほとんど読まなかった。内心、どこかで広告以外にもう一本、自身の研究の柱を探していたのだろう。

帰国後は、初めての子どもが双子であるというてんやわんやのなか、スコットランドで観た "Dogtown& Z-boys" をはじめ、"RIZE" "Metal: A Headbanger's Journey" "Free Style" "Step into Liquid" "Festival Express" といった優れたドキュメンタリー・フィルムにも後押しされながら、本書のもとになる原稿を紀要に書き連ねていった。つたなく乏しい成果ではあるだろうが、これまでの青（少）年文化論、若者文化論、サブカルチャー論などのいずれにも、どこか釈然としない思いを抱いてきた者が、自分なりに納得のいく記述を探し求めた軌跡である。少しでも多くの方にお読みいただき、どこか一つでも共感しうる点を見出していただければ、これに勝る幸せはない。

＊

本書の成立に関して、一年間の留学期間と二〇〇四年度個人特別研究費（テーマ「戦後日本社会におけるユース・サブカルチャーズ研究」）を与えてくれた関西学院大学にまず感謝いたします。また本研究は、科学研究費補助金「戦後日本におけるメディアと若者の変容に関する社会史的研究」（平成十六年から十七年度）の成果でもあります。

科学研究費補助金「テレビ文化のメディア史的考察」（平成十六年から十七年度）にもとづく研究会の皆さん（研究代表者の長谷正人さんをはじめ、瓜生吉則さん、太田省一さん、北田暁大さん、高野光平さん、田所承己さん、丹羽美之さん）、ならびに科学研究費補助金「地方博覧会の文化史的研究」（平成十七年から十九年度）にもとづく研究会の皆さん（研究代表者の柴田哲雄さん、福間良明さん、谷本奈穂さん、坂田謙司さん、山里裕一さん、高井昌吏さんなど多くの方々）に謝意を表します。こうした研究会への参加のたびに、育児と教務・校務以外にもすべきことがあるのだという念を新たにしました。前者の研究会に参加させていただいたおかげで、本書の編集をお願いした青弓社の矢野未知生さんと知りあうこともできました。また、ご迷惑をかけるといけないので名前は伏せますが、私のような人間に修士論文などを託してくれた院生の人たちにも、育児・教務・校務以外の仕事をremindさせてくれた点で、大いに感謝しています（コメントなど返せず、すみません。本書の献本で許してやってください）。

それから二〇〇四年度関西学院大学教員組合執行部（現キャッチボール同好会）の皆さんに感謝いたします。本書で「階級《クラス》」という古めかしい言葉にこだわった点など、何かしら本書執筆に臨むスタンスを固めるうえで、あの一年間の書記長経験は大きな意義を有していました。

本書に並行して執筆した「メディアとサブカルチャー」（「マス・コミュニケーション研究」第七十号、二〇〇七年）や「盛り場の変容」（井上俊／伊藤公雄編『社会学ベーシックス4　都市的世界』世界思想社、近刊予定）といった文章は、自身の思考をまとめる貴重な場となりました。執筆者にご推挙いただいた佐藤卓己さんや編者の皆様に感謝いたします。また後者は、吉見俊哉『都市のドラマトゥルギー』の紹介ならびに書評となるもので、大学院時代に指導教官をお願いして以来の学恩を感じております。そして大学院時代をともにした北村順生さんの、やや酩酊状態での何げない一言（確か何かの学会後、京都の居酒屋で）、「難波さん、「「サブカルチャー」再考」、最高っすよ」がなければ、本書はなかったように思います。

本書作成への最後の一鞭は、京都大学文学部からの二〇〇七年度「社会学特殊講義」への出講依頼でした。田中紀行さんに感謝いたします。佐藤卓己さん、田中紀行さん、それから育児の過程で刺激を受けた『世界一ぜいたくな子育て』（〔光文社新書〕、光文社、二〇〇五年）の長坂道子さんなど、同級生（一九八〇年入学Ｌ３）のネットワーク・ソシアリティに助けられました。

そして今回は、何よりも最愛の子どもたち、庚太郎《こうたろう》・桃埜《ももの》（出生順）に著書を捧げます。あなたたちがどんな若者となる（ことを選ぶ）にせよ、その姿をきちんと見届けたいものだと日々願っています。

［著者略歴］
難波功士（なんば こうじ）
1961年、大阪府生まれ
関西学院大学社会学部教授
専攻は広告論、文化社会学、メディア文化論
著書に『広告で社会学』（弘文堂）、『「就活」の社会史――大学は出たけれど…』（祥伝社）、『社会学ウシジマくん』『メディア論』（ともに人文書院）、『「撃ちてし止まむ」――太平洋戦争と広告の技術者たち』（講談社）など

族《ぞく》の系《けい》譜《ふ》学《がく》　ユース・サブカルチャーズの戦後史

発行………2007年6月4日　第1刷
　　　　　2022年9月30日　第3刷
定価………2600円＋税
著者………難波功士
発行者……矢野未知生
発行所……株式会社青弓社
〒162-0801 東京都新宿区山吹町337
電話 03-3268-0381（代）
http://www.seikyusha.co.jp
印刷所……大村紙業
製本所……大村紙業

ISBN978-4-7872-3273-1　C0036

吉見俊哉／難波功士／野上 元／北田暁大 ほか

一九三〇年代のメディアと身体

転換期の文化・思想には、どのような言説空間が横たわっているのか。総力戦、宣伝、観光、メディア、口演、放送の6つの視点から、メディアと身体が重層的にかかわりはじめた時代における社会の深層意識を解読する。　1600円＋税

若林幹夫

都市への／からの視線

人々が生きる社会的空間を絶えず再編制しつづけ、無限に意味を生成するメディアである「都市」の性質を、社会学やメディア論などを横断して、思考のハイブリッドとパラドキシカルな論証方法から究明する論考集。　1600円＋税

ジャン＝リュック・ナンシー　小倉正史訳　若林幹夫解題

遠くの都市

ロサンゼルスをめぐる2つの思索から、開放的でもあり閉鎖的でもある、絶えず膨張と内破を繰り返しながら人々を飲み込む「都市」の輪郭を描き出す。非－場所としての都市の存在を丹念につづるナンシーの秀作。　2000円＋税

ダニエル・ダヤーン／エリユ・カッツ　浅見克彦訳

メディア・イベント

歴史をつくるメディア・セレモニー

王室の結婚、オリンピック、大統領の葬儀など、テレビを媒介に成立するメディア・イベントは、リミナルな時空間へ人々を誘い込んで集団的記憶を形づくる。メディア論の新境地を切り開いた画期的論考。　4000円＋税

一柳廣孝／吉田司雄／長山靖生／吉永進一 ほか

オカルトの帝国

1970年代の日本を読む

隠された知＝オカルトが白日の下にさらされた1970年代に、私たちは何を夢見て熱狂したのか。科学的合理主義への懐疑から「新しい科学」として登場し社会に激震を走らせた70年代のオカルトブームを再検討する。　2000円＋税